· 高等学校创业教育系列规划教材 ·

大学生创业法律实务

第3版

主 编◎叶 虹

副主编◎柴始青 占光胜

清华大学出版社

北 京

内 容 简 介

本书以企业活动的创办过程为主线,力图全程展现创业活动的关键步骤和主要细节,并结合实例讲解创业过程中的相关法律问题,包括从企业创办的筹备到企业设立登记,从企业经营管理到企业终止解散,以及创业纠纷处理等,以帮助初次创业的大学生了解整个依法创业过程,加强依法创业的意识,提高依法创业的能力,降低创业的法律风险,为大学生成功创业提供法律保障。

本次修订新增了关于创业者社会责任、创业企业股权架构设计、选择经营场所、非全日制用工和跨境电商等方面的内容,新增案例 60 个左右。对书中涉及的法律法规均根据最新修订情况做了相应的调整和修改,包括 2021 年 1 月 1 日生效的《中华人民共和国民法典》的最新内容。

本书力求用通俗易懂的语言,把复杂的法律问题深入浅出地介绍给读者。本书既可以作为高等院校创业教育的教材,也可以作为广大创业者、企业管理者自学创业法律知识时的阅读参考书。

图书在版编目(CIP)数据

大学生创业法律实务 / 叶虹主编. —3 版. —北京:清华大学出版社,2021.2(2023.2重印)
高等学校创业教育系列规划教材
ISBN 978-7-302-57435-4

Ⅰ. ①大… Ⅱ. ①叶… Ⅲ. ①企业法—中国—高等学校—教材 Ⅳ. ①D922.291.91

中国版本图书馆 CIP 数据核字(2021)第 019673 号

责任编辑: 杜春杰
封面设计: 刘 超
版式设计: 文森时代
责任校对: 马军令
责任印制: 丛怀宇

出版发行: 清华大学出版社
        网   址: http://www.tup.com.cn,http://www.wqbook.com
        地   址: 北京清华大学学研大厦 A 座   **邮 编:** 100084
        社 总 机: 010-83470000   **邮 购:** 010-62786544
        投稿与读者服务: 010-62776969,c-service@tup.tsinghua.edu.cn
        质量反馈: 010-62772015,zhiliang@tup.tsinghua.edu.cn
印 装 者: 三河市科茂嘉荣印务有限公司
经   销: 全国新华书店
开   本: 185mm×260mm   **印   张:** 21.5   **字   数:** 510 千字
版   次: 2009 年 9 月第 1 版 2021 年 4 月第 3 版   **印   次:** 2023 年 2 月第 2 次印刷
定   价: 59.80 元

产品编号:087796-01

编委会

第 3 版前言

2019 年年末的一天，清华大学出版社的编辑杜春杰提议对《大学生创业法律实务（第 2 版）》进行改版，这个想法和我们不谋而合。第 2 版出版以来，随着国家大力推动"大众创业""万众创新"（"双创"），优化营商环境，与创新创业相关的法律环境又有了许多新变化。尤其值得称赞的是，"数据多跑路、群众少跑腿"的政务服务改革让创业手续的办理越来越便捷。然而，在互联网+创新创业高歌猛进的浪潮中，在这个"爆款"不断、"风口"快速迭代的时代，谁也不知道谁能真正笑到最后。创业不是作秀，曾经资本的宠儿可能一夜之间被弃，值得反思的案例在不断刷新，而这些正是大学生创业者们最好的教材。

原计划在 2020 年寒假完成这项工作，但是，计划不如变化快。2020 年伊始，突如其来的疫情打乱了我们所有人的计划。更始料未及的是，这场疫情其实是全球性的危机，全球经济也因此陷入 20 世纪 30 年代经济"大萧条"以来的低谷。创业者们的艰难可想而知。更有一些企业被人为抵制，如美国、英国抵制华为，印度抵制中国 App 等。

在这样困难的时刻，创业者怎么办？——不忘初心。创业者的初心是什么？——从无到有开创一番事业；利用有限的资源创造无限的价值；条件再艰苦，也要寻找出路。

我们看到，各行各业努力自救，复工复产。全民直播，不仅是企业主，就连大学生、村主任、镇长等都成了直播带货达人；共享员工，在暂时劳动力过剩的传统行业与暂时劳动力紧缺的新兴电商零售平台之间互通有无，解了各方燃眉之急；无接触经济，如线上会议、无接触配送、无人机防疫、无人超市；等等。

习近平主席在 2020 年 7 月 21 日企业家座谈会上说："大疫当前，百业艰难，但危中有机，唯创新者胜。"越是艰难，越显英雄本色。疫情是大学生创业者们最为深刻的教材。

与此同时，我们看到，国家依然坚定地推进改革开放，加快完善社会主义市场经济体制，坚定地打造市场化、法治化、国际化营商环境。

2020 年 5 月 11 日，中共中央、国务院发布《关于新时代加快完善社会主义市场经济体制的意见》。

2020 年 5 月 28 日，第十三届全国人民代表大会第三次会议通过中华人民共和国成立以来第一部以"典"命名的法律——《中华人民共和国民法典》。

2020 年 7 月 21 日，国务院办公厅公布《关于进一步优化营商环境 更好服务市场主体的实施意见》。

2020 年 7 月 24 日，工业和信息化部、发展和改革委员会等十七个部门公布《关于健全支持中小企业发展制度的若干意见》。

……

营商环境的市场化、法治化、国际化，在给予创业者更多支持的同时，也对创业者的能力提出了更高的要求。今天的创业者必须更加熟悉市场规则和相关法律制度，在爱国、创新、诚信、社会责任和国际视野等方面不断提升自己，成为习近平主席所说的"符合时代要求的企业家"。

本次改版做了如下重要修订。

第一章特别新增了关于创业者社会责任的内容，并提供了创业企业法律风险自测的方法和问题清单，讨论了如何建立从识别、评估直至解决方案的完善的法律风险管理体系。

第二章将"电子商务法律问题"单列为一节，新增"企业股权结构设计""选择经营场所"两个小节。删除了"前置审批"这一节，将其有关内容调整、合并至第一节中的"选择创业项目该注意什么"，并在第三章超级链接中提供了前置审批事项目录供参考。另外，由于企业名称预先核准已经取消，将企业名称登记内容调整至第三章。

第三章根据商事主体登记改革最新精神，介绍了企业开办登记手续的办理，更新了企业设立登记所需的表格样式。

第四章第二节根据国家支持多渠道灵活就业的最新精神，增加了非全日制用工的介绍，并简要介绍了共享用工的问题；第三节知识产权部分做了较大更新，并删除了专利、商标注册收费表格，因为收费标准时常调整，而且只要登录国家知识产权局官网就可以查询到；第五节进出口贸易部分新增了跨境电商的内容。

第五章第二节根据《中华人民共和国反不正当竞争法》《中华人民共和国广告法》等修订做了相应调整，并列举了大量的案例来帮助创业者更好地理解广告合规的重要性。第三节删除了营业税内容。

第六章根据我国健全破产制度的最新进展，介绍了个人破产制度、地方个人破产立法以及全国首例"个人破产"案例，并充实了企业破产案例。

第七章根据诉讼制度改革最新进展，介绍了地方矛盾纠纷调处化解中心、网上诉讼、互联网法院诉讼流程；结合最高院最新民事诉讼证据规则，强调了诚信举证，介绍了电子数据证据举证等问题。

本次改版新增案例60个左右，全书引用案例合计超过90个。这次增加的案例包括：社会反响较大或较有典型意义的案例，如北京一医药公司老总卖假口罩被判15年，腾讯状告老干妈拖欠千万元广告费案，瑞幸咖啡财务造假事件，全国首例微信公众号分割案，"嘀嘀打车"为何改名为"滴滴打车"，小黄车为什么"黄"了，等等，还有校园代理创业涉刑、炒鞋被骗、大学生专利维权案、国内首个大学生众筹项目、大学生农创客、法院"隔空"化解创业大学生纠纷等大学生创业案例，以及大量来自各级人民法院裁判的案例。希望这些案例能够帮助读者更好地理解枯燥的法条。

当然，书中涉及的法律法规均根据最新修订情况做了相应的调整和修订。例如，《中华人民共和国民法典》于2021年1月1日生效后，《中华人民共和国合同法》将废止，因此原引用《中华人民共和国合同法》的条款均修改为《中华人民共和国民法典》的相应条款。

此外，本次改版对超级链接、实务演练部分也做了较大幅度的删改。

本书改版编写分工情况如下：第一章至第三章由叶虹、何志刚编写；第四章由占光胜、柴始青编写；第五章由占光胜、柴始青编写；第六章由占光胜编写，第七章由顾建亚编写。最后由叶虹负责统稿。

需要说明的是，随着我国"双创"实践升级，创业法治环境日益优化，本书的相关内容可能很快又会被现实"修订"，而且编者才疏学浅，如有错误疏漏，欢迎批评指正。创业法律素养的提升非一日之功，我们永远在路上，愿与读者共勉！

编　者

2020年6月

目　　录

第一章

成功创业从依法创业开始

本章要点提示

- ☑ 创业与法律的关系
- ☑ 创业者必须了解的法律规定
- ☑ 与大学生创业相关的扶持性政策
- ☑ 如何防范创业法律风险
- ☑ 如何进行法律风险自测
- ☑ 如何提高依法创业能力
- ☑ 如何查询法律、法规

成功创业需要什么？资金、技术、管理、人才？这些都没错，但是在法治社会里，创业活动必不可少的一个要素就是法律！《汤姆森商法教程》的作者说："对于想在商界有所建树的人来说，当今时代对他们需要掌握的基本法律原理和知识提出了很高的要求。"[①]对于渴望创业的大学生来说，在真正创业之前学习相关的法律知识、掌握基本的法律实务，是重要的准备工作。如果你确实没有时间，那么拿着这本书，找到你最需要的东西，哪怕是临时抱佛脚，相信也一定会对你的创业大计颇有裨益。

第一节　创业与法律的关系

关键词：创业、法律、创业与法律的关系

一、创业的定义

创业（Venture）是一个激动人心的词语，当代大学生正处在一个号召和鼓励创业的时代。从不同角度出发，人们给创业下的定义也有很多种，就本书而言，我们所说的创业是指通过创办企业开展营利性活动的行为。通俗地说，创业就是"自己当老板"。

创业是一项高风险的活动，据不完全统计，创业的失败率达 70%，而大学生创业的成功率仅为 2%～3%。然而这些并不能浇灭创业者创造财富的巨大热情。事实上，尽管对于

---

① 米勒. 汤姆森商法教程：第 5 版[M]. 阎中坚，等译. 北京：中国时代经济出版社，2003：1.

有些人来说，创业是迫于就业压力而做出的颇有些无奈的选择，但越来越多的人钟情于创业，是为了实现自己的豪情壮志。阿里巴巴创始人马云曾经立下宏愿：创办全世界最伟大的中文公司。今天，越来越多的大学生希望通过自主创业实现人生价值。

创业是一项价值创造活动。创业者从无到有开创新的事业，在为自己积累财富的同时，也积极推动了整个社会的繁荣发展。

二、法律的定义

有人说，在法治日益健全的今天，法律已经渗透我们生活的每一个角落。

那么什么是法律？

按照社会生活的经验，法律是我们任何人都必须遵守的规定。

按照我国法学界的通常说法，法律（广义的法律）[①]是反映统治阶级意志的，由国家制定或认可并以国家强制力保证实施的行为规范的总和。[②]

当然制定法律的主体在实际操作时不可能是"国家"，而是依法取得立法权的国家机关。不同类别、不同级别的国家机关制定的法律又有不同的名称、不同的效力，了解这一点非常重要。《中华人民共和国立法法》（以下简称《立法法》）对此做出了详细规定，具体如表 1-1 所示。

表 1-1　不同机关制定的法律

名　　称	制 定 机 关	效　　力	适用范围	示　　例
宪法	全国人民代表大会	国家的根本大法，效力最高	全国	《中华人民共和国宪法》（以下简称《宪法》）
法律（狭义的法律）	全国人民代表大会或者全国人民代表大会常务委员会	效力仅次于《宪法》	全国	《中华人民共和国企业所得税法》（以下简称《企业所得税法》）
行政法规	国务院	效力次于《宪法》和法律	全国	《中华人民共和国企业所得税法实施条例》（以下简称《企业所得税法实施条例》）
地方性法规	地方（省、自治区、直辖市和较大的市[③]）人民代表大会及其常务委员会	效力次于《宪法》、法律、行政法规	该地方	《浙江省实施〈中华人民共和国道路交通安全法〉办法》
自治条例和单行条例	民族自治地方（自治区、自治州、自治县）的人民代表大会	效力次于《宪法》、法律、行政法规	该民族自治地方	《云南省玉龙纳西族自治县自治条例》

[①] "法律"这一概念在使用时有广义和狭义之分。

[②] 刘宗桂. 法律基础教程[M]. 北京：法律出版社，2003：1.

[③] "较大的市"是指省、自治区人民政府所在地，经济特区所在地或国务院批准的市。

续表

名　　称	制定机关	效　　力	适用范围	示　　例
部门规章	国务院下属部门	效力次于《宪法》、法律、行政法规	全国	《商品零售场所塑料购物袋有偿使用管理办法》(商务部令2008年第8号)
地方政府规章	地方政府	效力次于《宪法》、法律、行政法规、地方性法规	该地方	《浙江省技术秘密保护办法》(浙江省人民政府令第246号)《杭州市商业特色街区管理暂行办法》(杭州市政府令第216号)

一般规律是：同级人民代表大会（以下简称人大）制定的法律要比政府制定的法律效力高；上级制定的法律要比下级制定的法律效力高。

根据法律调整社会关系的领域和调整方法的不同，还将法律分成不同的法律部门，如宪法、行政法、民商法、经济法、刑法、诉讼法等。

三、创业者必须学法、懂法的原因

学法当然就是为了懂法。创业者如果不懂法，最危险的就是可能触犯法律，甚至导致犯罪。"不知情者得免责，不知法者不免责"（拉丁法谚），一旦犯了法，就得承担法律责任，要想以自己不懂法为由要求网开一面那是行不通的。

【案例】大学生创业先锋竟被判刑

小卢是广东一所知名高校的学生，早在上大三时，小卢就和同学一起创办了一家数码科技公司，筹建广州首家城市生活指导网站，被媒体誉为"广东大学生IT界创业第一人"，同学们也公认其才华横溢。然而，几年后当他再次引起人们关注时，却是因为在网络上"传播淫秽物品牟利"而被判刑。原来，为吸引更多客户以获利，小卢的公司在2004年开始建立电影网站，开设成人区上传淫秽电影，在短短几个月的时间里，已经有近千名会员注册、浏览其上传的淫秽电影。最终法院对其判处有期徒刑18个月，此时的小卢刚刚过了26岁的生日。

（资料来源：中华网）

评析：从年轻有为、才华横溢的大学生创业先锋到阶下囚，违法经营不但不能赢得创业的成功，反而让小卢吞下了难言的苦果。

不懂法还有一个严重的后果，那就是可能在经济活动中吃亏，难以保护自己的利益。例如，如果不注重依法订立合同，可能导致合同无效或者使自己在合同履行过程中陷于被动局面。创业者必须记住，只有合法的创业活动才会受法律保护。

有的人说，反正我又不会犯法，不学法没关系。这种想法的错误之处有两点：第一，既然你没学过法律，怎么知道自己不会触犯法律呢？新的规定层出不穷，如果你不及时跟进了解，就很容易因为不懂法而犯错误。例如，超市免费提供塑料袋曾经是惯例，但如今再这么做就是违法了。第二，即便你不会犯法，但如果别人犯法侵害了你，你该如何运用法律武器实现自我保护呢？所以说，在当今这个法治时代，不学法、不懂法是万万不行的。如果一个创业者不懂法或者不重视法律，就好比是一个表演空中飞人的杂技演员拒绝使用保险绳，是对企业、对自己的不负责任，危险随时都可能降临。

最后，我们还必须看到，创业者学法、懂法，不仅是为了自身或是为了企业，更是依法治国背景下对创业者的必然要求。因为创业者承担着社会责任，大学生创业者是未来的企业家，他们从一开始就必须把社会责任放在心中。很难想象，一个企图靠违法犯罪赚钱的创业者，或者一个不懂得依法保护自己的创业者，能够肩负起社会责任来。只有学法、懂法，大学生创业者才能更好地学会担当，成为负责任的企业家。

四、创业与法律的关系

如果说法律是我们必须遵守的强制性规定，给人的感觉似乎是法律限制了我们的自由，其实法律的重要作用在于保护我们的权利，调节人与人之间的关系。

创业与法律的关系主要表现在以下几个方面。

1. 法律的完善推动创业活动的发展

改革开放以来，我国的创业法治环境不断完善，推动了五次"创业热"的形成和发展[①]。从 1980 年第一个个体工商户在浙江温州诞生，到 20 世纪 80 年代末的"下海潮"、20 世纪 90 年代初的"公司热"，一次次"创业热"背后是我国历次修宪一再确认了创业致富的合法性，并同时颁布了一系列法律、法规，以规范创业活动。如《中华人民共和国私营企业暂行条例》（1988 年 7 月 1 日起施行，2018 年废止）、《中华人民共和国公司法》（以下简称《公司法》，1993 年通过，1999 年、2004 年、2013 年、2018 年经过四次修正）、《中华人民共和国个人独资企业法》（以下简称《个人独资企业法》，1999 年通过，2000 年 1 月 1 日起施行）、《中华人民共和国合伙企业法》（以下简称《合伙企业法》，1997 年通过，2006 年修订，2007 年 6 月 1 日起施行）等。这些法律给予人们各种可供选择的创业形式，极大地激发了人们的创业热情和创造力。从 2002 年开始各级政府纷纷出台扶持和优惠政策，鼓励大学生创业，又掀起了大学生创业的热潮。至此，通过不懈的努力，一个鼓励创业、保护创业的良好的法治环境逐步完善。创业、致富的行为不再是"罪恶"或者可能"违法"的冒险，而是受我国法律保护、鼓励、支持的，同时也是受到社会尊重的正当事业。

2014 年 9 月 10 日，李克强总理在第八届夏季达沃斯论坛上首次提出了"大众创业""万众创新"，之后又将"双创"写入了政府工作报告。国务院先后出台了《关于大力推进大众创业万众创新若干政策措施的意见》（国发〔2015〕32 号）、《关于推动创新创业

[①] 吴强. 创业辅导手册[M]. 南京：南京大学出版社，2006：2-3；陈高林. 创业法制管理[M]. 北京：清华大学出版社，2005：9-12.

高质量发展 打造"双创"升级版的意见》（国发〔2018〕32 号）、《优化营商环境条例》（国务院令第 722 号，2020 年 1 月 1 日起施行）……法治的不断完善，为各类创业活动营造了稳定、公平、透明、可预期的良好环境，推动了我国创业活动的蓬勃发展，在 960 万平方千米土地上一次又一次掀起"大众创业""万众创新"的新浪潮。

2. 创业活动的整个过程、各个方面都必须符合法律的规定

《汤姆森商法教程》开篇即指出："那些踏入商业世界的人会发现他们要服从数不清的法律和政府规定。"[①]这是因为创业事实上是一个法律行为，一旦开始创业，哪怕你只是设立一家规模很小的企业，也会涉及许多复杂的法律问题。任何创业活动，在没有创造财富之前，就已经开始创造法律关系、引致法律后果，还需承担相应的法律义务和责任。创业活动的整个过程、各个方面都必须符合法律的规定。例如，在选定创业项目时，不但要考虑一个项目是否能赚钱、自己是否感兴趣等因素，还要搞清楚国家的法律、政策是否允许创业者开展经营。例如，杭州市政府发布了《杭州市产业发展导向目录与产业平台布局指引》，其中列出了杭州市鼓励类、限制类、禁止（淘汰）类的三类产业发展目录。如果你想在杭州创业，那么很显然，应当尽量选择投资鼓励类的项目，而避开限制类、禁止类的项目，因为当地政府不会批准你经营。又如筹集资金，很多大学生都感叹创业最大的门槛就是资金。筹集资金的关键是怎样合法地筹集到资金，否则陷入"非法集资"的泥沼就麻烦了。

3. 依法创业能够降低创业风险

前面我们说过，创业是一项高风险的事业。创业的风险来自很多方面，如市场因素、行业竞争、人员素质、财务状况等，法律风险也是其中之一。简单地说，法律风险是指由于创业者不依法创业而导致其遭到法律制裁或其权益受到侵害的可能性。它主要包括两种情形：一种是创业者违反法律规定而被制裁的情形，如生产假冒伪劣商品；另一种是创业者没能充分运用法律所赋予的权利，而导致自身权益受损的情形，如签约时不充分审查合同条款，导致订立"不平等条约"[②]。法律风险完全是可以防范的。如果创业者依法从事创业活动，将企业经营中的各项活动纳入法治轨道，就能够有效避免因不懂法而导致的创业风险，从而帮助企业平稳发展。有的创业者往往在吃了苦头之后才知道法律的重要性，其实法律风险防范的关键在于防患于未然，也就是把危险消灭在萌芽状态，就像"曲突徙薪"这则故事中的"主人"，如果他能听从忠告，后面的火灾是完全可以避免的。

4. 创业纠纷的处理和解决需要法律手段

在创业过程中，创业者、创业企业要和方方面面打交道，包括政府部门、其他创业者和企业（有时是你的竞争者，有时是你的合作者）、消费者等。在这些错综复杂的关系中，矛盾和纠纷是难免的，一旦产生纠纷，在具体纠纷的解决过程中，我们最需要了解以下几个方面。

[①] 米勒. 汤姆森商法教程：第 5 版[M]. 阎中坚，等译. 北京：中国时代经济出版社，2003：1.

[②] 参见：法律风险管理网，http://www.legal-risk.cn/.

（1）我们的合法权益到底是什么？我们可以据理力争的法律依据到底有哪些？我们的主张到底有没有道理？只有做到心中有数，我们才能守住自己的底线，既不至于不明不白地丢弃了自己的合法领地，也不至于陷入强词夺理、无理取闹的境地。

（2）如果协商不成，还有哪些合法的解决途径？不得已时该怎样打官司？怎样才能及时、妥善地解决这些问题，最大限度地保护自己的合法权益？

这些显然都需要创业者学习法律知识，学会运用法律武器和法律手段。

【案例】卖瓜子的商贩为什么被邓小平多次提到

"傻子瓜子"创始人年广久，是一位富有传奇色彩的创业前辈，号称"中国第一商贩"。他于1937年出生，从小跟着父亲摆摊卖水果，后来学着炒瓜子、卖瓜子。改革开放后，他扩大经营，办了炒瓜子厂，生意很好，一天能卖出2万斤瓜子。因为生意好，雇工越来越多，超过了100人。"傻子瓜子"出名了，争议随之而来。因为当时虽然允许个体经济适当发展，但规定了雇工不得超过8人。有人说，年广久雇了100多人，是资本家复辟。"傻子瓜子"到底"姓社"还是"姓资"？争论一直传到了邓小平那里。

1984年10月，邓小平在中央顾问委员会第三次全体会议上明确指出："前些时候那个雇工问题，相当震动呀，大家担心得不得了。我的意见是放两年再看。那个能影响到我们的大局吗？如果你一动，群众就说政策变了，人心就不安。你解决了一个'傻子瓜子'，会牵动人心不安，没有益处。让'傻子瓜子'经营一段，怕什么？"1992年，邓小平在南方谈话中又一次提到"傻子瓜子"，他说："农村改革初期，安徽出了个'傻子瓜子'问题。当时许多人不舒服，说他赚了一百万，主张动他。我说不能动，一动人们就会说政策变了，得不偿失。"

邓小平的表态意义重大，这不仅是保住了一个"傻子瓜子"，更重要的是让千千万万的"傻子瓜子"们有了信心和奔头。改革春风之下，一大批民营企业家迅速成长起来，而民营经济的快速发展，为中华民族从站起来、富起来到强起来的伟大飞跃做出了重大贡献。

2018年10月24日，全国工商联举行新闻发布会，发布由中央统战部、全国工商联共同推荐宣传的"改革开放40年百名杰出民营企业家"名单，其中就有"傻子瓜子"创始人年广久。2018年记者采访年广久时，在他芜湖市中心的"傻子瓜子"专卖店里醒目位置的匾额上，依然印着邓小平的讲话。

（资料来源：百度百科、南方网、新华网等）

评析： 改革开放之初的创业者们，摸着石头过河，其创业之路伴随着今天无法想象的争议和风险。从安徽的"傻子瓜子"，到浙江的温州八大王，这些20世纪80年代初的个体私营经济领头人，都曾经因为生意做得太好而经历牢狱之灾。为什么呢？因为当时私营经济发展的法治环境还不健全，社会上还存在许多模糊认识。

邓小平多次点名"傻子瓜子"，表明了中国政府发展社会主义市场经济，鼓励发展私营经济的鲜明态度，给广大创业者吃了"定心丸"。与此同时，创业法治环境也在不断完善中。1988年8月国务院发布《中华人民共和国私营企业暂行条例》，该条例第二条规定，"本条例所称私营企业是指企业资产属于私人所有、雇工八人以上的营利性的经济组织"，通过立法的形式明确了雇工八人以上的私营企业的合法地位。至此，雇工100人的"傻子瓜子"终于有了合法身份。

第二节　创业相关法律法规及政策

关键词：创业相关法律、法规、扶持性政策、小微企业

一、与创业密切相关的法律

作为创业者，你必须了解以下与创业密切相关的法律规定。

（1）规定企业如何设立、组织、解散的法律，如《公司法》、《合伙企业法》、《个人独资企业法》、《中华人民共和国公司登记管理条例》（以下简称《公司登记管理条例》）、《中华人民共和国企业破产法》（以下简称《企业破产法》）等。我们在设立企业前，就必须了解这些法律法规的有关规定，包括设立企业要符合哪些条件、企业的组织机构应如何设置、企业的规章制度应如何制定等。

（2）规范企业劳动关系的法律，如《中华人民共和国劳动法》（以下简称《劳动法》）、《中华人民共和国劳动合同法》（以下简称《劳动合同法》）、《中华人民共和国就业促进法》（以下简称《就业促进法》）、《中华人民共和国社会保险法》（以下简称《社会保险法》）、《工伤保险条例》、《最低工资规定》等。我们常说，21世纪最缺的是人才，每个企业都需要用人，而要处理好企业与劳动者之间的关系，使劳动者充分发挥其积极性为企业创造效益，就必须严格按照这些法律、法规的规定办理。

（3）与知识产权相关的法律，如《中华人民共和国专利法》（以下简称《专利法》）及其实施细则、《中华人民共和国商标法》（以下简称《商标法》）及其实施条例、《信息网络传播权保护条例》、《计算机软件保护条例》等。知识产权的重要性毋庸置疑，对于今天的中国企业来说，怎么强调都不过分。通过了解这些法律法规，我们能懂得如何保护自己的知识产权，也更能懂得如何避免侵犯他人的知识产权。

（4）规范企业市场交易活动的法律，包括《中华人民共和国民法典》（以下简称《民法典》）合同编、《中华人民共和国产品质量法》（以下简称《产品质量法》）、《中华人民共和国反不正当竞争法》（以下简称《反不正当竞争法》）、《中华人民共和国反垄断法》（以下简称《反垄断法》）、《中华人民共和国广告法》（以下简称《广告法》）、《中华人民共和国消费者权益保护法》（以下简称《消费者权益保护法》）等。这部分法律法规主要解决的是合法经营、公平交易问题。

（5）与政府管理行为相关的法律，如《中华人民共和国环境保护法》（以下简称《环境保护法》）、《中华人民共和国对外贸易法》（以下简称《对外贸易法》）、税法、金融法、投资法等。在这里，政府是管理者，企业是被管理的对象，但是企业如果对政府行为有异议，也可以通过行政复议、行政诉讼等途径讨说法。国务院2019年年底出台的《优化营商环境条例》，明确了政府要为创业主体提供更好的营商环境、政务服务和法治保障，为创业者案头必备。

（6）与电子商务相关的法律，包括《中华人民共和国电子商务法》（以下简称《电子商务法》）、《中华人民共和国网络安全法》（以下简称《网络安全法》）、《信息网络传播权保护条例》、《互联网信息服务管理办法》、《网络安全审查办法》等。

（7）与创业纠纷解决相关的法律，如《中华人民共和国民事诉讼法》（以下简称《民事诉讼法》）、《中华人民共和国行政诉讼法》（以下简称《行政诉讼法》）、《中华人民共和国仲裁法》（以下简称《仲裁法》）、《中华人民共和国劳动争议调解仲裁法》（以下简称《劳动争议调解仲裁法》）等。

二、国家出台的大学生创业的扶持性政策

从2002年开始，上至中央，下至各级地方政府，纷纷出台各项扶持政策，支持、鼓励大学生创业。这些政策主要包括如下几个方面。

1. 普及创业教育和培训

从2012年开始，教育部宣布面向全体大学生开设"创业基础"必修课。国家将创业教育融入人才培养体系，贯穿人才培养全过程，面向全体大学生广泛、系统开展；积极开发开设创新创业类课程，并纳入学分管理；不断丰富创业教育形式，开展灵活多样的创业实践活动。允许大学生用创业成果申请学位论文答辩，支持大学生保留学籍休学创业。

同时加强创业培训，使每一个有创业愿望和培训需求的大学生都有机会获得创业培训。在全国高校推广创业导师制，引导和鼓励成功创业者、知名企业家、天使和创业投资人、专家学者等担任兼职创业导师，提供包括创业方案、创业渠道等创业辅导。高校、职业院校（含技工院校）深化产教融合，引入企业开展生产性实习实训。还推出创业培训补贴政策，对符合条件的参训大学生按规定给予培训补贴。

2. 提供工商登记和银行开户便利

各级工商部门提供工商登记"绿色通道"，简化登记手续，优化业务流程，为创业大学生办理营业执照提供便利。落实注册资本认缴登记制，依照有关法律法规规定拓宽企业出资方式，放宽住所（经营场所）登记条件，推行电子营业执照和全程电子化登记管理。减免行政事业性收费政策，对符合条件的创业大学生，按规定减免登记类和证照类等有关行政事业性收费。人民银行各分支机构为创业大学生办理企业开户手续提供便利和优惠。

3. 提供多渠道资金支持

资金支持渠道包括贷款贴息、资金资助、税收优惠等。

贷款方面，支持创业大学生申请小额担保贷款，简化反担保手续，强化担保基金的独立担保功能，适当延长担保基金的担保责任期限，落实银行贷款和财政贴息，重点支持吸纳大学生较多的初创企业。

资金资助方面，各地出台资金资助政策，如《武汉市高校毕业生创业项目资助管理办法》（武财规〔2015〕838号）、《徐州市市级大学生创业专项资金管理暂行办法》。徐

州市大学生创业专项资金主要用于税收奖补、业绩奖励、贷款贴息、租房补贴、会计代账补贴、市级大学生创业园考核奖励、优秀企业培训补贴、大学生创业赛事活动补贴等。同时，还有各类高校毕业生就业创业基金，企业、行业协会、群团组织、天使投资人等也以多种方式向创业大学生提供资金支持，设立重点支持创业大学生的天使投资和创业投资基金。

税收优惠方面，按照《关于进一步支持和促进重点群体创业就业有关税收政策的通知》（财税〔2019〕22 号）文件的规定，高校毕业生可以享受毕业年度内自主创业税收政策，即从事个体经营的，自办理个体工商户登记当月起，在 3 年（36 个月，下同）内按每户每年 12 000 元为限额依次扣减其当年实际应缴纳的增值税、城市维护建设税、教育费附加、地方教育附加和个人所得税。同时，对支持创业早期企业的投资，符合规定条件的，按规定给予所得税优惠或其他政策鼓励。

4. 提供创业经营场所支持

各地充分利用大学科技园、科技企业孵化器、高新技术开发区、经济技术开发区、工业园、农业产业园、城市配套商业设施、闲置厂房等现有资源，建设大学生创业园、留学人员创业园和创业孵化基地，为创业大学生提供创业经营场所，并对园区内大学生创业企业提供创业实训、创业孵化、创业辅导等一体化服务，创新孵化方式，完善孵化功能，提高创业孵化成功率。同时制定创业经营场所租金补贴办法，对符合条件的创业大学生按规定给予经营场所租金补贴，减轻大学生创业初期的租金成本。

5. 提供创业公共服务

建立健全创业公共服务政府采购机制，构建覆盖院校、园区、社会的创业公共服务体系。包括提供创业优惠政策咨询，帮助符合条件的创业大学生获得相应的政策扶持；提供创业辅导；搭建青年创业者交流平台；引导大学生参加创业竞赛活动；拓宽人事和劳动保障事务代理服务范围，为创业大学生提供档案保管、人事代理、职称评定、社保代理等服务。随着网络创业就业形式越来越普遍，创业服务也拓展至在电子商务网络平台上注册"网店"的创业大学生，为他们提供政策支持和服务。另外，对留学回国创业人员开展针对性服务，帮助他们了解国内信息、熟悉创业环境、交流创业经验、获得政策扶持。

鉴于扶持性政策各地存在差异，也常常进行调整，具体可以咨询当地人事、税务、市场监督等政府部门。

三、国家出台的鼓励小微企业发展的扶持性政策

小微企业是小型微型企业的简称，是人员规模、资产规模与经营规模都比较小的经济单位。如对于工业企业来说，从业人员 20～300 人，且营业收入 300 万～2000 万元的为小型企业；从业人员 20 人以下或营业收入 300 万元以下的为微型企业[①]。

初创企业一般都是小微企业，可以享受小微企业的扶持政策。近年来，国家出台了许

---

① 详见《中小企业划型标准规定》。

多扶持小微企业发展的政策，主要有以下几种。

1. 税收优惠和财政支持

近年来国家一直重视对小微企业的财税政策支持。如国家对小微企业给予减按20%的税率征收企业所得税，增值税小规模纳税人的征收率为3%。自2019年1月1日至2021年12月31日，对小型微利企业年应纳税所得额不超过100万元的部分，减按25%计入应纳税所得额，按20%的税率缴纳企业所得税；对年应纳税所得额超过100万元但不超过300万元的部分，减按50%计入应纳税所得额，按20%的税率缴纳企业所得税。小规模纳税人月销售额10万元以下的免征增值税。小规模纳税人还可以在50%的税额幅度内减征资源税、城市维护建设税、房产税、城镇土地使用税、印花税（不含证券交易印花税）、耕地占用税和教育费附加、地方教育附加。小微企业从事国家鼓励发展的投资项目，进口项目自用且国内不能生产的先进设备，按照有关规定免征关税。

同时，小微企业还享有政府财政资金支持、政府采购支持，政府采购项目预算不低于18%的份额专门面向小微企业采购；减免部分涉企收费并清理、取消各种不合规收费等；对小微企业吸纳就业困难人员就业的，按照规定给予社会保险补贴。

【小贴士】

2020年7月3日，工业和信息化部、国家发展和改革委员会等十七部门发布《关于健全支持中小企业发展制度的若干意见》（工信部联企业〔2020〕208号）明确，建立减轻小微企业税费负担长效机制。实行有利于小微企业发展的税收政策，依法对符合条件的小微企业按照规定实行缓征、减征、免征企业所得税、增值税等措施，简化税收征管程序；对小微企业行政事业性收费实行减免等优惠政策，减轻小微企业税费负担。落实好涉企收费目录清单制度，加强涉企收费监督检查，清理规范涉企收费。

2. 金融政策

融资难历来是小微企业最头疼的一个问题。为此，国务院明确提出要确保小微企业贷款增速不低于各项贷款平均水平、增量不低于上年同期水平；引导金融机构增强支助小微企业的服务理念，动员更多营业网点参与小微企业金融服务，扩大业务范围，加大创新力度，增强服务功能；为小微企业提供量身定做的金融产品和服务；强化对小微企业的增信服务和信息服务。同时积极发展村镇银行、贷款公司等小型金融机构；加快发展多层次资本市场，大力拓展小微企业直接融资渠道；建立健全主要为小微企业服务的融资担保体系；清理规范各类不合理收费，规范对小微企业的融资服务，降低小微企业融资成本；加大对小微企业金融服务的政策支持力度，全面营造良好的小微金融发展环境。

3. 技术创新政策

中央预算内投资扩大安排用于中小企业技术进步和技术改造资金规模，重点支持小型企业开发和应用新技术、新工艺、新材料、新装备，提高自主创新能力，促进节能减排，提高产品和服务质量，改善安全生产与经营条件等。完善企业研究开发费用所得税前加计扣除政策。实施中小企业创新能力建设计划，鼓励有条件的小微企业建立研发机构。提高小微企业知识产权创造、运用、保护和管理水平。鼓励小微企业发展现代服务业、战略性新兴产业、现代农业和文化产业，走"专精特新"和与大企业协作配套发展的道路。鼓励科技人员利用科技成果创办小微企业，促进科技成果转化。

4. 市场开拓政策

鼓励小微企业运用电子商务、信用销售和信用保险，大力拓展经营领域。支持小微企业参加国内外展览展销活动，加强工贸结合、农贸结合和内外贸结合。建设集中采购分销平台，支持小微企业通过联合采购、集中配送降低采购成本。引导小微企业采取"抱团"方式"走出去"。培育商贸企业集聚区，发展专业市场和特色商业街，推广连锁经营、特许经营、物流配送等现代流通方式。改善通关服务，简化加工贸易内销手续，开展集成电路产业链保税监管模式试点。

5. 企业管理提升政策

实施中小企业管理提升计划，重点帮助和引导小微企业加强财务、安全、节能、环保、用工等管理。加强品牌建设指导，引导小微企业创建自主品牌。加强对小微企业劳动用工的指导与服务，拓宽企业用工渠道。以小微企业为重点，每年培训50万名经营管理人员和创业者。制定和完善鼓励高校毕业生到小微企业就业的政策。

6. 小微企业集聚发展政策

规划建设小企业创业基地、科技孵化器、商贸企业集聚区等，积极为小微企业提供生产经营场地。对创办三年内租用经营场地和店铺的小微企业，符合条件的，给予一定比例的租金补贴。改善小微企业集聚发展环境。

7. 公共服务政策

建立和完善为小微企业服务的公共服务平台，重点培育认定500个国家中小企业公共服务示范平台，发挥示范带动作用。实施中小企业公共服务平台网络建设工程，增强政策咨询、创业创新、知识产权、投资融资、管理诊断、检验检测、人才培训、市场开拓、财务指导、信息化服务等各类服务功能，重点为小微企业提供质优价惠的服务。

第三节　创业法律风险防范

关键词：法律风险、风险防范、企业家犯罪、法律风险管理

一、法律风险的定义

如前所述，法律风险是由于不懂法或者不依法创业而可能遭到法律制裁或权益受到侵

害的风险。它是一种可以有效控制的创业风险，创业法律风险的控制效果往往与创业者的法律素养及法律风险管理能力成正比，即法律素养越高，法律风险管理能力越强，法律风险就越能得到有效的防控；如果创业者的法律意识淡薄，则这种风险发生的可能性就会大大增加。

随着法治的不断健全，法律对企业的影响力也越来越大，违反法律的后果也越来越严重。法律风险发生后不仅会给企业带来直接经济损失，而且会严重影响企业的品牌和形象，并且会导致政府部门吊销经营牌照等行政处罚，情况严重时甚至导致犯罪，而让企业负责人、高管承担刑事责任。

【案例】从中国首富到阶下囚

国美电器创始人黄光裕曾为中国内地首富，他创办的国美电器曾经是中国最大的家电连锁销售商，全国门店1300多家，员工近30万名，年销售额1000亿元。2008年10月7日"2008胡润百富榜"揭晓，时年39岁的黄光裕以财富430亿元第三次成为中国内地首富。然而一个月后的一天，黄光裕因涉嫌操纵股价突然被北京警方带走调查。2010年5月18日，黄光裕案一审宣判，法院认定黄光裕犯非法经营罪、内幕交易罪、单位行贿罪，三罪并罚，决定执行有期徒刑14年，罚金6亿元，没收财产2亿元。

（资料来源：和讯网，黄光裕的不归路）

评析： 从4000元创业起家到身价430亿元的中国内地首富，黄光裕曾经是许多创业者仰视和膜拜的偶像，然而今天人们谈起黄光裕，更多的是一声叹息。因为无视法律，他不仅付出了自由和金钱的代价，而且他一手创办的国美电器也深受其害。受黄光裕涉案影响，国美电器之后的发展陷入颓势，被原先紧随其后的家电连锁业苏宁电器迅速赶超，家电业霸主地位不再。

二、创业者可能面临的法律风险

2013年的一份问卷调查[①]显示，企业面临的十大法律风险依次是合同法律风险、安全事故风险、市场营销风险、海外投资风险、重组并购上市等资本运营风险、知识产权风险、纠纷诉讼风险、人力资源风险、税收风险、环境保护风险。从法律风险可能带来的不利后果进行分析，可以将法律风险分为以下四大类[②]。

1. 刑事责任风险

创业者触犯刑事法律的规定，便面临着刑事处罚的风险。有人说，企业成长自有高峰低谷，企业家身陷囹圄才是真正的大败局[③]，在创业的过程中，创业者心中应当警钟长鸣：千万不能触碰刑事犯罪的底线！

[①] 国务院法制办公室，http://www.chinalaw.gov.cn/.
[②] 吴江水. 完美的防范：法律风险管理中的识别、评估与解决方案[M]. 北京：北京大学出版社，2010：8-11.
[③] 项先权，唐青林. 企业家刑事法律风险防范[M]. 北京：北京大学出版社，2008.

然而，近年来企业家犯罪的新闻频频曝光。北京师范大学中国企业家犯罪预防研究中心 2014 年 1 月 5 日发布的《2013 中国企业家犯罪报告》[①]指出，截至 2013 年 12 月 31 日，共收集到 2013 年度新发生的企业家犯罪案件 463 例，涉案企业家共计 599 位。与 2012 年度的企业家犯罪报告相比，2013 年通过公共媒体收集的企业家犯罪案例数增加 80%，涉案企业家人数增加 120%。企业家俨然已经成为涉嫌刑事犯罪的高危职业。该报告指出，前述犯罪案例主要集中在财务管理、贸易、融资、安全生产、工程承揽、物资采购、招投标、人事调动、产品质量、公司设立变更、证券投资等环节。可见，几乎企业生产经营的每一个环节都是危险地带，都可能涉及刑事责任。

2. 行政处罚风险

行政处罚是创业者违反行政法规、地方性法规和规章的强制性规定，而被行政机关处罚时承担的法律责任。企业面临行政处罚的风险要远远大于刑事风险，由于企业经营活动的方方面面都会涉及行政法律规范，稍有疏忽，即可能处于违法的边缘。

根据《中华人民共和国行政处罚法》（以下简称《行政处罚法》）规定，行政处罚的种类包括警告、罚款、没收违法所得、没收非法财物、责令停产停业、暂扣或者吊销许可证、暂扣或者吊销执照、行政拘留以及法律、行政法规规定的其他行政处罚，严重的行政处罚可能导致企业经营资质被吊销。尽管行政处罚看上去没有刑事责任那么严厉，但对于企业而言，不重视行政处罚风险的防范，后果也会很严重。

3. 民事责任风险

民事责任的风险，是创业过程中常见的一种法律风险，它是由于创业者违反民事法律规范，不履行民事义务或侵害他人民事权益等所引致的承担民事法责任的风险。例如，签订借款合同后未按时支付利息或者归还本金，需要承担逾期付款违约金或者赔偿出借人损失；又如，生产销售侵犯他人注册商标的产品，应当停止侵害并赔偿商标权人的损失等。

民事责任风险往往容易被忽视，因为太过常见，后果又往往不太严重。但是如果不注意防微杜渐，有时也可能因为一点儿小的问题而导致重大不利后果。例如，不少破产企业，起初只是几笔贷款到期利息无法及时支付，但是由于处理不当，导致所有银行宣布贷款提前到期，供应商纷纷要求结算货款，造成资金链断裂，最终"兵败如山倒"，不得不走向破产。

4. 单方权益丧失风险

单方权益丧失是指创业者由于自身原因丧失其本应享有的权益，或者无法维护自身权益的风险。究其原因，往往是创业者的法律意识不强，缺乏自身权益保护意识，或者是工作经验不足，出现疏忽或失误。例如，有的企业本可以享受的税收优惠政策，因为不懂法而一直未享受；有的企业被他人侵权，却未及时主张赔偿，导致超过诉讼时效而失权等。

事实上，企业的某一个违法行为，可能同时构成刑事责任、行政责任、民事责任风险。

[①] http://news.jcrb.com/jxsw/201401/t20140105_1298885.html.

如用非食品原料生产食品的，既可能构成生产有毒有害食品罪，也可能面临质量监督部门、食品药品监督管理部门的行政处罚，与此同时，购买了该问题食品的消费者，还可以要求生产者赔偿其损失。因此，法律风险是系统性风险，如果注重防范法律风险，其好处是显而易见的（几大风险同时得到控制），而一旦疏于防范，其不利后果可能是"屋漏偏逢连夜雨"，让你措手不及，局面难以收拾。

三、创业者防范法律风险的方法

杰克·韦尔奇先生说，企业管理人员有责任像管理商业风险一样管理法律风险。"市场经济就是法治经济"，作为市场经济活动的主体，企业的所有行为都要受到法律的约束，法律风险可能发生在企业运营的所有领域和各个环节，因此法律风险的防控必须落实到企业运营的所有领域和所有环节，落实到企业所有制度、所有人员和所有活动上。

防范法律风险，创业者首先必须学法、懂法，增强依法创业的意识，同时需要提升自身的法律风险管理能力，建立起从识别、评估直至解决方案的完善的法律风险管理体系。

那么具体如何实施呢？简言之，可以分三步走：风险识别、风险评估、风险控制。

1. 风险识别

风险识别就是对企业可能面临的法律风险点一一进行排查。风险识别可以有多种方式，最为保险的是请律师进行专业尽职调查。当然，创业者也可以进行自检自测。

亚历山大·奥斯特瓦德、伊夫·皮尼厄在《商业模式新生代》中提出，商业模式包括九个基本组成部分：客户细分（Customer Segments）、价值主张（Value Propositions）、渠道通路（Channels）、客户关系（Customer Relationships）、收入来源（Revenue Streams）、核心资源（Key Resources）、关键业务（Key Activities）、重要合作（Key Partnerships）和成本结构（Cost Structure）。他们用可视化的画布模式形象展示了上述各要素在商业模式中的地位、作用以及相互关系。商业画布较完整地展现了企业活动的全过程以及参与其中的各方主体，借助该工具进行法律风险识别，可以尽可能地避免遗漏风险点。

创业者可先将自己商业模式的九个要素一一展示在画布上，然后对每一个要素的合法性进行提问。这里的合法性是指：如果法律对某个商业模式要素的取得、维系、效力等做出规定，那么这个要素必须满足法律的规定，否则就会存在违法或者不受法律保护的风险。

例如，对于第一个要素客户细分，也就是客户问题，需要问的是，你的客户是否具备法律认可的从事交易的资质？是否可以独立地与你完成交易？小朋友"打赏"主播，其家长可以主张退款，就是因为小朋友不具有完全民事行为能力，其通过"打赏"方式付款的行为属于效力待定的行为，需要经法定代理人（家长）同意或者追认后才能发生效力。如果法定代理人不同意或不予追认，则该行为无效。

又如，对于第二个要素价值主张，也就是你的主营产品/服务问题，需要问的是，产品生产、制造以及销售是否已经取得应取得的相关资质及审批手续？例如销售食品，是否取得食品流通许可证？

我们在后面的实务演练环节提供了完整的法律风险自检清单，供创业者参考使用。

2. 风险评估

风险识别之后，还需要对其性质、影响进行评估，以判断该如何采取相应的解决方案。

有些风险是整体性的、全局性的、制度性的，有些风险是局部的、暂时性的、偶发性的。有些风险来自外部，有些风险来自内部。有些风险对企业的影响可能是根本性的，解决风险可能宣告该商业模式被取代。如通过销售个人信息获利的商业模式，因为该行为本身违法，意味着这个商业模式整体就是违法的，所以，控制法律风险的唯一途径就是放弃该商业模式。有些风险通过企业规范管理就可以加以控制，如大部分的违约风险，可以通过企业规范合同管理，降低其发生的概率；客户的资信问题，可以通过建立客户管理制度，帮助企业筛选适合的客户。有些风险甚至可以不去应对，因为它可能是极个别的，或者影响很小的。

3. 风险控制

风险控制，就是在风险评估的基础上，对症下药，制订并实施解决方案。具体应对策略一般包括接受、规避、降低和分担等。

风险控制的目标不是消灭风险，而是将风险控制在企业可以承受范围之内。更重要的是，通过风险识别、评估的过程，可以帮助企业发现系统性风险，为企业完善风险控制体系提供依据。许多创业企业的通病就是还没来得及建章立制，便开始信马由缰、驰骋商场。没有规矩不成方圆，一些全局性的、制度性的甚至根本性的法律风险隐患就此埋下……所以，创业企业一定要在一开始就重视建章立制。

根据《公司法》、《中华人民共和国会计法》（以下简称《会计法》）、《小企业内部控制规范（试行）》（财会〔2017〕21 号）等法律法规的指引，创业企业建立法律风险管理体系，应当包括制度的建立、人员的配备、流程的完善等方面。如一个合同风险管理制度，需从合同订立前的尽职调查、合同谈判、合同审查、合同履行、合同争议解决、合同档案管理等方面建立全程控制体系，只有这样，才能真正让法律风险无处藏身，最大限度地降低企业风险。

第四节　大学生创业法律素质培养

关键词：社会责任、法律学习方法、法律法规查询

一、创业者应承担的社会责任

任何企业存在于社会之中，都是社会的企业。社会是企业家施展才华的舞台。只有真诚回报社会、切实履行社会责任的企业家，才能真正得到社会认可，才是符合时代要求的企业家。

做一个负责任的创业者，是大学生创业法律素质培养的应有之义。如前所述，创业者承担着社会责任，许多优秀企业（家）的核心价值观之一，就是自觉承担社会责任。例如，马云说："企业不交税是不道德的，整个社会为你的企业做出了巨大贡献，整个社会为你做了配套设施，你不交税，你是不道德的，不仅仅是不合法。"① 华为公司则认为："只要我们遵守国家法律，内部机制是健康的、有活力的、和谐的，只要我们认真服务好客户，努力工作，企业把自己的事办好，活下去，向国家和政府多纳税，就是对社会最大的贡献。"②

创业者承担的社会责任，也就是企业的社会责任，是企业对股东（投资者）、员工、消费者以及全社会承担的责任。这种责任往往既是法律责任，也是道德责任。

承担社会责任，首先就是要履行企业的法定义务，如依法纳税、诚信合法经营，做守法表率。但仅仅守法还是不够的，因为守法是最低的道德，一个企业的行为如果从法律上找不到漏洞，但明显违背道德，也会遭受社会的抵制和舆论的声讨。所以，企业活动还应当遵循商业道德，企业采取任何行动，除评估其合法性外，还要评估其是否合乎道德。例如，如今互联网商业模式的创新层出不穷，而相应的法律规制并未及时跟上，一些商业行为可能面临法律的空白或者"灰色地带"。在法律没有明确规定的情况下，这些行为是否可以实施，就需要创业者从其是否符合商业道德、是否符合公序良俗、是否有利于社会发展进步等角度去进行综合考量，而不能仅考虑是否能够获利。

【法条】

《民法典》（2020年5月28日第十三届全国人民代表大会第三次会议通过，2021年1月1日起施行）

第八十六条　营利法人从事经营活动，应当遵守商业道德，维护交易安全，接受政府和社会的监督，承担社会责任。

二、大学生学习法律知识、提高依法创业能力的方法

法律知识是最适合自学的知识之一，我们常常听到一些非法律专业的人通过努力自学通过司法考试的案例。但对于创业者而言，关键是提高自己的法律意识，学习必要的与创业相关的法律知识，以便在创业过程中能够做出明智、正确的法律决定。为此，你除了需要学习一些法律基础知识，还需要特别注重与创业相关的法律信息，因为充分的信息是正确决策的前提。法律是公开信息，创业者应当经常关注法律的更新，学会查询相关法律法规的方法。后面我们会专门介绍查询法律规定的途径和方法。

此外，还应多关心创业类、法律类新闻，多了解最新发生的创业案例、法律动态，养成凡事多从合法合规角度考虑的思维习惯，对于提升你对创业相关法律的理解会大有帮助。

最后，向有经验的创业者或者律师等专业人士咨询，在做重要决策之前听取他们的正确意见和建议，可以帮助你减少决策失误，提高依法创业能力。

【案例】律师团进驻创业园区，免费为中小微企业提供法律服务

武汉市海创云企业孵化园是一家以人工智能、互联网+、大数据和跨境贸易为产业主导，

---

① 蒋云清. 我的创业哲学：马云献给年轻人的12堂人生经营课[M]. 北京：群言出版社. 2014：12.

② 黄卫伟. 价值为纲：华为公司财经管理纲要[M]. 北京：中信出版社. 2017：321.

致力于为海归人才和国际创客打造一站式服务的国家级孵化器。从 2019 年 6 月开始，湖北一家律师事务所作为服务律师事务所入驻园区。该所安排骨干律师每个工作日定点定时值班，接受园区企业的法律咨询，积极解决企业在发展中遇到的各种问题，为企业的发展提供法律支持。每个值班日，律师都在园区微信群内发布最新的法律法规和司法解释，以及与园区企业生产经营相关的、所涉纠纷类似的典型案例等，让各企业家知晓最新最全面的法律知识。值班律师还举办多场讲座，宣讲内容主要围绕合同法、劳动法等与企业生产、发展密切相关的法律，增强企业依法经营意识，加强企业法治文化建设，引导企业进一步树立依法经营、依法管理、依法办事、依法维权理念，营造良好的法治环境。

该园区的一位创业者孙先生在向律师咨询后表示，感谢律师"为我们答疑解惑，要不然我们又要走不少弯路"。经过值班律师的详细讲解，他终于厘清了公司的劳务纠纷事宜。

（资料来源：楚天都市报）

评析：随着创业者法律意识的增强，越来越多的人希望能够得到律师等专业法律服务人士的帮助。专业律师进驻创业园区，是各地比较普遍的做法。在杭州，创业大学生有自己的"律师服务团"，这是杭州市团市委、司法局、大学生创业联盟、律师协会联合发起成立的公益法律顾问团。"律师服务团"不仅为在杭州创业的大学生提供免费法律服务，还与创业大学生结成"导师带徒"对子，让律师成为创业大学生的导师，为创业活动保驾护航。

三、查询法律、政策信息的途径

查询法律、政策信息的途径有很多，上网查询方便快捷，是首选。上网查询法律、政策信息，需要注意检验其可靠性、时效性，要认准官方网站，不要误入山寨网站。下面给大家介绍几种网络查询途径。

1. 国家机关网站

我国国家机关（包括立法机关、行政机关、司法机关等）都设有官方网站，如中国人大网、中国政府网、国务院各部委网站、最高人民法院网等，这些网站发布的官方信息包括法律法规、政策、法治新闻、司法判例等。

（1）中国人大网（http://www.npc.gov.cn/）是全国人大常委会官方网站，权威发布国家法律、立法动态，其法律释义和法律问答专栏帮助人们更好地学习法律。

（2）中国政府网（http://www.gov.cn/），即中华人民共和国中央人民政府门户网站，是国务院和国务院各部门，以及各省、自治区、直辖市人民政府在互联网上发布政府信息和提供在线服务的综合平台。该网站第一时间权威发布国务院重大决策部署和重要政策文件，还可以通过其政策文件库查询国务院出台的各类政策文件。下面以查询"双创"相关政策文件为例。

第一步，打开浏览器，在地址栏中输入 http://www.gov.cn/（也可以百度"中国政府网"，单击"官方"认证链接），登录中国政府网后，从首页"政策"栏目进入国务院政策文件库，如图 1-1 所示。

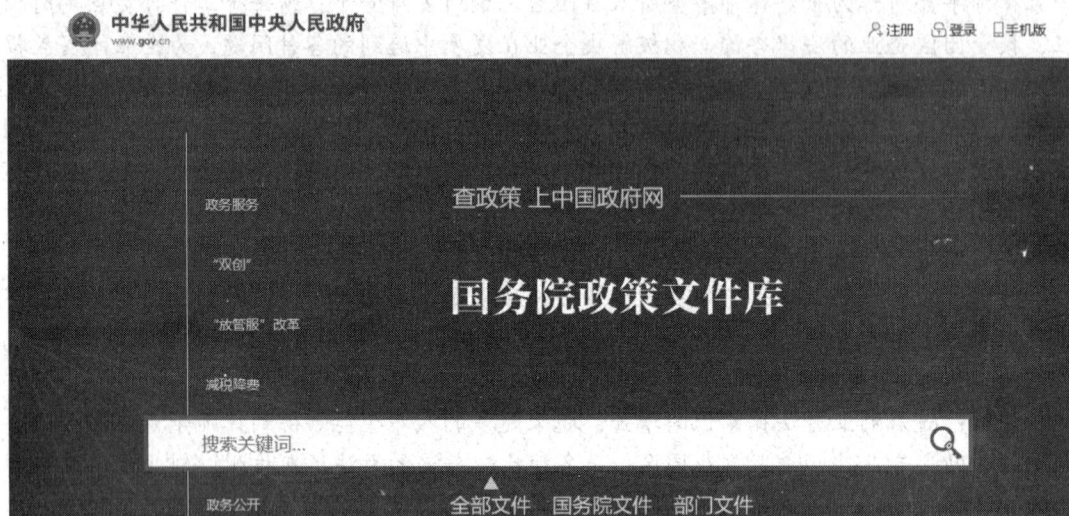

图 1-1　中国政府网国务院政策文件库首页

　　第二步，单击上述页面默认关键词"双创"，或在搜索栏中输入"双创"，即出现与"双创"相关的国务院政策文件，如图 1-2 所示。

图 1-2　"双创"政策查询结果

　　第三步，单击第一条"国务院关于推动创新创业高质量发展打造'双创'升级版的意见"，显示该文件全文，如图 1-3 所示。

　　另外，也可以通过中国政府网首页"服务"栏目进入"便民服务"，通过全国政务服务总门户搜索"双创"信息，如图 1-4～图 1-6 所示。

图 1-3　国务院关于推动创新创业高质量发展打造"双创"升级版的意见

图 1-4　中国政府网全国政务服务总门户首页

图 1-5　在中国政府网全国政务服务总门户首页输入"双创"后显示结果

图1-6　单击"'双创'政策查询"后进入"双创"政策汇集发布解读平台

上述"双创"政策汇集发布解读平台左边第一条，即"国务院关于推动创新创业高质量发展打造'双创'升级版的意见"。

（3）中国法院网（https://www.chinacourt.org/index.shtml）是全国法院门户网站，是世界最大的法律网站、法律新闻网站，为社会提供最丰富的法律资讯、最权威的法院信息、最快捷的案件报道。在中国法院网首页单击"法律文库查询"栏，就可以进入法律文库，其提供立法追踪、国家法律法规、地方法规、司法解释、中外条约、政策参考等分类查询服务。

最高人民法院还建设了以下网站：中国裁判文书网（http://wenshu.court.gov.cn/），可以查询各类裁判文书；中国执行信息公开网（http://zxgk.court.gov.cn/），可以查询失信被执行人（"老赖"）信息；中国庭审公开网（http://tingshen.court.gov.cn/），可以在线旁听庭审直播……这些网站是司法公开的平台，也给创业者提供了很好的"法律案例教学平台"。

（4）中国普法网——智慧普法平台（http://www.legalinfo.gov.cn）由全国普法办公室主办，以普法为己任，特别设置在线学法栏目，提供微电影、微视频、动漫、以案释法等多种形式的法治宣传内容。同时，其法律法规数据库提供方便、快捷的法律查询服务。

（5）中国法律服务网（http://www.12348.gov.cn/）是司法部主办的政务服务网站，提供请律师、办公证、求法援、找调解、寻鉴定、要仲裁、案例库、执法服务、法考服务等服务，还有在线智能法律咨询等功能。

国家机关网站发布的信息具有权威性、公开性、无偿性等特点。如果想了解更具体、及时的地方法规规章信息，可以直接登录地方人大或政府网站。如果想要了解某一较为专业方面法律的具体规定，可以直接登录相关国家机关的官方网站。例如，查询知识产权法律法规，可以登录国家知识产权局网站（http://www.cnipa.gov.cn/），单击"政策法规"专栏，即可查询到有关专利、商标、版权方面的法律法规；要了解税收政策，可以登录国家税务总局网站（http://www.chinatax.gov.cn/）进行查询。

需要注意的是，有的国家机关网站建设可能不够完善，提供的法律法规不够全面，更新不够及时，有的可能没有建立搜索功能，导致查询不便。

2. 法律类专业网站

北大法律信息网（http://www.chinalawinfo.com/）是北大英华公司和北大法制信息中心共同创办的法律综合型网站，创立于 1995 年，是互联网上起步较早的中文法律网站。北大法律信息网凭借北大法学院的学科优势，在网站内容的广度、深度方面颇有建树，下设法学在线、网刊、法律新闻、专题等精品栏目。旗下智能型法律大数据检索系统北大法宝（https://www.pkulaw.com/law）提供中文法律法规、司法案例、法学期刊、律所实务、专题参考、英文译本、法宝视频等数据库在线检索服务。

3. 创业类网站

全国大学生创业服务网（https://cy.ncss.cn/）是中华人民共和国教育部唯一专门宣传、鼓励、引导、帮助大学生创业的官方网站，由全国高等学校学生信息咨询与就业指导中心负责网站具体运营。网站致力于打造"互联网+"大赛支持、创业项目对接、创业培训实训、政策典型宣传、创业专业咨询五大功能的大学生创业服务平台。

新职业网（https://www.ncss.cn/）也是由全国高等学校学生信息咨询与就业指导中心负责运营的，是服务于高校毕业生及用人单位的公共就业服务平台。其政策栏目可以浏览各地的就业、创业政策。

创业邦（https://www.cyzone.cn/）成立于 2007 年，致力于打造国际化创业创新创投生态服务平台。成立以来，创业邦以帮助创业者成功为使命，业务涵盖媒体内容与创新生态服务两大版块。媒体包括创业邦杂志、网站、App、微信、微博、头条号、企鹅号、榜单、研究报告、项目库等在内的创业信息服务矩阵，以专业的科技创投视角关注创业相关的资讯与经验、资本与人才、模式与产品，发掘新一代优秀商业代表并向他们提供创新创业服务。

4. 企业信息查询网站

国家企业信用信息公示系统（http://www.gsxt.gov.cn）由国家市场监督管理总局主办，提供全国企业、农民专业合作社、个体工商户等市场主体信用信息的填报、公示、查询和异议等功能，是查询全国各地企业信息的权威平台。

除上述官方平台外，要查询企业信用信息，还可以通过企查查、天眼查、启信宝等专业企业征信机构开发的查询平台进行查询。

上述网站同时开通微博、微信、手机客户端等新媒体渠道，为用户了解、查询信息提供了多种选择。

【超级链接】

一、习近平谈企业家的精神

改革开放以来，一大批有胆识、勇创新的企业家茁壮成长，形成了具有鲜明时代特征、民族特色、世界水准的中国企业家队伍。企业家要带领企业战胜当前的困难，走向更辉煌的未来，就要在爱国、创新、诚信、社会责任和国际视野等方面不断提升自己，努力成为新时代构建新发展格局、建设现代化经济体系、推动高质量发展的生力军。这里，我提几点希望。

第一，希望大家增强爱国情怀。企业营销无国界，企业家有祖国。优秀企业家必须对国家、对民族怀有崇高使命感和强烈责任感，把企业发展同国家繁荣、民族兴盛、人民幸福紧密结合在一起，主动为国担当、为国分忧，正所谓"利于国者爱之，害于国者恶之"。爱国是近代以来我国优秀企业家的光荣传统。从清末民初的张謇，到抗战时期的卢作孚、陈嘉庚，再到中华人民共和国成立后的荣毅仁、王光英等，都是爱国企业家的典范。改革开放以来，我国也涌现出一大批爱国企业家。企业家爱国有多种实现形式，但首先是办好一流企业，带领企业奋力拼搏、力争一流，实现质量更好、效益更高、竞争力更强、影响力更大的发展。

第二，希望大家勇于创新。创新是引领发展的第一动力。"富有之谓大业，日新之谓盛德。"企业家创新活动是推动企业创新发展的关键。美国的爱迪生、福特，德国的西门子，日本的松下幸之助等著名企业家都既是管理大师，又是创新大师。改革开放以来，我国经济发展取得了举世瞩目的成就，同广大企业家大力弘扬创新精神是分不开的。创新就要敢于承担风险。敢为天下先是战胜风险挑战、实现高质量发展特别需要弘扬的品质。大疫当前，百业艰难，但危中有机，唯创新者胜。企业家要做创新发展的探索者、组织者、引领者，勇于推动生产组织创新、技术创新、市场创新，重视技术研发和人力资本投入，有效调动员工创造力，努力把企业打造成为强大的创新主体，在困境中实现凤凰涅槃、浴火重生。

第三，希望大家诚信守法。"诚者，天之道也；思诚者，人之道也。"人无信不立，企业和企业家更是如此。社会主义市场经济是信用经济、法治经济。企业家要同方方面面打交道，调动人、财、物等各种资源，没有诚信寸步难行。由于种种原因，一些企业在经营活动中还存在不少不讲诚信甚至违规违法的现象。法治意识、契约精神、守约观念是现代经济活动的重要意识规范，也是信用经济、法治经济的重要要求。企业家要做诚信守法的表率，带动全社会道德素质和文明程度提升。

第四，希望大家承担社会责任。我说过，企业既有经济责任、法律责任，也有社会责任、道德责任。任何企业存在于社会之中，都是社会的企业。社会是企业家施展才华的舞台。只有真诚回报社会、切实履行社会责任的企业家，才能真正得到社会认可，才是符合时代要求的企业家。这些年来，越来越多企业家投身各类公益事业。在防控新冠肺炎疫情斗争中，广大企业家积极捐款捐物，提供志愿服务，做出了重要贡献，值得充分肯定。当前，就业压力加大，部分劳动者面临失业风险。关爱员工是企业家履行社会责任的一个重要方面，要努力稳定就业岗位，关心员工健康，同员工携手渡过难关。

第五，希望大家拓展国际视野。有多大的视野，就有多大的胸怀。改革开放以来，我国企业家在国际市场上锻炼成长，利用国际国内两个市场、两种资源的能力不断提升。过去10年，我国企业走出去步伐明显加快，更广更深参与国际市场开拓，产生出越来越多世界级企业。近几年，经济全球化遭遇逆流，经贸摩擦加剧。一些企业基于要素成本和贸易环境等方面的考虑，调整了产业布局和全球资源配置。这是正常的生产经营调整。同时，我们应该看到，中国是全球最有潜力的大市场，具有最完备的产业配套条件。企业家要立足中国，放眼世界，提高把握国际市场动向和需求特点的能力，提高把握国际规则能力，提高国际市场开拓能力，提高防范国际市场风险能力，带动企业在更高水平的对外开放中实现更好发展，促进国内国际双循环。

（资料来源：学习强国网）

（摘自2020年7月21日习近平主持召开企业家座谈会上的讲话）

二、部分国家机关网址

全国人民代表大会	http://www.npc.gov.cn/
最高人民法院	http://www.court.gov.cn/
最高人民检察院	http://www.spp.gov.cn/
司法部	http://www.moj.gov.cn/
发展和改革委员会	http://www.ndrc.gov.cn/
商务部	http://www.mofcom.gov.cn/
人力资源和社会保障部	http://www.mohrss.gov.cn/
生态环境部	http://www.mee.gov.cn/
教育部	http://www.moe.gov.cn/
科学技术部	http://www.most.gov.cn/
工业和信息化部	http://www.miit.gov.cn/
公安部	http://www.mps.gov.cn/
民政部	http://www.mca.gov.cn/
财政部	http://www.mof.gov.cn/
自然资源部	http://www.mnr.gov.cn/
住房和城乡建设部	http://www.mohurd.gov.cn/
交通运输部	http://www.mot.gov.cn/
水利部	http://www.mwr.gov.cn/
农业农村部	http://www.moa.gov.cn/
文化和旅游部	https://www.mct.gov.cn/
国家卫生健康委员会	http://www.nhc.gov.cn/
中国人民银行	http://www.pbc.gov.cn/
海关总署	http://www.customs.gov.cn/
国家税务总局	http://www.chinatax.gov.cn/

国家市场监督管理总局　　　　　　　http://www.samr.gov.cn/
国家知识产权局　　　　　　　　　　http://www.cnipa.gov.cn/
中国银行保险监督管理委员会　　　　http://www.cbirc.gov.cn/
中国证券监督管理委员会　　　　　　http://www.csrc.gov.cn/

三、杭州市大学生创新创业扶持政策

杭州市从 2008 年起扶持大学生创业，目前已形成了资助、场地、融资、培育等一系列的支持体系。2020 年杭州市宣布每年 6 月 13 日为"杭州大学生双创日"，计划到 2022 年，全市新引进 100 万名以上大学生来杭州创业创新，形成充满活力的大学生创业创新体系，涌现出一批具有全国影响力的大学生创业创新平台和创业企业，把杭州打造成为大学生"双创"人才集聚地、"双创"成果转化地、"双创"文化引领地。

为此，杭州市在原有扶持政策基础上，继续加大扶持力度，出台了以下主要举措。

1. 加大创业项目资助。高层次留学回国人员（团队）在杭州创业创新项目，可申请 3 万～100 万元资助；特别项目可采取"一事一议"的办法，最高给予 500 万元资助。毕业 5 年内的普通高校毕业生（包括外国大学生、留学生）或杭州高校在校生，在上城区、下城区、江干区、拱墅区、西湖区、滨江区以及富阳区范围内新创办企业，经评审通过后可给予 5 万～20 万元无偿资助；优秀项目可采取"一事一议"的办法，最高给予 50 万元的无偿资助。其他区、县（市）大学生创业项目符合条件的，市财政再按当地无偿资助额 50% 的标准予以资助。

2. 加大经营场地房租补贴支持。在校大学生或毕业 5 年内的高校毕业生在杭州新创办企业租赁办公用房的，可享受 3 年内最高 10 万元的经营场所房租补贴。大学生创业企业入驻创业陪跑空间，可按规定享受创业陪跑空间房租补贴。

3. 加大创业创新金融支持。符合条件的大学生创业者，可申请最高 50 万元的创业担保贷款。来杭州工作本科及以上学历的应届毕业生可申请最高 30 万元、为期 3 年的基准利率贷款。发挥各级财政资金的引领示范效应，鼓励设立成长型大学生创业企业投资引导基金，带动社会资本对大学生创业企业进行投资扶持。实施大学生创业"风险池"基金项目，对符合条件的创业企业原则上给予不高于年 1% 的优惠担保费率和不超过基准利率上浮 10% 的优惠贷款利率。支持做大做强"海大基金""涌泉基金""创业陪跑基金"等民间投资基金，鼓励创业成功者反哺社会，帮助处于种子期、初创期的大学生创业企业茁壮成长。

4. 加大知识产权创造资助。符合条件的大学生创业者在杭州注册的企业获得国内职务发明专利授权的，每件资助 7000 元，获得国内非职务发明专利授权的，每件资助 2500 元；符合条件的创业企业获得美国、日本和欧洲发明专利授权的，每件最高资助 2 万元；在"市长杯"高价值知识产权创新创意大赛中获得金奖、银奖、铜奖、优胜奖的单位或个人，分别给予 30 万元、15 万元、5 万元和 2 万元资助。

5. 鼓励大学生来杭州见习。给予见习学员生活补贴、见习训练基地训练费补贴等相应补助。将大学生企业实训纳入大学生见习训练，优化见习训练基地认定程序，完善见习训练工作机制，鼓励和吸引全国大学生来杭州见习就业。

6. 实施杰出创业人才培育计划。加大对大学生杰出创业人才的培育力度，每年选拔

20名培育对象，给予每人50万元培育扶持资金（40万元为资助资金，10万元为进行境外高端参访和培训的资金）。

7. 高质量办好大学生创业学院。联合浙江大学等高校办好杭州大学生创业学院，针对不同阶段的创业大学生，开设创业雏鹰班、强鹰班、精英班，开展体系化、梯度化培训。组织实施"双营计划"，依托杭州高校和杭州大学生创业学院，举办杭州大学生创业训练营，对有创业意愿的在校大学生进行有针对性的创业培训；举办大学生创业实践营，对经过大学生创业训练营选拔的创业大学生，通过与创业导师结对，进行"一对一"创业实践辅导。

8. 大力培养大学生"工匠"。加大大学生高技能人才培养力度，鼓励青年大学生参加岗位技能培训和技能大赛。鼓励职业院校学生在获得学历证书的同时，积极取得多类职业技能等级证书，拓展就业创业本领。加强数字经济等重点产业领域的大学生技能人才培养，大力培养大学生"数字工匠"，助力先进制造业基地建设。

9. 加大"双创"培训机构建设。鼓励社会力量开展大学生创业培训，每年从培训数量、质量达到相应标准的创业培训机构中择优评选10家左右，给予每家12万元奖励。实施创业创新人才垂直培育计划，聚焦我市重点产业需求，采取多维协同培育模式，每年择优认定10家左右垂直培育示范基地，给予每家20万元的培训补助。

10. 深化推进"师友计划"。健全创业导师机制，拓宽创业导师聘任范围，建立全市统一的大学生创业导师库。创业导师每结对1名大学生或1个大学生创业团队进行创业辅导的，可享受2000元的综合性补贴；指导大学生或大学生创业团队新办企业在上城区、下城区、江干区、拱墅区、西湖区、滨江区领取营业证照且稳定经营12个月以上的，可享受8000元绩效性补贴。创业导师参加就业创业主题宣讲、咨询、赛事评审等专项服务活动，可享受每人每次1000元的补贴。

11. 提升创业大赛品牌效应。提升"创客天下·杭向未来"杭州海外高层次人才创新创业大赛水平，大力推动项目落地，对符合条件的获奖落地项目给予20万～500万元资助。完善中国杭州大学生创业大赛赛区办赛模式，依托第三方社会化创业服务机构征集优质创业项目，优化大赛落地服务体系，入围大赛400强以上项目在杭州落地转化的，可免于评审，直接申请享受5万～100万元无偿资助。支持"创青春""互联网+"等国家部委举办的大学生创业大赛，获金、银、铜奖（或前三等相当奖项）并在杭州落地的项目，可免于评审，直接申请享受50万元、30万元、20万元的项目无偿资助。

12. 优化大学生创业园功能。完善大学生创业园、留学人员创业园的创业公共服务体系。进一步发挥特色小镇和各类孵化器、众创空间等平台吸引集聚大学生创业创新的作用，扩大市级大学生创业园在高校的覆盖面，对集聚30家以上大学生创业企业的，可认定为市级大学生创业园。经认定的市级大学生创业园、留学人员创业园，给予每家100万元的一次性建园资助；每两年对市级大学生创业园和留学人员创业园进行考核，按考核优秀、良好、合格三个等次分别给予30万元、20万元、10万元资助。

13. 加强众创空间建设。进一步加强众创空间、孵化器的生态体系建设，坚持需求导向、产业导向和国际化理念，在数字经济、生命健康等重点产业领域，着力引导众创空间专业化和国际化发展，构建"众创空间+孵化器+特色园区"的孵化链条，提升对"双创"

人才的吸引力和聚集力。

14. 推进大学生创业创新"一件事"联办。以"一件事"为标准，通过事项梳理、平台搭建、流程优化、材料精简、数据共享、部门联动，将大学生创业企业生命周期的补贴申请、人才就业公共服务、公租房申请、公积金缴纳、市民卡申领等办事需求和部门之间政务办事关联，打造大学生创业创新"一站式"服务平台。

15. 建立大学生"双创"资源对接平台。建立全市创业数据库，搭建资源和对接交流平台，促进产业园区、投资机构、创业孵化器、服务机构与大学生创业人才的互动。充分运用大数据共享手段，强化大学生创业数据统计工作。

16. 引导社会力量支持大学生创业。鼓励、支持社会机构承办、主办各类大学生创业创新大赛、创业活动，每年择优评选10项社会组织主办的大学生创业创新品牌活动，每项给予最高10万元资助。鼓励支持大学生创业企业根据《杭州市科技创新券实施管理办法》的规定领取和使用创新券，借助社会创新资源开展技术创新活动。发挥大学生创业促进会、大学生创业联盟、创业陪跑基金会、杭州学子工作站等作用，开展"优秀学子杭州行"、国际众创大会、国际创业马拉松等"双创"活动，服务和推动大学生创业创新。

（摘自《杭向未来·大学生创业创新三年行动计划（2020—2022年）》，资料来源："中国杭州"政府门户网站）

【实务演练】

1. 收集大学生创业案例，谈谈创业者必须学法、懂法的原因。
2. 登录中国政府网，试一试查询你想了解的"双创"政策。
3. 下面是一份企业法律风险自测的简易清单（见表1-2）。请自行设计一个商业模式，然后一一对照回答清单的问题。最后来看一看，你的商业模式可能存在哪些法律风险。

表1-2　企业法律风险自测清单

商业模式要素	检测对象	检测问题	可能的法律风险
1. 客户细分	你的客户是谁？	1.1 你的客户具备完全民事行为能力吗？ 1.2 你的客户具备法定资质吗？ 1.3 与你签订合同的人能代表你的客户吗？ 1.4 你的客户信用良好吗？	1.1～1.3 与未成年人、精神病人、没有总公司授权的分公司、不具备法定资质的客户、无权代理的人交易可能无效 1.4 与"老赖"等信用差的客户交易缺乏保障
2. 价值主张	你向客户提供什么产品或服务？	2.1 你提供的产品或服务是否属于法律禁止销售的范围？ 2.2 你的产品或服务是否需要取得相应的经营资质、许可或备案？ 2.3 你的产品或服务是否列入市场准入负面清单？ 2.4 你提供的产品或服务是否存在危及人身、财产安全的不合理危险？	2.1～2.3 交易无效，还可能面临法律制裁 2.4 有安全隐患的产品可能被强制召回，服务可能被叫停，并承担赔偿损失、行政处罚等法律责任

续表

商业模式要素	检测对象	检测问题	可能的法律风险
3. 渠道通路	你的产品或服务通过什么渠道提供给客户？	3.1 直销模式下，是否取得直销许可？ 3.2 通过代理商、经销商、批发商等渠道商间接销售的，有无审核渠道商资质？有无与渠道商签订合同？ 3.3 通过电子商务平台销售的，是否符合平台规范？是否存在刷单？ 3.4 租赁实体店铺销售的，签订租赁合同前有无审查房东信息？	3.1 可能涉嫌非法传销 3.2 渠道商资质不良或未签订合同的，该渠道保障差 3.3 违规销售可能被平台制裁，违法刷单可能面临法律制裁 3.4 可能被二房东骗，租赁关系得不到保护
4. 客户关系	你如何建立、维护客户关系？	4.1 广告、促销行为是否合法？是否存在虚假或夸大宣传？ 4.2 取得、利用、提供客户信息是否取得客户的同意？ 4.3 客户社群活动是否履行群组管理责任？是否传播违法内容？ 4.4 企业网站、微博、微信、客户端等自媒体建设、运营是否合法？是否建立内容审核制度？	4.1 可能违反《广告法》等，面临法律制裁，被客户追责 4.2 可能侵犯客户个人信息权利 4.3 违反《互联网群组信息服务管理规定》等规定，面临法律制裁 4.4 违法建设、运营自媒体，或审核不严，发布不当、违法或侵权内容的，均可能面临法律制裁
5. 收入来源	你的收入来自哪里？	5.1 你的收入来源是否合法？ 5.2 你的收费标准是否明示？ 5.3 你的收费是否低于成本价？ 5.4 收入是否及时入账、开具发票、报税？ 5.5 是否建立了应收账款催收管理制度？	5.1 违法收入被追缴、要求返还等风险，还可能面临法律制裁 5.2 侵犯消费者知情权 5.3 涉嫌不正当竞争 5.4 违反财务、税务管理法规 5.5 因未及时催收，应收账款超过法定诉讼时效，不受法律保护
6. 核心资源	你的企业运营需要哪些资源？如实体资产、金融资产、知识产权、人力资源等	6.1 企业资产权属是否清晰？实体资产是否具备购买合同、购置发票、权属证书？使用他人资产的，是否有合同依据？ 6.2 资金来源是否均有合同依据？融资方式是否合法？ 6.3 企业自有创新成果有无采取保护措施（申请专利、注册商标、保密制度）？知识产权是否取得相关证书？是否及时缴纳登记费用？是否存在擅自使用第三方知识产权的侵权行为？ 6.4 员工是否与企业签订劳动合同？技术、管理关键岗位员工是否签订保密协议、竞业限制协议？是否缴纳社会保险？ 6.5 创业者个人资产与企业资产是否混同？ 6.6 企业有无制定、执行风控制度，有无配置风控人员？	6.1 权属不清导致争议，无法控制该资源的风险 6.2 非法融资的风险 6.3 知识产权权属不清导致争议，或因未及时采取措施不受法律保护，或侵犯第三方知识产权等风险 6.4 违反《劳动法》的风险，关键岗位员工泄密、跳槽的风险 6.5 创业者个人需为企业承担无限责任的风险，创业者涉嫌职务侵占的风险 6.6 企业缺乏风险管理制度的系统性风险

续表

商业模式要素	检测对象	检测问题	可能的法律风险
7. 关键业务	为了向客户提供产品或服务，你需要开展哪些主营业务活动？	7.1 企业是否取得必需的生产或服务资质？ 7.2 企业是否建立产品或服务质量控制体系？ 7.3 从事电子商务的，是否取得电子商务经营资质？	7.1、7.3 因缺乏资质而可能承担违法经营等法律责任 7.2 因质量问题承担法律责任
8. 重要合作	你的合作伙伴有哪些？如供应商、战略合作伙伴、投资方、联营方、业务外包方、媒体等	8.1 合作伙伴的信用如何？是否具备法定资质？ 8.2 合作关系的建立是否以合同为依据？ 8.3 合作方式是否合法？	8.1 合作伙伴资信不良带来的风险，如合作关系不稳定、与合作伙伴承担连带责任 8.2 合作关系不稳定、不受法律保护的风险 8.3 非法合作需承担相应的法律责任
9. 成本结构	维系你的商业模式，需要支出哪些成本？	9.1 是否依法纳税？ 9.2 是否履行环境保护义务？ 9.3 实体店是否尽到安全保障义务？ 9.4 开展业务过程中，是否在账外给予对方好处？	9.1 违反纳税义务的法律风险 9.2 违反环保义务的法律风险 9.3 违反安全保障义务的法律风险 9.4 涉嫌商业贿赂

需要注意的是，企业可能面临的法律风险是无法穷尽的，上表仅选择了比较常见的情形。要更全面地检测企业的法律风险，需要创业者结合自身的实际情况，在咨询专业律师的基础上量身定制。

【案例评析】

卞某某等贩卖毒品、非法利用信息网络案

卞某某在国外留学，2015年1月他无意中发现了某非法大麻种植论坛，便注册成了会员。他发挥自身语言优势，翻译了多篇国外种植大麻的文章发在该论坛，其中不少文章成为精华教程贴。不久他被提升为版主，负责管理论坛中的内部教程板块，共发布有关大麻知识及种植技术的主题帖19个，回帖交流大麻种植技术164次，被称为"翻译官大神"。

2017年冬天，以勤工俭学赚零花钱为由，卞某某提供大麻种子给其父（下称"卞父"），卞父遂在其工厂宿舍及家中进行种植。自2018年1月起，卞某某通过微信向他人贩卖大麻，卞父将成熟的大麻风干固化成大麻叶成品后通过快递寄给买家。至同年10月，卞某某贩卖大麻至少18次，共计294克，获利13 530元，其中卞父参与贩卖至少11次，共计241克。案发后，公安人员在卞父处查获大麻植株12株、大麻叶16根。

法院认为，被告人卞某某、卞父明知大麻是毒品而种植、贩卖，其行为均已构成贩卖毒品罪。卞某某、卞父多次贩卖大麻，属情节严重，且二人系共同犯罪，应当按照各自参与的全部犯罪处罚。卞某某利用信息网络发布涉毒品违法犯罪信息，情节严重，其行为又构成非法利用信息网络罪。卞某某、卞父归案后均能如实供述犯罪事实，且认罪认罚，可

从轻处罚。对卞某某所犯数罪，应依法并罚。据此，依法对被告人卞某某以贩卖毒品罪判处有期徒刑四年，并处罚金人民币 25 000 元，以非法利用信息网络罪判处有期徒刑一年四个月，并处罚金人民币 5000 元，决定执行有期徒刑四年九个月，并处罚金人民币 30 000 元；对被告人卞父以贩卖毒品罪判处有期徒刑三年九个月，并处罚金人民币 25 000 元。

（资料来源：最高人民法院、钱江晚报）

评析： 本案例系最高人民法院发布的 2020 年十大毒品（涉毒）犯罪典型案例之五，被告人卞某某种植、贩卖大麻并利用非法论坛发布相关违法犯罪信息，同时构成贩卖毒品罪和非法利用信息网络罪。卞某某留学国外，本应专注学习，早日成才。没想到，他好的不学，却去研究种植大麻，还怂恿父亲在家种大麻，拉着父亲一起卖大麻，结果害得父亲和自己一起坐牢。这真是名副其实的"坑爹"。勤工俭学本来是好事，但是君子爱财，取之有道，不能触碰法律的底线。卞某某和他的父亲法治意识太淡薄了。虽说大麻在某些国家可能获得了一定的合法地位，但在我国，《中华人民共和国刑法》（以下简称《刑法》）明确规定，"本法所称的毒品，是指鸦片、海洛因、甲基苯丙胺（冰毒）、吗啡、大麻、可卡因以及国家规定管制的其他能够使人形成瘾癖的麻醉药品和精神药品"，大麻就是毒品，是万万不能碰的。本案例给创业者的警示是：创业活动必须守住法律底线，否则，创业不成反成"闯祸"，可就悔之晚矣。

第二章

企业创办筹备法律实务

本章要点提示

- ☑ 如何选择创业项目
- ☑ 电子商务有哪些法律问题
- ☑ 如何选择初次创业的企业形式
- ☑ 如何设计初创企业股权架构
- ☑ 如何拟定企业章程
- ☑ 如何租赁经营场所
- ☑ 如何筹集创办资金

【案例】

小施马上就要大学毕业了，她发现要找个满意的工作真不容易，于是产生了自己创业的想法。因为一次带爱犬就医的糟糕体验，她萌生了自己开办宠物医院的想法，在条件成熟时还打算实施连锁经营。她向朋友讨教了经验，进行了市场调查，现在已经做了一份详细的创业计划书。

你现在是不是像小施一样迫不及待地要着手开创自己的事业了？我们应该从哪里开始呢？要把激动人心的创业想法变成现实，必须借助一定的实体，也就是说，我们首先要设立一家自己的企业。那么，如何选择合适的创业项目？如何设立自己的企业？创办企业要做哪些准备工作？本章将具体介绍创业项目的选择、电子商务法律问题、企业法律形式的确定、企业股权结构设计、企业章程的拟定、经营场所的选择、筹资、出资等问题。

第一节　创业项目的选择

关键词：市场准入负面清单、前置审批、先证后照、校园代理、招商骗局、直销、传销、特许经营、并购

一、选择创业项目该注意的事项

一个好的创业项目（可能是一个好的产品（或服务），也可能是一个好的创业模式），

首先必须是合法的。所谓合法的创业项目，是指要开展的创业项目，包括产品（服务）、创业模式为国家法律、政策所允许。另外，在选择创业项目时，还要避免被一些看上去很美的招商广告所迷惑而上当受骗。

为确保创业项目的合法性，选择创业项目时应注意以下内容。

1. 事先了解当地政府市场准入政策

市场准入是国家准许市场主体进入市场，从事生产经营活动的条件和程序规定。我国目前实行市场准入负面清单制度，即国务院以清单方式明确列出在中华人民共和国境内禁止和限制投资经营的行业、领域、业务等，各级政府依法采取相应管理措施的一系列制度安排。负面清单包含禁止和许可两类事项。对禁止准入事项，市场主体不得进入，行政机关不予审批、核准，不得办理有关手续；对许可准入事项，由市场主体提出申请，行政机关依法依规做出是否予以准入的决定；对市场准入负面清单以外的行业、领域、业务等，各类市场主体皆可依法平等进入。

我国在全国范围内统一实施一张负面清单，但是，各级地方政府可以根据本地区的实际情况，经国务院批准后对负面清单做出调整。因此，在选择创业项目前，一定要先"入乡问俗"，了解创业所在地的政策，知道哪些项目能做，哪些项目不能做，搞清楚之后再确定自己的创业方向，以免创业因先天不足而夭折。

【小贴士】如有外国投资者参与创业，应注意了解外商投资负面清单

创业项目如有外国的自然人、企业或者其他组织参与投资的，需要适用《中华人民共和国外商投资法》（以下简称《外商投资法》，2019年3月15日通过，2020年1月1日起施行），国家对外商投资实行准入前国民待遇加负面清单管理制度。

准入前国民待遇，是指在投资准入阶段给予外国投资者及其投资不低于本国投资者及其投资的待遇；负面清单，是指国家规定在特定领域对外商投资实施的准入特别管理措施。国家对负面清单之外的外商投资，给予国民待遇。

2. 了解创业项目涉及的前置审批事项

企业经营范围分为一般经营项目和许可经营项目。企业开展一般经营项目，无须批准；企业从事许可经营项目，就必须依法获得批准后才能经营，否则就是无证经营，将被依法查处。过去，从事许可经营项目的企业都需要先取得批准，再进行设立登记，这就是前置审批。近年来，国务院简政放权，大力清理前置审批项目，企业登记由先证后照改为先照后证（前置审批改为后置审批），企业经营项目需要经过许可的，可以先把企业设立起来再办理许可。目前仍予以保留的前置审批项目已经大大减少，只剩下三十二项（详见第三章超级链接《工商登记前置审批事项目录（2017年11月）》）。

因此，创业者应先了解自己的创业项目是否属于许可经营项目，以及许可经营项目是否需要在企业登记前完成批准。如果属于在企业登记前完成批准的经营项目，如营利性民办培训机构，那么就需要按照前置审批的要求做好相关准备了。

【法条】

《公司法》第六条第二款

法律、行政法规规定设立公司必须报经批准的，应当在公司登记前依法办理批准手续。

《企业经营范围登记管理规定》（2015年10月1日起施行）

第四条　企业申请登记的经营范围中属于法律、行政法规或者国务院决定规定在登记前须经批准的经营项目（以下称前置许可经营项目）的，应当在申请登记前报经有关部门批准后，凭审批机关的批准文件、证件向企业登记机关申请登记。

企业申请登记的经营范围中属于法律、行政法规或者国务院决定等规定在登记后须经批准的经营项目（以下称后置许可经营项目）的，依法经企业登记机关核准登记后，应当报经有关部门批准方可开展后置许可经营项目的经营活动。

3. 论证企业经营模式的合法性

企业经营模式有很多种，如电子商务和传统商务、线上销售和线下销售、单店经营和连锁（特许）经营、直销和传销、内贸和外贸等。从目前国家管制的角度看，电子商务、连锁（特许）经营、直销、传销、外贸都有相应的法律法规加以约束调整，因此在选择经营模式时，一定要了解该种经营模式所涉及的法律规定，熟悉依法操作规则，以免因为不懂法而"栽了跟头"。

例如，大学生在校期间常见的"校园代理"式创业，因法律主体众多，法律关系复杂，法律责任难以界定，隐含着很大的法律风险。

【案例】校园代理式创业当心法律底线

张强（化名）是江苏某高校学生，一次在校期间"创业"经历，让他被指控涉嫌掩饰、隐瞒犯罪所得罪。这究竟是怎么回事呢？

2014年，在江苏某高校读大二的张强，从往届学长那里得知，可以在网上购买一种"特殊"的校园宽带账号。这些宽带账号有"特殊的功能"——相比在中国电信校园营业厅办理的账号，这些账号"可以使用路由器，不断网"。于是，张强在淘宝上找到一家四钻店铺，店主叫作"辉哥"。张强不但自己在"辉哥"的淘宝店铺里购买了这种账号，还成为这家店铺的"校园代理"，每个号每月他能赚二三十元。到2015年四五月时，张强卖出去30多个账号。因为"每月要统计好几十人，因为线路问题找上来的人也很多，挺烦的"，张强做到2015年8月底选择退出。

但没想到，没过多久"辉哥"出事了。2015年9月，中国电信南京分公司在学校推广业务时，发现学校一些网络在晚上并未按规定断网。经调查，发现"不断网"账号来自"利用漏洞侵入系统进行操作的IP地址"，指向了运营淘宝店的"辉哥"。最终，"辉哥"因非法获取计算机系统数据罪被判处有期徒刑三年，缓刑五年，罚金50万元。然而事情并没有到此为止。检方认为，作为"辉哥"招收的校园代理，张强明知"辉哥"出售的电信宽带账号系犯罪所得，为了牟利，仍从"辉哥"处购买账号，并进行销售，构成了掩饰、隐瞒犯罪所得罪。张强对此予以否认，他认为这些校园宽带账号很"正规"，是来自"辉哥"

认识的电信公司的朋友。所以，自己的行为最多违反了校园和电信公司规定，与掩饰、隐瞒犯罪所得罪没有关联。但是，法院并没有采信张强的辩解。2018年7月，南京市玄武区法院通过聊天记录、"辉哥"的证言、张强的供述等证据，认定张强明知"辉哥"出售的电信宽带账号系犯罪所得，遂做出一审判决，张强犯有掩饰、隐瞒犯罪所得罪，被判处罚金1万元，责令退缴违法所得。张强不服上诉至南京市中级人民法院。南京市中级人民法院于2018年10月做出维持原判的终审裁定书。

中国政法大学学生就业创业指导服务中心主任解廷民认为，创业的前提是依法依规，"必须遵纪守法，突破这个边界，不好把它称之为创业"。北京外国语大学法学院教授、电子商务与网络犯罪研究中心主任王文华指出，在信息时代，大学生应擦亮眼睛，提高法律风险、道德风险的防范意识，"对于那些只提及经济收入、经济利益的创业机会，在没把握的情况下还是要慎重"。

（资料来源：中青在线、中国裁判文书网）

评析： 校园代理是商家委托大学生在校园中为其进行推广、销售，并按约定给予学生提成报酬的营销模式。大学生利用课余时间做校园代理，既能锻炼能力，又能获得报酬，本身是一件好事。但是做校园代理不能盲目。像案例中的这位大学生，明知上家有问题，仍为其代理销售违法账号，这就得不偿失了。除对非法上家、非法项目说"NO"外，在校园代理过程中，还要注意签好代理协议，明确权利义务关系，避免因法律关系不明而产生争议。

4. 认清种种招商、投资骗局

目前社会上存在各种形式、花样翻新的招商、投资骗局，利用人们想尽快发家致富的心理来骗人、骗财。如有的传销组织以招工、招商为名，诱骗他人参加传销；有的以投资理财、私募、虚构项目等为由吸引社会投资，行非法集资犯罪之实；有的根本没有连锁经营资质的企业，到处以小投资大回报诱惑他人加盟；有的经营不善濒临倒闭的店铺，"包装"之后高价转让；有的炒"数字货币""炒鞋"……面对种种骗局，一定要提高识别能力，自觉抵制各种诱惑。天上不会掉馅饼，越是宣扬"高额回报""快速致富"的投资项目，越是要多问几个为什么，进行冷静分析，才能避免上当受骗。

【案例】疯狂的球鞋

一双球鞋值多少钱？几百？几千？2019年的炒鞋热让这个答案完全超出人们的想象。2019年上半年，市场上最热门的乔丹AJ1发售时的原始价为1299元，3个月后，价格暴涨到1.9万元……而据说在"鞋圈"，万元左右的球鞋仅处于"鄙视链"底端，全球限量款的球鞋，更是被炒到了天价。更疯狂的是交易量，据统计，8月19日在成交量前100名的球鞋中，26个热门款的成交金额已达到4.5亿元。

这显然不正常，鞋子已经不再是一双鞋子了，就像曾经的"蒜你狠""姜你军""豆你玩"以及比特币一样，它已变成嗜血资本炒作的工具。而这一次，为它疯狂的更多是年轻人。不少大学生头脑一热加入了炒鞋大军，自愿沦为任资本收割的"韭菜"，更有人因此被骗。有"90后"鞋商因炒鞋欠款千万元跑路的；有"95后"留学生回国炒鞋亏损200余万元，被债主告到法院的；有大二学生被"鞋圈大佬"蒙骗，135万元购鞋款打了水漂的……

中国人民银行上海分行指出，"炒鞋"平台实为击鼓传花式资本游戏。其存在几点值得关注的问题：一是"炒鞋"交易呈现证券化趋势，交易量巨大；二是部分第三方支付机构为"炒鞋"平台提供分期付款等加杠杆服务，助长了金融风险；三是操作黑箱化，平台一旦"跑路"，容易引发群体性事件。"炒鞋"行业背后可能存在的非法集资、非法吸收公众存款、金融诈骗、非法传销等涉众型经济金融违法问题值得警惕。

河南科技大学法学院副院长王君祥表示，"炒鞋"平台吸纳的资金有可能来源于违法犯罪所得及其收益，如果"炒鞋"平台掩饰、隐瞒其来源和性质，将这些黑钱"漂白"，将触犯《刑法》第一百九十一条的洗钱罪。而一旦"炒鞋"平台金融化，不以买卖商品为主要内容而吸纳炒客资金的行为，将构成《刑法》第一百七十六条的非法吸收公众存款罪，容易引发群体性事件。另外，由于"炒鞋"已经失去商品买卖的本质，如果"炒鞋"平台要求炒客以交纳费用或者购买商品、服务等方式获得加入资格，并按照一定的顺序组成等级，按照发展人员数量的方式来计酬或者返利的，就很容易演变为一个骗取财产、扰乱经济社会秩序的传销组织，将构成《刑法》第二百二十四条之一的组织、领导传销活动罪。

（资料来源：中国审判、界面新闻）

评析：炒鞋的赚钱逻辑其实很原始，就是"博傻"（Theory of Greater Fool）。早在17世纪，荷兰全民炒郁金香，最高位时一株郁金香的价格可以购买一栋豪宅。然而这种人为炒作出来的虚假的繁荣终究是一场梦。很快，泡沫破裂，成千上万的人为之倾家荡产。这种投机式的投资，其实质和赌博无异，是背离创业初衷的。真正的创业者要为社会创造财富，而不是把致富的希望寄托在"有人比你更傻"上。

需要警惕的是，近年来，非法集资活动异常活跃，形式也越来越多样。除传统的线下非法集资外，还出现了以P2P平台、交押金做线上任务赚外快等新形式，用电子黄金、投资基金、网络炒汇等新名词迷惑群众，让人眼花缭乱，防不胜防。2020年深圳市公安局破获一起非法集资案件，其用于集资的项目居然是领养鳄鱼，宣传"2000元领养一条鳄鱼，4个月返本，年化收益15%"。但不管形式如何变化，非法集资的套路总是万变不离其宗：编造、包装投资项目设局，以高额回报"请君入瓮"。如果一个项目看上去高大上，回报很诱人，想想很激动，但是你又看不懂，那么这很可能就是一个"坑"。

【小贴士】公安部发布安全提示：警惕七种非法集资犯罪手段

2011年年底，公安部发布安全提示，提醒广大群众正确认识投资风险，特别要警惕以下七种典型的非法集资犯罪手段。

（1）假借股权投资基金名义，依托公司网站，虚构投资项目，以高息吸引社会公众投资。

（2）以康体疗养等名义，邀请客户休闲度假，并以高利或享受免费服务等为诱饵，吸引客户签订康体疗养投资合同。

（3）在互联网设立公司网站，假称公司股票即将在美国或欧洲国家上市，吸引投资者购买原始股，获得所谓的溢价收益。

（4）依托所谓投资咨询、担保公司等企业，假借"投资理财"名义进行虚假宣传，并以高利吸引社会公众投资。

（5）以投资黄金等名义，以高利吸引社会公众投资。

（6）以发展农村连锁超市为名，采用召开"招商会""推介会"等方式，以高息进行"借款"。

（7）以投资养老公寓、异地联合安养等为名，以高利诱导加盟投资。

（资料来源：新华网）

二、直销和传销的区分

【案例】大学生传销团伙致人死亡案

2011年3月2日上午9时，广东省东莞市某法院大法庭内，一片寂静。9名穿着囚服、手脚戴着镣铐的年轻人，一字排开坐在被告席前。7男2女，均是刚毕业的大学生，带着创业、发财的梦来到东莞，如今却坐在被告席上，被以故意伤害罪，组织、领导传销活动罪追究刑事责任。据记者了解，9名被告所属的传销组织中多为刚走入社会的大学毕业生，成员之间多为同学、校友、师兄、师妹的关系。不少人起初也是被同学以有好工作为由骗来，经洗脑后心甘情愿从事传销活动。2009年12月初，一个名叫刘某的大学生被骗到传销窝点，因刘某不愿参与传销活动，遭9名被告胁迫、殴打致死，并被投江抛尸。

（资料来源：东莞日报）

案例中的大学生，起初或是怀抱创业梦，或是想找个好工作，结果却误入传销骗局，走上不归路，可见非法传销的危害有多大！这也是国家坚决禁止传销的原因之一。

1. 直销和传销的区别

根据《禁止传销条例》《直销管理条例》的规定，传销是明令禁止的一种非法经营行为，直销是合法经营行为。那么如何区分直销和传销呢？

传销，是指组织者或者经营者发展人员，通过对被发展人员以其直接或者间接发展的人员数量或者销售业绩为依据计算和给付报酬，或者要求被发展人员以交纳一定费用为条件取得加入资格等方式牟取非法利益，扰乱经济秩序，影响社会稳定的行为。

直销，是指直销企业招募直销员，由直销员在固定营业场所之外直接向最终消费者推销产品的经销方式。

直销和传销的区别主要有以下几个方面。

（1）直销以"单层次"为主要特征；传销以"拉人头""入门费""多层次""团队计酬"为主要特征。传销的本质在于通过发展下线实现财务的非法转移与聚集，并未创造社会价值，这是它与正常营销行为的本质区别。

（2）直销活动中，直销企业招募直销员，应当对直销员进行业务培训和考试，考试合格后颁发直销员证，并与其签订推销合同。直销企业招募直销员，不以交纳费用或者购买商品作为条件，对直销员进行业务培训和考试不收取任何费用。直销员自签订推销合同之日起 60 日内可以随时解除推销合同。传销活动中，参与者通常要交纳费用或者以认购商品等方式变相交纳费用，通过不断发展人员加入"拉人头"，形成上下层级网络，并从直接或间接发展的下线交纳的费用中提取报酬。

（3）直销活动中，消费者、直销员自购买直销产品之日起 30 日内，产品未开封的，可以凭直销企业开具的发票或者售货凭证向直销企业及其分支机构、所在地的服务网点或者推销产品的直销员办理换货或退货。传销活动中，所谓的"产品"或交纳的入门费通常不予退还，参与者的权益无法得到保障。

需要注意的是，企业开展直销应当取得直销经营许可证，但直销经营许可证仅说明该企业有资格从事直销经营，不是区分直销与传销的依据。合法的直销活动，不仅企业要有直销许可证，其直销区域、产品等均需经过许可，同时还要看其实际经营活动是否符合《直销管理条例》的规定。

2. 辨别合法的直销活动

合法的直销活动主要有以下几个要素。

（1）直销企业取得直销许可证。根据《直销管理条例》，企业从事直销应当通过所在地省、自治区、直辖市商务主管部门向商务部提出申请。商务部在征求有关部门意见、依法审查申报材料的基础上，做出批准或者不予批准的决定。予以批准的，颁发直销经营许可证；未经批准的，任何单位和个人不得从事直销。

（2）直销区域经过审核公布。根据《直销管理条例》，直销企业从事直销活动，必须在拟从事直销活动的省、自治区、直辖市设立负责该行政区域内直销业务的分支机构，在其从事直销活动的地区应当建立便于并满足消费者、直销员了解产品价格、退换货以及企业依法提供其他服务的服务网点。直销员只在企业一个分支机构所在的省、自治区、直辖市行政区域内已设立服务网点的地区开展直销活动。直销企业不得在未经审核批准的地区开展直销活动。

（3）直销产品经过审核公布。直销企业可以直销方式销售本企业生产的产品以及其母公司、控股公司生产的产品，直销产品范围包括化妆品、保洁用品、保健食品、保健器材、小型厨具、家用电器等六类，直销产品应符合国家认证、许可或强制性标准。直销企业不得销售未经审核公布的产品。

（4）由合法直销员进行直销。根据《直销管理条例》和《直销企业信息报备、披露管理办法》，直销企业或者其分支机构与直销员签订推销合同，向其颁发直销员证，并通过企业信息披露网站（可通过信息系统查询具体网址），真实、准确、及时、完整地向社会公众披露本企业的直销员总数，各省级分支机构的直销员总数、名单、直销员证编号、职业以及与直销企业解除推销合同人员名单。直销员向消费者推销产品，应出示直销员证和推销合同。

企业是否取得直销经营许可证，以及其经审核公布的直销地区、直销产品等信息均可通过商务部直销行业管理信息系统（http://zxgl.mofcom.gov.cn）进行查询。

任何单位和个人发现有企业未经批准从事直销活动，直销企业经营活动中存在违规行为的，均可向当地工商行政管理部门举报。

另外需要特别提醒的是，社会上个别企业或团队打着与直销企业合作的名义从事直销，属于未经批准从事直销，是违法经营行为，市场监管部门、公安机关将依法予以查处。

【小贴士】大学生可以参加直销吗

根据《直销管理条例》的规定，直销企业不得招募在校大学生为直销员，因此在校大学生不能做直销员。

《直销管理条例》

第十五条 直销企业及其分支机构不得招募下列人员为直销员：

（一）未满18周岁的人员；

（二）无民事行为能力或者限制民事行为能力的人员；

（三）全日制在校学生；

（四）教师、医务人员、公务员和现役军人；

（五）直销企业的正式员工；

（六）境外人员；

（七）法律、行政法规规定不得从事兼职的人员。

3. 识破传销新模式

如前案例所示，非法传销活动危害极大，而在互联网快速发展时代，传销活动又披上了创新"外衣"，变幻出各种新模式。

（1）虚拟概念传销。大学生传销团伙致人死亡案是典型的"人身禁锢+实物包装"的实物传销，而虚拟概念传销则脱离实物，且较少进行粗暴的人身控制，是所谓的"人际网络营销"，是近年来异地聚集式传销的主流模式。这种传销模式更善于包装，通常都打着"国家扶持"等旗号，甚至伪造政府公文，让人误以为是国家重点工程或项目。他们较少使用暴力，以洗脑为主，利用人们对成功、一夜暴富的渴望实施诈骗。

（2）网络传销。网络传销通过互联网完成信息流和资金流传递，下线与上线不需要面对面交流，甚至可以完全不认识。网络传销组织者在网上发布传销消息，参加者浏览、接收信息，按照信息指示加入，通过网络继续发展人员，并反馈个人账户资料、发展下线情况等信息，形成"信息链"；在资金流转上，通过金融机构或第三方支付平台完成收取钱财、发放回报的流程，形成"资金链"。2019年1月，天津市武清区市场监管局查处的传销组织乐氏同仁（天津）商业运营管理有限公司，就是以网络传销方式销售"保健品"。

（3）传销手游。这类游戏以玩游戏能赚钱为诱饵，吸引玩家。玩家介绍新人加入，可以获得奖励，新人在游戏中投钱越多，玩家奖励越高。但是，这个游戏本身没有造血能力，玩家所谓赚到的钱，都是用后来者的钱付给上线，制造获利假象，进而骗取更多的人入局。这种局迟早有一天难以为继，游戏崩盘，开发者跑路，玩家们投入的钱再也无法提现。2017年5月中央人民广播电台中国之声曝光的"钱多多牧场"，11月重庆江津区公安局查获的"魔幻农庄"，都是这种以游戏为幌子的庞氏骗局，涉案金额均达几千万元。

（4）社交电商传销。以微信、QQ群以及相关App等社交软件为基础发展起来的社交电商，近年来势头强劲。但是，有的社交电商打着"共享经济""消费返利""裂变"等新概念的幌子，其重点不是推广实际的商品或服务，而是通过拉人头发展下线、收取人头费等获利。如2019年3月，社交电商平台"花生日记"因设置会员层级最多达51级，累计收取佣金超过4.5亿元等涉嫌传销违法行为，被广州市市场监督管理局处罚。

纵观上述传销变种，我们可以发现，无论其如何变化，核心都离不开"拉人头"。所以，凡是以发展下线为根本、收益与下线挂钩的商业模式，都要对其提高警惕，避免落入传销陷阱。

三、加盟连锁经营企业应注意的问题

加盟连锁经营企业往往被视作创业成功的捷径，尤其对于缺乏经验的创业新手来说，连锁经营企业统一管理、统一产品、统一形象、统一营销的经营模式，省心省力，风险又低，实在太吸引人了。有数据显示，连锁加盟的成功率为80%，而自己开店的成功率仅为20%[①]。然而连锁加盟的风险也是不可低估的，近年来因连锁加盟受骗上当或因连锁经营导致纠纷的案例呈上升趋势。

【案例】欢天喜地加盟 却以打官司告终

浙江S市的李小姐一直想开一家品牌童装加盟店，经过多方比较，她选中了外省的一家品牌童装企业。在李小姐看来，这家童装企业的产品质量不错，款式多，而且加盟条件优惠，便很快与其浙江总代理签订了加盟合同，并交了加盟费和保证金。刚开业时，李小姐的加盟店生意还不错，童装卖得很快。正当李小姐憧憬着美好前景时，浙江总代理却突然借故停止了供货，店开不下去了。不仅如此，李小姐还了解到浙江总代理在和她签订合同之后没多久，又开始向S市的另一家服装店供货，而且该店的进货价格比她的还低。李小姐认为浙江总代理无故停止供货，且在同一地方授权两家加盟店，违反了加盟合同的约定，侵害了自己的权益，于是将浙江总代理告上了法庭。起诉后李小姐才知道浙江总代理竟然还未经工商部门注册，根本无权对外签订加盟合同。最终法院判决李小姐与浙江总代理签订的加盟合同无效，浙江总代理需将加盟费和保证金退还给李小姐。

（资料来源：中国广播网）

连锁经营实际上就是商业特许经营，其中连锁经营企业（特许经营企业）是特许人，加盟者是被特许人。根据《商业特许经营管理条例》（2007年5月1日起施行）及商务部制定的《商业特许经营备案管理办法》《商业特许经营信息披露管理办法》等配套规定，加盟连锁经营企业应注意以下问题。

1. 认真审核特许人的资质

选择特许人一定要谨慎，不要轻易相信夸夸其谈的广告宣传。根据《商业特许经营管

[①] 肖建中. 连锁加盟创业指南[M]. 北京：中国经济出版社，2006：1.

理条例》的规定，特许经营企业都要依法办理备案，备案信息在商务部设立的商业特许经营信息管理系统上公布。通过商业特许经营信息管理系统可以查询到以下信息：特许人的企业名称及特许经营业务使用的注册商标、企业标志、专利、专有技术等经营资源；特许人的备案时间；特许人的法定经营场所地址与联系方式、法定代表人姓名；中国境内全部被特许人的店铺分布情况。只有经过备案的特许人才有资格从事特许经营活动，才可以放心大胆地与其洽谈加盟计划。

如果和你洽谈的是特许人的代理商，那么除核实特许人本身的资质外，还要仔细审查该代理商是否取得特许人的有效授权。

2. 充分行使你的知情权

在和特许人洽谈的过程中，你有权要求特许人在签订正式合同之前至少提前30天提供以下信息。

（1）特许人及特许经营活动的基本情况，包括：特许人名称、通信地址、联系方式、法定代表人、总经理、注册资本额、经营范围以及现有直营店的数量、地址和联系电话；特许人从事商业特许经营活动的概况；特许人备案的基本情况；由特许人的关联方向被特许人提供产品和服务的，应当披露该关联方的基本情况；特许人或其关联方过去两年内破产或申请破产的情况。

（2）特许人拥有经营资源的基本情况，包括：注册商标、企业标志、专利、专有技术、经营模式以及其他经营资源的文字说明；经营资源的所有者是特许人关联方的，应当披露该关联方的基本信息、授权内容，同时应当说明在与该关联方的授权合同中止或提前终止的情况下，如何处理该特许体系；特许人（或其关联方）的注册商标、企业标志、专利、专有技术等与特许经营相关的经营资源涉及诉讼或仲裁的情况。

（3）特许经营费用的基本情况，包括：特许人及代第三方收取费用的种类、金额、标准和支付方式，不能披露的，应当说明原因，收费标准不统一的，应当披露最高和最低标准，并说明原因；保证金的收取、返还条件、返还时间和返还方式；要求被特许人在订立特许经营合同前支付费用的，该部分费用的用途以及退还的条件、方式。

（4）向被特许人提供产品、服务、设备的价格、条件等情况，包括：被特许人是否必须从特许人（或其关联方）处购买产品、服务或设备及相关的价格、条件等；被特许人是否必须从特许人指定（或批准）的供货商处购买产品、服务或设备；被特许人是否可以选择其他供货商以及供货商应具备的条件。

（5）为被特许人持续提供服务的情况，包括：业务培训的具体内容、提供方式和实施计划，如培训地点、方式和期限等；技术支持的具体内容、提供方式和实施计划，包括经营资源的名称、类别及产品、设施设备的种类等。

（6）对被特许人的经营活动进行指导、监督的方式和内容，包括：经营指导的具体内容、提供方式和实施计划，如选址、装修装潢、店面管理、广告促销、产品配置等；监督的方式和内容，被特许人应履行的义务和不履行义务的责任；特许人和被特许人对消费者投诉和赔偿的责任划分。

（7）特许经营网点投资预算情况。投资预算可以包括下列费用：加盟费，培训费，房地产和装修费用，设备、办公用品、家具等购置费，初始库存，水、电、气费，为取得执照和其他政府批准所需的费用，启动周转资金，以及上述费用的资料来源和估算依据。

（8）中国境内被特许人的有关情况。包括现有和预计被特许人的数量、分布地域、授权范围、有无独家授权区域（如有，应说明预计的具体范围）的情况；现有被特许人的经营状况，包括被特许人实际的投资额、平均销售量、成本、毛利、纯利等信息，同时应当说明上述信息的来源。

（9）最近 2 年经会计师事务所或审计事务所审计的特许人财务会计报告摘要和审计报告摘要。

（10）特许人最近 5 年内与特许经营相关的诉讼和仲裁情况，包括案由、诉讼（仲裁）请求、管辖以及结果。

（11）特许人及其法定代表人重大违法经营记录情况。包括被有关行政执法部门处以 30 万元以上罚款的，被追究刑事责任的。

特许人还应提供拟签订的特许经营合同文本，这是为了保证你在签订正式合同前有充分的时间好好研究合同条款，以避免盲目订立合同带来的风险。

3. 慎重签订特许经营合同

如果双方洽谈得很顺利，接下来就该签订合同了。《商业特许经营管理条例》第十一条明确规定："从事特许经营活动，特许人和被特许人应当采用书面形式订立特许经营合同。"

特许经营合同应当包括下列主要内容。

（1）特许人、被特许人的基本情况。
（2）特许经营的内容、期限。
（3）特许经营费用的种类、金额及其支付方式。
（4）经营指导、技术支持以及业务培训等服务的具体内容和提供方式。
（5）产品或者服务的质量、标准要求和保证措施。
（6）产品或者服务的促销与广告宣传。
（7）特许经营中的消费者权益保护和赔偿责任的承担。
（8）特许经营合同的变更、解除和终止。
（9）违约责任。
（10）争议的解决方式。
（11）特许人与被特许人约定的其他事项。

签订合同时还需注意以下内容。

（1）按规定，特许经营合同约定的特许经营期限应当不少于 3 年，除非你自愿缩短这个期限。

（2）作为被特许人，你享有在特许经营合同订立后一定期限内单方解除合同的权利，此项内容一定要写进合同里。

（3）口头承诺是不可靠的，一定要将特许人的口头承诺写进合同里。

（4）仔细审查合同条款，有异议的一定要提出来，即便是打印好的合同文本也是可以修改的，记住，要求修改合同条款是你的权利，千万不要轻易放弃。

（5）如果是代理商出面和你洽谈，注意在特许经营合同上盖章的、与你签订合同的合同主体应当是特许人，而不是代理商，代理商不能以自己的名义与你签订合同。

4. 被特许人享有的权利

（1）被特许人有权要求特许人提供特许经营操作手册，并按照约定为你持续提供经营指导、技术支持、业务培训等服务。

（2）如果特许人要求在订立特许经营合同前支付费用的，被特许人有权要求其以书面形式说明该部分费用的用途以及退还的条件、方式。

（3）如果特许人收取推广、宣传费用的，被特许人有权要求其按照合同约定的用途使用，并且及时披露推广、宣传费用的使用情况。

四、购买一家企业的程序

购买现成的企业，而非自己创办一家新企业，也是实现老板梦的一种途径。购买企业的行为，通常称为并购，时髦的叫法是"M&A"，就是 Merger（兼并）和 Acquisition（收购）的缩写。在并购市场上，目前比较多见的企业买主往往是另一家雄心勃勃的企业，如联想收购 IBM 的个人计算机业务、百度收购 91 无线。不过买企业这样的大生意并不是大企业的专利，你也可以试试。那么如何购买一家企业呢？

1. 选择购买方式

购买方式的选择主要取决于你的并购目的。如果你看中的是企业的某些优质资产，并不希望承担企业的债务，那么你可以选择直接购买企业的资产，如房地产、机器设备、知识产权等；如果你想获得这个企业的控制权、经营权，使它实际上变成你的企业，那么你需要从企业的控制人（投资人、合伙人、股东等）手中购买相应的权利。前者我们称为资产收购，后者根据企业组织形式的不同，又有以下不同的情形。

（1）如果你要购买的企业是个体工商户，那么你买了它之后必须把它注销，然后重新申请设立一个你自己为经营者（业主）的个体工商户，也就是所谓的"一开一歇"。因为按照《个体工商户条例》第十条的规定，"个体工商户变更经营者的，应当在办理注销登记后，由新的经营者重新申请办理注册登记"。从这个意义上说，你其实并不能买到一家个体工商户，只能买到它的资产。

（2）如果你要购买的是个人独资企业，就要和其投资人签订转让协议，成为该企业新的投资人。但需要特别注意的是，你们必须在转让协议中明确约定企业变更投资人前发生的债务（旧债）由谁来承担，因为目前在这个问题上争议很大，有的法院判决由原来的投资人承担，有的法院却要求新投资人承担旧债。作为新投资人的你，如果你和原投资人在转让协议中约定了由原投资人承担旧债的，那么最坏的打算是，即便你作为新投资人先还了旧债，至少你还可以依据转让协议向原投资人追回来。

【案例】个人独资企业转让的债务承担

Z酒店是甲投资开办的个人独资企业。2005年5月18日，甲与乙签订了企业并购合同，约定将Z酒店以80万元价格出售给乙，2005年5月18日之前的一切债权债务由甲负责，此后的债权债务均由乙负责。之后Z酒店的投资人由甲依法变更为乙，酒店名称仍然不变。2006年8月因经营不善，乙申请注销了Z酒店。

2006年9月乙收到了法院的传票，有人将乙告上了法庭。原来在甲经营Z酒店期间，蔬菜供应商丙一直向酒店供应蔬菜。截至2005年5月18日，Z酒店累计欠丙蔬菜款58 000元。现丙起诉乙，要求其作为Z酒店的投资人偿还Z酒店所欠的蔬菜款58 000元。乙认为该款应由甲来偿还。

（资料来源：东方法眼）

评析： 个人独资企业虽然不是法人，但其财产还是相对独立的，根据《个人独资企业法》第三十一条"个人独资企业财产不足以清偿债务的，投资人应当以其个人的其他财产予以清偿"的规定，本案Z酒店欠丙的蔬菜款58 000元，首先应当用Z酒店的财产偿还，如果Z酒店财产不足以偿还的，再由其投资人以其个人的其他财产予以清偿。但鉴于现在Z酒店已经注销，根据《个人独资企业法》第二十八条"个人独资企业解散后，原投资人对个人独资企业存续期间的债务仍应承担偿还责任"的规定，丙直接起诉要求Z酒店的投资人负责还债是有依据的。

本案最大的问题是，究竟是应该由甲还是由乙来偿还这笔债务？一种意见认为应该由甲来偿还，因为这笔蔬菜款发生在甲经营Z酒店期间，当时甲是投资人，更何况甲和乙在企业并购合同中也明确约定了企业转让前的债务由甲承担；另一种意见认为乙在受让Z酒店时，也一并受让了酒店的债务，其与甲在企业并购合同中的约定未经债权人同意，并不具有对外的效力，因此丙完全可以要求乙还债。

（3）如果你要购买的企业是合伙企业，那么你有两种选择：一种是从原有合伙人手中购买其财产份额（类似于股权）；另一种是入伙，需征得该合伙企业全体合伙人的同意，并与之签订书面入伙协议。需要注意的是，《合伙企业法》明确规定新合伙人对入伙前合伙企业的债务要承担无限连带责任。

（4）如果你购买的是有限责任公司，那么你要做的就是从公司股东手中购得全部或者大部分股权，我们称为"股权收购"。

两种不同的购买方式各有利弊。一般来说，资产收购比较简单，因为标的物比较单一，风险相对可控，但是对于没有自己企业的创业者来说，需要重新设立企业（将所购得的资产注入这家新企业）开展经营活动。从严格意义上说，资产并购并不能买到企业；而后者则比较复杂，因为你要成为目标企业的投资人、合伙人或者股东，你的投资效益要取决于一家已经运营了一段时间、对你而言全然陌生的企业，风险相对难以预计，但好处是你不需要重新设立企业。

表2-1以有限责任公司为例，对资产收购和股权收购两种方式的利弊进行了比较。

表 2-1　资产收购和股权收购两种方式的利弊

比 较 项	资 产 收 购	股 权 收 购	备 注
可能承担的债务	（1）收购者购买的是资产，购买方购得目标公司的资产后，和目标公司就没什么关系了，无须承担标的公司的债务 （2）如果该资产本身负有债务的，如房产尚有银行按揭未还的，则收购方与目标公司需约定该项债务由收购方负责偿还，还是由目标公司负责偿还	（1）收购者购买的是股权，也就无须承担标的公司的债务；收购者作为标的公司的新股东，仅以出资额为限对公司承担责任 （2）目标公司的原有负债情况会对收购者的预期收益产生巨大影响，由于目标公司的债务，尤其是或有债务往往很难调查清楚，因此存在着较大的不确定性风险	或有债务：虽然目前还不是债务，但以后有可能成为债务
是否需要征得有关方面同意	（1）需得到标的公司决策机构（如董事会）的同意 （2）如果其他人对资产享有某种权利的，如抵押人、担保人、商标权人、专利权人、租赁权人等，该资产的转让还需征得权利人的同意	（1）需要征得目标公司其他股东的同意，因为根据《公司法》的规定，股东转让股权的，其他股东有优先受让权 （2）如果该股权已经质押的，还需征得质押权人的同意 （3）某些公司的股权转让还需经有关行政部门审批同意，如国有企业、外资企业、金融企业等	
是否需要重新设立企业	需要	不需要	

2. 选择购买对象

在购买资产的情况下，除对资产的自身状况做到心中有数外，还要了解出售资产企业的情况。你必须搞清楚对方为什么要卖掉资产，如果是优质资产，显然没有人会轻易放弃，了解资产可能存在的问题比什么都重要。同时，这也便于你在讨价还价时掌握主动权。

打算入主目标企业的，则更要对目标企业的家底做彻底的调查，特别是关注那些"坏消息"。不要轻易相信对方天花乱坠的介绍，有条件的话，建议聘请律师、会计师等对目标企业进行尽职调查，听取他们的专业意见，以便做出明智的抉择。

【案例】"店面低价急转"背后的骗局

小王看到一家店挂出"店面低价急转"的牌子，就与店主进行洽谈。店主自称姓李，因家中有急事，想把店卖掉。店面租期还剩半年，店里还有一些存货，愿意低价转让。小王觉得这家店面位置不错，而且店主开的价钱也很便宜，于是就付钱接下了这家店。可是小王当上老板没几天，就来了一位不速之客，拿出房产证说店面是他的，租期已经到期，要求小王立刻搬离。原来那个姓李的店主欺骗了小王，他和房东的租期明明马上就要到期了，他却骗小王说还有半年。现在房东已经把店面租给了别人，小王只能自认倒霉了。

（资料来源：中国青年报·中青在线）

评析：小王没有对原店主提供信息的真实性进行调查，就贪便宜匆忙接下店面，这是小王遭受损失的根本原因。在并购实务中，对并购对象进行认真的尽职调查，始终是防范并购风险、保护收购者权益的关键。

3. 谈判和签约

通过谈判确定双方在并购中各自的权利和义务，特别是并购价格、并购条件等条款。谈判一般很艰难，既需要智慧，也需要精力和耐心。如果有律师参与谈判，就能更好地保障你的权益。谈判成功后，双方需要签订并购合同。并购合同一般包括以下主要内容。

（1）合同当事人的基本情况。

（2）对于标的的描述，即陈述拟转让的资产、财产份额、股权（包括目标企业）等的情况。

（3）转让价格与付款。

（4）转让标的（资产、财产份额或股权等）的交割。

（5）其他有关安排（如债权债务处置、职工的安排等）。

（6）违约责任。

（7）争议处理方案。

（8）生效条款等。

4. 交 割

根据并购合同的约定，收购方履行付款义务，出售方则将转让标的（资产、财产份额或股权）等交给收购方。资产的交割一般需要同时提交资产的权利凭证，需要办理过户登记的还需依法办理过户手续（如房产的过户）。个体工商户改变经营者的，要重新申请工商登记；个人独资企业转让的，要办理投资人变更登记；合伙企业变更合伙人或者增加新的合伙人的，要办理合伙人变更登记；有限责任公司股权转让的，要办理股东变更登记。

第二节　电子商务法律问题

关键词：电子商务、市场主体登记、微商、电子合同、电商营销、电商税收、海外代购、ODR（在线争议解决机制）、互联网法院

要么电子商务（简称"电商"），要么无商可务。今天的创业者，不管从事何种商业模式，都已经绕不开电子商务。与历史悠久的传统商务相比，电子商务很年轻，是随着互联网发展起来的新型商务模式，但是它发展壮大的速度惊人。2019年全国电子商务交易额接近35万亿元。马云和王健林曾经豪赌一亿元，赌的就是到2022年电子商务能否在零售市场占据一半的份额。其实，关注市场份额已经没有意义，电子商务已经渗透到经济活动的每一个角落。今天的人们更关注的是，电子商务与传统商务有什么区别？从事电子商务要注意哪些问题呢？

一、电子商务与传统商务的异同

根据《电子商务法》（2019年1月1日起施行），电子商务是指通过互联网等信息网络销售商品或者提供服务的经营活动。传统电商包括平台电商（平台经营者）、自营电商、依托平台电商经营的卖家，社交电商、社区电商、跨境电商、引流电商、农村电商等新型电商正在快速发展。不管是哪种形式的电商，其本质都是一样的，就是销售商品或者提供服务。

以在淘宝网上开店为例，开店的主要流程是注册成为淘宝网卖家→进行身份认证→布置店铺→组织货源→发布交易信息。网上交易一般包括以下环节：与买家洽谈→达成交易（买家确认后将货款付至支付宝）→配送货物→售后服务（处理发货后的各种问题）→收回货款（如果买家收到货品满意，将通过支付宝付款）。自此交易完成。

和传统店铺相比，网店无非是店铺的形式变了，货物交付主要通过物流或快递，支付手段变了，但作为交易主体的共性依然不变。因此，电子商务面临的法律问题和传统商务存在许多共同点。例如，不能销售国家禁止销售的物品，不得销售假冒伪劣产品，不能进行虚假宣传；对于国家规定需经审批方可从事的经营范围，如食品、药品等的销售，未经审批不得擅自销售；交易中产生的各种合同关系，需按照《民法典》合同编等法律法规的规定依法调整，如卖家与交易平台提供商之间的服务合同关系、卖家与买家的买卖合同关系、卖家与物流公司的配送合同关系、卖家与供货商之间的经销合同关系等。

【案例】第三方店铺售假，判赔偿京东100万元

某商家与京东公司签订在线服务协议，约定其在京东商城开设店铺，出售某知名品牌化妆品。然而，京东公司在抽检时发现，该商家出售的商品系假冒产品。为此，京东公司向商家下发了违约通知确认单，商家未在申诉期内提起申诉。随后，京东公司以该商家销售假冒商品构成严重违规为由，对其店铺进行关店、冻结钱包、扣除100积分并要求支付违约金。

商家不服京东公司的处罚措施，向法院提起诉讼，要求京东公司返还货款、平台使用费、店铺质保金等。京东公司不同意商家的诉讼请求，并以商家出售假冒商品违反了合同约定和法律规定为由提起反诉，要求商家赔偿违约金共计200万元。

庭审中，商家对京东公司表达了强烈的不满情绪，认为京东公司作为平台提供者和规则制定者，有借抽检售假为由关闭第三方商家店铺来谋取巨额利益之嫌。

大兴法院审理后认为，京东公司系按照约定方式对商家销售的商品进行抽检，并按照相应程序将抽检的商品送至品牌方进行了鉴定，鉴定结果做出后，京东公司亦按照程序向商家下发了违约通知单并给予了商家申诉的权利。京东公司提交的证据能够形成完整的证据链，法院予以采信，能够认定商家销售的商品系假冒商品。

就京东公司主张的违约金能否获得支持的问题，法院认为，商家与京东公司约定的"百万违约金"条款应为有效，该违约金条款和"售假处罚百万"规则涉及平台、商家和消费者三方之间的关系，系平台履行自律管理权利的体现，与传统意义上的违约金制度存在一定的区别。平台规则中的违约金条款，不应简单等同于传统意义上的违约金条款。

大兴法院认为，对具有明显恶意的违约行为应当加重违约责任。京东商城是国内知名的零售电商平台，商家在京东商城设立店铺，其目的是可以借助平台已经积累的流量、商誉和口碑，吸引更多的消费者，获得更大的利润。那么商家应当在享受这种资源的同时，严格遵守合同和平台规则的约定，诚信经营，维护平台内的消费环境。

而本案中，商家的售假行为属于严重违反双方合同约定、平台规则、法律法规和基本商业伦理的恶意行为，具有明显的主观过错，为此平台需要付出较大的成本。具体而言，从平台治理成本来看，因为商家的违规行为，京东不得不划出专业团队、委托专业机构进行商家售假行为的发现、取证、公证、处理和应诉，对消费者的投诉、举报、诉讼予以处理甚至先行高额赔付，这均属于平台治理所产生的成本；从平台的商誉损失等潜在损失来看，大量商家选择在京东商城上经营，涉及商家及消费者众多，交易金额巨大，商家的售假行为不仅严重损害了消费者利益，也扰乱了平台正常的经营管理秩序，损害了平台商誉。平台为管控商家及商品质量，实现自律管理，通过平台规则设定赔付标准，既起到维护网络环境的作用，同时也起到保护消费者合法权益及保护平台商誉的作用，其赔付标准具有合理性。

据此，大兴法院综合案情后，一审判定售假商家向京东公司赔付违约金100万元。

判决做出后，商家与京东公司均不服，并提起上诉。二审法院认同一审判决所持双方在线服务协议中约定的违约金具有的不同于普通合同约定的一般违约条款的特殊性，以及对有明显恶意的违约行为应当加重责任等观点，认为京东公司基于管理职责，为维护平台商业信誉、网络购物环境以及安全性，保护合法经营商家的利益和消费者的合法权益，与进驻平台经营的商家，在平等的基础上确定带有惩罚性质的违约金，应该得到合理保护。据此，法院二审后，驳回了双方的上诉请求，维持原判。

大兴法院主审法官庭后表示，随着互联网技术的飞速发展，海量商家入驻电商平台开展经营活动，以期能获得可观收益，但网络经营并非法外之地，在线商家的经营活动应当遵法依规进行。平台提供者在不违反法律强制性规定和公序良俗的情形下，依法对平台使用者享有自主治理权，通过制定和实施有利于公共利益的平台治理规则，来有效遏制网络生态系统中有违诚实信用和商业道德的行为，保护合法合规经营者的商业成就和品牌商誉影响力，营造良好的营商环境。该案通过适用惩罚性赔偿制度，依法打击了网络经营者的违法违规行为，维护了消费者的合法权益，净化了网络经营环境和购物环境，以司法手段树立起维护和弘扬社会主义核心价值观的鲜明价值导向。

（资料来源：法制日报）

评析： 商家入驻电商平台，需要与电商平台签订在线服务协议，并承诺接受电商平台规则的约束。涉案商家销售假冒商品，是违法；不遵守在线服务协议和电商平台规则，是违约，必须承担相应责任。本案支持了电商平台惩罚性赔偿的约定，也是再次强调了电商不是法外之地，在诚信、依法经营这件事情上，电商与传统店铺没有差别。

当然，电商的问题也有自己的个性，如电商的市场主体登记问题、电子合同的成立问题、税收问题、营销方式问题等。另外，根据《消费者权益保护法》《网络购买商品七日无理由退货暂行办法》的规定，网络商品销售者应当依法履行七日无理由退货义务，相对于传统商品销售，这是更为严格的义务。

二、电商的市场主体登记问题

过去个人开网店没有办理市场主体登记的概念，只要有想法，点击鼠标就可以在网上开店，但这样的时代已经一去不复返了。

1. 电商的市场主体登记规定

《电子商务法》第十条明确规定："电子商务经营者应当依法办理市场主体登记。但是，个人销售自产农副产品、家庭手工业产品，个人利用自己的技能从事依法无须取得许可的便民劳务活动和零星小额交易活动，以及依照法律、行政法规不需要进行登记的除外。"

因此，从 2019 年 1 月 1 日《电子商务法》施行开始，除上述明确不需要登记的情形外，电商应当办理市场主体登记，领取营业执照。如果从事的经营活动依法需要取得相关行政许可的，还应当依法取得行政许可，领取经营许可证。否则，可能面临行政处罚，偷税、漏税的还需承担刑事责任。

在经营过程中，电商应当在其首页显著位置持续公示营业执照信息、与其经营业务有关的行政许可信息。这和传统企业在其经营场所悬挂营业执照、经营许可证是一样的要求。对于个人销售自产农副产品、家庭手工业产品，个人利用自己的技能从事依法无须取得许可的便民劳务活动和零星小额交易活动等不需要登记的电商，则须在其首页显著位置持续公示属于依照《电子商务法》第十条规定的不需要办理市场主体登记情形的信息。

2. 微商要不要进行登记

那么，通过微信等社交平台进行交易的微商是否要进行市场主体登记呢？从《电子商务法》对于电子商务的定义来看，微商"通过互联网等信息网络销售商品或者提供服务"，显然也是属于电子商务经营者。是不是需要市场主体登记，则要看微商具体从事的是什么交易活动，交易的频次、规模等情况，不能一概而论。

例如，同样是在朋友圈吆喝卖苹果，如果是自己家种的，就不需要登记；如果是批发来的，而且是长期持续进行交易，交易也有一定的规模，那就需要登记为市场主体了。有些朋友不仅自己做微商，还招收代理、助理……队伍越来越壮大，那就更应该登记了。

从消费者权益保护角度来看，淘宝开店，就像在小商品市场摆摊，出了问题哪怕找不到店主，还能找到市场；而没有做登记的微商就好比是移动摊贩，没有固定的地点，甚至难以确定交易对象，一旦出现交易纠纷，很难追究责任，消费者维权也更麻烦。所以，对微商的规范势在必行。

另外，哪怕是不需要做市场主体登记的微商，哪怕是零星交易，一旦有了收入，是不是要缴纳个人所得税呢？如果不缴纳个人所得税，是不是违法呢？在朋友圈打广告要不要遵守《广告法》呢？还有，以招收代理、发展下线为模式的微商，是不是涉嫌传销呢？这些都是微商比较容易面临的法律风险。因此，做微商还是要谨慎，注意法律底线。

【案例】转发一条朋友圈，被罚款 25 000 元

福建三明的小王因为在朋友圈转发一条关于某些产品可以抑制新型冠状病毒的广告信息，面临罚款 25 000 元的行政处罚。2020 年 1 月 31 日，他在朋友圈看到一位微信好友发了一条广告信息，内容是介绍一些可以抑制新型冠状病毒，增强抵抗力的产品。小王就将这个文章和截图也转发到自己的朋友圈。

没想到第二天，他被梅列区市场监督管理局请去配合调查。据梅列区市场监督管理局的执法人员介绍，根据《电子商务法》的相关规定，个人微信朋友圈发布广告属于互联网广告的一种，发朋友圈的人的身份就是广告发布者。"利用互联网从事广告活动，适用本法的各项规定。"梅列区市场监督管理局认为小王发的广告没有标明出处，并且无法表明文章内容的真实性。其涉嫌违反《广告法》第十一条规定："广告使用数据、统计资料、调查结果、文摘、引用语等引证内容的，应当真实、准确，并表明出处。"根据《广告法》第五十九条规定，广告引证内容违反本法第十一条规定的，由市场监督管理部门责令停止发布广告，对广告主处十万元以下的罚款。根据调查结果，2 月 17 日，梅列区市场监督管理局开出了对小王个人罚款 25 000 元的行政处罚决定，这也是在防疫期间三明市市场监督管理部门开出的第一张利用疫情蹭热度发布违法广告的行政处罚单。据介绍，根据《福建省市场监督管理局关于加强疫情防控期间广告监管的通告》中第三条内容指出，严禁发布含有涉及新型冠状病毒感染的肺炎预防、治疗、治愈、偏方等内容的违法广告，发布这些违法广告的行为将受到严厉处罚。

（资料来源：学习大国）

三、电子合同与电子签名

电子商务经营过程中会产生大量的合同，这些合同不像传统的书面合同以纸质形式存在，而是以电子数据形式存在，并保存在计算机或磁盘等载体中，我们称其为"电子合同"。电子合同的无纸化特点使之具有更大的风险性：一是合同签订主体的确认比较困难；二是由于电子数据的易消失性和易改动性，使电子合同不易保存，这样一旦发生纠纷，很难找到承担责任的人，举证难度也很大。因此在订立电子合同的过程中提倡使用电子签名，根据《中华人民共和国电子签名法》（以下简称《电子签名法》）的规定，对电子合同进行"签字盖章"。电子签名通过加密方法创建和核查，可以验证合同订立方的身份，防止电子合同被篡改，从而保障电子合同的效力。

根据《电子商务法》《民法典》的相关规定，在订立电子合同时，需要注意以下两个方面。

（1）电子商务当事人使用自动信息系统订立或者履行合同的行为对使用该系统的当事人具有法律效力。电子商务经营者应当清晰、全面、明确地告知用户订立合同的步骤、注意事项、下载方法等事项，并保证用户能够便利、完整地阅览和下载。电子商务经营者应当保证用户在提交订单前可以更正输入错误。

（2）电子商务经营者通过互联网等信息网络发布的商品或者服务信息符合要约条件的，用户选择该商品或者服务并提交订单成功，合同成立。当事人另有约定的，从其约定。也就是说，除非另有约定，否则，卖家一旦发布商品或服务信息，只要买家拍到了、提交

订单成功，合同就成立了。卖家不能随意反悔，也不能单方面取消订单，或者一直拖延不发货，否则都属于卖家违约。

四、电商营销：刷单与直播

1. 刷单

一直以来，电商刷单似乎已经成为不成文的"潜规则"。新店为了寻求曝光量和成交额刷单，大型促销节日商家为了冲排行榜刷单，直播间为了数据漂亮刷单……成交额像越放越大的"卫星"。所谓刷单，实质就是通过虚构事实的方式来炒作商家信用，属于《电子商务法》《反不正当竞争法》等法律禁止的以虚构交易、编造用户评价等方式进行虚假或者引人误解的宣传，欺骗、误导消费者的行为。所以，刷单是违法的。刷单炒信的卖家，不但会被消费者追责，还会被平台电商处罚。如淘宝网对于通过虚假交易刷信誉的卖家处罚很严厉，卖家不仅会被公示警告，还会被降低店铺信用度，情节严重者会被冻结账户直至查封店铺。另外，刷单行为还会面临市场监督管理等行政部门的查处，除罚款、没收违法所得外，情节严重的，还会被责令停业整顿、吊销营业执照。

【法条】

《电子商务法》

第十七条 电子商务经营者应当全面、真实、准确、及时地披露商品或者服务信息，保障消费者的知情权和选择权。电子商务经营者不得以虚构交易、编造用户评价等方式进行虚假或者引人误解的商业宣传，欺骗、误导消费者。

《反不正当竞争法》

第八条 经营者不得对其商品的性能、功能、质量、销售状况、用户评价、曾获荣誉等作虚假或者引人误解的商业宣传，欺骗、误导消费者。

经营者不得通过组织虚假交易等方式，帮助其他经营者进行虚假或者引人误解的商业宣传。

第二十条 经营者违反本法第八条规定对其商品作虚假或者引人误解的商业宣传，或者通过组织虚假交易等方式帮助其他经营者进行虚假或者引人误解的商业宣传的，由监督检查部门责令停止违法行为，处二十万元以上一百万元以下的罚款；情节严重的，处一百万元以上二百万元以下的罚款，可以吊销营业执照。

经营者违反本法第八条规定，属于发布虚假广告的，依照《中华人民共和国广告法》的规定处罚。

2. 直播

直播带货是眼下电商营销的又一利器。和刷单不同，直播本身并不违法。但是在其野蛮生长过程中，也有不少乱象：数据造假、虚假宣传、产品质量差、售后服务跟不上、内容导向不良……侵害了消费者权益。为规范直播营销行为，2020 年 6 月 24 日中国广告协会发布了国内首份《网络直播营销行为规范》，作为直播行业自律自治的依据。该规范对商家、主播、平台、MCN机构等直播参与各方的行为规范都做了规定，并明确在网络直播营销过程中，禁止九类内容、二十种行为。

直播带货涉及的法律主体众多、法律关系复杂，参与各方应当签订协议明确各自的权利义务和责任分配。直播活动的开展要遵守《电子商务法》《消费者权益保护法》《广告法》《产品质量法》《反不正当竞争法》等法律、法规的规定，注意对消费者权益、个人信息、未成年人、其他经营者合法权益以及知识产权的保护。

【小贴士】《网络直播营销行为规范》禁止的九类内容

网络直播营销活动中所发布的信息不得包含以下内容。

（1）反对宪法所确定的基本原则及违反国家法律、法规禁止性规定的。

（2）损害国家主权、统一和领土完整的。

（3）危害国家安全、泄露国家秘密以及损害国家荣誉和利益的。

（4）含有民族、种族、宗教、性别歧视的。

（5）散布谣言等扰乱社会秩序，破坏社会稳定的。

（6）淫秽、色情、赌博、迷信、恐怖、暴力或者教唆犯罪的。

（7）侮辱、诽谤、恐吓、涉及他人隐私等侵害他人合法权益的。

（8）危害未成年人身心健康的。

（9）其他危害社会公德或者民族优秀文化传统的。

五、电商的税收问题

电商要交税吗？答案是肯定的，但还是有不少人在这个问题上存在模糊认识。2007年上海一网店的主人因偷税获刑，给广大电商敲响了警钟：必须依法纳税，心存侥幸的后果很严重！

【案例】中国网店偷税第一案："彤彤屋"店主因偷税被判刑

"彤彤屋"是上海一家销售婴儿用品的网店，店主先开了一家实体公司，后开办网店进行网络交易。2006年6—12月，其公司在网上销售婴儿用品过程中，不开发票，不记账，不向税务机关申报纳税。经当地税务部门调查，共少缴增值税人民币11万余元。店主最终被法院判处有期徒刑2年，缓刑2年，罚金6万元，公司则被处以罚金10万元。该案被称为我国网店偷税第一案。

（资料来源：上海法治报）

评析：电商发展初期，国家监管较为宽松。但如今，电商已经成为市场主体的重要组成部分，不少当年的小网店也已经发展成了正规的企业，有收入就有纳税义务。所以，从事电子商务，也得好好学习税法。

之前提到的刷单，从税务的角度来看，还存在一个偷税漏税的法律风险。这些刷出来的单，没有真实交易为据，缺乏相应的进货、出货发票，如果严格查账，则需要补交很多税。所以，远离刷单，让电商回归本真，否则损人又损己，后果很严重。

六、海外代购的法律风险

海外代购是不少电商的热门业务之一。海外代购的商品往往以化妆品、奢侈品和奶粉等为主，由于这类商品在国内外市场上的价格存在不小的差距，吸引不少人热衷于代购。但是，代购者频频因为代购涉嫌走私犯罪的案例，让人不得不反思海外代购的合法性。

【案例】多名代购者走私被判刑 代购或已成高风险行业

2012年9月，离职空姐李某因多次从韩国免税店买化妆品携带入境，在淘宝网店销售，一审被北京第二中级人民法院认定构成走私普通货物罪，逃税100余万元，判刑11年。2013年5月发回重审后，因网络订单部分未被认可，偷逃税款变为8万元，重审改判有期徒刑3年。

2013年上海第一中级人民院认定两名淘宝店主境外代购大量商品偷逃税款，构成走私普通货物罪，判处两人有期徒刑1年，缓刑1年6个月，并处罚金，没收扣押在案的走私物品。在该案中，被告人范某于2012年4月9日从韩国首尔抵达上海浦东国际机场时，被海关关员查获化妆品386件、粉饼盒18个、光疗仪7台、包40个、手机套2个、皮夹15个、手表5块。同年5月23日，另一被告人刘某也在上海浦东国际机场被海关关员在行李中查获包17个、手表2块、化妆品288件，共计307件。经两人供述，两人系淘宝网店店主，从韩国所购商品是放在自己的网店销售。

（资料来源：法制晚报）

评析： 上述案例中的淘宝店主，均因违反海关法规，逃避海关监管，走私普通货物入境，偷逃应缴税额数额较大而构成犯罪。这仅是冰山一角。2019年10月，深圳海关破获的一起走私奢侈品大案，上海优某公司为客户海外代购奢侈品，以国际快递伪报品名、低报价格方式将奢侈品直接寄送给客户，或雇请"水客"团伙以行李夹藏方式从深圳旅检口岸走私入境，查证案值高达3.2亿元。

海外代购的问题不在于"代购"，而在于"走私""逃税"。《电子商务法》规定，"电子商务经营者从事跨境电子商务，应当遵守进出口监督管理的法律、行政法规和国家有关规定。"合法代购，最重要的是代购的产品必须是国家允许进口的，然后进口商品要向海关申报纳税，有些产品还需要检验检疫。涉及特许经营的还需要获得有关部门的许可（详见第四章第五节"进出口贸易"）。

七、电子商务纠纷的处理

电子商务争议可以通过协商和解，请求消费者组织、行业协会或者其他依法成立的调解组织调解，向有关部门投诉，提请仲裁，或者提起诉讼等方式解决。

为保护消费者权益，国家鼓励平台电商建立有利于电子商务发展和消费者权益保护的商品、服务质量担保机制，一旦卖家、买家之间产生纠纷，平台电商先行赔偿消费者，然后再向平台内卖家进行追偿。同时，平台电商建立在线争议解决机制（Online Dispute Resolution，ODR），制定并公示争议解决规则，根据自愿原则，公平、公正地解决当事人的争议。

目前我国电子商务纠纷案件网上争议解决机制日益成熟，主要有以下三大途径。

1. 互联网法院

2017年8月18日，全国首家互联网法院——杭州互联网法院挂牌成立，从此，电子商务纠纷有了专门的法院。之后北京、广州也成立了互联网法院。互联网法院贯彻"网上案件网上审"的审理思维，集中管辖所在市辖区内的网络金融借款合同纠纷、网络购物合同纠纷、网络服务合同纠纷、网络侵权纠纷、网络著作权纠纷等互联网案件，基本涵盖电子商务领域常见纠纷类型。充分依托互联网技术，完成起诉、立案、举证、开庭、裁判、执行全流程在线化，实现便民诉讼，节约司法资源。同时，构建前置性指导化解、ODR、第三方调解、诉讼等多层次、多元化的涉网纠纷解决体系，专业、高效、便捷处理涉网纠纷。

2. 互联网仲裁

2018年12月31日，中共中央办公厅、国务院办公厅印发《关于完善仲裁制度提高仲裁公信力的若干意见》，提出要积极发展互联网仲裁。杭州仲裁委员会2019年7月成立杭州互联网仲裁院，建设中国杭州智慧仲裁平台，受理标的不超过500万元的网络购物合同纠纷、网络服务合同纠纷、银行卡纠纷等。宁波仲裁委员会建立了全国首个互联网仲裁电子证据平台；青岛仲裁委员会也成立了互联网仲裁平台。

3. 在线调解

2016年10月，最高人民法院启动统一在线调解平台，覆盖纠纷受理、分流、调解、反馈等流程，在线办理当事人诉前调解、诉中和解和司法确认等事项。截至2019年10月31日，有2679个法院入驻，调解案件1369134件。

随着互联网新技术的广泛应用，电子商务纠纷的处理越来越方便，争议解决的效率也大大提高，电子商务自身发展也会越来越规范。

【案例】手握鼠标打官司——杭州互联网法院揭牌后首案庭审侧记

2017年8月18日，杭州互联网法院揭牌成立后首次开庭审理案件。

"现在开庭！"上午9点40分，随着一声法槌敲响，吴雪岚诉广州网易计算机系统有限公司、网易（杭州）网络有限公司侵害作品信息网络传播权纠纷案在杭州互联网法院开庭审理。与普通庭审不同的是，只有法官端坐法庭，原告和被告却不见踪影。

法官面前的屏幕显示，原告位于杭州，而被告位于北京。互联网法院让"网上纠纷网上审"，通过不同地域间参与主体画面和声音的实时在线传输，让双方当事人"隔空"打官司成为了现实。

据了解，原告吴雪岚，笔名流潋紫，现为中国作协会员、浙江省网络作家协会副主席，其代表作品是《后宫甄嬛传》。2017年3月，原告发现被告广州网易计算机系统有限公司和网易（杭州）网络有限公司未经授权，在其经营的网站"网易云阅读"上通过收取费用的方式非法向公众提供其作品《后宫甄嬛传》的在线阅读服务。

原告代理人认为，两被告在未取得授权的情况下，通过信息网络使用传播其享有著作权的作品，严重侵犯其著作权，给原告造成了一定的经济损失，请求法院判令两被告立即停止侵权、删除涉案作品，共同赔偿原告经济损失及为调查被告侵权行为和起诉被告支付的合理费用合计15万元人民币，并承担全部诉讼费用。

被告代理人认为，原告将该著作授权杭州蓝狮子文化创意股份有限公司（以下简称"蓝狮子公司"）对外可以转授权信息网络传播权，蓝狮子公司又将涉案图书的信息网络传播权授权给网易公司，吴雪岚终止与蓝狮子公司的合作网易并不知情，请求法院驳回原告起诉并建议追加案外的蓝狮子公司为第三人或者是共同被告。

法庭综合双方陈述的诉辩意见，将本案的争议焦点归纳为两点：对原告的侵权指控，两被告提出拥有合法授权的不侵权抗辩是否成立；若侵权成立，两被告应承担的民事责任。

随后，双方代理人围绕争议焦点进行了举证和质证，隔空在屏幕上"唇枪舌剑"。

"双方当事人阅读笔录，无误以后单击计算机屏幕上的'确认'按钮视为签字。"记者看到，根据语音软件的实时转化，庭审记录实时出现在双方当事人的计算机屏幕上，当事人在庭审中就可以确认是否有误，这也大大节省了庭后核对笔录的时间。

"鉴于原、被告双方均同意调解，本庭将另行组织双方在线进行调解，若未能达成调解，本案将定期宣判，今天开庭到此结束。"随着休庭的法槌敲响，这场以互联网方式审理互联网案件的审判告一段落。整场庭审仅历时20分钟左右。

无须奔波，起诉、立案、送达、举证、开庭、裁判，每个环节全流程在线，诉讼参与人的任何步骤即时连续记录留痕，在杭州互联网法院，这样的审判即将成为涉网案件的常态。

（资料来源：人民法院报）

第三节　企业法律形式的确定

关键词：企业、个体工商户、个人独资企业、合伙企业、农民专业合作社、公司、有限责任公司、一人有限责任公司、股份有限公司、有限责任、无限责任

一、企业的含义

创业必然要设立一个组织体，并以这个组织体的名义开展经营活动，如马云创办的"阿里巴巴"、比尔·盖茨创办的"微软"。这个从事经营活动的组织体不论规模大小，都必须依法设立，才能获得法律认可的地位，成为一个受法律保护的法律主体——我们称为"企业"（Enterprise）。

Enterprise在英文里有"（艰巨、复杂或冒险性的）事业、计划""办企业、干事业""事业心、进取心、冒险精神"等含义，"企业"原本主要是指一种冒险事业或商业活动，

后来用以称呼从事这些活动的组织体。

我们使用"企业"这一概念泛指一切由创业者依法设立的，从事经营性活动的商事主体，包括个体经营形式[①]。

作为从事经营活动的主体，企业在经营过程中依法享有法律上的权利，同时也必须承担法律义务。例如，企业有权自主开展经营活动，有权从中获利，而同时企业又有义务向政府纳税。

二、企业的形式

许多人一说到创业，就想到开公司，事实上，公司只是企业众多组织形式中的一种。根据我国法律的规定，自主创业所采取的组织形式可以是个体工商户、个人独资企业、合伙企业、公司（包括有限责任公司和股份有限公司）和农民专业合作社等。

1. 个体工商户

个体工商户是指创业者以个人财产（或者家庭财产）作为资本，依法核准登记从事工商业经营的经营体。

【法条】

《个体工商户条例》（2011年11月1日起施行，2014年、2016年两次修订）

第二条　有经营能力的公民，依照本条例规定经工商行政管理部门登记，从事工商业经营的，为个体工商户。

个体工商户是我国市场经济中非常活跃的一员。企查查专业版数据显示，截至2020年3月4日，全国登记在户的个体工商户（在业存续状态）达8427万户。

2. 个人独资企业

依据《个人独资企业法》，个人独资企业是由一个创业者投资设立的经营实体，创业者个人要对企业债务承担无限责任。

【法条】

《个人独资企业法》（2000年1月1日起施行）

第二条　本法所称个人独资企业，是指依照本法在中国境内设立，由一个自然人投资，

[①] 需要注意的是，这只是本书对于"企业"一词的使用。按照我国法律规定，个体经营的个体工商户并不是法律意义上的企业。国家市场监督管理总局2020年6月15日发布的《中华人民共和国商事主体登记管理条例（草案）》（以下简称《商事主体登记管理条例（草案）》）把个体工商户，有限责任公司、股份有限公司和其他企业法人（全民所有制企业、集体所有制企业、联营企业）等营利法人及其分支机构，农民专业合作社、农民专业合作社联合社等特别法人及其分支机构，合伙企业、个人独资企业等非法人企业及其分支机构，外国公司分公司都包括在"商事主体"这个概念中，所以，也可以用"商事主体"这个概念来代替本书中的"企业"。

财产为投资人个人所有，投资人以其个人财产对企业债务承担无限责任的经营实体。

个人独资企业与个体工商户从本质上来说，都是一种个体经济，都是以个人（或家庭）财产投资，个人承担无限责任，但其所依据的法律不同，其企业特征方面也存在细微的差别。

3. 合伙企业

合伙企业是两个以上的投资人（包括自然人、法人、其他组织）通过订立合伙协议，共同投资设立，合伙人按照企业的性质及合伙协议的约定处理合伙事务、承担企业债务的经营实体，分为普通合伙企业和有限合伙企业两大类。

【法条】

《合伙企业法》（2006年8月27日修订，2007年6月1日起施行）

第二条　本法所称合伙企业，是指自然人、法人和其他组织依照本法在中国境内设立的普通合伙企业和有限合伙企业。

普通合伙企业由普通合伙人组成，合伙人对合伙企业债务承担无限连带责任。本法对普通合伙人承担责任的形式有特别规定的，从其规定。

有限合伙企业由普通合伙人和有限合伙人组成，普通合伙人对合伙企业债务承担无限连带责任，有限合伙人以其认缴的出资额为限对合伙企业债务承担责任。

需要特别注意的是，合伙企业和前两种企业的一个明显区别是，前两种企业的投资者都是自然人，合伙企业的投资者可以是自然人，也可以是法人或其他组织。这意味着，如果我们要设立一个合伙企业，不仅可以找其他的个人（同学、朋友、家人、亲戚等），也可以找一家公司或别的组织合作。

【小贴士】

民法上，我们把民事活动的主体（民事主体）分为自然人、法人、非法人组织三类。自然人就是基于自然规律出生的人，如马云、比尔·盖茨、作者本人都是自然人；法人是一些社会组织，如公司、学校、银行、医院等，法人是法律拟制的"人"，它们虽然不是真正的人，但是它们和自然人一样依法独立享有民事权利和承担民事义务；非法人组织也是一些社会组织，它们可以自己的名义进行民事活动，但不具有法人资格，它们不能像法人一样独立承担民事责任，如个人独资企业、合伙企业、不具有法人资格的专业服务机构等。

4. 公司

公司是依据《公司法》设立的企业法人，它有独立的法人财产，以其全部财产对公司债务承担责任，公司的投资人（股东）对公司承担有限责任。我国《公司法》规定的公司分为有限责任公司和股份有限公司两种。

【法条】

《公司法》（2006 年 1 月 1 日起施行，2018 年 10 月 26 日第四次修正）

第二条 本法所称公司是指依照本法在中国境内设立的有限责任公司和股份有限公司。

第三条 公司是企业法人，有独立的法人财产，享有法人财产权。公司以其全部财产对公司的债务承担责任。

有限责任公司的股东以其认缴的出资额为限对公司承担责任；股份有限公司的股东以其认购的股份为限对公司承担责任。

公司制度是现代企业制度的代表，公司的适应性非常强，本身的种类、形态也相当复杂。就我国《公司法》的现行规定来看，公司的规模可大可小，组织机构可简可繁，公司股东多的可达成百上千人，乃至更多人（如上市公司），股东少的只有几个人，甚至只有一人（如一人有限责任公司），注册资本多的公司可拥资数亿元，资本少的 1 元就可以成立公司。

5. 农民专业合作社

农民专业合作社是依据《中华人民共和国农民专业合作社法》（以下简称《农民专业合作社法》）设立的法人，是以农民为主要成员成立的以农产品生产经营为主的互助性经济组织。农民专业合作社依法拥有自己的财产，并以自己的财产对外承担债务。从 2007 年《农民专业合作社法》实施以来，我国农民专业合作社发展很快，截至 2019 年 2 月底，全国依法登记的农民专业合作社达 218.6 万家，成立联合社 1 万多家。

三、有限责任与无限责任

如前所述，创办企业是一项"冒险事业"，对于创业者来说，当然希望尽可能控制其中的风险。从创业者对企业所承担法律责任的角度看，承担无限责任的创业者所可能面临的风险比承担有限责任的创业者要大得多。

所谓有限责任，是指创业者（投资者）除其认缴的对企业的出资外，不再对企业及企业的债权人承担任何财产责任。如果企业经营失败，创业者的最大财产损失就是无法收回其对企业的全部出资。也就是说，如果一个创业者出资 10 万元开办企业，那么对他来说，最坏的情形就是他的全部投资最终打了水漂，10 万元血本无归。虽然很惨，但是和无限责任相比，这种损失总是可以预期的、有限度的。公司是典型的有限责任企业。

所谓无限责任，是指创业者（投资者）除其认缴的对企业的出资外，还需以自己的其他财产对企业债务承担连带清偿责任。也就是说，如果企业经营失败，创业者不但无法收回最初的投资，还可能要倒贴。同样出资 10 万元，最坏的情形是，不但 10 万元有去无回，甚至还要把自己另外的财产拿来帮企业还债。个体工商户、个人独资企业的投资者需承担无限责任。

合伙企业的情况比较复杂。《合伙企业法》将合伙企业分为普通合伙企业和有限合伙企业，有限合伙企业允许有限责任合伙人的存在。也就是说，有限合伙企业的投资者中有的需要对合伙企业的债务承担无限责任，而有的仅承担有限责任。

四、选择企业形式时应考虑的因素

既然有那么多种企业的组织形式，那么我们创业时究竟应该如何选择呢？人们常说，适合自己的才是最好的，创业也一样，在选择组织形式时，应当按照自身的实际情况做出最明智的决策。

我们认为，选择企业形式时应当考虑以下因素。

1. 是合作，还是单干

是找合作伙伴一起创业，还是单干，这不但是个人喜好问题，往往还关系创业的命运。

合作有合作的好处，如更容易筹措到资金，合作伙伴可以优势互补、风险共担等。但是如果合作不好，会给创业带来很多麻烦，亲兄弟都要分家，更何况是一般的合作者呢？所以在创业之初，必须认真考虑这个问题，如果有意向的合作伙伴，要对你们合作创业的可行性、默契程度等进行客观、充分的评估。

合作的形式主要有合伙企业、公司。

单干的选择余地并不小，个体工商户、个人独资企业、一人有限责任公司都可以。

2. 项目风险的大小

有的创业项目风险低，回报率低。有的创业项目回报率虽高，但风险也大。创业之初合理评价自身创业项目的风险是很重要的。如果是风险较大的项目，建议选择仅承担有限责任的创业形式，如公司。如果是风险较小的项目，我们可以选择承担无限责任的创业形式。

3. 可以筹到的资金

资金是企业的生命线，企业成立之初都必须注入一定的资本。一般来说，资金实力雄厚、规模大的项目适合采取公司形式，而资金较少、规模较小的项目适合采取个体工商户、个人独资企业以及合伙企业等形式。

4. 税负的轻重

不同形式的企业所承担的税负是不一样的。如公司要缴纳企业所得税，而个体工商户、个人独资企业、合伙企业不用缴纳企业所得税。企业规模的大小也影响税负水平，如《中华人民共和国增值税暂行条例》（以下简称《增值税暂行条例》）及其实施细则，按照生产经营规模将增值税的纳税人分为一般纳税人和小规模纳税人，对小规模纳税人按照 3%的征收率征收增值税，而一般纳税人的税率则是 17%。不过要准确评判具体企业承担的税负是一个相当复杂的问题，在选择时还需要结合各方面的因素进行权衡。

5. 行业特点

行业特点对于选择企业形式的影响，一方面表现在不同行业本身可能对企业形式有不同要求，如根据《合伙企业法》的规定，以专业知识和专门技能为客户提供有偿服务的专业服务机构（如会计师事务所、房产中介），可以设立为特殊的普通合伙企业。法律法规对于某些行业还做出了特殊的准入规定，包括注册资本的要求、前置审批的要求等。需要注意的是，互联网企业普遍需要"团队作战"，因此，一般都选择设立有限责任公司。另一方面，行业的不同也会影响税负轻重。不同行业的企业需缴纳不同税种的税，如从事销售货物或进口货物活动的需要缴纳增值税，如果这些货物属于有害、奢侈、高能耗等消费品的，还要缴纳消费税；开采矿产品或生产盐的企业要缴纳资源税。不同行业在税收优惠政策方面的待遇也不一样。如农业生产者销售的自产农产品免征增值税。

6. 是否有利于长远的创业规划

相信大部分的创业者并不是图一时之快，除眼前的计划外，往往心中还有一个长远的规划。为了促进企业做大做强，我们一开始选择的企业形式应当具有充分的发展空间，有利于吸收新的股东，有利于吸引资金、人才、技术等。相比较而言，有限合伙企业、公司在上述方面显然比个体工商户、个人独资企业等更具有优势。另外，还要考虑法律法规的一些特别规定。例如，根据《商业特许经营管理条例》（2007年5月1日起施行）第三条规定："企业以外的其他单位和个人不得作为特许人从事特许经营活动。"如果你像本章开头案例中的小施一样想实施连锁经营战略，那么你必须放弃个体工商户这种形式，因为按照我国目前的法律规定，个体工商户并不属于"企业"。

【小贴士】外商投资企业的组织形式

根据《外商投资法》《外商投资准入特别管理措施（负面清单）》等规定，外商投资企业的组织形式、组织机构及其活动准则，适用《公司法》《合伙企业法》等法律的规定。境外投资者不得作为个体工商户、个人独资企业投资人、农民专业合作社成员，从事投资经营活动。因此，如果有外国投资者参与的，只能设立合伙企业、公司，同时还要注意执行《外商投资准入特别管理措施（负面清单）》有关股权要求的规定。

五、大学生初次创业更适合选择的企业形式

第一次创业，一般都是"白手起家"，没有很强的资金实力，各方面条件欠缺，而且大学生往往热情有余、经验不足，创业风险较大。什么样的企业形式比较适合大学生呢？

1. 孤胆英雄：个体工商户、个人独资企业、一人有限责任公司

近几年来，国家出台了许多鼓励大学生从事个体经营的扶持性政策。个体经营比较适合初次创业者，对于喜欢单枪匹马闯天下的你来说是一个不错的选择。

个体工商户、个人独资企业的优缺点如表2-2所示。

表2-2 个体工商户、个人独资企业的优缺点

优　　点	缺　　点
1. 财产关系简单，企业的财产与创业者自己的财产是一样的，无须与人分利，也无须与人扯皮 2. 创业者拥有完全的经营自主权，自己一个人说了算，不受制约 3. 保密性好，利于企业商业秘密的保护，从而增强竞争力 4. 所需资金少，容易设立，优惠政策多，成本较小	1. 抗风险性差。整个企业系于创业者一身，创业者责任特别重大。一个人的力量和能力总是有限的。一方面，一旦创业者决策失误、经营失败、企业资不抵债，创业者需对企业承担无限责任，可能导致创业者个人倾家荡产；另一方面，一旦创业者个人发生意外，将导致企业的终结 2. 发展性差。由于资金少，规模小，企业信用等级较低，很难吸引资金、人才和技术，难以发展壮大

推荐指数：★★★

　　一人有限责任公司是一种比较新的企业形式，在2006年之前，我国《公司法》并不允许成立一人公司。这种新型企业形式一得到法律的认可，就马上蓬勃发展起来。来自北京市工商局信息中心的统计数据显示，2007年上半年，北京市新登记一人独资公司5688户，同比增长79.43%，占新开办企业总数的1/5。一人独资公司成为不少投资者首选的企业组织形式。

　　一人有限责任公司的优缺点如表2-3所示。

表2-3 一人有限责任公司的优缺点

优　　点	缺　　点
一人有限责任公司几乎拥有个体工商户、个人独资企业的所有优点，而且它还具有一项"独门绝技"：一人有限责任公司的股东只需对公司承担有限责任，大大降低了创业风险	《公司法》对一人有限责任公司各方面的要求都比较高。例如，一个自然人只能投资设立一个一人有限责任公司，该一人有限责任公司不能设立新的一人有限责任公司；每年都要编制财务会计报告，并经会计师事务所审计；股东还有一个义务就是必须证明公司财产独立于自己的个人财产，否则不再受有限责任的保护，要对公司债务承担连带责任

推荐指数：★★★☆

　　个体工商户、个人独资企业、一人有限责任公司设立的主要条件如表2-4所示。

表2-4 个体工商户、个人独资企业、一人有限责任公司设立的主要条件

序　　号	条　　件
1	投资人数为一个。个体工商户、个人独资企业的投资人为自然人，一人有限责任公司的股东可以是自然人或者法人
2	有合法的企业名称（个体工商户可以不取字号名称）
3	依法出资
4	有固定的生产经营场所和必要的生产经营条件
5	一人有限责任公司还必须制定公司章程

2. 团队为王：合伙企业

团队的力量往往是势单力孤的个人所不能比拟的。成功的合伙企业就是一个团队，它将分散的人、资本、技术联合起来，使之优势互补，发挥出巨大的能量。如果你正好有合适的合作伙伴，那么不妨试试合伙。合伙企业的优缺点如表 2-5 所示。

表 2-5　合伙企业的优缺点

优　点	缺　点
1. 人多力量大。这不是单纯的人数的增加，同时增加的是资金、技术、经验和智慧，企业的实力和管理能力都有望得到提升 2. 机制较灵活，能够吸引更多人的参与。例如，允许以劳务出资，使得有一技之长但缺乏资金的人能够加入合伙人的队伍，充分发挥其积极性；有限合伙企业允许有限合伙人的参与，有利于吸引风险资本的投入	1. 人多导致分歧多，保密性差，企业运营效率相对低下，不利于企业长期稳定发展 2. 普通合伙人对合伙企业的债务依然要承担无限责任 3. 入伙、退伙需要全体合伙人一致同意，降低了企业的吸引力 4. 规模依然较小，企业信用等级不高，融资手段有限

推荐指数：★★★★

合伙企业设立的主要条件如表 2-6 所示。

表 2-6　合伙企业设立的主要条件

序　号	条　件
1	有两个以上合伙人。合伙人为自然人的，应当具有完全民事行为能力
2	有书面合伙协议
3	有合伙人认缴或者实际缴付的出资（可以劳务形式出资）
4	有合伙企业的名称和生产经营场所
5	法律、行政法规规定的其他条件

3. 一步到位：有限责任公司[①]

有限责任公司是一种非常规范的现代企业组织形式，具有诸多优势，随着注册资本登记制度改革，设立有限责任公司的门槛大大降低，越来越多的创业者青睐于这种企业形式。从长远规划来看，规范的有限责任公司很容易改造成股份有限公司，以期争取上市，所以可以说设立有限责任公司是创业者一步到位的选择。在条件具备的前提下，胸怀大志的你可以把有限责任公司作为自己创业的首选企业形式。有限责任公司的优缺点如表 2-7 所示。

[①] 这里介绍的有限责任公司不包括一人有限责任公司。

表 2-7　有限责任公司的优缺点

优　点	缺　点
1．抗风险性较强。一方面，公司财产与股东财产相互独立，公司股东仅承担有限责任，股东的风险大大降低；另一方面，公司具有独立法人资格，公司不因股东的变动而丧失主体地位 2．适应性非常强，成长性好，适用于一切行业，具有很大的发展空间 3．制度规范，所有权与经营权分离，可以聘任专业管理人员，提升企业的管理水平 4．企业信用等级较高，融资能力较强	1．法律法规的规范要求比较严格，对公司依法经营管理的水平提出很高的要求 2．相较于股份有限公司，有限责任公司的融资手段有限，缺乏在短时间内大量集资的能力，限制了公司规模的扩张 3．大股东控制的现象比较普遍，不利于小股东权益保护

推荐指数：★★★★★

有限责任公司设立的主要条件如表 2-8 所示。

表 2-8　有限责任公司设立的主要条件

序　号	条　件
1	股东符合法定人数（2～50 人）
2	有股东认缴的出资（不能以劳务形式出资）
3	股东共同制定公司章程
4	有公司名称，建立符合有限责任公司要求的组织机构
5	有公司住所

第四节　企业股权结构设计

关键词：股权、股权结构、出资比例、表决权比例、分红权比例、股权激励、持股平台

俗话说，亲兄弟明算账。初创企业股权结构如果不合理，就很可能在创始股东之间埋下争议隐患，甚至导致曾经亲密无间的创业伙伴走向反目。例如，独立新媒创始人罗振宇、申音分家，"西少爷"合伙人纠纷等。

一、股权、股权结构的含义

股权，简言之，就是股东的权利。这里所说的"股东"，泛指一切企业的投资者，如公司股东、合伙企业合伙人。股东通过对企业承担出资义务获得股权。

股权的内容包括身份权、财产权（分红权、增资认购权、剩余财产分配权等）、参与管理权（话语权）。股权可以依法转让。初创企业如果发展得好，其股权未来升值空间很大。

股权结构，是股东的持股比例、持股方式及其组合，体现股东对企业的控制方式，以及不同股东之间的利益分配方式。

合理的股权结构，不仅能理顺创始股东之间的权利义务关系，而且能为企业的未来发展打好基础，为吸引投资、人才留下充分的空间。但是，许多创业者在创业之初往往不重视股权结构的设计，这也是不少大学生创业企业的通病。

【案例】看似公平的股权结构让好兄弟各奔东西

"不要和朋友合作做生意"，这句话现在成了小李的一句口头禅。大四那年，他与大学里两个好哥们儿成立了户外旅游公司。公司股权按照 1∶1∶1 划分，3 个人均等分红。2013 年，携程等旅游公司的业务还未拓展到武汉，而他们在武汉的公司一年营收已达 370 多万元，年底分红每个人拿到 30 多万元。

公司发展势头不错，但是 3 个人对于公司的未来规划出现分歧。一个人想将公司转型为体育竞技类企业，另一个人打算依照常规路线进行企业经营，第三个人则只想赚点钱。当初平分股权的弊端显现出来，当大家意见不一致时，谁也没有权利来拍板公司的发展路线。

有一次一个企业来谈合作，希望与公司一起推广旅游项目。这对公司来说是个扩大业务范围的好机会。但要不要拿下这个大项目，公司业务究竟如何展开，3 个人意见不一，开会来回几次吵架，小李觉得好兄弟都要变成仇人了。矛盾在一次例会讨论员工招聘方式时集中爆发。小李提议让出部分股权来吸引高端人才，留住人心，扩大团队规模，但合伙人小张认为自己给员工发着工资，不可能还将年营收百万的公司股份无偿割让出去。拍桌子、骂脏话，吵了一个多小时，3 个人都憋着一肚子气。这之后，原负责带队的小刘直接撂挑子，不再管公司事务，只等收年底分红。毕业后两年内，一个人离开去往深圳开起餐饮店，另一个人则在武汉办起咖啡馆。

合伙人走后，公司部分业务出现断层。小刘所负责的户外旅游项目路线规划方案，因接手人对业务不熟，线路规划出现问题，客户资源流失，旅游体验的满意度迅速下降。小李曾想高价回购其他两个人手里的股份，一个人将公司做大，但其他两个人要求必须一次性付清 270 多万元。一时之间拿不出这么多钱，小李又找到其他两个人当面协商，希望能给他一定的时间来支付。耗费了小半年，结果当初的好兄弟没一个同意分期支付。第一批老员工接连离开，小李觉得团队没法继续做下去了，随即也离开了公司，招聘社会人士来接管公司事务。

（资料来源：中国青年报·中青在线）

评析：公司的三个股东，每个人的持股比例都是一样的，这样看似公平的股权结构是大忌。因为，一旦股东之间产生争议，没有人能够拥有决定权，那么公司就会像失去舵手的航船一样，无法继续前行。

二、股权结构设计应遵循的原则

著名投资人、新东方联合创始人徐小平说，创业的基础有两个：一个是团队；另一个是股权结构。股权结构不合理，公司一定做不成。那么，好的股权结构是什么样呢？

首先，好的股权结构应当体现公平原则，根据股东的贡献情况，公平合理地分配股权。

每个股东拥有的资源是不一样的。有的有资金，有的有技术，有的有人脉，有的有能力……所以他们对企业的贡献也是不一样的。好的股权结构应该让大家觉得股权比例设置合情合理，没有谁吃亏，或者是占便宜，而且能够激励大家愿意继续为企业做更多的贡献。这里的公平，不是搞平均主义，更不是大锅饭，一定要注意权、责、利相一致。

其次，好的股权结构应当坚持效率原则，确保核心创始人拥有决策权，避免陷入决策僵局。

要完全地做到公平合理地分配股权，有时只是一个理想，并不容易做到。但是，即便不能够保证绝对公平合理，也要保证核心创始人的控制权，以提高决策效率。创业企业的股东人数不论多少，都应当有一个主心骨，就是核心创始人，在大家意见出现分歧时，应该从制度上确保核心创始人拥有决定权。这就需要在分配股权时，给予核心创始人一个合适的股权或决策权比例。

再次，好的股权结构应当遵循稳定原则，事先建立股东退出机制，确保股权结构稳定。

创业企业人的合性特别重要，股东一条心，才好往前冲。但实践中难免出现各种原因导致有人中途退出。如有人拟把股权转让给股东以外的人，或者有人因意见不一退出却拒不交出股权，或者有人因离婚、继承导致所持股权权属变动，这些情形都会影响创业企业股权结构的稳定性，威胁创始人对企业的有效控制。因此，要针对上述情况进行对策性制度安排。

【法条】

《最高人民法院关于适用〈中华人民共和国公司法〉若干问题的规定（四）》

第十六条　有限责任公司的自然人股东因继承发生变化时，其他股东主张依据公司法第七十一条第三款规定行使优先购买权的，人民法院不予支持，但公司章程另有规定或者全体股东另有约定的除外。

最后，好的股权结构应当秉持发展原则，为企业未来发展预留空间，便于吸引人才、资本与资源。

创业企业要做大做强，都需要进一步招兵买马和"烧钱"，特别是互联网企业，对于资金和人才的渴求都是非常强烈的。而初创企业往往自身资信有限，它拿什么来吸引人才和资本呢？答案就是股权。通过股权融资，通过股权激励吸引人才。那么，这些股权从何而来？需要在最初的股权结构设计时预留出一定比例。

需要特别提醒的是，股权结构设计一定要在企业设立前完成。因为企业的股权结构是企业设立登记的必备事项，需要在公司章程或合伙协议中予以明确记载。如果股权结构发生变化，需要修改公司章程或合伙协议。《公司法》规定，修改公司章程，需要经代表三分之二以上表决权的股东表决同意；《合伙企业法》规定，修改或者补充合伙协议，应当经全体合伙人一致同意。因此，股权结构一旦确定，之后再要变更，就不那么容易了。

【小贴士】

计划申请大学生创业扶持政策支持的，还需要注意当地政府对于大学生创业企业股权结构的要求。例如杭州市规定，申请创业资助的大学生创业企业，其大学生创业团队核心成员出资总额不得低于注册资本的30%。

三、股权结构设计的关键环节

股权结构设计，是一门技术，也是一门艺术，一般要从以下几个环节着手。

1. 确定股东身份：谁来做股东

企业初创时期，创业者首先需要考虑的是，一起参与创业的人中，哪些人做股东，哪些人做员工？股东当中，哪些人是核心创始人、核心团队成员，哪些人是只投钱不管事的纯投资人？员工当中，哪些人是普通员工，哪些人是核心员工？然后再根据不同定位确定其是否持股、持股方式以及比例。

核心创始人往往是创业项目发起人，也是整个创业团队的领袖，创业企业的代表，如马云之于阿里巴巴、马化腾之于腾讯。核心团队成员则是创业团队中不可或缺的角色，是全职投入的创业项目实践者，不仅出钱、出技术，还要出力。

投资人，是出钱的，一般不参与企业经营管理，包括有些资源很多，但不能全职投入的人，也应当作为投资人看待。

核心创始人、核心团队成员、投资人都可以成为股东。

员工是出力的人。核心员工应该是高管或者技术、业务骨干。为了激励核心员工把自己的前途和企业捆绑，全力以赴投入，创业企业往往通过股权激励方式，给予其在一定条件下分享企业成长红利的权利，条件成熟时，可给予更多的股权权益。实践中用得比较多的有干股、股票期权、员工持股计划、业绩股票、限制性股票等。普通员工则无须给予股权。

2. 确定持股方式：是直接持股，还是间接持股

直接持股，就是直接登记为创业企业的股东。一般核心创始人、核心团队成员、主要投资人可以直接持股。但直接持股的股东不宜太多，宁缺毋滥。图 2-1 是企查查查询所得的哔哩哔哩公司的股权结构图（箭头代表投资方向）。

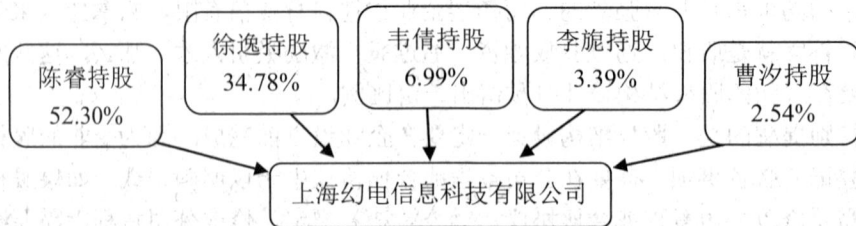

图 2-1　哔哩哔哩公司的股权结构图

间接持股，就是通过持股平台持股。例如设立一家有限合伙企业，核心创始人担任普

通合伙人（General Partner，GP）以及执行事务合伙人，间接持股的股东则成为该合伙企业的有限合伙人（Limited Partner，LP），该合伙企业再持股创业企业。间接持股下，会形成两级或更多级的股权架构。

图 2-2 是根据企查查查询结果制作的浙江淘宝网络有限公司的股权结构图。从该图可以得出，尽管股权结构看上去层次比较多，但浙江淘宝网络有限公司的实际股东就是五个自然人，他们都是阿里巴巴的高管，其中张勇是阿里巴巴集团的首席执行官。

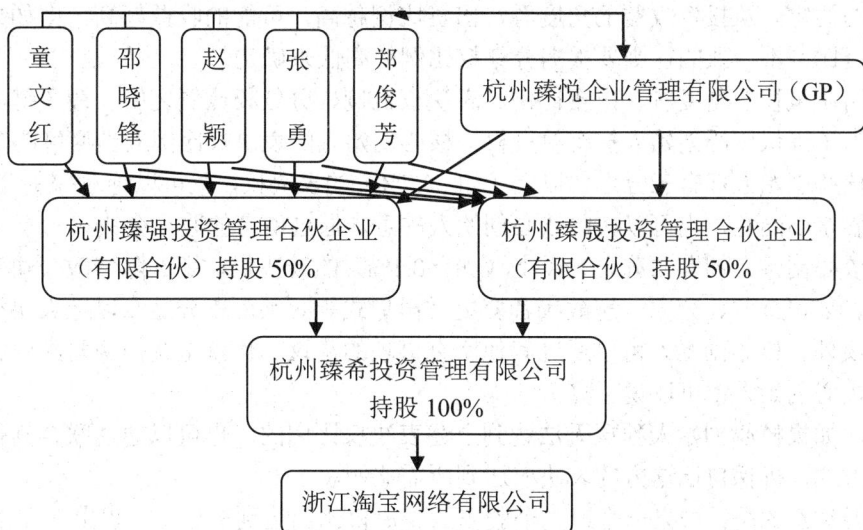

图 2-2　浙江淘宝网络有限公司的股权结构图

以有限合伙企业作为间接持股平台的做法目前较为普遍。一方面，创业企业风险比较大，万一经营不善，股东有可能要被拖累，因此，对投资人而言，这种间接持股方式好比是防火墙，隔离了风险；另一方面，投资人并不直接持有创业企业的股权，不享有创业企业的经营决策权，有限合伙企业的话语权也在核心创始人（GP）手中，便于核心创始人控制创业企业。持股平台还可以作为职工持股平台，以及未来吸引人才和投资的平台，这样一来，哪怕股东进进出出，也不需要进行创业企业的股权变更，有利于创业企业股权结构的稳定。

3. 确定出资比例、表决权比例、分红权比例

前面我们说，为了确保核心创始人的决策权，在分配股权时，要给予核心创始人一个合适的股权或决策权比例。那么究竟多少的股权比例合适呢？下面以有限责任公司为例来进行讨论。

我们先来分辨一下：出资比例、表决权比例、分红权比例这几个概念。

出资比例：是指股东出资额占公司全部注册资本的比例。如公司注册资本 10 万元，股东 A 出资 2 万元，则其出资比例就是 2/10=20%。

表决权比例：表决权，俗称投票权。《公司法》规定，股东会会议由股东按照出资比例行使表决权；但是，公司章程另有规定的除外。因此，表决权比例可以和出资比例一样，

也可以不一样。例如，根据京东2020年赴港上市公告信息披露，京东的第一大股东是腾讯全资子公司黄河投资有限公司，持有5.272亿股普通股，占股17.8%，但其表决权仅为4.6%；刘强东持4.485亿股普通股，占股15.1%，却拥有78.4%的表决权。说明京东股东的出资比例和表决权比例是不一致的，刘强东的持股比例虽不是最多，但是其拥有的表决权确保了他对京东的绝对话语权。

分红权比例：和表决权一样，分红权比例一般由出资比例决定，但是公司章程可以做出不一样的约定。从投资收益的角度看，出资比例越高，可能的收益越高，但如果分红权比例与出资比例不一致的，则要根据分红权比例的高低来确定。

从公司决策权的角度看，出资比例、表决权比例、分红权比例之中，最关键的是表决权比例，为了确保核心创始人拥有决策权，核心创始人的表决权比例应当尽可能多一些。

如果核心创始人拥有三分之二以上（如66.7%）的表决权，就可以绝对控制公司决策，即便其他股东不同意，也可以按照核心创始人的意志通过所有的股东会决议。

如果核心创始人拥有二分之一以上（如50.1%）的表决权，那么除修改公司章程、增资、减资、公司合并、分立、解散或者变更公司形式等必须由三分之二以上表决权通过的股东会决议外，核心创始人可以通过其他所有事项的决议。也就是说，公司经营管理的主要事项，核心创始人都可以说了算。

当然，如果核心创始人独自无法达到上述表决权比例的，也可以通过联合其他股东一致行动的方式，确保自己这方的表决权达到所需比例。

还需要注意的是，如果一个或几个股东的表决权比例达到三分之一以上（如33.4%），那么对于修改公司章程、增资、减资、公司合并、分立、解散或者变更公司形式等重大事项，他们就拥有一票否决权。

【法条】
《公司法》
第四十三条　股东会的议事方式和表决程序，除本法有规定的外，由公司章程规定。

股东会会议作出修改公司章程、增加或者减少注册资本的决议，以及公司合并、分立、解散或者变更公司形式的决议，必须经代表三分之二以上表决权的股东通过。

【案例】创始人股权6：4产争议，"首席娱乐官"不得不停更

2015年11月2日，微信公众平台"首席娱乐官"创始人之一邹某发文"很遗憾，'首席娱乐官'即日起将暂停更新！"，将其与另一创始人陈某某的股权纠纷公开。邹某称：她与陈某某谈好的股权比例是4：6，邹某40%，陈某某60%。但后来陈某某反悔，多次提出要求调整，以确保她绝对大股东的地位，至少她的股权要超过70%。在后续融资过程中，陈某某还屡次阻止邹某与投资人单独接触。此后，陈某某擅自修改微信后台登录密码，单方面剥夺邹某继续运营的权利，直接导致了双方矛盾升级。

该公司创始股东有两人，大股东持股60%，二股东持股40%，表面上看，大股东持股比例高，很多事情大股东应该就可以拍板决定。但是，当涉及引进投资人、增资和减资等事项时，这样的股权结构很可能因两个股东意见不一致，导致无法顺利推进。因为60%还

不足以超过三分之二，这也是陈某某之后希望自己持股超过70%的原因所在。

（资料来源：猎云网）

4. 确定退出机制，防止外人进入股东会

这里所说的退出机制，主要是为了防止各种意外情况而导致股权结构的被动调整。针对不同情形，需要有不同的对策。例如：

（1）为避免创始股东因个人原因（如意见不一致、离职、出国等）主动要求退出，因个人失去完全民事行为能力而不再适合继续履行股东职责，以及因死亡而发生股权继承等情形下，股权能由其他创始股东收回，应事先约定创始人股东有权回购前述情形下退出股东的股权，并明确规定回购价格的计价方式等回购条款。

（2）为避免创始股东因离婚导致其所持股权作为夫妻共同财产被分割，可以要求创始股东与其配偶签署婚内财产约定协议，明确该股权及其权益仅归属于创始股东个人所有，不属于夫妻共同财产；或者至少明确该股权所有权归属于创始股东个人所有，该股权在夫妻关系存续期间产生的收益可以为夫妻共同所有。从隔离离婚导致股权分割风险的角度，在确定持股方式时，间接持股可能是一个更优的选择。

【案例】"土豆条款"

"土豆条款"来源于土豆网的创始人夫妻股权争议。土豆网是国内起步较早的视频分享网站之一，2005年4月开始运营，在其创始人王某的带领下，发展势头强劲。到了2010年，国内视频网站市场基本就是土豆和优酷两家独大，两家都在积极寻求上市。可就在土豆网率先提交上市申请的第二天，王某已经离婚的妻子却诉至法院，要求分割王某所持土豆网的股份。法院冻结了王某的股份，土豆网上市计划只能暂停。这也导致了后续土豆网市场地位不保，最终被优酷合并。土豆网事件发生之后，风投圈内出现了"土豆条款"，即要考察创始人的婚姻状况，甚至要求创始人结婚、离婚要经过董事会同意。

（资料来源：百度）

评析：干涉婚姻自由的"土豆条款"涉嫌违法，即便签了也可能不受法律保护。但是创业团队成员，特别是核心创始人的婚姻状况，确实是一个风险因素。在股权结构设计时，应当在不违反相关法律规定的前提下，对此做出相关制度安排。

第五节　企业章程的拟定

关键词：公司章程、合伙协议、公司章程的拟定、强制性条款、非强制性条款

一、企业章程的定义

我们这里所说的"企业章程"是企业设立的必备法律文件，是企业组织与行为的基本

准则。公司章程、合伙协议都属于这个范畴。企业章程对企业的成立及运营具有十分重要的意义，它既是企业成立的基础，也是企业赖以生存的灵魂。

（1）企业章程是企业设立的最基本条件和最重要的法律文件，设立企业必须订立企业章程，没有章程，企业就不能获准成立。

【法条】

《公司法》

第十一条 设立公司必须依法制定公司章程。公司章程对公司、股东、董事、监事、高级管理人员具有约束力。

《合伙企业法》

第十四条 设立合伙企业，应当具备下列条件：

（一）……

（二）有书面合伙协议；

（三）……

（四）……

（五）……

（2）企业章程是确定企业权利、义务关系的基本法律文件。企业章程一经有关部门批准即对外产生法律效力。企业依章程享有各项权利，并承担各项义务，符合企业章程的行为受国家法律保护，违反章程的行为就要受到干预和制裁。

【案例】董事会会议召集程序违反公司章程被判撤销

香港××投资有限公司（以下简称香港公司）是上海××影像有限公司（以下简称上海公司）的股东之一，香港公司委派 L 女士担任上海公司董事。2006 年 6 月 19 日，上海公司召开董事会临时会议，审议并通过四项议案。香港公司认为，上海公司未将该次会议的召开通知 L 女士，剥夺了董事的合法权益，会议召集程序不合法，因此上海公司董事会临时会议所做出的决议应视为无效，遂向上海市第二中级人民法院起诉，请求法院撤销前述董事会决议。

上海公司认为，尽管公司章程对董事会临时会议的召开规定了发送书面通知的程序，但是，按照公司惯常的运作方式，历来不以各董事到会的方式召开董事会临时会议，相关董事会临时会议决议均是事先通过电话与各董事联系后，再将会议决议传真给各董事签名形成。本次董事会临时会议也是采用上述方式召开，因此，香港公司所持的异议不能成立。

法院认为，根据上海公司章程规定，董事会召开临时董事会会议，应当于会议召开 10 日以前以书面方式通知全体董事，而上海公司 2006 年 6 月 19 日召开的董事会临时会议，没有依据章程的规定完成通知程序。因此，此次会议的召集程序违反了公司章程。据此，法院做出撤销董事会会议决议的判决。

（资料来源：最高人民法院）

评析： 企业章程具有法律效力，违反章程的行为不受法律保护。

【法条】

《公司法》

第二十二条　公司股东会或者股东大会、董事会的决议内容违反法律、行政法规的无效。

股东会或者股东大会、董事会的会议召集程序、表决方式违反法律、行政法规或者公司章程，或者决议内容违反公司章程的，股东可以自决议作出之日起六十日内，请求人民法院撤销。

《民法典》

第八十五条　营利法人的权力机构、执行机构作出决议的会议召集程序、表决方式违反法律、行政法规、法人章程，或者决议内容违反法人章程的，营利法人的出资人可以请求人民法院撤销该决议。但是，营利法人依据该决议与善意相对人形成的民事法律关系不受影响。

（3）企业章程是企业投资者内部之间利益博弈的产物，对于每一个投资者而言，参与制定企业章程，是避免投资风险、确保自身合法权益的重要手段。无论是合伙协议还是公司章程都需要每一个投资者签署方才有效，因此章程的制定必须考虑周全、照顾到全体投资者的意愿，才能尽可能地保障公平。

（4）企业章程是企业实行内部管理和对外进行经济交往的基本法律依据。企业章程规定了企业组织和活动的原则及细则，它是企业内外活动的基本准则。它规定的投资者权利义务和确立的内部管理体制，是企业对内进行管理的依据。同时，企业章程向外公开申明的企业宗旨、营业范围、资本数额以及责任形式等内容，为投资者、债权人和第三人与该企业进行经济交往提供了条件和资信依据。

二、拟定企业章程需要做的准备工作

如前所述，企业章程是企业的"宪法"，如何拟定一份合法有效、公平且充分体现企业个性的章程，是一项极具艺术性和专业性的工作。

（1）拟定企业章程之前，首先必须了解法律所规定的章程必备的内容，并搞清楚这些内容的具体内涵及其意义。

【法条】

《公司法》

第二十五条　有限责任公司章程应当载明下列事项：

（一）公司名称和住所；

（二）公司经营范围；

（三）公司注册资本；

（四）股东的姓名或者名称；

（五）股东的出资方式、出资额和出资时间；

（六）公司的机构及其产生办法、职权、议事规则；

（七）公司法定代表人；

（八）股东会会议认为需要规定的其他事项。

《合伙企业法》

第十八条　合伙协议应当载明下列事项：

（一）合伙企业的名称和主要经营场所的地点；

（二）合伙目的和合伙经营范围；

（三）合伙人的姓名或者名称、住所；

（四）合伙人的出资方式、数额和缴付期限；

（五）利润分配、亏损分担方式；

（六）合伙事务的执行；

（七）入伙与退伙；

（八）争议解决办法；

（九）合伙企业的解散与清算；

（十）违约责任。

凡是必备条款，也就是企业章程的法定记载事项，一个都不能少，没有记载法定事项，意味着章程存在瑕疵。

（2）接下来还应进一步了解，哪些内容是必须如此规定的（强制性条款），哪些内容是可以自行决定如何规定的（非强制性条款）。对于强制性条款，很简单，照抄法条就可以了，而对于非强制性条款则是你发挥的舞台，你可以和其他投资者进行充分协商、谈判以确定其内容。

强制性条款，是指该条款的内容由法律和行政法规强制性规定的，章程不得做出变更的条款。如《公司法》第四十三条关于"股东会会议做出修改公司章程、增加或者减少注册资本的决议，以及公司合并、分立、解散或者变更公司形式的决议，必须经代表三分之二以上表决权的股东通过"的规定就是强制性条款，公司章程在记载该法定事项时只能复述法律而不能对其做出变更。

非强制性条款，是指在不与法律、法规明文规定相抵触的前提下，章程可以进行自行规定的条款，如《公司法》第十三条规定："公司法定代表人依照公司章程的规定，由董事长、执行董事或者经理担任，并依法登记。"再如《公司法》第四十二条规定："股东会会议由股东按照出资比例行使表决权；但是，公司章程另有规定的除外。"根据这一规定，股东如何行使表决权就是公司章程可以自行决定的事项，且公司章程的规定可以高于法定。也就是说，如果公司章程没有规定，则股东会会议由股东按照出资比例行使表决权；如果公司章程规定不按照出资比例而是按照其他办法行使表决权的，则按照公司章程的规定来办。

（3）现在的工作就是，和其他投资者一起就非强制性条款的内容进行协商、谈判、草拟。如股权结构如何设定（可参考本章第四节）、法人治理结构如何架构、董事会由几名董事组成、会议如何召开等。必须注意的是，拟定章程水平的高低，往往就体现在这些非强制性条款上面。如果你感到力不从心，可以考虑咨询专业的律师。

三、制定企业章程的程序

下面以有限责任公司章程的制定为例，说明企业章程的制定程序。

第一步，拟定章程的内容。

你可以自己从头开始拟定章程，也可以在已有范本的基础上进行完善。网上范本有各种不同的版本，可以以工商部门提供的比较规范的范本为基础进行修改，拟定出你所需要的章程。

以下是原北京市工商局提供的一份有限责任公司章程参考格式。

【有限责任公司章程参考格式】

有限责任公司章程

第一章 总 则

第一条 依据《中华人民共和国公司法》（以下简称《公司法》）及有关法律、法规的规定，由 等 方共同出资，设立 有限责任公司（以下简称公司），特制定本章程。

第二条 本章程中的各项条款与法律、法规、规章不符的，以法律、法规、规章的规定为准。

第二章 公司名称和住所

第三条 公司名称： 。

第四条 住所： 。

第三章 公司经营范围

第五条 公司经营范围：（注：根据实际情况具体填写。）

第四章 公司注册资本及股东的姓名（名称）、出资方式、出资额、出资时间

第六条 公司注册资本： 万元人民币。

第七条 股东的姓名（名称）、认缴的出资额、出资时间、出资方式如下：

第五章 公司的机构及其产生办法、职权、议事规则

第八条 股东会由全体股东组成，是公司的权力机构，行使下列职权：

（一）决定公司的经营方针和投资计划。

（二）选举和更换非由职工代表担任的董事、监事，决定有关董事、监事的报酬事项。

（三）审议批准董事会（或执行董事）的报告。

（四）审议批准监事会或监事的报告。

（五）审议批准公司的年度财务预算方案、决算方案。

（六）审议批准公司的利润分配方案和弥补亏方案。

（七）对公司增加或者减少注册资本做出决议。

（八）对发行公司债券做出决议。

（九）对公司合并、分立、解散、清算或者变更公司形式做出决议。

（十）修改公司章程。

（十一）其他职权。（注：由股东自行确定，如股东不做具体规定应将此条删除。）

第九条　股东会的首次会议由出资最多的股东召集和主持。

第十条　股东会会议由股东按照出资比例行使表决权。（注：此条可由股东自行确定按照何种方式行使表决权。）

第十一条　股东会会议分为定期会议和临时会议。

召开股东会会议，应当于会议召开十五日以前通知全体股东。（注：此条可由股东自行确定时间。）

定期会议按（注：由股东自行确定）定时召开。代表十分之一以上表决权的股东，三分之一以上的董事，监事会或者监事（不设监事会时）提议召开临时会议的，应当召开临时会议。

第十二条　股东会会议由董事会召集，董事长主持；董事长不能履行职务或者不履行职务的，由副董事长主持；副董事长不能履行职务或者不履行职务的，由半数以上董事共同推举一名董事主持。（注：有限责任公司不设董事会的，股东会会议由执行董事召集和主持。）

董事会或者执行董事不能履行或者不履行召集股东会会议职责的，由监事会或者不设监事会的公司的监事召集和主持；监事会或者监事不召集和主持的，代表十分之一以上表决权的股东可以自行召集和主持。

第十三条　股东会会议做出修改公司章程、增加或者减少注册资本的决议，以及公司合并、分立、解散或者变更公司形式的决议，必须经代表三分之二以上表决权的股东通过。（注：股东会的其他议事方式和表决程序可由股东自行确定。）

第十四条　公司设董事会，成员为　　　人，由　　　　　产生。董事任期　　　年，任期届满，可连选连任。

董事会设董事长一人、副董事长　　　人，由　　　　　产生。（注：股东自行确定董事长、副董事长的产生方式。）

第十五条　董事会行使下列职权：

（一）负责召集股东会，并向股东会报告工作。

（二）执行股东会的决议。

（三）审定公司的经营计划和投资方案。

（四）制订公司的年度财务预算方案、决算方案。

（五）制订公司的利润分配方案和弥补亏损方案。

（六）制订公司增加或者减少注册资本以及发行公司债券的方案。

（七）制订公司合并、分立、变更公司形式、解散的方案。

（八）决定公司内部管理机构的设置。

（九）决定聘任或者解聘公司经理及其报酬事项，并根据经理的提名决定聘任或者解聘公司副经理、财务负责人及其报酬事项。

（十）制定公司的基本管理制度。

（十一）其他职权。（注：由股东自行确定，如股东不做具体规定应将此条删除。）

（注：股东人数较少或者规模较小的有限责任公司，可以设一名执行董事，不设董事会。执行董事的职权由股东自行确定。）

第十六条　董事会会议由董事长召集和主持；董事长不能履行职务或者不履行职务的，由副董事长召集和主持；副董事长不能履行职务或者不履行职务的，由半数以上董事共同推举一名董事召集和主持。

第十七条　董事会决议的表决，实行一人一票。

董事会的议事方式和表决程序。（注：由股东自行确定。）

第十八条　公司设经理，由董事会决定聘任或者解聘。经理对董事会负责，行使下列职权：

（一）主持公司的生产经营管理工作，组织实施董事会决议。

（二）组织实施公司年度经营计划和投资方案。

（三）拟订公司内部管理机构设置方案。

（四）拟定公司的基本管理制度。

（五）制定公司的具体规章。

（六）提请聘任或者解聘公司副经理、财务负责人。

（七）决定聘任或者解聘除应由董事会决定聘任或者解聘以外的负责管理人员。

（八）董事会授予的其他职权。

（注：以上内容也可由股东自行确定。）

经理列席董事会会议。

第十九条　公司设监事会，成员　　　　　人，监事会设主席一人，由全体监事过半数选举产生。监事会中股东代表监事与职工代表监事的比例为　　　　：　　　　。（注：由股东自行确定，但其中职工代表的比例不得低于三分之一。）

监事的任期每届为三年，任期届满，可连选连任。

（注：股东人数较少、规格较小的公司可以设一至二名监事。）

第二十条　监事会或者监事行使下列职权：

（一）检查公司财务。

（二）对董事、高级管理人员执行公司职务的行为进行监督，对违反法律、行政法规、公司章程或者股东会决议的董事、高级管理人员提出罢免的建议。

（三）当董事、高级管理人员的行为损害公司的利益时，要求董事、高级管理人员予以纠正。

（四）提议召开临时股东会会议，在董事会不履行本法规定的召集和主持股东会会议职责时召集和主持股东会会议。

（五）向股东会会议提出提案。

（六）依照《公司法》第一百五十二条的规定，对董事、高级管理人员提起诉讼。

（七）其他职权。（注：由股东自行确定，如股东不做具体规定应将此条删除。）

监事可以列席董事会会议。

第二十一条　监事会每年度至少召开一次会议，监事可以提议召开临时监事会会议。

第二十二条　监事会决议应当经半数以上监事通过。

<u>监事会的议事方式和表决程序。</u>（注：由股东自行确定。）

第六章　公司的法定代表人

第二十三条　董事长为公司的法定代表人（注：也可是执行董事或经理），任期　　年，由　　　　选举产生，任期届满，可连选连任。（注：由股东自行确定。）

第七章　股东会会议认为需要规定的其他事项

第二十四条　股东之间可以相互转让其部分或全部出资。

第二十五条　股东向股东以外的人转让股权，应当经其他股东过半数同意。股东应就其股权转让事项书面通知其他股东征求同意，其他股东自接到书面通知之日起满三十日未答复的，视为同意转让。其他股东半数以上不同意转让的，不同意的股东应当购买该转让的股权；不购买的，视为同意转让。

经股东同意转让的股权，在同等条件下，其他股东有优先购买权。两个以上股东主张行使优先购买权的，协商确定各自的购买比例；协商不成的，按照转让时各自的出资比例行使优先购买权。

（注：以上内容亦可由股东另行确定股权转让的办法。）

第二十六条　公司的营业期限　　　年，自公司营业执照签发之日起计算。

第二十七条　有下列情形之一的，公司清算组应当自公司清算结束之日起30日内向原公司登记机关申请注销登记：

（一）公司被依法宣告破产。

（二）公司章程规定的营业期限届满或者公司章程规定的其他解散事由出现，但公司通过修改公司章程而存续的除外。

（三）股东会决议解散或者一人有限责任公司的股东决议解散。

（四）依法被吊销营业执照、责令关闭或者被撤销。

（五）人民法院依法予以解散。

（六）法律、行政法规规定的其他解散情形。

（注：本章节内容除上述条款外，股东可根据《公司法》的有关规定，将认为需要记载的其他内容一并列明。）

第八章　附　　则

第二十八条　公司登记事项以公司登记机关核定的为准。

第二十九条　本章程一式　　　　份，并报公司登记机关一份。

全体股东亲笔签字、盖公章：

　　　　　　　　　　　　　　　　　　　　年　　　月　　　日

　　这份范本中有些内容是不能更改的（因为那是强制性条款），有些内容是可以自行决定的（范本中加括号的部分属于非强制性条款）。特别应当引起注意的非强制性条款（范本中加下画线的部分）包括以下几个。

（1）除《公司法》明确规定之外的股东会的职权（范本第八条）。

（2）股东会的表决方式（范本第十条）。

（3）董事会的组成、职权、议事方式、表决方式（范本第十四条、第十五条、第十七条）。

（4）监事会的组成、职权、议事方式、表决方式（范本第十九条、第二十条、第二十二条）。

（5）法定代表人由谁担任（范本第二十三条）。

（6）股权转让的规定（范本第二十五条）。

这些条款事关股东的权利及对公司控制权的掌握，作为公司股东在制定章程时千万不能忽视。

第二步，股东在公司章程上盖章、签名。至此，公司章程制定完成。

公司章程制定完成后，还需按照规定到企业登记机关（市场监督管理部门）备案。

【小贴士】经营范围如何填写？

公司章程中的经营范围建议参考国家统计局发布的"国民经济行业分类"，结合自身实际情况进行填写。考虑实际登记时，可能需要根据登记机关规范要求进行修改、调整，填写时可以在最后加上一句"以登记机关最后核定为准"。

填写前，可以先登录国家企业信用信息公示系统，查询一下同类公司是怎么写的，作为参考。

例如，一家信息科技有限公司登记的经营范围为："信息科技、计算机软硬件、网络工程领域内的技术转让、技术咨询、技术服务，商务信息咨询，企业形象策划，玩具、工艺美术品（象牙及其制品除外）、服装的销售，各类广告的设计、制作、代理、发布，广播电视节目制作，电信业务，票务代理。（依法须经批准的项目，经相关部门批准后方可开展经营活动）"

又如，一家管理咨询有限公司登记的经营范围为："企业管理咨询，经济信息咨询，商务咨询，人力资源管理（不得从事人才中介、职业中介、劳务派遣），文化艺术交流与策划，从事货物及技术的进出口业务，企业形象策划，市场信息咨询与调查（不得从事社会调查、社会调研、民意调查、民意测验），设计、制作、代理、发布各类广告，电子商务（不得从事增值电信、金融业务）。（依法须经批准的项目，经相关部门批准后方可开展经营活动）"

第六节　经营场所的选择

关键词：经营场所、一址多照、一照多址、房屋租赁合同

一、法律对企业经营场所的规定

如何给初创企业找一个合适的"家"？是找一处创业园区，还是高大上的CBD（中央

商务区）？或者学马云把公司开在自己家里？还是像许多外国人那样从车库里迈开创业的第一步？等一下，你首先需要了解的是，法律法规对于企业经营场所有哪些规定。

经营场所又称住所，是企业设立时必须登记的事项。记载于营业执照上的企业住所、经营场所、主要经营场所或营业场所等，是企业的主要办事机构所在地，为法律文书送达地址和确定司法、行政地域管辖的依据。

在选择经营场所时，应当遵循以下规定①。

（1）企业的住所（经营场所）只能有一个，并与其经营活动相适应。企业（个体工商户除外）在其住所（经营场所）外从事经营活动的，应当依法设立分支机构。在同一登记管辖区域内的，可以申请经营场所登记（相当于"一照多址"）。

（2）仅通过互联网开展经营活动的电子商务经营者申请登记为个体工商户的，可将网络经营场所作为经营场所进行登记。

（3）住所（经营场所）所在建筑物应当符合国家关于建筑安全、安全生产以及国家安全等要求，违法建筑或危险房屋等依法不得作为企业住所（经营场所）。

（4）住所（经营场所）的用途应与企业生产经营活动相适应。例如用于开饭店的经营场所，应当具备餐饮用途。对住宅登记为住所（经营场所）的，除遵守法律、法规以及管理规约外，应当经有利害关系的业主一致同意。所以，不能随便在自己家里办企业。

对企业住所（经营场所）的具体要求，由省、自治区、直辖市人民政府根据法律法规的规定和本地区管理的实际，自行或者授权下级人民政府做出具体规定。因此，创业者还应当关注创业所在地地方政府的相关规定。

以浙江省为例，根据《浙江省放宽企业住所（经营场所）登记条件规定》：

（1）允许"一址多照"，允许同一地址登记为两个以上企业的住所（经营场所）。除商务秘书企业外，同一地址作为多个企业住所（经营场所）的，应当符合多个主要办事机构共同日常办公的合理需求。

（2）对生产经营场所要求不高、不易影响周边环境的电子商务（交易平台服务提供商除外）、软件开发、文化创意等企业，可使用商务秘书企业的住所（经营场所）办理注册登记。允许商务秘书企业从事企业住所（经营场所）的日常办公托管业务，商务秘书企业应当在其住所（经营场所）以及企业信用信息公示平台公示所托管企业的名录和联系方式。

（3）推行"一照多址"。对无须前置审批的企业在同一县（市、区）域内设立分支机构的，免予分支机构登记，在营业执照上加注分支机构经营场所即可。对需要前置审批的企业申请办理"一照多址"，如许可证件上已记载生产经营场所的，可参照办理。

总之，放宽对企业，特别是小微企业、个体工商户登记经营场所的限制，便利各类创业者注册经营，是商事主体登记制度改革的方向，但创业者也需要搞清楚具体规定，依法操作。

---

① 这里部分参考了国家市场监督管理总局 2020 年 6 月 15 日出台的《商事主体登记管理条例（草案）》。该条例正式通过后，应以正式生效文本为准。

二、租赁经营场所需要注意的问题

许多创业者没有自有房屋，需要租赁房屋作为企业经营场所，签订房屋租赁合同。这时需要注意什么问题呢？

【案例】出租人以房屋不符合经营用途为由终止合同，法院判赔承租人损失

2014 年 8 月 4 日，小王与赵某签订了《房屋租赁合同》，约定小王向赵某承租其位于北京市朝阳区某房屋（以下简称涉诉房屋）用于商铺经营，租赁期限自 2014 年 9 月 1 日起至 2015 年 8 月 31 日止。小王按照合同约定向赵某支付了押金 1 万元。2014 年 8 月 25 日，赵某以短信形式通知小王由于涉诉房屋的前租户不退租，双方之间的租赁合同提前终止，赵某于当日将 1 万元退还到小王的账户中。小王要求赵某对此进行赔偿，赵某未予同意。

次日，赵某通知小王继续履行合同，并要求其于下午两点之前交付 1 万元，否则视为小王违约。小王于当日向赵某再次交付 1 万元，赵某又于当日将该笔款项退还小王，并通知小王因涉诉房屋系住宅不能用于商铺，属于不可抗力，双方租赁协议提前终止。小王诉至法院，要求解除与赵某签订的《房屋租赁合同》，赵某赔偿品牌合作补偿金 10 万元、另行寻找店铺的机会补偿金 5000 元、员工工资及培训费 7000 元、设计装修费 3000 元、装修材料押金 1000 元。

法院认为：根据已查明事实，赵某将 1 万元款项退还小王并提出合同终止行为已构成违约，其应按照合同约定对小王的损失进行赔偿，但小王主张的损失金额过高，本院将综合赵某的违约程度等对损失金额予以酌定。赵某作为房屋所有权人，其对房屋性质应充分了解，现其以住宅不能作为商铺使用合同终止属于不可抗力的辩解意见，无法律依据，本院不予采信。遂判决解除双方签订的房屋合同，被告赵某赔偿原告小王经济损失 1 万元。

（资料来源：中国裁判文书网）

案例中的小王租好了房子，付了押金，着手准备装修开店了，没想到房东出尔反尔撕毁了合同。尽管法院主持了公道，判决房东赔偿小王损失 1 万元，但是小王被耽误的时间、被浪费的精力、商机都是无法用金钱来衡量的。

创业者租用于经营的房屋时，要注意以下问题。

（1）核实房东身份，核对房东的身份证和房屋的权属证书（如不动产权证）。确保和你签合同的人是真房东，不是"二房东"；如果是"二房东"，要其出具房东的授权书，证明其有权转租；如果存在共有权人的，还应当要求房屋的共有权人作为出租人一起签订租赁合同。

（2）核实房屋情况，例如，该房屋是否已经取得合法权属证书，是否存在设定抵押等权利限制情形，是否已经出租给他人。如果没有房屋权属证书的，最好不要租，确实要租的，应该要求房东说明情况并提供证明材料，证明房屋的权属以及合法性，如自建房的建设批准文件、规划许可证、施工许可证等；如果房屋已经抵押给银行，成立在后的租赁关系不能对抗之前的抵押权，一旦房东还不上贷款，该房屋可能会被拍卖处置；如果房屋之

前已经出租，前租户尚未腾退的，则存在前租户拒不腾退，租赁合同无法履行的风险。

（3）核实房屋登记用途，是否满足创业经营所需。按照房地产的用途，可以分为住宅和非住宅两大类，非住宅可以分为商业、办公、工业、农业、教育、特殊用途等。所以在租赁房屋时，要看清楚房屋的登记用途是什么，然后再向当地有关部门核实是否可以用于创业经营。例如，住宅本来是不可以用于经营的，但是现在也可以在完成相关手续的前提下用作经营场所。

对于大学生创业者而言，如果创业项目本身对于地理位置没有要求，可以选择入驻创业园区。不仅可以享受创业园区优惠政策和完善的配套，而且其创业氛围浓厚，集聚效应明显，说不定会遇到助推创业成功的良师益友。

第七节　筹资、出资

关键词：融资、民间借贷、P2P、众筹、出资、管理入股、抽逃出资

一、创业之初筹集资金的方式

创业不能没有启动资金，那么钱从哪里来呢？

可供企业选择的融资渠道、方式有很多种（详见第五章第五节），但对于连企业都尚未设立起来的创业者而言，大部分的融资渠道都走不通，道理很简单，没有人愿意和你一起承担创业的巨大风险。这里我们只介绍对于创业者而言比较可行的几种融资方式。

1. 民间借贷

创业者一开始最容易获得资金的方式就是向亲朋好友借贷。当然，还有许多的民间资本都可以为你提供借贷资金。民间借贷利率比银行高（当然亲朋好友提供的无息借款除外），同时效率也高。通过民间借贷融资，需要注意以下两个方面。

第一，要订立书面协议，明确彼此的权利义务，以免空口无凭，产生不必要的争议。尤其是向亲朋好友借贷时，你必须记住，即使是再亲密的关系，也要做到"亲兄弟，明算账"。

第二，民间借贷的利率高于司法保护上限的，属于"高利贷"，不受法律保护。同时，不得将利息计入本金中计算复利（即利滚利）。

2. 银行贷款

近年来，国家出台了多项鼓励创业的扶持政策，其中包括完善小额担保贷款政策，给予创业者资金支持。除专门的创业贷款外，银行还有其他一些贷款品种（抵押贷款、质押贷款、保证贷款等）也可供选择。

银行贷款的门槛往往较高，手续复杂，一般都需要提供担保，但利率比民间借贷低，一般在中国人民银行同期贷款基准利率基础上适当上浮。不同贷款品种申请的要求、条件均有差异，申请银行贷款需详细咨询，看清楚贷款合同细则，选择最适合自身实际情况的贷款品种。同时要仔细核算贷款费用，精打细算，尽量为自己减轻负担。

3. 引入直接投资者

直接投资者就是以合伙人或股东身份对企业进行投资的人。创业者可以在创办企业之前向有实力的企业或个人介绍自己的创业计划，邀请其共同创业。大学生创业通过这种方式获得资金的也有不少成功的案例。

【案例】从倒卖游戏卡到公司老板

小周是浙江科技学院信息计算科学专业的学生，也是该校的一位创业名人。

因为父亲经商的关系，小周从小就对商业有特殊的兴趣。早在上初中时，他就通过卖游戏卡赚到了自己的"第一桶金"。进入大学后，小周一边通过代理旅行社业务继续自己的创业计划，一边把目光投放到更广阔的市场。2006年上半年得知银行卡准备从磁条卡向智能IC卡转移的消息后，小周马上意识到智能系统的巨大商机，于是连夜赶写了一份计划书。随后，他找到了浙江大佳控股集团公司，和董事长一谈就是3次。凭着不屈不挠的精神，小周终于打动了对方，浙江大佳控股集团公司出资100万元成立新公司，与他一起进行新业务的开发，小周以管理技术入股，占了20%的股份。

（资料来源：钱江晚报）

4. 网络借贷

网络借贷P2P（Peer to Peer Lending），即个体网络借贷，是指个体和个体之间通过互联网平台实现的直接借贷。在个体网络借贷平台上发生的直接借贷行为属于民间借贷范畴，网络借贷平台为投资方和融资方提供信息交互、撮合、资信评估等中介服务。

互联网金融本身是金融服务的发展趋势，但网络借贷在迅速发展的同时暴露出诸多乱象。例如，实施高利贷、欺诈和暴力催收等行为，涉嫌非法吸收公众存款……近年来P2P平台频频爆雷，投资方血本无归，已成为相关监管部门重点整治的对象。2020年以来，全国多地P2P机构"清零"，全面取缔或成定局。因此创业者通过网络途径借贷一定要慎重，可以考虑商业银行推出的互联网贷款服务，或者如支付宝、微信等自身提供的贷款服务。

5. 申报政府基金

政府基金是各级政府通过财政拨款设立专项的扶持资金，一般用于扶持科技型企业、中小企业、创业企业等的发展。创业者通过及时了解政府扶持政策信息，选择政府扶持项目作为创业方向，按照规定程序申报，就有可能获得政府基金的资助。

6. 参加创业竞赛

近年来，各类创业竞赛越来越热，如"挑战杯"中国大学生创业计划竞赛、中国"互联网+"大学生创新创业大赛、中国杭州大学生创业大赛等，这些赛事对于优胜者均有资助奖励。通过参加创业竞赛赢得资助的机会虽然很艰难，但不妨一试。

【小贴士】

中国杭州大学生创业大赛采取奖励加扶持的鼓励措施。2020年第七届中国杭州大学生创业大赛公布的赛事奖励额度为特等奖 5 万元、一等奖 2 万元、二等奖 1 万元、三等奖 5000 元；参赛项目在杭州注册成立企业可申请享受最高 20 万元创业无偿资助，最高 10 万元经营场地补贴，最高 50 万元创业担保贴息贷款和"风险池"优惠贷款基金；其中 400 强以上项目，可免评审直接申请享受最高 100 万元的创业无偿资助。详情及报名请见大赛官网（杭州人才网，http://www.hzrc.com/cy）。

二、出资

出资是投资人设立企业的基本义务，通俗地说，就是投资人必须向企业投钱。

前面我们说创业离不开钱，对于企业而言，则必须有资本（注册资本），这个资本就是由企业的投资人出资形成的。下面以设立有限责任公司为例来介绍出资义务。

就有限责任公司而言，出资是指有限责任公司的股东对公司资本所做的直接投资及所形成的相应资本份额。一个公司全体股东的出资就构成这个公司的注册资本。

1. 出资方式

出资方式有货币出资和非货币出资两种。

非货币出资的形式包括实物、知识产权、土地使用权等可以用货币估价并可以依法转让的非货币财产。

选择何种出资方式，股东可以根据实际情况做出决定，但需要特别注意的是，非货币出资必须进行评估作价（评估要请专业的评估机构，需要支付评估费用），核实财产，不得高估或者低估作价。

根据《公司法》第三十条的规定，有限责任公司成立后，发现作为设立公司出资的非货币财产的实际价额显著低于公司章程所定价额的，应当由交付该出资的股东补足其差额；公司设立时的其他股东承担连带责任。因此，对于股东以非货币形式出资的，应当要求评估价值，否则，如因非货币财产的实际价额显著低于公司章程所定价额，其他股东因此被要求承担连带补足责任的话，那就"冤枉"了。

2. 出资义务的履行

简单地说，就是要及时、足额缴纳出资。

股东应当按期足额缴纳公司章程中规定的各自所认缴的出资额。如果是分期付款的，千万不要交了首付款就把后面的事忘了。股东以货币出资的，应当将货币出资足额存入有限责任公司在银行开设的账户；以非货币财产出资的，应当依法办理其财产权的转移手续。例如，以自己拥有的专利权出资的，必须将专利权转移到公司名下。

3. 股东出资不到位的责任

股东不按照章程规定及时缴纳出资的，除应当向公司足额缴纳外，还应当向已按期足额缴纳出资的股东承担违约责任。

如果有股东未及时出资的，公司设立时的其他股东要注意，除自身履行好出资义务外，还应及时催告那些未及时出资的股东，及时履行出资义务；经催告仍不及时出资的，应依法追究其违约责任。如果对于其他股东不及时出资的情况怠于催告，放任不管，不仅会导致公司资金紧张，影响公司正常经营，而且一旦公司经营不善，无法及时清偿债务时，债权人不但可以要求未出资到位的股东承担补充赔偿责任，而且还可以要求公司的发起人与该股东承担连带责任。

【法条】

《最高人民法院关于适用〈中华人民共和国公司法〉若干问题的规定（三）》

第十三条　股东未履行或者未全面履行出资义务，公司或者其他股东请求其向公司依法全面履行出资义务的，人民法院应予支持。

公司债权人请求未履行或者未全面履行出资义务的股东在未出资本息范围内对公司债务不能清偿的部分承担补充赔偿责任的，人民法院应予支持；未履行或者未全面履行出资义务的股东已经承担上述责任，其他债权人提出相同请求的，人民法院不予支持。

股东在公司设立时未履行或者未全面履行出资义务，依照本条第一款或者第二款提起诉讼的原告，请求公司的发起人与被告股东承担连带责任的，人民法院应予支持；公司的发起人承担责任后，可以向被告股东追偿。

三、没有资金，但有管理能力，能否以管理劳务作为出资入股

现在实践中有一种"管理入股"的概念，前面介绍的案例中也提到了"管理入股"，对于没有资金实力的大学生来说，这种出资方式显然很具吸引力。那么，这种做法可行吗？受法律保护吗？

首先，根据前述介绍的《公司法》有关出资的规定，管理入股并不可行，因为管理能力不是一种符合规定的出资方式。

其次，管理入股实际上是一种股权激励方式，一般是指为激励公司高管，在一定条件下将股份赠送或者以优惠的价格出售给管理者的行为。管理者有望通过自己的工作业绩来换取公司股份。这种股权激励，有的做法是给"干股"，持有干股的管理者并不正式登记为公司股东，只是根据约定享有股权的分红权。还有一种常见的做法是给"期权"。持有期权的管理者在符合约定条件下，能将期权转化为股权，成为公司正式股东。这种做法比较规范的称呼是"股票期权计划"，较常见于上市公司。通常的做法是公司给予企业的高管一种权利（期权），允许他们在未来某个特定的时期内，按某一预定价格（称为行权价格，通常是该权利被授予时的价格，有时是免费的）购买本企业的普通股。所购股票能在市场上按照市场价格出售。显然，市场价格与行权价格之间的差价大小决定了管理者所能获得利益的大小。对于管理者而言，这样的计划能促使其努力工作，因为只有努力工作，提升公司业绩，公司股票的市场价格才会上涨，公司股票的市场价格上涨了，管理者所持股票出售时才能获得更大的差价。

给期权的做法已经得到法律的肯定。《公司法》第一百四十二条规定，公司不得收购本公司股份，但是在某些情形下除外，其中包括"将股份用于员工持股计划或者股权激励"。

除公司收购本公司股份这种来源外，给管理者的股份也可以来自公司股东（一般是大股东）。具体做法是，公司股东和管理者签订期权协议（股权预约转让协议），约定在管理者完成一定业绩后，公司股东将其所持股份的一定比例按照优惠价格转让给管理者，使其成为公司股东。

期权计划实质是向企业管理者提供激励的一种报酬制度。管理者拿到期权并不等于入股，只有期权变成股权，才真正成为股东。

【小贴士】合伙企业允许管理入股

根据《合伙企业法》的规定，允许"劳务"出资，因此在设立合伙企业时，缺乏资金，但有管理能力的出资人可以自己的管理劳务作为出资。

四、抽逃出资

《公司法》第三十五条规定："公司成立后，股东不得抽逃出资。"

这条就是关于股东不得抽逃出资的规定。也就是说，出资义务完成后，你出的资本就成了公司的财产，股东不得以任何方式将其收回，否则不但要补回出资，还将被罚款，情节严重构成犯罪的，将被追究刑事责任。

【法条】

《公司法》

第二百条　公司的发起人、股东在公司成立后，抽逃其出资的，由公司登记机关责令改正，处以所抽逃出资金额百分之五以上百分之十五以下的罚款。

《刑法》

第一百五十九条　公司发起人、股东违反公司法的规定未交付货币、实物或者未转移财产权，虚假出资，或者在公司成立后又抽逃其出资，数额巨大、后果严重或者有其他严重情节的，处五年以下有期徒刑或者拘役，并处或者单处虚假出资金额或者抽逃出资金额百分之二以上百分之十以下罚金。

【超级链接】

一、尽职调查提纲

（一）企业基本情况、发展历史及结构

1. 注册登记情况
2. 股权结构
3. 下属公司
4. 重大的收购及出售资产事件

5. 经营范围

（二）企业人力资源

1. 管理架构（部门及人员）
2. 董事及高级管理人员的简历
3. 酬薪及奖励安排
4. 员工的工资及整体薪酬结构
5. 员工招聘及培训情况
6. 退休金安排

（三）市场营销及客户资源

1. 产品及服务
2. 重要商业合同
3. 市场结构
4. 销售渠道
5. 销售条款
6. 销售流程
7. 定价政策
8. 信用额度管理
9. 市场推广及销售策略
10. 促销活动
11. 售后服务
12. 客户构成及忠诚度

（四）企业资源及生产流程管理

1. 加工厂
2. 生产设备及使用效率
3. 研究及开发
4. 采购策略
5. 采购渠道
6. 供应商
7. 重大商业合同

（五）经营业绩

1. 会计政策
2. 历年审计意见
3. 三年的经营业绩、营业额及毛利详细分析
4. 三年的经营及管理费用分析
5. 三年的非经常项目及异常项目分析
6. 各分支机构对整体业绩的贡献水平分析

（六）公司主营业务的行业分析

1. 行业现状及发展前景

2. 经营环境和经营风险分析

3. 公司在该行业中的地位及影响

（七）公司财务情况

1. 三年的资产负债表分析

2. 资产投保情况分析

3. 外币资产及负债

4. 历年财务报表的审计师及审计意见

5. 最近三年的财务预算及执行情况

6. 固定资产

7. 或有项目（资产、负债、收入、损失）

8. 无形资产（专利、商标、其他知识产权）

（八）利润预测

1. 未来两年的利润预测

2. 预测的假设前提

3. 预测的数据基础

4. 本年预算的执行情况

（九）现金流量预测

1. 资金信贷额度

2. 贷款需要

3. 借款条款

（十）公司债权和债务

1. 债权

（1）债权基本情况明细

（2）债权有无担保及担保情况

（3）债权期限

（4）债权是否提起诉讼

2. 债务

（1）债务基本情况明细

（2）债务有无担保及担保情况

（3）债务抵押、质押情况

（4）债务期限

（5）债务是否提起诉讼

（十一）公司的不动产、重要动产及无形资产

1. 土地权属

2. 房产权属

3. 车辆清单

4. 专利权及专有技术

5. 以上资产抵押担保情况

（十二）公司涉诉事件

1. 作为原告诉讼事件

2. 作为被告诉讼事件

（十三）其他有关附注

1. 公司股东、董事及主要管理者是否有违规情况

2. 公司有无重大违法经营情况

3. 上级部门对公司重大影响事宜

（十四）企业经营面临的主要问题

1. 困难或积极因素

2. 应对措施

（资料来源：东莞律师网）

二、合伙协议参考格式

合 伙 协 议

第一条　根据《中华人民共和国合伙企业法》及《中华人民共和国合伙企业登记管理办法》的有关规定，经协商一致订立协议。

第二条　本企业为合伙企业，是根据协议自愿组成的共同经营体。合伙人愿意遵守国家有关的法律、法规、规章，依法纳税，守法经营。

第三条　企业的名称：

第四条　合伙人姓名：

第五条　合伙人共出资：

第六条　本协议中的各项条款与法律、法规、规章不符的，以法律、法规、规章的规定为准。

第七条　企业经营场所：

第八条　合伙目的：

第九条　经营范围：（注：根据实际情况具体填写。）

第十条　合伙人姓名及其住所。

姓　　名	住　　所

第十一条　合伙人的出资方式、数额和缴付出资的期限。

合伙人	出资方式	出资数额/万元	出资权属证明	缴付出资期限	占出资总额比例

第十二条　利润分配和亏损分担办法。

1. 企业的利润和亏损，由合伙人依照约定比例分配和分担：（合伙协议未约定利润分配和亏损分担比例的，由合伙人平均分配和分担。）

2. 合伙企业存续期间，合伙人依据合伙协议的约定或者经全体合伙人决定，可以增加对合伙企业的出资，用于扩大经营规模或者弥补亏损。

3. 企业年度的或者一定时期的利润分配或亏损分担的具体方案，由全体合伙人协商决定或者按照合伙协议约定的办法决定。

第十三条　合伙企业事务执行。

1. 执行合伙企业事务的合伙人对外代表企业。委托合伙人为执行合伙企业事务的合伙人，其他合伙人不再执行合伙企业事务。不参加执行事务的合伙人有权监督执行事务的合伙人，检查其执行合伙企业事务的情况，并依照约定向其他不参加执行事务的合伙人报告事务执行情况以及合伙企业的经营状况和财务状况，收益归全体合伙人，所产生的亏损或者民事责任，由全体合伙人承担。

2. 合伙协议约定或者经全体合伙人决定，合伙人分别执行合伙企业事务时，合伙人可以对其他合伙人执行的事务提出异议，暂停该事务的执行。如果发生争议，由全体合伙人共同决定。被委托执行合伙企业事务的合伙人不按照合伙协议或者全体合伙人的决定执行事务的，其他合伙人可以决定撤销该委托。

第十四条　入伙、退伙。

1. 新合伙人入伙时，经全体合伙人同意，并依法订立书面协议。订立书面协议时，原合伙人向新合伙人告知合伙企业的经营状况和财物状况。

2. 新合伙人与原合伙人享有同等权利，承担同等责任。新合伙人对入伙前的合伙企业债务承担连带责任。

3. 协议约定合伙企业经营期限的，有下列情形之一时，合伙人可以退伙：

（1）合伙协议约定的退伙事由出现。

（2）经全体合伙人同意退伙。

（3）发生合伙人难于继续参加合伙企业的事由。

（4）其他合伙人严重违反合伙协议约定的义务。

协议未约定合伙企业经营期限的，合伙人在不给合伙企业事务执行造成不利影响的情况下，可以退伙，但应当提前三十日通知其他合伙人。擅自退伙的，应当赔偿由此给其他合伙人造成的损失。

第十五条　解散与清算。

1. 本企业发生了法律规定的解散事由，致使合伙企业无法存续、合伙协议终止，合伙人的合伙关系消灭。

2. 企业解散、经营资格终止，不得从事经营活动，只可从事一些与清算活动相关的活动。

3. 企业解散后，由清算人对企业的财产债权债务进行清理和结算，处理所有尚未了结的事务，还应当通知和公告债权人。

4. 清算人的主要职责：

（1）清理企业财产，分别编制资产负债表和财产清单。

（2）处理与清算有关的合伙企业未了结的事务。

（3）清缴所欠税款。

（4）清理债权、债务。

（5）处理合伙企业清偿债务后的剩余财产。

（6）代表企业参与民事活动。

清算结束后，编制清算报告，经全体合伙人签字、盖章，在15日内向企业登记机关报送清算报告，办理企业注销登记。

第十六条　违约责任。

1. 合伙人违反合伙协议的，依法承担违约责任。

2. 合伙人履行合伙协议发生争议，通过协商或者调解解决，合伙人不愿通过协商、调解解决或者协商、调解不成的，可以依据合伙协议中的仲裁条款或事后达成的书面仲裁协议，向仲裁机构申请仲裁。当事人没有在合伙协议中订立仲裁条款，事后又没有达成书面仲裁协议的，可以向人民法院起诉。

全体合伙人签字：

　　　　　　　　　　　　　　　　　　　　　　　年　　月　　日

（资料来源：原北京市工商局）

【实务演练】

1. 小施打算开宠物医院，请你帮她了解一下，开宠物医院是否属于许可经营项目，如果是的话，需要取得什么许可证，是否属于前置许可经营项目。

2. 小赵是高职毕业生，主攻烹饪专业，很想自己开一家餐馆，但苦于空有一身厨艺，缺乏资金，于是他找来了自己的好朋友小钱、小孙商量。小钱手里有资金10万元，小孙在市中心拥有一间店面房。经过商量，大家提出了以下三种合作方案。

（1）小赵说自己打算成立个人独资企业，向小钱借款10万元，再向小孙租赁店面房。

（2）小钱说不如三人以各自拥有的资产成立合伙企业，鉴于小赵没有钱，可以用他的厨艺和经营管理能力作为出资。

（3）小孙说同意小钱的方案，但是认为要创业就要成立有限责任公司，反对成立合伙企业。

请你评一评上述三种方案的可行性和各自的利弊。

3. 假如上题中的三人最终决定成立有限责任公司，请问该公司的股权结构如何设计比较合理？小赵没有钱，该如何解决出资问题？同时，请根据本章提供的范本，帮他们拟定一份公司章程。

4. 请登录国家企业信用信息公示系统，分别查询百度、阿里、腾讯三家公司的股权结构，并根据查询结果绘制出股权结构图。

【案例评析】

全国首例微信公众号分割案

2016年1月，赵某与朋友尹某、袁某、张某在一次微信群聊中，萌生了共同设立一个微信公众号的念头。商议之后，赵某以其个人名义注册成立了"××意见"微信公众号，并开设银行账户作为公共账户。在该公众号运营期间，赵某以个人名义和品牌商就公众号合作事宜洽谈签约。此外，她与尹某、袁某、张某多次分别或合署在该公众号上发表文章。从创立至2017年7月，该公众号已累计收入300余万元，主要收入来源为广告文案、商品导购等。对于公众号的经营所得，赵某等四人会先按照一定的比例扣除各自应得的招商费、稿费、编辑费等，再将剩余部分款项进行平均分配。随着公众号的进一步经营发展，大家逐渐对原有分配方式产生了分歧。在发生矛盾后，2017年7月12日赵某修改了公共账户密码。这一举动引发了其他三人的不满。随后，尹某、袁某、张某诉至法院，请求分割该公众号共同运营期间产生的收益。在案件审理期间，三人更改了诉讼请求：若法院认定成立合伙关系，则同意解除合伙关系，涉案微信公众号由赵某继续运营，要求赵某补偿三人各100万元，并分割该微信公众号的经营所得。

赵某认为涉案公众号应归其个人所有，尹某、袁某、张某仅为涉案公众号的固定撰稿人，各方并未签订书面合伙协议，也没有证据证明成立口头合伙关系。至于既有收益，应按各自贡献度合理分配。赵某认为，自己作为唯一脱产运营公众号的人，贡献较大，至少应分得70%。

法院审理认为，微信公众号虽在出资种类、经营方式、收入结构等方面存在特殊性，但各当事人协商建立涉案公众号，以撰写文章等劳务方式出资，共同运营、共享收益，符合合伙特征，个人合伙关系成立。三原告要求解除合伙关系，涉案微信公众号由赵某继续运营，法院予以支持。同时，涉案公众号有自己的标识、栏目架构以及运营理念，有别于运营平台及其他网络用户，具有独立性、可支配性以及商业盈利价值，属于网络虚拟财产。法院以涉案公众号评估价值400万元为基础，综合考虑公众号的基本情况和发展历程，以及涉诉后曾停更、粉丝数量变化等综合因素，酌定赵某向尹某、袁某、张某各支付折价补偿款85万元。同时，依照各方确认的先前已分配部分的分配比例，支付合作期间的稿酬、分红以及平台收入等。

（资料来源：中国审判）

　　评析：合作运营微信公众号而引发纠纷的现象越来越多了。本案作为微信公众号分割第一案，具有示范效应。本判例确认了微信公众号属于网络虚拟财产，具有独立的经济价值；对于未做商事主体登记、未签订书面协议的合作各方关系，确认为个人合伙关系；明确了微信公众号实体收入、虚拟财产的分配，为解决类似争议提供了思路。

　　好好的合作最后不欢而散，不得不诉诸法律，主要原因就在于合作各方事先没有订立书面协议，一旦出现争议，难以"定分止争"。而且，根据腾讯公司相关规定，微信公众号一旦注册，便无法更改注册主体，所以若以个人名义注册公众号，其他合作方对该公众号的权利难以确定。所以，合作之初应该"丑话写在前头"，订立书面协议，把合作关系的法律性质、注册主体、收益分配、退出机制等事项都做出明确约定，以避免日后因约定不明产生争议。

第三章

企业登记法律实务

本章要点提示

- ☑ 如何给企业取名字
- ☑ 如何办理企业设立登记
- ☑ 企业设立还有哪些后续事项
- ☑ 如何办理企业年度报告公示
- ☑ 如何办理企业变更、歇业、注销登记

各项筹备工作完成了，现在我们一起来设立自己的企业吧。首先要给自己的企业想几个好名字，然后在网上完成设立登记，取得营业执照……本章将详细介绍给企业取名字需要注意的问题、企业设立登记的程序和要点，最后还将介绍企业年度报告、变更登记等问题。

第一节　企业名称登记

关键词：企业名称、企业名称自主申报、企业名称数据库、字号、企业名称权

一、企业名称的定义

企业名称是企业经营中所使用的独特称号，是企业具有法律主体资格的必要条件，是企业区别于其他企业的标志。

企业名称就是企业的名字。一个好的名字对于企业品牌的打造和推广会有意想不到的神奇效果。1995年宁波飞翔集团为了进军吸油烟机市场，放弃了使用十年之久、当时已经颇具知名度和影响力的名字"飞翔"，改名为"方太"。事实证明，这一改名非常成功，凭借产品本身的优点，以及借"方太"这个好名字在公众中的良好形象，方太厨具在激烈的市场竞争中一炮打响。虽然方太在投入广东市场的前两年几乎没有做什么广告，但在广东的销量却一直居全国前列。当时珠三角区域集中了全国76%的家电品牌，任何一家家电企业要进入这个市场都很困难，不打广告根本不可能，但方太吸油烟机没花一分钱广告费就占领了这个市场。

【案例】"大厂"起名的故事

阿里巴巴

阿里巴巴是著名民间故事《阿里巴巴和四十大盗》中的人物，这个故事出自《一千零一夜》。马云在给自己的公司起名字时，他一直想起个全球化的名字，因为互联网是全球性的。有一天他在美国一家餐厅吃饭时，突然想到了阿里巴巴——芝麻开门，觉得这是个好名字，寓意着互联网就像宝藏一样等待人们去开发。为了验证大家对这个名字的了解程度，马云问了餐厅的服务生，然后又跑到大街上问了不少路人。他还让分布在世界各地的朋友们去进行调查。调查结果显示，几乎所有被调查的人都知道阿里巴巴，于是名字就这样定下来了。

百度

在美国硅谷工作了几年的李彦宏，看到了中国互联网及中文搜索引擎服务的巨大发展潜力，毅然放弃了当时在美国的高薪工作，回国创业。他想建立中国独特的信息搜索网站。既然是中国的独特的信息搜索网站，那肯定得有中国的特色，最好是既简单又能让人记住。至于名字的意义，既要和搜索相关，但也不能太直白。

最终，爱好诗词的李彦宏就在辛弃疾的《青玉案·元夕》"众里寻他千百度。蓦然回首，那人却在，灯火阑珊处"中挑选了"百度"一词作为网站的名字。这首词的意境正好和搜索引擎的功能——帮助用户从海量的信息中搜索到想要的信息，不谋而合。李彦宏给百度的定位是："倘若知识和信息是一个海洋，百度其实是一艘船，而且是一艘大船。百度不仅要度己，更应该度很多人——从此岸到彼岸，从无知到有知，从片面到全面，从一个点到很多点，从成功走向成功。"

小米

为了给小米公司起名字，创始团队讨论过至少上百个名字，甚至差点定了"红星"这个名字。大家觉得"红星照耀中国"很不错，但工商局说不行，并告诉他们一个让人哭笑不得的原因："红星是二锅头的名字。"最终决定起名为"小米"，一方面小米是五谷之一，大家都熟悉，听起来亲民好记；另外，"MI"既是米的拼音，又正好是 Mobile Internet 的首字母，意味着小米是一家移动互联网公司。

奇虎 360

关于 360 这个名字，创始人周鸿祎有两个解释：一个是官方版本，做网络安全，要 360 度地保护大家。另一个解释是，做安全很像"110"干的事，但因为是免费，被大家认为是"250"（二百五），俩数字加一起就是 360。

（资料来源：互联网）

中国人非常重视取名字，给企业取名字比取人名要讲究得多，不仅要好听、吸引人、容易记，而且要符合企业特点，要寓意深远……关键是还要符合法律规定。

目前规范企业名称的主要规定是《企业名称登记管理规定》（2020 年 12 月 14 日修订）。下面就根据《企业名称登记管理规定》来讲述给企业取名字需要遵守的规定。

二、企业名称的组成部分

企业名称由四个部分依次组成：行政区划+字号+行业或者经营特点+组织形式。

例如，杭州和盛企划有限公司，其中"杭州"表示行政区划，"和盛"是字号，"企划"表明行业或者经营特点，"有限公司"是企业的组织形式。

企业名称的四个部分都必须依法确定。

1. 行政区划

一般情况下，企业名称的第一部分应当冠以企业所在地县级以上行政区划的名称。但企业名称中的行政区划加注括号可以置于字号之后、组织形式之前，如"百度在线网络技术（北京）有限公司"。跨省、自治区、直辖市经营的企业，其名称可以不含行政区划名称。

企业名称冠以"中国""中华""中央""全国""国家"等字词的，须经国务院批准。

市辖区、开发区、垦区等区域名称应当与企业住所所在地的市级行政区划或者省级行政区划连用，不得单独使用。如"杭州市西湖区××小额贷款有限公司""杭州萧山经济技术开发区××饭店""黑龙江省牡丹江垦区××商贸有限公司"。

2. 字号

字号又称"商号"。在企业名称的四个部分中，字号是最能体现企业个性、最醒目的部分，事实上，它是企业名称的灵魂。"娃哈哈""蒙牛""联想""吉利"这些字号相信大家已经是耳熟能详，但我们不一定记得它们企业的全称。

根据规定，字号应当由两个以上的汉字组成。县级以上行政区划名称、行业或者经营特点不得作为字号，另有含义的除外。

企业名称可以使用自然人投资人的姓名作字号。

【案例】史上最长字号

2017年5月，一家名叫"宝鸡有一群怀揣着梦想的少年相信在牛大叔的带领下会创造生命的奇迹网络科技有限公司"的公司在宝鸡市渭滨区市场监督管理局登记成立。目前法律只规定字号应当由两个以上的汉字组成，并没有规定上限，于是就出现了这样长的企业名称。

（资料来源：国家企业信用信息公示系统）

请你数一数，这个企业名称的字号由几个字组成？你觉得字号越长越好吗？为什么？

另外需要注意的是，在同一企业登记机关，拟申请的企业名称中的字号不得与下列同行业或者不使用行业、经营特点表述的企业名称中的字号相同。

（1）已经登记或者在保留期内的企业名称，有投资关系的除外。

（2）已经注销或者变更登记未满1年的原企业名称，有投资关系或者受让企业名称的除外。

（3）被撤销设立登记或者变更登记未满 1 年的原企业名称，有投资关系的除外。

3. 行业或者经营特点

一般我们要了解一个企业是做什么的，最简便的办法就是看它的名字，确切地说，是看名字中表明行业或者经营特点的部分。"卖什么，吆喝什么"，在企业名称中准确标明自己所属的行业或者经营特点，实际上就是在给企业做广告。

按照规定，企业应当根据其主营经营范围，在企业名称中标明所属行业或者经营特点，不应当明示或者暗示有超出其经营范围的业务。

企业为反映其经营特点，可以在名称中的字号之后使用国家（地区）名称或者县级以上行政区划的地名。上述地名不视为企业名称中的行政区划。例如，"北京×××四川火锅有限公司""北京×××韩国烧烤有限公司""四川火锅""韩国烧烤"字词均视为企业的经营特点。

跨行业综合经营的企业法人，其名称可以不含行业或者经营特点，如"阿里巴巴（中国）有限公司"。

4. 组织形式

企业应当根据其组织结构或者责任形式，在企业名称中标明组织形式。所标明的组织形式必须明确易懂，符合国家法律、法规的规定。

公司制企业，根据《公司法》的规定，企业名称中必须标明"有限责任公司"、"有限公司"或"股份有限公司"、"股份公司"字词。

其他非公司制企业，包括合伙企业、个人独资企业、农民专业合作社等，不得使用"有限责任公司"、"有限公司"或"股份有限公司"、"股份公司"字词，实践中可以申请用"中心""店""场""城""馆""院""所""社""厂""铺""村""企业"等作为企业名称的组织形式。

合伙企业应当在名称中标明"（普通合伙）""（特殊普通合伙）""（有限合伙）"等字样，如"杭州××投资管理合伙企业（有限合伙）"。个人独资企业应当在名称中标明"（个人独资）"字样。农民专业合作社应当在名称中标明"专业合作社"或者"专业合作联合社"字样。

三、给企业取名字必须遵守的规定

（1）一个企业只能使用一个名称，而且必须使用独立的企业名称，不得在名称中包含外国国家（地区）、国际组织、政党、党政军机关、群团组织名称及其简称、特定称谓和部队番号，不得在名称中包含另一个企业名称（有投资关系或经授权的除外）。这是为了验明正身，避免混淆视听。

（2）企业名称应当使用符合国家规范的汉字，民族自治地区的企业名称可以同时使用本民族自治地区通用的民族文字。企业名称需译成外文使用的，由企业依据文字翻译原则自行翻译使用，不需报企业登记机关登记。

（3）企业名称不得含有有损国家尊严或利益、损害社会公共利益或妨碍社会公共秩序，不得含有淫秽、色情、赌博、迷信、恐怖、暴力的内容，不得含有民族、种族、宗教、性别歧视的内容，不得含有违背公序良俗或者可能有其他不良影响的内容。

（4）企业名称不得含有违反公平竞争原则、可能使公众受骗或者产生误解的内容。企业依法享有名称权，但是企业在申请、使用企业名称时，不得侵害其他企业的名称权，特别是不得通过企业名称实施不正当的竞争行为。

（5）企业名称不得含有法律、行政法规以及国家规定禁止的内容。

【案例】企业起名有学问，太像可不行

因北京一公司在企业名称中使用"北京理工"字样，北京理工大学以不正当竞争为由将其诉至法院。一审法院认为被告（原名：北京理工××科技有限公司，一审后更名）的原企业名称完整包含"北京理工"字样，容易使相关公众误认为其开展的业务是经北京理工大学授权或与北京理工大学之间存在特定联系，造成混淆，构成不正当竞争。一审法院判决被告停止在其企业名称中使用"北京理工"字样，并赔偿北京理工大学经济损失及合理开支共计3万元。被告不服一审判决，上诉至北京知识产权法院。

北京知识产权法院认为，北京理工大学作为国内知名理工类院校，凭借其多年来在人才培养以及在科学技术领域取得的较大贡献，在国内高校及普通公众心中具有一定的知名度和社会影响力，"北京理工"作为其名称中显著识别部分与北京理工大学已经形成一一对应的关系。同时，北京理工大学依据其自身学科优势，多年来创办了多家以"北京理工"为核心字样的科技公司。原审被告的原名称完整地包含"北京理工"字样，其经营范围为技术开发、技术转让、技术咨询、技术服务等。该经营范围与北京理工大学创办的多家冠以"北京理工"字样的公司的经营范围重合，因此二者之间存在竞争关系。根据查明事实，原审被告自成立后便以此名称开展相关业务。原审被告的行为极易引发相关公众误认为其与北京理工大学之间存在特定关系，或者其实际开展的相关业务是经北京理工大学授权，易造成公众的混淆，上述行为已经构成不正当竞争行为。一审判决并无不当。综上所述，北京知识产权法院做出二审判决：驳回上诉，维持一审判决。

（资料来源：微信公众号"知产北京"）

四、进行企业名称自主申报的方法

为进一步优化营商环境，缩短企业开办时间，原先的企业名称预先核准制度取消，改为企业自主申报名称。根据国务院的部署，2020年年底前全国各省份全部开通"一网通办"平台，企业开办事项都可以在该平台上一次性申请。创业者只需要在办理企业设立登记前进行企业名称自主申报即可。

申报时，创业者可以通过企业名称申报系统或者在企业登记机关服务窗口提交有关信息和材料，对拟定的企业名称进行查询、比对和筛选，选取符合规定要求的企业名称。申报时需提交的信息包括全体投资人确认的名称、住所、投资人名称或者姓名等信息。创业者提交的信息和材料应当真实、准确、完整，并承诺因其企业名称与他人企业名称近似而侵犯他人合法权益的，依法承担法律责任。

需要注意的是，企业登记机关对通过企业名称申报系统提交完成的企业名称予以保留，保留期为 2 个月。设立企业依法应当报经批准或者企业经营范围中有在登记前须经批准的项目的，保留期为 1 年。创业者应当在保留期届满前办理企业登记。

【案例】申报企业名称两周不成功？上海一网通办"找茬"窗口听取用户意见

2019 年 6 月 5 日，上海面向企业和群众推出"千万市民来找茬"活动，来检验上线已一年的上海"一网通办"用户体验度到底如何？

一位计划创办科技公司的企业主张先生在"一网通办"网站上申请企业名称时遇到了困难，被引导至企业服务中心一楼的"找茬"窗口。原来，张先生在"一网通办"上为新设企业"查名"时发现，一次填报后台审核的企业名称至多 3 个，这一规定让他觉得有些不太合理。"申报完成后，24 小时内系统会对我申报的名称进行结果反馈，要么通过，要么不通过，审核速度还是很快的。但根据我实际操作的情况看，查名不通过的情况比较多，我接连申报了两个星期都还没申报成功。所以，我希望能够扩大查名的数量，提高我们申报的效率。"张先生此行特地前来反映他在实际操作过程中遇到的问题，希望政府在流程设计上能再优化。

（资料来源：澎湃新闻）

评析：张先生提出的问题，从技术上来说应该没有什么难度。随着政府进一步优化企业开办服务，相信很快就能得到解决。对于创业者来说，为了避免重名，建议在自主申报前多准备几个名字，毕竟重名的概率还是比较大的。

《腾讯传》里提到，"腾讯"并不是腾讯注册公司名字时的第一选项。给公司起名字时，马化腾他们几个创业者都决定用"讯"作为结尾，表示与"通讯"有关，但前缀的选择则发生了一些周折。马化腾回忆说："最早想出的名字是网讯，表示网络通讯，最直接、最简单，第二备选的是捷讯，第三个是飞讯，第四个才是腾讯。"马化腾的父亲帮忙进行工商登记时，前三个都登记不下来，于是"腾讯"就这样成为腾讯。

五、保护企业名称的方法

我们知道，一个知名的企业名称是企业的无形资产，是企业的重要财富。企业自成立之日起对自己的企业名称享有名称权，受法律保护。

【法条】

《民法典》

第一千零一十三条 法人、非法人组织享有名称权，有权依法决定、使用、变更、转让或者许可他人使用自己的名称。

第一千零一十七条 具有一定社会知名度，被他人使用足以造成公众混淆的笔名、艺名、网名、译名、字号、姓名和名称的简称等，参照适用姓名权和名称权保护的有关规定。

"人怕出名猪怕壮"，现实中不少知名企业因为自己的名称被他人使用而烦恼，例如，杭州的百货公司"浙江银泰"发现湖州也有一家"银泰"，百年老店"胡庆余堂"的商号竟堂堂正正地挂在了象山县一间中药铺的门面上。还有些企业把其他家有一定知名度的商号注册成了自家的商标，企图"搭便车"。那么该如何保护自己的企业名称呢？

（1）根据《企业名称登记管理规定》，企业认为其他企业名称侵犯本企业名称合法权益的，可以向人民法院起诉或者请求涉嫌侵权企业的企业登记机关处理。

企业登记机关受理申请后，可以进行调解；调解不成的，企业登记机关将自受理之日起3个月内做出行政裁决。如侵权成立的，企业登记机关将裁决侵权企业停止使用争议名称。

另外，如果认为已经登记的企业名称不符合《企业名称登记管理规定》的，也可以请求企业登记机关予以纠正。

（2）依据《反不正当竞争法》（2019年修正）的规定，主张涉嫌侵权企业构成不正当竞争，通过请求市场监督管理局调查处理、向人民法院起诉等方式维护自身权利。

企业在商品的生产、经营活动中应该靠自己的诚实经营取信于人，凭自己的实力去竞争，而不应不正当地利用他人的商誉以抬高自己，甚至损害竞争对手，扰乱市场经济秩序。"傍名牌"的行为实际上是一种不正当利用他人的商号以抬高自己的行为，会给社会公众造成一定的混淆，因此构成不正当竞争，应当受到《反不正当竞争法》的制裁，包括赔偿受害企业损失、接受行政处罚、变更侵权企业名称等。

【法条】

《反不正当竞争法》

第六条 经营者不得实施下列混淆行为，引人误认为是他人商品或者与他人存在特定联系：

……

（二）擅自使用他人有一定影响的企业名称（包括简称、字号等）、社会组织名称（包括简称等）、姓名（包括笔名、艺名、译名等）；

……

第十七条 经营者违反本法规定，给他人造成损害的，应当依法承担民事责任。

……

经营者违反本法第六条、第九条规定，权利人因被侵权所受到的实际损失、侵权人因侵权所获得的利益难以确定的，由人民法院根据侵权行为的情节判决给予权利人五百万元以下的赔偿。

第十八条 经营者违反本法第六条规定实施混淆行为的，由监督检查部门责令停止违法行为，没收违法商品。违法经营额五万元以上的，可以并处违法经营额五倍以下的罚款；没有违法经营额或者违法经营额不足五万元的，可以并处二十五万元以下的罚款。情节严重的，吊销营业执照。

经营者登记的企业名称违反本法第六条规定的，应当及时办理名称变更登记；名称变更前，由原企业登记机关以统一社会信用代码代替其名称。

【案例】上海某公司开网店擅自使用他人企业名称被处罚案

上海市青浦区市场监督管理局 2019 年 6 月做出一份行政处罚决定书，称上海某公司于 2018 年 2 月在天猫开设网店，6 月开始在网店上架销售宝贝名称为"华为蓝牙耳机无线耳塞式开车挂耳式超长待机×××/×××华为"的商品，同时在该商品的销售页面发布宣传内容："华为蓝牙耳机无线耳塞式开车挂耳式超长待机×××/×××华为""选择我们的优势，优势 1 耳骨受力佩戴 0 压力""独特 EQ 降噪调试，采用蓝牙 4.1 版本，人声还原度达 99%，保障高品质通话体验"等内容。另查实，当事人销售的上述商品的品牌是"×××"，并非"华为"公司的商品。该市场监督管理局认为，上海某公司擅自使用他人有一定影响力的企业名称行为违反了《反不正当竞争法》第六条第（二）项的规定。根据《反不正当竞争法》第十八条第一款和《行政处罚法》第二十七条第一款第（一）项的规定，决定对该公司从轻处罚如下：罚款人民币 1 万元整。同时该公司的行为还违反了《广告法》，一并做出责令其停止发布违法广告及处以罚款的处罚。

（资料来源：国家企业信用信息公示系统）

评析：有些网店卖家在描述宝贝名称时，耍小心机，打擦边球，用一些有名气的企业名称简称、字号或者品牌名来增加自己宝贝被搜索的概率。这个案例提醒卖家，其他家的名称不能随便用，小心构成不正当竞争。

（3）如企业名称被他人申请注册商标的，可以依据商标法保护在先权利的规定，对他人申请注册商标提出异议，对已经注册的商标有权请求商标评审委员会宣告其无效。

2017 年 3 月 1 日生效的《最高人民法院关于审理商标授权确权行政案件若干问题的规定》（法释〔2017〕2 号）第二十一条规定，"当事人主张的字号具有一定的市场知名度，他人未经许可申请注册与该字号相同或者近似的商标，容易导致相关公众对商品来源产生混淆，当事人以此主张构成在先权益的，人民法院予以支持"。

但上述规定，其实对于受保护的企业名称（字号）都有市场知名度和影响力的要求，初创企业往往很难达到这一要求。初创企业还是要提高企业名称权保护意识，把工作做在前面，在企业名称登记后，及时将企业名称（字号）申请注册商标，获得商标权保护；同时在企业经营过程中，要注意积累相关证据，以佐证在先使用以及市场知名度的事实。

【案例】"海宁皮革城"这个名字可以随便用吗

海宁中国皮革城股份有限公司（以下简称"海宁公司"）成立于 1999 年 2 月 25 日，注册资本为人民币 11.2 亿元，曾用名"海宁浙江皮革服装城投资开发有限公司""海宁中国皮革城有限责任公司"，2007 年 12 月 5 日变更为现用名称。2010 年 1 月 26 日在深圳证券交易所挂牌上市（股票代码：002344，股票名称：海宁皮城）。海宁公司还在辽宁、成都、新乡、沭阳、北京、哈尔滨设立了规模较大的控股或全资子公司，海宁公司及其各地子公司每年都投入了巨额广告资金，以"海宁皮革城"字样为主要内容进行推广宣传。根据天健会计师事务所于2015年7月15日出具的审计报告，截至2014年12月31日，海宁公司总部已投入35.24亿元建成开业的市场及配套设施总建筑面积约137.20万平方米，包括4200余间商铺等，2009—2014年营业收入合计568 651.44万元，市场推广宣传投入额合计21 564.56万元。

海宁公司自成立以来，先后获得了如《全国文明市场》《省重点市场》《国家AAAA级旅游景区》《中国浙商行业龙头市场》《中国商品市场最具竞争力50强》《新中国60周年60个杰出品牌》《中国百强商品市场》《全国诚信示范市场》《突出贡献市场》等诸多荣誉称号，根据中国皮革协会对全国30个皮革行业特色区域统计年报，2010—2012年，海宁公司下属的海宁中国皮革城市场规模、成交额均居第2位。

随着"海宁皮革城"的名声越来越响，全国各地出现了不少皮革市场、商场，使用与"海宁皮革城"相同或者相似的名称。例如，湖北宜昌市有一家"××海宁皮革城"，包头有一家"××海宁皮草城"……

为了维护自身权益，海宁公司对这些企业提起了诉讼。诉讼过程中，被告企业提出，海宁公司的企业名称不包含"海宁皮革城"，因此其自身不享有"海宁皮革城"企业名称权。"海宁皮革城"是由"海宁"这一地级市名称与"皮革城"这一行业通用名称合成，不能构成"知名服务特有的名称"，不能由海宁公司独占使用。主要争议焦点在于，"海宁皮革城"是否构成《反不正当竞争法》（1993年版）第五条第二项规定的知名服务特有的名称。

法院审理后认为，"海宁皮革城"应当构成《反不正当竞争法》（1993年版）第五条第二项规定的知名服务特有的名称。理由如下：第一，从时间上看，海宁公司自1994年开始持续使用"海宁皮革城"名称至今已超过二十年。第二，从地理范围看，除浙江"海宁皮革城"（总部）外，在辽宁、哈尔滨、四川、河南、江苏、新疆、济南、北京、天津、湖北等省市均开设有"海宁皮革城"连锁市场。第三，从宣传投入上看，海宁公司对"海宁皮革城"进行了持续性宣传，先后在中央、省市的各级媒体上投入大量广告费用于推广"海宁皮革城"品牌。第四，从社会效果上看，海宁公司自成立以来，先后获得了诸多荣誉称号，并且海宁公司已经在深圳证券交易所挂牌上市。第五，"海宁皮革城"名称虽然是由描述性词组组成，其中"海宁"是县级区域地名，"皮革"是行业通用名，"城"是城市或城堡的简称，本身显著性不高，但是经过海宁公司首创且持续性使用和宣传，已成为大型皮革专业市场的代名词，进而产生区别服务来源的显著性。因此，综合考虑"海宁皮革城"持续使用的时间、地域、规模和广泛的宣传以及受保护的情况等因素，该服务名称可以认定为海宁公司知名服务特有的名称，应受法律保护。遂判决侵权方停止不正当竞争行为，不得仿冒"海宁皮革城"名称，并赔偿海宁公司损失等。

（资料来源：中国裁判文书网）

评析：上述案例适用的是尚未修订的1993年版的《反不正当竞争法》，其第五条规定，"经营者不得采用下列不正当手段从事市场交易，损害竞争对手：……（二）擅自使用知名商品特有的名称、包装、装潢，或者使用与知名商品近似的名称、包装、装潢，造成和他人的知名商品相混淆，使购买者误认为是该知名商品……"。对于提供服务的经营者来说，该规定中的"商品"就是"服务"了。海宁公司之所以能赢得上述官司，很重要的原因在于其提供大量证据证明"海宁皮革城"持续使用的时间、地域、规模和广泛的宣传以及受保护的情况，从而让法院认定其属于知名服务特有的名称。

按照《反不正当竞争法》2017年修订后的规定，海宁公司也可以考虑适用第六条第二项"擅自使用他人有一定影响的企业名称（包括简称、字号等）……"来起诉对方，因为"海宁皮革城"也可以认为是海宁公司的简称。

第二节　企业设立登记

关键词：无照经营、无证经营、豁免登记、企业登记机关、设立登记、营业执照

一、企业要登记的原因

根据我国相关法律规定，从事营业活动的主体，包括电子商务经营者，除豁免登记的情形外，都应当进行市场主体登记，取得营业执照。未依法取得营业执照从事一般经营范围内的经营行为的，属于无照经营，将依据《无证无照经营查处办法》予以查处；发现未依法取得许可从事许可经营范围内的经营行为的，属于无证经营，要依据有关法律、行政法规规定予以查处。

【法条】
《无证无照经营查处办法》（国务院令第684号，自2017年10月1日起施行）
第二条　任何单位或者个人不得违反法律、法规、国务院决定的规定，从事无证无照经营。

那么，哪些经营活动可以豁免登记呢？
（1）在县级以上地方人民政府指定的场所和时间，销售农副产品、日常生活用品，或者个人利用自己的技能从事依法无须取得许可的便民劳务活动。
（2）依照法律、行政法规、国务院决定的规定，从事无须取得许可或者办理注册登记的经营活动。如根据《电子商务法》第十条、《网络交易监督管理办法》（2021年3月15日国家市场监督管理总局令第37号公布）第八条规定，网络交易经营者应当依法办理市场主体登记。但是，个人通过网络从事保洁、洗涤、缝纫、理发、搬家、配制钥匙、管道疏通、家电家具修理修配等依法无须取得许可的便民劳务活动，个人从事网络交易活动，年交易额累计不超过10万元的，不需要进行登记。
根据上述规定，我们发现从事经营活动不依法进行登记，存在违法风险。

同时，不做登记也会使得经营活动及其成果难以得到法律的保护，企业难以做大做强。例如，前面讲过，企业的名称权或者说品牌，是企业重要的无形资产，如果不做登记，就无法形成企业的名称权，被别人侵权了，也难以维权；再如，企业不做登记，其知识产权只能登记在个人名下，发展受制于个人。企业资产权属不清，如果合作方产生矛盾，就很容易散伙；豁免登记的经营事项仅限于小打小闹，经营难以扩大规模。所以，如果你准备办好企业，那么企业登记是必须的第一步。

二、企业办理设立登记的行政机关

一直以来，我国企业登记实行属地管辖与级别管辖相结合的原则，各级市场监督管理机关根据企业登记管理的有关规定分工负责本辖区内各类企业的登记。企业登记管理的主要法律依据包括《中华人民共和国企业法人登记管理条例》（以下简称《企业法人登记管理条例》，2019 年修订）、《公司登记管理条例》（2016 年修订）、《中华人民共和国合伙企业登记管理办法》（以下简称《合伙企业登记管理办法》，2019 年修订）、《个人独资企业登记管理办法》（2019 年修订）等。根据这些登记管理的规定，不同的企业，其登记规则是不太统一的。

为了解决市场主体登记立法分散，不同市场主体登记规则、标准、程序不统一，效力不明确等问题，进一步完善市场主体登记制度，2021 年 4 月 14 日国务院常务会议通过《中华人民共和国市场主体登记管理条例（草案）》，草案整合已出台的关于市场主体登记管理的行政法规，对在我国境内以营利为目的从事经营活动的各类企业、个体工商户、农民专业合作社等登记管理做出统一规定。

企业该到哪里办理设立登记？

从登记管辖部门的角度来看，国务院市场监督管理部门主管全国市场主体的登记管理工作。县级以上市场监督管理部门是市场主体的登记机关，负责本辖区内的市场主体登记。县级市场监督管理部门可以依法委托其下属市场监督管理所办理个体工商户登记。所以，一般企业应该到所在地县级以上市场监督管理部门办理设立登记，个体工商户则可至辖区所在地市场监督管理所办理登记。

从办理设立登记手续来看，《市场主体登记管理条例》明确了要提升企业登记便利度，推行当场办、一次办、限时办、网上办、异地可办。实施一网通办后，企业开办全程网上办理，全部手续线上"一表填报"，办齐的材料线下"一个窗口"一次领取。所以，办理企业设立登记，可以登录当地一网通办官方网站（政务服务网），根据网站指引办理线上申报手续。当然，不知道如何上网办理的，也可以直接到行政服务中心的企业注册窗口现场办理。

三、设立登记的程序

企业设立登记一般要经过以下程序：创业者提出设立申请→登记机关受理申请→登记机关做出登记决定。

而根据《市场主体登记管理条例》提升企业登记便利度的要求，后两个程序实际已合并为一。

1. 申请

创业者登录当地一网通办官方网站（政务服务网），根据网站指引填报申请材料。提交的主体资格证明、身份证明、批准证书等文件材料，通过全程电子化登记系统提交原件影像（印）件；提交章程、章程修正案、决议、决定等文件材料的，由系统通过格式规范生成或通过全程电子化登记系统传送经签名的原件影像（印）件。

如企业经营范围涉及许可事项的，还需要取得行政许可部门批准，方可办理设立登记或特许经营项目登记。

为方便创业者，提高工作效率，近年来许多地方都推行前置审批与企业设立登记"并联"办理，也就是说，创业者只需在企业登记机关申请企业设立登记时，由企业登记机关统一受理前置审批事项，各部门前置审批与企业设立登记一并办理，这样大大缩短了办理审批登记的时间，避免创业者在各审批部门之间来回奔波。

从一网通办的宗旨来看，即使涉及前置审批事项，前置审批与企业设立登记事项也应当在网上一次性申请，一次性审批。让数据多跑路，让群众少跑腿。

2. 受理与决定

登记机关认为申请材料齐全，符合法定要求的，登记机关应当当场做出准予登记的决定。不能当场登记的，一般应当在3个工作日内予以登记。

登记机关认为申请材料不齐全、不符合法定形式的，应当当场一次性告知创业者需要补正的全部内容。当场告知后，应当将申请材料退回创业者，并做出不予受理的决定。情况复杂不能当场告知的，应当收取申请材料，出具收到材料的凭据，并在3个工作日内告知创业者是否受理。逾期不告知的，自收到申请材料之日起即为受理。创业者按照要求提交全部补正申请材料的，登记机关应当受理。

不符合受理条件、不属于登记范畴或者不属于该机关登记管辖范围的事项，登记机关应当决定不予受理，出具不予受理通知书，并告知创业者向有关行政机关申请。

登记机关准予企业设立登记的，将向创业者出具准予设立登记通知书，签发营业执照。登记机关不予登记的，将出具登记驳回通知书，说明不予登记的理由，并告知创业者享有依法申请行政复议或者提起行政诉讼的权利。

【小贴士】企业未能设立，但已经以企业名义产生的债务怎么办

有时，创业者做了很多企业设立筹备工作，如租房子、设计企业 LOGO……但是最终企业没有成功设立。那么之前为了设立企业而花出去的钱，该由谁来承担呢？

《民法典》第七十五条规定，设立人为设立法人从事的民事活动，其法律后果由法人承受；法人未成立的，其法律后果由设立人承受，设立人为二人以上的，享有连带债权，承担连带债务。

也就是说，为了设立企业而产生的债务，如果企业设立成功的，就由企业负责偿还，如果企业没有设立，则由设立人，即创业者来偿还，共同创业的小伙伴则承担连带清偿责任。

四、设立登记要提交的材料

申请设立登记需根据企业登记机关的要求提交申请书及相关材料。以浙江政务服务网公布的杭州市公司设立登记指南为例，设立有限责任公司需提交以下材料。

（1）公司登记（备案）申请书（下列样表中斜体字为填写示范，仅供参考）。

【公司登记（备案）申请书】

公司登记（备案）申请书

□基本信息（必填项）			
名　　称	*杭州市×××贸易有限公司* （集团母公司需填写：集团名称：　　　集团简称：　　　）		
统一社会信用代码 （设立登记不填写）			
住　　所	*浙江* 省（市/自治区）*杭州* 市（地区/盟/自治州）*××* 县（自治县/旗/自治旗/市/区）*××* 乡（民族乡/镇/街道）*××* 村（路/社区）*×* 号		
联系电话	*0574-6272×××*	邮政编码	*315400*
☑设立（仅限设立登记填写）			
法定代表人 姓　　名	*张三*	公司类型	☑有限责任公司 □股份有限公司 □外资有限责任公司 □外资股份有限公司
注册资本	*100* 万元（币种：☑人民币　□其他_____）		
投资总额 （外资公司填写）	_____万元（币种：_____）折美元：_____万元		
设立方式 （股份公司填写）	□发起设立 □募集设立	营业期限/经营期限	☑长期 □_____年
申领执照	☑申领纸质执照　其中：副本 *1* 个（电子执照系统自动生成，纸质执照自行勾选）		
经营范围 （根据《国民经济行业分类》、有关规定和公司章程填写）	*日用品、家用电器的批发、零售。* （申请人须根据企业自身情况填写《企业登记政府部门共享信息表》相关内容。）		

注：1. 本申请书适用于内资、外资公司申请设立、变更、备案。

　　2. 申请书应当使用A4纸。依本表打印生成的，使用黑色墨水钢笔或签字笔签署；手工填写的，使用黑色墨水钢笔或签字笔工整填写、签署。

□变更（仅限变更登记填写，只填写与本次申请有关的事项）		
变更事项	原登记内容	变更后登记内容

注：变更事项包括名称、住所、法定代表人（姓名）、注册资本、公司类型、经营范围、营业期限/经营期限、有限责任公司股东（股东姓名或者名称）、股份有限公司发起人的姓名或者名称。

申请公司名称变更，在名称中增加"集团或（集团）"字样的，应当填写集团名称、集团简称（无集团简称的可不填）

□备案（仅限备案登记填写）					
事　项	□董事　　　　□监事　　　　□经理　　　　□章程　　　　□章程修正案 □联络员　　　　　　　　　□外国投资者法律文件送达接受人				
清算组 （清算委员会）	成　员				
	负责人		联系电话		

□指定代表/委托代理人（必填项）				
委托权限	1. 同意☑不同意□核对登记材料中的复印件并签署核对意见； 2. 同意☑不同意□修改企业自备文件的错误； 3. 同意☑不同意□修改有关表格的填写错误； 4. 同意☑不同意□领取营业执照和有关文书			
固定电话	6272×××	移动电话	13××××××××	指定代表/委托代理人签字　王五

身份证正反面

（指定代表或者委托代理人身份证件复、影印件粘贴处）

全体股东签字或盖章（仅限内资、外资有限责任公司设立登记）：*张三、李四（本人签字）*
董事会成员签字（仅限内资、外资股份有限公司设立登记）：

□申请人承诺（必填项）

本申请人和签字人承诺提交的材料文件和填报的信息真实有效，并承担相应的法律责任。

法定代表人签字（限设立、变更及清算组备案以外的备案）：*张三（本人签字）*
清算组负责人签字（限清算组备案）：

公司盖章

2019 年 3 月 1 日

附表1

法定代表人信息

（本表适用于设立及变更法定代表人填写）

姓　名	张三	国别（地区）	中国
职　务	☐董事长　☑执行董事 ☐经理	产生方式	选举
身份证件类型	居民身份证	身份证件号码	330××××××××××××××
固定电话	0574-6272×××	移动电话	13×××××××××
住　所	浙江省杭州市×××	电子邮箱	shililisi@163.com

（身份证件复、影印件粘贴处）

拟任法定代表人签字：

张三（本人签字）

2019 年 3 月 1 日

附表 2

董事、监事、经理信息

（担任法定代表人的董事长、执行董事、经理不重复填写）

姓名　　李四	国别（地区）　　中国	身份证件类型　　居民身份证	
身份证件号码　330××××××××××××××		职务　　监事	产生方式　　选举

身份证正反面

（身份证件复、影印件粘贴处）

注：1. "职务"指董事长（执行董事）、董事、经理、监事会主席、监事。上市股份有限公司设置独立董事的应在"职务"栏内注明。

2. "产生方式"按照章程规定填写，董事、监事一般应为"选举"或"委派"；经理一般应为"聘任"。中外合资（合作）企业应当明确上述人员的委派方。

姓名　　王五	国别（地区）　　中国	身份证件类型　　居民身份证	
身份证件号码　330××××××××××××××		职务　　经理	产生方式　　聘任

身份证正反面

（身份证件复、影印件粘贴处）

备注事项同上

姓名	国别（地区）	身份证件类型	
身份证件号码		职务	产生方式

（身份证件复、影印件粘贴处）

备注事项同上

附表3

股东（发起人）、外国投资者出资情况

股东（发起人）、外国投资者名称或姓名	国别（地区）	证件类型	证件号码	认缴出资额	实缴出资额	出资（认缴）时间	出资方式	出资比例
张三	中国	居民身份证	330××××××××××××××	50万元		××年×月×日前	货币	50%
李四	中国	居民身份证	330××××××××××××××	50万元		××年×月×日前	货币	50%

单位：万元（币种：☑人民币 □其他_____）

附表4

联络员信息

姓　　名	王五	固定电话	0574-6272×××
移动电话	13×××××××××	电子邮箱	shililisi@163.com
身份证件类型	居民身份证	身份证件号码	330××××××××××××××××

身份证正反面

（身份证件复、影印件粘贴处）

注：1. 联络员主要负责本企业与企业登记机关的联系沟通，以本人个人信息登录国家企业信用信息公示系统，依法向社会公示本企业有关信息等。联络员应了解企业登记相关法规和企业信息公示有关规定。

　　2.《联络员信息》未变更的不需重填。

附表5

承　诺　书

杭州市市场监督管理局　　（登记机关名称）：

杭州市×××贸易有限公司　　（企业名称）郑重承诺：登记机关已告知相关审批事项和审批部门。在领取营业执照后，本企业将及时到审批部门办理审批手续，在取得行政审批前不从事相关经营活动。如有超出登记经营范围从事后置审批事项经营的需要，也将先行办理经营范围变更登记和相应审批手续，未取得相关审批前不从事相关经营活动。

如有违反上述承诺内容情形发生的，愿自行承担相应的法律责任。

签字：　**张三**（本人签字）

2019 年 3 月 1 日

注：1.《承诺书》只在企业设立和经营范围变更时填写。

2. 申请人为公司、非公司企业法人、非公司外商投资企业的，由法定代表人签字，设立时由拟任法定代表人签字；申请人为外国（地区）企业在中国境内从事生产经营活动的，由有权签字人签字；申请人为合伙企业、外商投资合伙企业的，由全体合伙人或委托执行事务合伙人签字；申请人为个人独资企业的，由投资人签字。变更登记时还需加盖公章，外国（地区）企业在中国境内从事生产经营活动除外。

3. 有限责任公司和股份有限公司的分公司、非公司企业法人分支机构由隶属企业的法定代表人签字，营业单位由隶属单位的法定代表人签字，个人独资企业分支机构由隶属企业投资人签字，合伙企业分支机构由合伙企业执行事务合伙人或委派代表签字。设立、变更登记时还需加盖隶属企业（单位）公章，外国（地区）企业在中国境内从事生产经营活动除外。

附表6

"多证合一"政府部门共享信息项

涉税信息（必填项）				
财务负责人信息	姓名	**周六**	固定电话	**8712××××**
	移动电话	**1390574×××**	电子邮箱	**×××@××.××**
	身份证件类型	**二代身份证**	身份证件号码	**33020×××××××××××××××**
		身份证正反面 身份证件复印件		
其他信息	生产经营地	×××××××××		
	核算方式	☑独立核算　□非独立核算		
	从业人数	×× 　人		

（资料来源：浙江政务服务网）

（2）全体股东签署的公司章程（股东为自然人的由本人签字；自然人以外的股东加盖公章）。

（3）股东的主体资格证明或者自然人身份证明复印件。股东为企业的，提交营业执照复印件；股东为事业法人的，提交事业法人登记证书复印件；股东为社团法人的，提交社团法人登记证复印件；股东为民办非企业单位的，提交民办非企业单位证书复印件；股东为自然人的，提交身份证复印件。

（4）法定代表人、董事、监事和经理的任职文件身份证明。根据《公司法》和公司章程的规定，提交股东决定或股东会决议（一人公司提交股东决定，股东为两人及以上的就要提供股东会决议）。对《公司法》和章程规定公司组织机构人员任职须经董事会、监事会等形式产生的，还需提交董事签字的董事会决议、监事签字的监事会决议等相关材料。

【股东会决议范本】

××××有限公司股东会决议
——关于选举董事/执行董事、监事的决定

根据《公司法》及本本公司章程的有关规定，本公司于　　年　月　日召开了公司股东会，全体股东参加并通过如下决议：

1. 选举××担任公司的执行董事，任期××年。
2. 选举××担任公司的监事。

（如公司成立董事会、监事会，则应做如下决议）：

1. 决定成立公司董事会，决定×××、×××、×××……为公司董事，任期××年。
2. 决定成立监事会，决定×××、×××……为公司监事，任期××年。
3. 连同本公司职工民主选举产生的职工代表监事×××……，本公司监事会由×××、×××、×××……组成。（职工代表监事另需提交选举证明；若设立时还未选举职工监事的，需写明"由职工代表出任的监事待公司成立后×个月内进行补选，并报登记机关备案"）

股东签名（自然人）盖章（法人）：

日期：××××年××月××日

（资料来源：原浙江省工商局）

【董事会决议范本】

××××公司董事会决议

××××公司董事会于××××年××月××日在××××××××召开了董事会会议，全体董事参加，与会董事一致同意做出如下决议：

1. 选举×××为本公司董事长，任期××年。
2. ……

×××公司董事会
××××年××月××日

全体董事签名：

××××有限公司董事会决议/执行董事决定

根据本公司章程规定，聘任×××为公司经理。

×××有限公司董事会/执行董事签名：

××××年××月××日

（资料来源：原浙江省工商局）

（5）住所使用证明。自有房产提交产权证复印件；租赁房屋提交租赁协议复印件以及出租方的房产证复印件；未取得房产证的，提交房地产管理部门的证明或者购房合同及房屋销售许可证复印件；出租方为宾馆、饭店的，提交宾馆、饭店的营业执照复印件。住所为住宅的，还需提供有利害关系业主的同意书等材料。电商申请登记为个体工商户的，可将网络经营场所作为经营场所进行登记。

（6）法律、行政法规和国务院决定规定设立公司必须报经批准的项目，提交批准文件或者许可证件的复印件。

以上是公司登记申请一般需要提供的材料。《市场主体登记管理条例》施行后，登记申请材料还将精简，登记机关能够通过政务信息共享平台获取的相关信息，不再要求重复提供。

五、营业执照

1. 营业执照的定义

营业执照是企业登记机关代表国家核发给企业，准许其营业的凭证。企业从领取营业执照之日起取得合法经营权，营业执照签发之日就是企业成立的日期。

现行营业执照共有八种格式：A（公司法人）、B（非公司企业法人）、C（合伙企业）、D（农民专业合作社法人）、E（个人独资企业）、F（个体工商户）、G（分支机构，包含内资非法人企业、内资非公司企业分支机构、内资分公司、外商投资企业分支机构、合伙企业分支机构、个人独资企业分支机构等）、H（农民专业合作社分支机构）。

营业执照有正本和副本之分。正本和副本内容一致，具有同等法律效力，副本照面加打年报提示语。营业执照正副本规格不同，正本尺寸为：297mm（高）×420mm（宽）；副本内芯尺寸为：210mm（高）×297mm（宽），配有封皮。正本仅核发一份，主要用于悬挂在企业住所，便于接受监督；副本较小，便于携带，用于企业日常经营活动中证明自身合法身份，可核发若干份。

营业执照上记载着企业的基本登记事项，如注册号、名称、类型、住所、法定代表人（负责人）姓名、注册资本、成立日期、经营期限、经营范围等；同时载有二维码，二维码与国家企业信用信息公示系统上公示的企业信息精准连接，通过扫描二维码直接查询市场主体的公示信息。营业执照上有"扫描二维码登录'国家企业信用信息公示系统'了解更多登记、备案、许可、监管信息"提示语。

【营业执照样式】

营业执照样式如图 3-1 所示。

图 3-1　营业执照样式

（资料来源：北京市市场监督管理局）

2. 电子营业执照的定义

电子营业执照实际上就是数字形式的企业营业执照，是指由市场监管部门依据国家有关法律法规、按照统一标准规范核发的载有市场主体登记信息的法律电子证件。电子营业执照与纸质营业执照具有同等法律效力，是市场主体取得主体资格的合法凭证。电子营业执照具备防伪、防篡改、防抵赖等信息安全保障特性，与纸质营业执照相比更方便，更安全，公开性更强，信息量更多，作用更大。线下办理业务时，不必携带纸质营业执照，手机上出示电子营业执照即可。

企业设立登记后，将即时生成电子营业执照并存储于电子营业执照库。电子营业执照通过手机等装载有电子营业执照应用程序的智能移动终端进行领取、下载和使用。

【小贴士】如何下载电子营业执照

第一步，微信进入国务院客户端小程序——"电子营业执照"，如图 3-2 所示。

第二步，点击"下载执照"，法人进行实名认证，选择企业所在登记地，就可以直接下载使用电子营业执照，如图 3-3 所示。

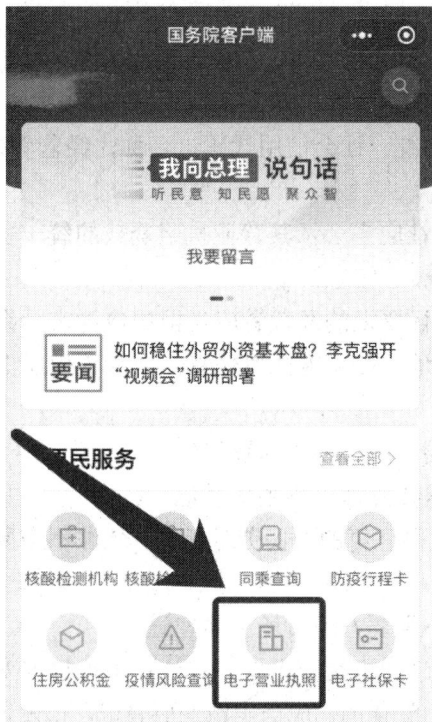

图 3-2 进入下载电子营业执照小程序

图 3-3 下载使用电子营业执照

第三步，执照下载后，可以修改执照密码，保护执照信息安全。

（资料来源：中国政府网）

企业设立登记后首次领取和下载电子营业执照，应由经市场监管部门登记的法定代表人，如公司的法定代表人、合伙企业的执行事务合伙人、个人独资企业的投资人、个体工商户的经营者、农民专业合作社的法定代表人以及各类企业分支机构的负责人领取和下载。法定代表人领取电子营业执照后，可自行或授权其他证照管理人员保管、持有、使用电子营业执照。企业要对其电子营业执照的管理和授权使用行为的合法性、真实性、合理性等负责。

3. 营业执照的使用

企业应当将营业执照放置在住所（经营场所）的醒目位置，一方面是为了便于市场监督管理机关及其他行政机关的管理；另一方面则是让企业接受消费者和社会公众的监督。企业应下载并打印电子营业执照文件，置于住所或营业场所的醒目位置，或通过电子显示屏等方式亮明电子营业执照。

网络交易经营者应当在其网站首页或者从事经营活动的主页面显著位置，持续公示经营者主体信息或者该信息的链接标识。其中，已经办理市场主体登记的网络交易经营者应当如实公示下列营业执照信息以及与其经营业务有关的行政许可等信息，或者该信息的链接标识。

（1）企业应当公示其营业执照登载的统一社会信用代码、名称、企业类型、法定代表人（负责人）、住所、注册资本（出资额）等信息。

（2）个体工商户应当公示其营业执照登载的统一社会信用代码、名称、经营者姓名、经营场所、组成形式等信息。

（3）农民专业合作社、农民专业合作社联合社应当公示其营业执照登载的统一社会信用代码、名称、法定代表人、住所、成员出资总额等信息。

依照《电子商务法》第十条规定，不需要进行登记的经营者应当根据自身实际经营活动类型，如实公示以下自我声明以及实际经营地址、联系方式等信息，或者该信息的链接标识。

（1）"个人销售自产农副产品，依法不需要办理市场主体登记"。

（2）"个人销售家庭手工业产品，依法不需要办理市场主体登记"。

（3）"个人利用自己的技能从事依法无须取得许可的便民劳务活动，依法不需要办理市场主体登记"。

（4）"个人从事零星小额交易活动，依法不需要办理市场主体登记"。

在使用营业执照过程中，企业不得伪造、涂改、出租、出借、转让；不得擅自变更营业执照上记载的登记事项，如果企业登记事项发生变化的，应当申请变更登记，换发营业执照；营业执照遗失或者毁坏的，应当通过国家企业信用信息公示系统声明作废，申请补领。网络交易经营者公示的信息发生变更的，应当在十个工作日内完成更新公示。

【案例】多名在校大学生注册公司数百家，涉嫌被人利用从事诈骗活动

2020年6月，江苏多所高职院校的多名大学生突然被河南警方带走，进行刑事拘留。据了解，2019年5—8月的短短3个月时间内，这些学生在有人组织下注册数百家公司，而这些注册公司被人用于从事诈骗等违法犯罪行为，涉及金额巨大。

（资料来源：江苏政法官方微博）

评析： 现在注册企业真的很方便了，因为商事主体登记制度改革，对于企业设立登记实行宽进严管，企业登记机关对申请材料只做形式审查。但是，宽进不等于不管，更不等于可以利用注册企业从事违法犯罪活动。事实上，在放宽准入的同时，国家也在大力推进诚信体系建设，并对已经登记的企业加强事中、事后的监管。企业必须强化自我管理，信守承诺，依法开展经营活动。

案例中的大学生们注册公司的目的，不是用于创业，而是提供给他人使用，这首先就是违背了诚信原则，其次，出借/出租营业执照的行为也是违法的。而他人利用这些公司进行诈骗等违法犯罪活动，大学生们作为公司的股东、法定代表人，则还可能要承担刑事责

任。当然，案件事实还有待警方进一步调查，大学生们要承担怎样的责任也还很难说。但是，这个案件确实令人警醒。法网恢恢疏而不漏，千万不能把注册公司当儿戏，为了一点儿蝇头小利就出卖了自己的良知。

国家目前正在大力推广电子营业执照应用，作为企业在网上办理企业登记、公章刻制、涉税服务、社保登记、银行开户等业务的合法有效身份证明和电子签名手段。

【小贴士】电子营业执照亮照系统

为贯彻落实《电子商务法》的要求，为市场主体公示营业执照提供便利的服务，方便群众办事创业，国家市场监督管理总局设计开发了电子营业执照亮照系统。经过前期测试，系统定于 2019 年 6 月 10 日正式上线运行，现将有关事项公告如下：

电子营业执照亮照系统主要面向各类市场主体提供网上亮照服务。市场主体使用电子营业执照亮照系统（https://zzlz.gsxt.gov.cn/businessShow/），按系统提示输入亮照信息后，系统即生成该市场主体电子营业执照的展示链接和标识图标。市场主体将电子营业执照展示链接及图标嵌入网页，便可实现营业执照网上自主公示。社会公众点击网站上公示的电子营业执照亮照图标可对该市场主体的营业执照进行真伪查验。

根据国家市场监管总局发布的《电子营业执照管理办法（试行）》（国市监注〔2018〕249 号）的规定，电子营业执照适用范围很广，包括但不限于下列情形。

（1）出示营业执照以表明市场主体身份，或使用营业执照进行市场主体身份认证和证明的。

（2）办理市场主体登记注册业务的。

（3）以市场主体身份登录网上系统或平台，办理各项业务、开展经营活动的。

（4）登录国家企业信用信息公示系统报送年度报告、自主公示信息的。

（5）以市场主体身份对电子文件、表单或数据等进行电子签名的。

（6）在互联网上公开营业执照信息和链接标识的。

（7）授权相关个人或单位共享、传输或获取其市场主体数据信息的。

（8）按照法律、法规和相关规定需要使用和提供营业执照的。

网络交易经营者可以链接到国家市场监督管理总局电子营业执照系统，公示其营业执照信息。

第三节　设立登记的后续工作

关键词：五证合一、一照一码、企业印章、结算账户、涉税事项、后置审批

过去设立一家企业，除领取营业执照外，还要办理组织机构代码证、税务登记证、社会保险登记证、统计登记证等，手续繁多。如今，得益于"五证合一""一照一码"登记

制度改革，组织机构代码证、税务登记证、社会保险登记证、统计登记证不再需要，企业只需要取得营业执照就可以了，营业执照上载有企业的统一社会信用代码，相当于企业的身份证号码。

不过，有些事项还是不能省：刻制企业印章、开立企业账户、申领发票和税控设备（涉税事项）、员工参保登记、住房公积金企业缴存登记，以及后置审批事项等。当然，这些事项的办理也越来越便捷了。根据国家市场监督管理总局《关于进一步优化企业开办服务的通知（征求意见稿）》的精神，2020年年底前，依托一网通办，推动企业登记、公章刻制、申领发票和税控设备、员工参保登记、住房公积金企业缴存登记在线上"一表填报"申请办理，具备"一次办"能力；鼓励具备条件的地方实现线下"一个窗口"一次领取企业开办所有办件。而且，企业在设立登记完成后仍可随时通过企业开办一网通办平台办理员工参保登记、住房公积金企业缴存登记等企业开办服务事项，具备"随时办"能力。下面就重点介绍一下刻制企业印章、开立企业结算账户和办理涉税事项。

一、刻制企业印章

【案例】当当网"抢公章"事件

2020年4月26日，当当网创始人李国庆带人到当当网办公区，拿走了几十枚公章、财务章，引起舆论哗然。当当网是李国庆、俞渝夫妻二人一起创办的，李国庆一直是总经理。后来两人反目。2019年2月俞渝取代李国庆成为法定代表人，李国庆不再担任总经理。李国庆心有不甘，才有了前述一幕。

对于这一事件，两边的说法不一。李国庆拿走公章后，当当网方面马上报警，并声称李国庆带人抢夺了公章，而李国庆则发微博称自己持股东会决议和董事会决议，接管公章，根本不是抢。

不管是不是抢，对于企业而言，公章确实很重要。有权控制公章的人往往是掌握企业控制权的人。当然，前提是这些公章还是有效的，如果是被挂失的公章，拿在手里也没有什么用。当当网在李国庆拿走公章后，就挂失了这些公章。

（资料来源：互联网）

企业印章又称为企业公章，是指刻有企业规范名称的印章，包括企业规范名称章以及冠以规范名称的合同、财务、税务、发票、审验等专用章。企业印章非常重要，它盖在文件、合同、票据等书面材料上就代表着企业的意志，具有法律效力，因此企业印章必须依法刻制和使用。任何单位或者个人不得私制印章。

企业法定名称章可以刻制一般实物印章、钢印和电子印章各一枚。合同、财务、审验等业务专用章可以刻制多枚，但每一枚必须用阿拉伯数字区别。另外，根据实际经营所需，往往还要刻制专门用于公务事项的法定代表人、负责人、财务人员等有关人员印章（包括签名章）。

原来企业刻制印章，须持企业营业执照、公章样式等材料向所在地县级以上公安机关提出申请，经公安机关审批后委托专门的公章刻制经营单位刻制公章。而现在依托一网通办，刻章也是在企业设立登记环节一起申请，登记部门核准后与公安机关实现信息共享，不再需要单独向印章制作单位提交证明材料，在领取营业执照时可以一起领取印章。

【小贴士】电子印章

电子印章是可靠电子签名的可视化表现形式，以密码技术为核心，将数字证书、签名密钥与实物印章图像有效绑定，用于实现各类电子文档完整性、真实性和不可抵赖性的图形化电子签名制作数据。电子印章的图形化特征与实物印章的印模是完全一致的。

国家大力推广电子印章的应用，不仅在各类政务办公、公共管理和社会公共服务活动中可使用电子印章，对公文、证照、协议、凭据、流转单等各类电子文档进行签章，同时，鼓励自然人、法人和其他组织在经济和社会活动领域中使用电子印章。电子印章与实物印章具有同等法律效力。

二、开立企业结算账户

企业结算账户是企业为办理存款、贷款和资金收付活动而在银行开立的户头。根据国家规定，企业等各单位之间资金往来，除按照规定可以使用现金的以外，均须通过银行办理转账结算。

新设企业应当在中国境内的银行开立银行结算账户。这里所说的银行包括在中国境内经中国人民银行批准经营支付结算业务的政策性银行、商业银行（含外资独资银行、中外合资银行、外国银行分行）、农村合作银行、城市信用合作社、农村信用合作社。银行结算账户是指银行为存款人开立的办理资金收付结算的人民币活期存款账户，按用途分为基本存款账户、一般存款账户、专用存款账户和临时存款账户。其中基本存款账户是企业的主办账户，企业只能在银行开立一个基本存款账户，其他银行结算账户的开立必须以基本存款账户的开立为前提。

企业开立、变更、撤销基本存款账户、临时存款账户实行备案制。开立企业账户的基本程序如下。

（1）企业向银行提出开立基本存款账户的申请。

申请开立银行结算账户，应当按规定提交开户申请书，并出具开户证明文件：营业执照、法定代表人或单位负责人的有效身份证件（法定代表人或单位负责人授权他人办理的，还应出具法定代表人或单位负责人的授权书以及被授权人的有效身份证件），以及《人民币银行结算账户管理办法》等规定的其他开户证明文件。

企业应当对开户申请书所列事项及相关开户证明文件的真实性、有效性负责。

（2）经审核符合开立条件的，银行将与企业签订银行结算账户管理协议，予以开立银行结算账户。

银行结算账户管理协议应当明确银行与企业双方的权利、义务和责任，内容包括但不限于：银行与开户申请人办理银行结算账户业务应当遵守法律、行政法规以及人民银行的有关规定，不得利用银行结算账户从事各类违法犯罪活动；企业银行结算账户信息变更及撤销的情形、方式、时限；银行控制账户交易措施的情形和处理方式；其他需要约定的内容。

银行应当在银行结算账户管理协议中以醒目方式向企业展示其义务和责任条款，并明确告知企业。

（3）银行为企业开立基本存款账户、临时存款账户后，应当立即最晚于当日将开户信息通过账户管理系统向当地人民银行分支机构备案，并在两个工作日内将开户资料复印件或影像报送当地人民银行分支机构。

银行完成企业基本存款账户信息备案后，账户管理系统生成基本存款账户编号，并在企业基本信息"经营范围"中标注"取消开户许可证核发"字样。银行应当通过账户管理系统打印《基本存款账户信息》和存款人查询密码，并交付企业。企业基本存款账户编号代替原基本存款账户核准号使用。

（4）持有基本存款账户编号的企业申请开立一般存款账户、专用存款账户、临时存款账户时，应当提供基本存款账户编号。

（5）企业银行结算账户，自开立之日即可办理收付款业务。

需要注意的是，企业名称、法定代表人或者单位负责人以及其他开户证明文件发生变更时，企业应当按规定向开户银行提出变更申请。

三、办理涉税事项

依法纳税是企业的基本义务。现在新设企业设立登记时，就同步完成了税务登记。但还是有不少企业开办相关的涉税事项需要办理。2019 年 12 月国家税务总局发布《关于进一步简化企业开办涉税事项办理程序 压缩办理时间的通知》（税总发〔2019〕126 号），要求进一步简化企业开办涉税事项办理程序、压缩办理时间。企业开办涉税事项办理全部实现一套资料、一窗受理、一次提交、一次办结，进一步压缩企业开办首次办税时申领增值税发票的时间。

新设企业需要办理的涉税事项主要包括以下六个事项。

（1）登记信息确认。

（2）发票票种核定。

（3）增值税一般纳税人登记。

（4）增值税专用发票最高开票限额审批。

（5）增值税税控系统专用设备初始发行（含税务 UKey 发放）。

（6）发票领用。

新设企业可以通过线上（电子税务局）、线下（办税服务厅）途径办理涉税事项，办理时仅需填写一张《新办纳税人涉税事项综合申请表》。

【新办纳税人涉税事项综合申请表】

基本信息	纳税人名称		统一社会信用代码			
	经办人		身份证件类型			
	证件号码		联系电话			

增值税一般纳税人资格登记	是否登记为增值税一般纳税人：是□；否□（无须填写以下一般纳税人资格登记信息）			
	纳税人类别：	企业□ 个体工商户□ 农民合作社□ 其他□ （请选择一个项目并在□内打"√"）		
	主营业务类别：	工业□ 商业□ 服务业□ 其他□ （请选择一个项目并在□内打"√"）		
	会计核算健全：	是□ （请选择一个项目并在□内打"√"）		
	一般纳税人资格生效之日：	当月1日□ 次月1日□ （请选择一个项目并在□内打"√"）		

首次办税申领发票	发票种类名称	单份发票最高开票限额	每月最高领票数量	领票方式
	领票人	联系电话	身份证件类型	身份证件号码
	税务行政许可申请事项：	增值税专用发票（增值税税控系统）最高开票限额审批		
	增值税专用发票（增值税税控系统）最高开票限额申请	一千元□ 一万元□ 十万元□ （请选择一个项目并在□内打"√"）		

纳税人声明：能够提供准确税务资料，上述各项内容真实、可靠、完整。如有虚假，愿意承担相关法律责任。

经办人： 代理人： 纳税人（印章）：

年 月 日

（资料来源：国家税务总局）

新设企业报送资料时，对于企业登记机关已经采集办税人员实名信息，税务机关可通过信息共享获取实名信息的，不再重复采集。企业办税人员已实名的，可不再提交营业执照原件或复印件。

【案例】高科技武装下，发票们越跑越快

企业日常经营离不开发票，发票业务是纳税人办理最频繁的一项涉税业务。如今，发票们更加敏捷快速地"奔跑"在信息化高速路上，让更多的人足不出户就伸手可及。

据了解，2020年3月，税务部门已经在北京、上海、重庆、广州开通了电子发票公共服务平台（优化版），新办纳税人可以免费领取税务发放的UKey，直接开具增值税专用发票与普通发票，不再像以往需要向第三方购买增值税发票的金税盘与税控盘等税控设备。在发票领用方式上，税务部门将加大"网上申领、邮寄配送"力度。

全国各地也不断创新举措，让发票"跑得"更好更快。记者从国家税务总局成都市税务局获悉，成都"蓉票儿"电子发票管理服务平台2019年4月上线，至今使用商户已超过11万户，累计开票150余万张。"蓉票儿"基于数字化技术，不仅具有多平台扫码开票、移动端审核开票、7天内补开发票等功能，还支持多家门店共用一个税盘，有效帮助商户降低成本、提升效率。消费者通过手机扫描开票二维码，即可实现在线申请开票，并通过模糊搜索企业名称及税号、微信卡包导入、自动发送电子发票信息等功能，最快3～5秒完成开票，并自动获取电子发票信息。此外，"蓉票儿"服务平台依托电子发票开票子系统、增值税发票风险管理子系统、电子发票入账管理子系统，还可以提供信息归集、发票验真、入账报销以及发票代开等服务。

2019年6月，利用云技术自行开发建设的全国首家代开电子发票平台落地广东。该平台上代开发票申请、多渠道缴税、电子发票开具以及版式文件生成、发票推送及下载等全流程均为自主开发，不依赖第三方电子发票平台。这一平台具有"一次都不用跑""智能审核""自动预警""绿色共享"等优势，可一站式实现申请、缴税、开票全流程。

重庆市税务局在增值税纳税申报"一表集成"基础上，开发"点即报"功能，实现增值税申报销售收入自动汇总、免税收入自动统计、差额扣除自动计算、申报疑点自动监控、申报表格自动填报。2020年4月1日该功能上线，纳税人在电子税务局进入申报界面后，除了存在未开票收入等特殊情形外，只需核对确认预填好的发票等数据，点击"确认"即可完成申报，无须手工计算和填报。

山东烟台市税务局运用"区块链+税务"技术，可实时监控农户以"上链者"身份提报的生产经营、发票开具等信息，建立农业生产者"自主登记、自主提报、自我信用担保"的运行模式。这套基于"区块链+税务+农产品质量监督"的新型农产品安全保障体系，比企业自建的传统质量追溯条码等方式更具公信力，可有效防止假冒产品"上链"，还能规范企业开具发票行为。

（资料来源：经济日报）

评析：有了高科技加持，如今的发票是越来越酷了，其中最酷的应该就是电子发票。《电子商务法》明确规定，电子发票与纸质发票具有同等法律效力。纳税人通过增值税电子发票公共服务平台开具的增值税电子普通发票（票样见图3-4），属于税务机关监制的发票，采用电子签名代替发票专用章，其法律效力、基本用途、基本使用规定等与增值税普通发票相同。根据国家税务总局的部署，将尽快建成全国统一的电子发票公共服务平台，为纳税人提供免费的电子发票开具服务，加快电子发票的推广应用，尽快研究推进增值税专用发票电子化。

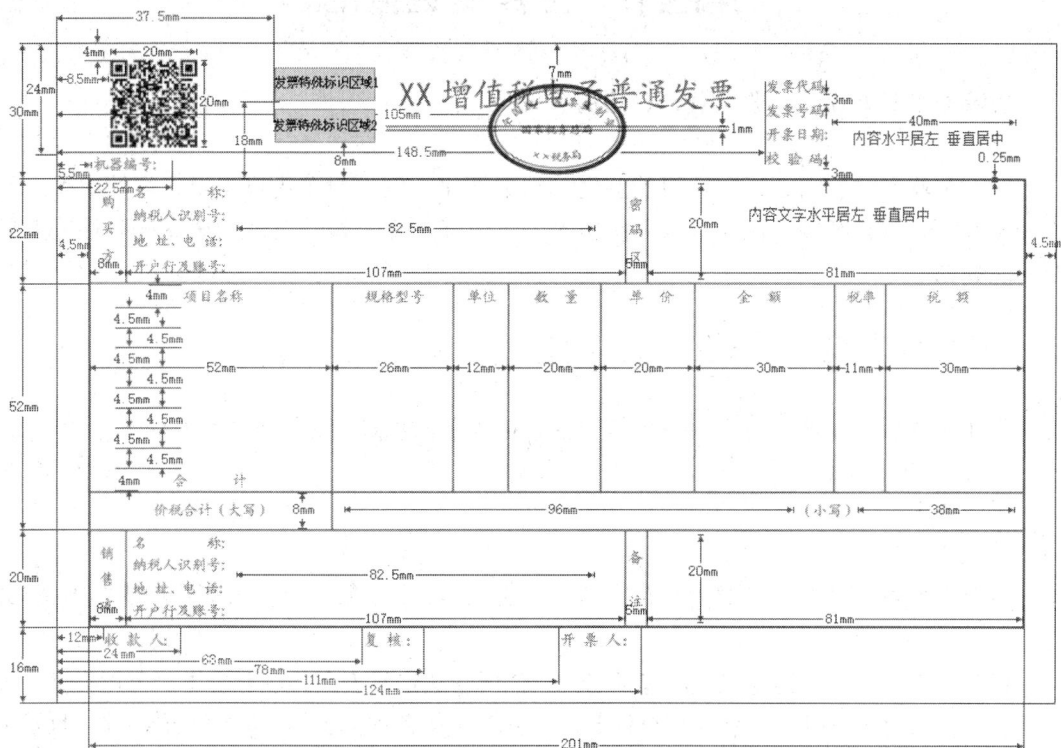

图 3-4　增值税电子普通发票票样

四、办理其他后续事项

有了营业执照，刻好印章、开好账户、领了发票，企业日常经营所需要素基本齐备了。这个时候，你可以对外签订合同了，可以收取营业收入了，收钱时也可以对外开具发票了。

但是还有一些后续事项，例如住房公积金企业缴存登记、员工参保登记等。

《住房公积金管理条例》（2019 年修订）第十四条规定，新设立的单位应当自设立之日起 30 日内到住房公积金管理中心办理住房公积金缴存登记，并自登记之日起 20 日内持住房公积金管理中心的审核文件，到受委托银行为本单位职工办理住房公积金账户设立手续。《社会保险法》（2018 年修正）第五十八条规定，用人单位应当自用工之日起三十日内为其职工向社会保险经办机构申请办理社会保险登记。

最为关键的是，到目前为止，你的企业只能开展一般经营项目，如果你开展的经营活动涉及后置审批的许可经营事项的，如食品流通许可，则还要到相关许可部门办理审批手续，并在取得相关许可后方可开展该项经营活动。

所有与企业相关事项的办理，线下可以前往当地行政服务中心的相应窗口办理，线上则可以通过政务服务网进行办理。

第四节　企业变更登记

关键词：变更登记、歇业登记、注销登记

新设企业在发展的过程中，可能会遇到很多变化，例如股东进进出出、高管更换、经营场所搬迁、经营范围变化等，有时经济不景气可能不得不暂停营业……这些时候需要做相应的登记。

一、办理企业变更登记

企业成立后，如遇登记事项发生变更的，应当依法办理变更登记。

【法条】
《民法典》
第六十四条　法人存续期间登记事项发生变化的，应当依法向登记机关申请变更登记。

以公司为例。公司的登记事项包括名称、住所、法定代表人、注册资本、公司类型、经营范围、有限责任公司股东或者股份有限公司发起人姓名或者名称。这些登记事项一旦发生变更，公司均需向原登记机关提出变更申请。未经变更登记，公司不得擅自改变登记事项。

公司申请变更登记，须提交下列文件。

（1）公司法定代表人签署的变更登记申请书。

（2）依照《公司法》做出的变更决议或者决定。

（3）国家工商行政管理总局规定要求提交的其他文件。

公司变更登记事项涉及修改公司章程的，应当提交由公司法定代表人签署的修改后的公司章程或者公司章程修正案。变更登记事项依照法律、行政法规或者国务院决定规定在登记前须经批准的，还应当向公司登记机关提交有关批准文件。

公司章程修改未涉及登记事项的，公司应当自做出修改决定之日起30日内，将法定代表人签署的修改后的章程或章程修正案送登记机关备案。

变更登记事项的，应当自做出变更决议或者法定变更事项发生之日起30日内向登记机关申请变更登记。

变更登记涉及营业执照载明事项的，登记机关将换发营业执照。

【案例】退伙未办理变更登记，退伙人需承担连带责任

现实生活中，合伙做生意的非常多。温某某、李某及周某某三人合作开了一家××市环球号网咖，并办理了合伙企业登记，为普通合伙，周某某担任执行事务合伙人。

2015年4月3日，周某某与房东张某某订立租赁合同，租赁张某某所有的房屋用于经

营××市环球号网咖。2016 年 11 月 6 日，因欠付租金，周某某出具欠条给房东，载明欠 587 520 元租金。2017 年 6 月 1 日，周某某与房东张某某续订租赁合同。2017 年 6 月 20 日，双方又订立协议，约定××市环球号网咖将利润的 60% 支付租金。但由于××市环球号网咖未能按时支付租金，房东张某某将××市环球号网咖的计算机变卖折款 200 000 元，并起诉要求××市环球号网咖支付剩余拖欠租金 387 520 元。因××市环球号网咖为普通合伙企业，房东张某某还要求合伙人周某某、温某某、李某三人对企业的债务承担无限连带责任。

本案在开庭审理时，被告温某某辩称其和李某在 2016 年 7 月 4 日已经退伙，并提供了退伙协议一份，认为其二人不再承担责任。被告周某某对退伙事实表示认可，但是两人退伙未办理工商变更登记。

本案中的争议焦点之一就是被告温某某、李某在 2016 年 7 月是否退伙。

法官认为，《合伙企业法》第十三条规定，合伙企业登记事项发生变更的，执行合伙事务的合伙人应当自做出变更决定或者发生变更事由之日起十五日内，向企业登记机关申请办理变更登记。该条的立法本意就是合伙企业在进行变更之后，应当办理变更登记，是对登记行为对外公示效力的一种强化，若仅有内部的协议，仅在股东内部有效，对外无法产生公示效力。同时，根据《合伙企业法》的规定，合伙企业对其债务应当以其全部财产进行清偿，当合伙企业的财产不足以偿付到期债务时，普通合伙人对合伙债务承担无限连带责任。据此，法院判决被告温某某、李某仍需对××市环球号网咖未付的租金承担连带责任。

（资料来源：中国法院网）

评析： 企业登记事项发生变更，为什么一定要办理变更登记？因为，只有办理了变更登记，这种变更才能发生对外效力。《民法典》第六十五条明确规定，法人的实际情况与登记的事项不一致的，不得对抗善意相对人。本案中两个合伙人已经退伙，就应当盯着执行事务合伙人赶紧办理变更登记（××市环球号网咖本来只有三个合伙人，退了两个，就不再是合伙企业，企业性质也要变了）。就好像你把车卖了，不是只拿钱就行了，还得和下家把过户手续办好，如果不办手续的话，下次车子出了什么问题，还要找到你头上。所以，及时办理变更登记很重要，否则可能会承担不必要的法律风险。

二、办理企业歇业登记

过去，企业领取营业执照后，若在规定期限内不开展经营活动或者长期停止经营活动，将被视同歇业，登记主管机关将收缴其营业执照和公章，并将注销登记情况告知其开户银行。因此，企业是不能歇业的，否则就要注销营业执照了。

为降低市场主体维持成本，《中华人民共和国市场主体登记管理条例（草案）》设立歇业制度。按照该条例规定，因自然灾害、事故灾难、公共卫生事件等造成经营困难的，市场主体可自主决定在一定时期内歇业并向登记机关备案，歇业最长不得超过 3 年。

申请歇业，应当经全体股东、全体合伙人、全体设立人、全体出资人一致表决同意。个体工商户经营者或主持经营者可申请歇业。

企业终止歇业期间拟开展经营活动的，应当向登记机关申请恢复营业状态，并通过国家企业信用信息公示系统公示。拟不再经营的，应当依法申请注销登记。

三、办理企业注销登记

企业因法定事由解散或停止经营活动的，应当依法向登记机关申请注销登记。经登记机关注销登记，企业终止。企业注销登记涉及法律、行政法规或者国务院决定规定在注销登记前须经批准的（注销登记前的前置审批），应当自取得批准之日起 30 日内申请注销登记。

注销登记包括一般注销程序、简易注销程序。

（1）一般注销程序：企业注销前依法应当清算的，清算组自成立之日起 10 日内将清算组成员、清算组负责人名单通过国家企业信用信息公示系统进行公示。清算组应当自清算结束之日起 15 日内向登记机关申请注销登记。

企业申请注销登记前，应当办理分支机构注销登记。企业的股东、合伙人、设立人、出资人承诺对分支机构承担无限连带责任的，可不办理分支机构的注销登记。

（2）简易注销程序：无债权债务的有限责任公司、非上市股份有限公司、非公司企业法人、农民专业合作社、个人独资企业、合伙企业以及上述企业分支机构，可以适用简易注销程序。

但是，依法被吊销或列入经营异常名录，严重违法失信企业名单，股权被冻结或出质登记，被司法机关立案调查，以及存在尚未完结行政复议、诉讼或者仲裁程序的企业，不得申请简易注销登记。

申请简易注销登记的企业，应当通过国家企业信用信息公示系统向社会公示拟申请简易注销登记以及全体投资人承诺等信息，公示期为 20 日。公示期届满后，企业可以在 30 日内向登记机关申请注销登记。对于符合申请条件的企业，在公告期内未被提出异议的，登记机关应当准予简易注销登记。

人民法院裁定强制清算或裁定宣告破产的企业，有关企业清算组、企业管理人可持人民法院终结强制清算程序的裁定或终结破产程序的裁定，向被强制清算人或破产人的登记机关申请办理简易注销登记。

【案例】解决企业"注销难"，促进企业"新陈代谢"

推进企业注销便利化，畅通企业退出路径，是深化"放管服"改革的重要举措。近年来，各地坚持优化营商环境，为群众办实事，陆续出台各类市场主体简易注销改革试点方案，在简化注销程序、减少申请文件、缩短退出环节等方面大胆创新，实行了一系列改革措施，取得了明显成效。例如，2021 年 3 月经国家市场监管总局批复同意，江苏省市场监管局决定在全省范围内进一步扩大企业简易注销登记改革试点内容，包括如下几条。

拓展适用范围。在原来有限责任公司、非公司企业法人、个人独资企业、合伙企业、农民专业合作社等适用简易注销的基础上，进一步拓展企业简易注销登记适用范围，对领取营业执照后未开展经营活动、申请注销登记前未发生债权债务或已将债权债务清算完结的非上市股份有限公司、各类市场主体分支机构，均适用企业简易注销登记程序。

压缩公告时间。将企业简易注销登记公告时间由 45 日（自然日）压缩为 20 日（自然日）。公告期届满后 30 日（自然日）内，企业应当向登记机关申请注销登记。人民法院裁定强制清算终结或裁定宣告破产的，有关企业（或指定清算组、破产管理人）可持人民法院终结强制清算程序的裁定或终结破产程序的裁定，直接向登记机关申请办理简易注销登记，无须经过公告程序。农民专业合作社简易注销登记程序适用上述规定。

简化注销材料。企业申请简易注销登记，只需提交"三书一照"（注销申请书、授权委托书、股东承诺书、营业执照），分支机构简易注销只需提交"两书一照"（注销申请书、授权委托书、营业执照）。

建立容错机制。对不符合条件而被终止简易注销的，可在符合条件后再次申请简易注销；对文字填写不规范的，可进行补正和说明；对相关部门提出注销异议的，可在解除异议后申请简易注销；对公告期届满后 30 日内未申请注销登记的，可适当放宽时间予以登记。

加强与相关部门信息沟通和工作衔接，利用数据共享、信息在线核验等既有功能，优化企业退出办事程序，切实解决企业在注销中遇到的实际困难。

（资料来源：南京晨报）

第五节　企业信息公示

关键词：企业信息公示、年度报告

一、企业信息公示概述

企业信息，是指企业从事生产经营活动过程中形成的和政府部门在履行职责过程中产生的，能够反映企业状况的信息。企业信息公示应当真实、及时、准确。

国家企业信用信息公示系统于 2014 年上线运行，是企业信息公示的主要平台。公示的主要内容包括市场主体的注册登记、许可审批、年度报告、行政处罚、抽查结果、经营异常状态等信息，由政府部门以及企业依法进行公示。

其中，企业登记机关公示其在履行职责过程中产生的下列企业信息。

（1）注册登记、备案信息。

（2）动产抵押登记信息。

（3）股权出质登记信息。

（4）行政处罚信息。

（5）其他依法应当公示的信息。

其他政府部门公示其在履行职责过程中产生的下列企业信息。

（1）行政许可准予、变更、延续信息。

（2）行政处罚信息。

（3）其他依法应当公示的信息。

根据《企业信息公示暂行条例》（自 2014 年 10 月 1 日起施行）的要求，以及国家市场监督管理总局 2019 年 6 月发布的《企业信息公示条例（修订征求意见稿）》[①]精神，企

[①] 引用征求意见稿部分内容仅供参考，最终以生效文本为准。

业除每年公示年度报告外，还应当自下列信息形成之日起 20 个工作日内通过国家企业信用信息公示系统向社会公示下列企业信息。

（1）有限责任公司股东或者股份有限公司发起人认缴和实缴的出资额、出资时间、出资方式等信息。

（2）有限责任公司股东股权转让等股权变更信息。

（3）可能对社会公共利益产生重大影响、需要为社会所知悉，政府部门要求公示的信息。

（4）其他依法应当公示的信息。

二、企业年度报告公示概述

年度报告公示制度是根据国务院《注册资本登记制度改革方案》的要求实施的一项全新的企业监管制度。这个制度把传统的通过年检方式，市场主体向监管部门负责的制度，改为市场主体通过有关信息的公示向社会负责的制度：一方面借助信息化技术手段，采取网上申报的方式，便于企业按时申报，切实减轻企业负担，增强企业披露信息的主动性；另一方面，强化企业的义务，要求其向社会公示年报信息，供社会公众查询，更便于社会了解企业的各方面情况，可以充分发挥社会监督力量，促进企业自律和社会共治。

企业应于每年 1 月 1 日至 6 月 30 日，通过国家企业信用信息公示系统向企业登记机关报送上一年度的年度报告，并向社会公示。企业年度报告的内容包括下列企业信息。

（1）企业通信地址、邮政编码、联系电话、电子邮箱等信息。

（2）企业开业、歇业、清算等存续状态信息。

（3）企业投资设立企业、购买股权信息。

（4）企业为有限责任公司或者股份有限公司的，其股东或者发起人认缴和实缴的出资额、出资时间、出资方式等信息。

（5）有限责任公司股东股权转让等股权变更信息。

（6）企业网站以及从事网络经营的网店的名称、网址等信息。

（7）企业从业人数、资产总额、负债总额、对外提供保证担保、所有者权益合计、营业总收入、主营业务收入、利润总额、净利润、纳税总额信息。

上述第（1）项～第（6）项规定的信息是必须公示的，第（7）项规定的信息，企业可自行选择是否向社会公示。

当年设立登记的企业，自下一年起公示年度报告。

【小贴士】多报合一

从 2017 年度开始，市场监督管理部门与人力资源社会保障、统计、海关等部门一起推进"多报合一"，几个部门的年报合并，优化数据交互流程，便捷年报填报，减轻了企业负担。

三、未及时报送年度报告的法律后果

年度报告公示是企业的一项法定义务。企业每年应在规定期限内通过市场主体信用信息公示系统报送年度报告，并向社会公示，供社会公众查询。企业对年度报告的真实性、合法性负责。市场监管机关通过抽查的方式对企业年度报告公示的内容进行监管，将未按规定报送公示年度报告的企业载入经营异常名录，以信用监管方式取代行政处罚方式，达到引导企业规范经营的目的。

对于经检查发现企业年度报告隐瞒真实情况、弄虚作假的企业，以及对未按规定报送公示年度报告而被载入经营异常名录或"黑名单"的企业，企业登记机关将会把企业法定代表人、负责人等信息通报公安、财政、海关、税务等有关部门，各有关部门采取相关信用约束措施，使违法企业尝到"一处违法，处处受限"的滋味，从而更有效地监管企业，促进其诚信守法经营。

【小贴士】企业没有及时报送年度报告会出现哪些后果

（1）载入经营异常名录伴随"终生"。对未按照规定报送并公示年度报告的商事主体，由市场监管部门依法将其列入经营异常名录（个体工商户标注为经营异常状态），并通过国家企业信用信息公示系统向社会公示。只要被列入经营异常名录，就要向社会进行公示，接受全社会的监督，即使补报移出了经营异常名录，曾经被列入经营异常名录的痕迹仍将伴随"终生"。

（2）政府部门实施信用联合惩戒。对列入经营异常名录（标注为经营异常状态）的商事主体和列入严重违法企业名单的企业，各行政机关将在经营、投融资、取得政府供应土地、进出口、出入境、注册新公司、招投标、政府采购、取得荣誉、安全许可、生产经营许可、从业任职资格、资质审核等工作中，依法采取限制或者禁入的联合惩戒措施。

（3）日常经营活动受限。目前，经营异常名录信息已被银行等金融机构作为贷款、担保、保险等商事活动的参考依据。被列入经营异常名录的企业，其银行开户、贷款等业务可能因此不予受理。

（4）信用受疑交易相对方拒合作。市场交易相对方在选择交易对象时，也对被列入经营异常名录的企业进行更为严格的审查，甚至取消合作。

（5）列入严重违法企业名单。企业被列入经营异常名录满3年仍未依法履行公示义务的，将被列入严重违法企业名单。列入严重违法企业名单企业的法定代表人、负责人，3年内不得担任其他企业的法定代表人、负责人。

（6）企业责任人任职将受限。列入严重违法企业名单的企业法定代表人（负责人）、董事、监事、高管的相关信息将纳入信用监管体系，任职资格相关事项受到限制，3年内不得担任其他商事主体的董事、监事及包括经理、副经理、财务负责人、上市公司董事会秘书等在内的高级管理人员。

（资料来源：黑龙江党风政风热线）

【超级链接】

一、企业设立登记流程图

企业设立登记流程图如图 3-5 所示。

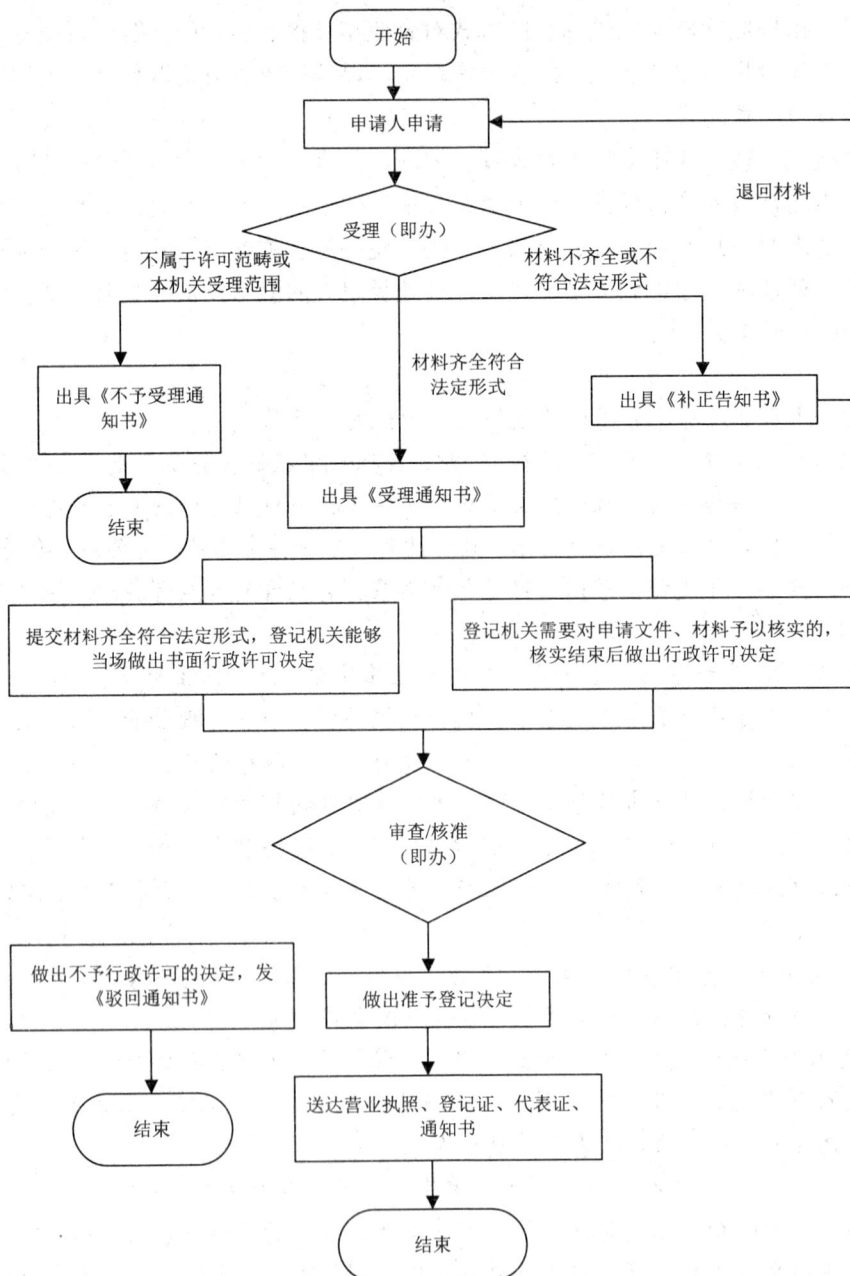

图 3-5　企业设立登记流程图

（资料来源：浙江政务服务网）

二、企业开办涉税事项办理参考流程

企业开办涉税事项办理参考流程如图 3-6 所示。

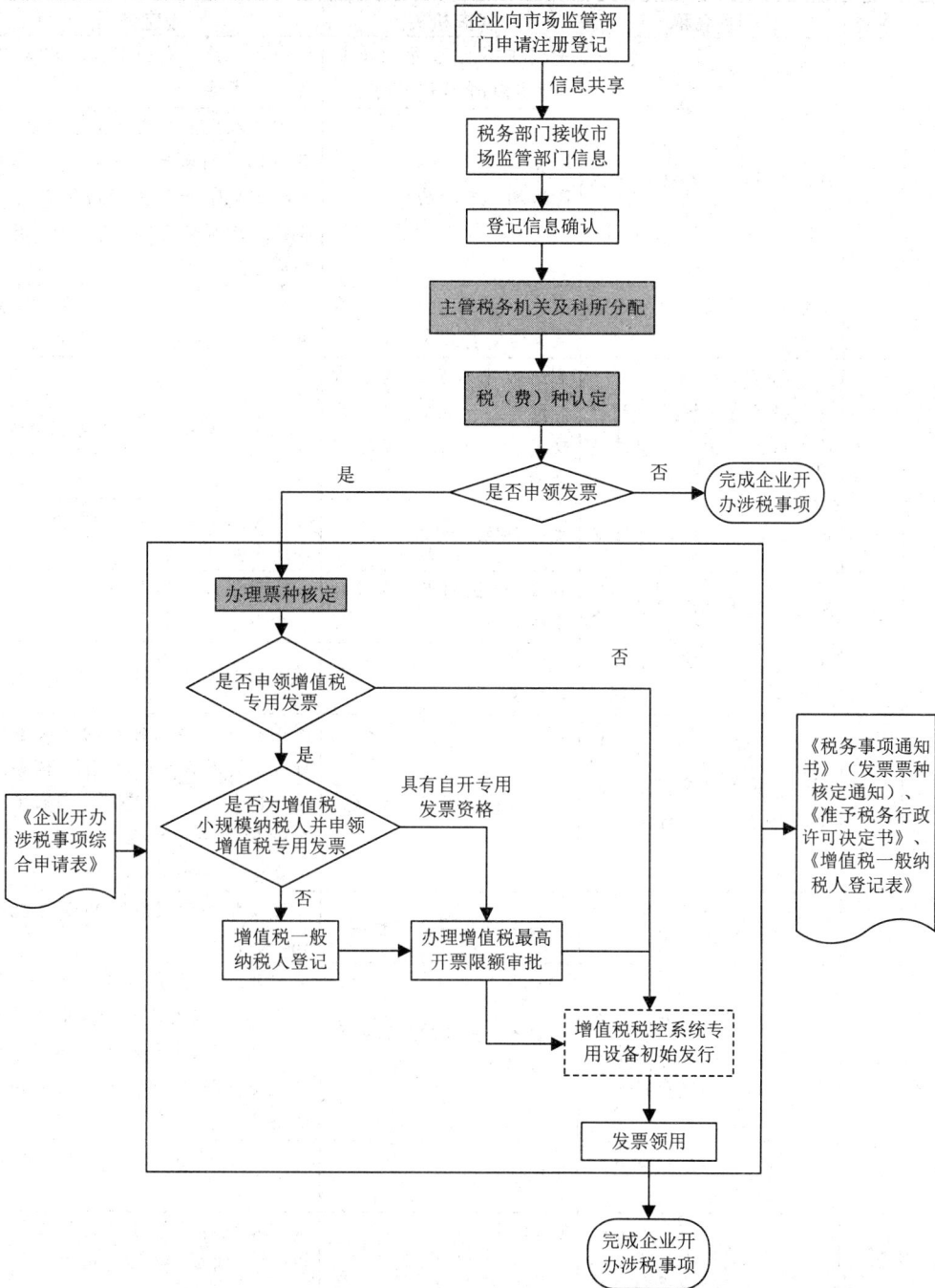

图 3-6 企业开办涉税事项办理参考流程

（资料来源：国家税务总局）

三、前置审批事项目录

目录1：工商登记前置审批事项目录（2017年11月）

	序号	项目名称	实施机关	设定依据
法律明确的工商登记前置审批事项目录	1	证券公司设立审批	中国证券监督管理委员会（以下简称证监会）	《中华人民共和国证券法》（以下简称《证券法》）
	2	烟草专卖生产企业许可证核发	国家烟草专卖局	《中华人民共和国烟草专卖法》（以下简称《烟草专卖法》）、《中华人民共和国烟草专卖法实施条例》（以下简称《烟草专卖实施条例》，国务院令第223号）
	3	烟草专卖批发企业许可证核发	国家烟草专卖局或省级烟草专卖行政主管部门	《烟草专卖法》、《烟草专卖法实施条例》（国务院令第223号）
	4	营利性民办学校（营利性民办培训机构）办学许可	县级以上人民政府教育行政部门、县级以上人民政府劳动和社会保障行政部门	《中华人民共和国民办教育促进法》
国务院决定保留的工商登记前置审批事项目录	1	民用爆炸物品生产许可	工业和信息化部	《民用爆炸物品安全管理条例》（国务院令第466号）
	2	爆破作业单位许可证核发	省级、设区的市级人民政府公安机关	《民用爆炸物品安全管理条例》（国务院令第466号）
	3	民用枪支（弹药）制造、配售许可	公安部、省级人民政府公安机关	《中华人民共和国枪支管理法》
	4	制造、销售弩或营业性射击场开设弩射项目审批	省级人民政府公安机关	《国务院对确需保留的行政审批项目设定行政许可的决定》（国务院令第412号）、《公安部、国家工商行政管理局关于加强弩管理的通知》（公治〔1999〕1646号）
	5	保安服务许可证核发	省级人民政府公安机关	《保安服务管理条例》（国务院令第564号）
	6	涉及国家规定实施准入特别管理措施的外商投资企业的设立及变更审批	商务部、国务院授权的部门或地方人民政府	《中华人民共和国中外合资经营企业法》《中华人民共和国中外合作经营企业法》《中华人民共和国台湾同胞投资保护法》《中华人民共和国外资企业法》
	7	设立经营个人征信业务的征信机构审批	中国人民银行	《征信业管理条例》（国务院令第631号）
	8	卫星电视广播地面接收设施安装许可审批	新闻出版广电总局	《卫星电视广播地面接收设施管理规定》（国务院令第129号）、《关于进一步加强卫星电视广播地面接收设施管理的意见》（广发外字〔2002〕254号）

续表

	序号	项目名称	实施机关	设定依据
国务院决定保留的工商登记前置审批事项目录	9	设立出版物进口经营单位审批	新闻出版广电总局	《出版管理条例》(国务院令第594号)
	10	设立出版单位审批	新闻出版广电总局	《出版管理条例》(国务院令第594号)
	11	境外出版机构在境内设立办事机构审批	新闻出版广电总局、国务院新闻办	《国务院对确需保留的行政审批项目设定行政许可的决定》(国务院令第412号)、《外国企业常驻代表机构登记管理条例》(国务院令第584号)
	12	境外广播电影电视机构在华设立办事机构审批	新闻出版广电总局、国务院新闻办	《国务院对确需保留的行政审批项目设定行政许可的决定》(国务院令第412号)、《外国企业常驻代表机构登记管理条例》(国务院令第584号)
	13	危险化学品经营许可	县级、设区的市级人民政府安全生产监督管理部门	《危险化学品安全管理条例》(国务院令第591号)
	14	新建、改建、扩建生产、储存危险化学品(包括使用长输管道输送危险化学品)建设项目安全条件审查;新建、改建、扩建储存、装卸危险化学品的港口建设项目安全条件审查	设区的市级以上人民政府安全生产监督管理部门;港口行政管理部门	《危险化学品安全管理条例》(国务院令第591号)
	15	烟花爆竹生产企业安全生产许可	省级人民政府安全生产监督管理部门	《烟花爆竹安全管理条例》(国务院令第455号)
	16	外资银行营业性机构及其分支机构设立审批	银监会	《中华人民共和国银行业监督管理法》(以下简称《银行业监督管理法》)、《中华人民共和国外资银行管理条例》(以下简称《外资银行管理条例》,国务院令第478号)
	17	外国银行代表处设立审批	银监会	《银行业监督管理法》、《外资银行管理条例》(国务院令第478号)
	18	中资银行业金融机构及其分支机构设立审批	银监会	《银行业监督管理法》、《中华人民共和国商业银行法》(以下简称《商业银行法》)
	19	非银行金融机构(分支机构)设立审批	银监会	《银行业监督管理法》、《金融资产管理公司条例》(国务院令第297号)
	20	融资性担保机构设立审批	省级人民政府确定的部门	《国务院对确需保留的行政审批项目设定行政许可的决定》(国务院令第412号)、《国务院关于修改〈国务院对确需保留的行政审批项目设定行政许可的决定〉的决定》(国务院令第548号)、《融资性担保公司管理暂行办法》(银监会令2010年第3号)

续表

	序号	项目名称	实施机关	设定依据
国务院决定保留的工商登记前置审批事项目录	21	外国证券类机构设立驻华代表机构核准	证监会	《国务院对确需保留的行政审批项目设定行政许可的决定》（国务院令第 412 号）、《国务院关于管理外国企业常驻代表机构的暂行规定》（国发〔1980〕272 号）
	22	设立期货专门结算机构审批	证监会	《期货交易管理条例》（国务院令第 627 号）
	23	设立期货交易场所审批	国务院或证监会	《期货交易管理条例》（国务院令第 627 号）
	24	证券交易所设立审核、证券登记结算机构设立审批	国务院	《证券法》
	25	专属自保组织和相互保险组织设立审批	保监会	《国务院对确需保留的行政审批项目设定行政许可的决定》（国务院令第 412 号）
	26	保险公司及其分支机构设立审批	保监会	《中华人民共和国保险法》（以下简称《保险法》）
	27	外国保险机构驻华代表机构设立审批	保监会	《保险法》、《国务院对确需保留的行政审批项目设定行政许可的决定》（国务院令第 412 号）、《国务院关于管理外国企业常驻代表机构的暂行规定》（国发〔1980〕272 号）
	28	快递业务经营许可	国家邮政局或省级邮政管理机构	《中华人民共和国邮政法》

目录 2：企业变更登记、注销登记前置审批事项指导目录（2017 年 11 月）

序号	项目名称	实施部门	设定依据
1	民用爆炸物品销售	省级人民政府民用爆炸物品行业主管部门	《民用爆炸物品安全管理条例》（国务院令第 653 号）
2	保安服务企业变更法定代表人	省级人民政府公安机关	《保安服务管理条例》（国务院令第 564 号）
3	经营劳务派遣业务许可	县级以上地方人力资源社会保障部门	《劳动合同法》
4	直销企业及其分支机构设立和变更审批	商务部	《直销管理条例》（国务院令第 443 号）
5	对外劳务合作经营资格核准	省级或者设区的市级人民政府商务行政主管部门	《对外劳务合作管理条例》（国务院令第 620 号）

续表

序号	项目名称	实施部门	设定依据
6	个人征信机构设立分支机构、合并或者分立、变更注册资本、变更出资额审批	人民银行	《征信业管理条例》（国务院令第631号）
7	出版单位变更名称、主办单位或者其主管机关、业务范围、资本结构，合并或者分立，设立分支机构审批	新闻出版广电总局	《出版管理条例》（国务院令第594号）
8	出版物进口经营单位变更名称、业务范围、资本结构、主办单位或者其主管机关，合并或者分立，设立分支机构审批	新闻出版广电总局	《出版管理条例》（国务院令第594号）
9	印刷业经营者申请兼营或者变更从事出版物印刷经营活动审批	省级人民政府新闻出版广电行政主管部门	《印刷业管理条例》（国务院令第315号）
10	内资电影制片单位变更、终止审批	省级人民政府新闻出版广电行政主管部门	《电影管理条例》（国务院令第342号）
11	中资银行业金融机构及其分支机构变更、终止以及业务范围审批	银监会	《银行业监督管理法》《商业银行法》
12	非银行金融机构（分支机构）变更、终止以及业务范围审批	银监会	《银行业监督管理法》
13	外资银行变更注册资本或者营运资金，变更机构名称、营业场所或者办公场所，调整业务范围，变更股东或者调整股东持股比例，修改章程以及终结审批	银监会	《外资银行管理条例》（国务院令第478号）
14	外国银行代表处变更及终止审批	银监会	《外资银行管理条例》（国务院令第478号）
15	融资性担保机构变更审批	省级人民政府确定的部门	《国务院对确需保留的行政审批项目设定行政许可的决定》（国务院令第412号）、《国务院对确需保留的行政审批项目设定行政许可的决定》（国务院令第548号）
16	证券登记结算机构解散审批	证监会	《证券法》
17	证券公司为客户买卖证券提供融资融券服务审批	证监会	《证券法》
18	证券公司设立、收购或者撤销分支机构，变更业务范围，增加注册资本且股权结构发生重大调整，减少注册资本，变更持有百分之五以上股权的股东，变更公司章程中的重要条款，合并、分立、解散、破产审批	证监会	《证券法》、《证券公司监督管理条例》（国务院令第522号)

序号	项目名称	实施部门	设定依据
19	证券金融公司解散审批	国务院	《证券公司监督管理条例》（国务院令第522号）
20	期货公司境内及境外期货经纪业务、期货投资咨询业务许可	证监会	《期货交易管理条例》（国务院令第676号）
21	期货公司合并、分立、解散或者破产、变更业务范围、变更注册资本且调整股权结构、新增持有5%以上股权的股东或者控股股东发生变化审批	证监会	《期货交易管理条例》（国务院令第676号）
22	外国证券类机构驻华代表机构名称变更核准	证监会	《国务院对确需保留的行政审批项目设定行政许可的决定》（国务院令第412号）、《国务院关于管理外国企业常驻代表机构的暂行规定》（国发〔1980〕272号）
23	使用"交易所"字样的交易场所审批	国务院或国务院金融管理部门、省级人民政府	《国务院关于清理整顿各类交易场所切实防范金融风险的决定》（国发〔2011〕38号）
24	从事保险、信贷、黄金等金融产品交易的交易场所审批	国务院相关金融管理部门	《国务院关于清理整顿各类交易场所切实防范金融风险的决定》（国发〔2011〕38号）
25	保险公司变更名称、变更注册资本、变更公司或者分支机构的营业场所、撤销分支机构、公司分立或者合并、修改公司章程、变更出资额占有限责任公司资本总额百分之五以上的股东，或者变更持有股份有限公司股份百分之五以上的股东及保险公司终止（解散、破产）审批	保监会	《保险法》
26	专属自保组织和相互保险组织合并、分立、变更、解散审批	保监会	《国务院对确需保留的行政审批项目设定行政许可的决定》（国务院令第412号）
27	保险资产管理公司重大事项变更审批。保险资产管理公司及其分支机构终止（解散、破产和分支机构撤销）审批	保监会（会同证监会）	《国务院对确需保留的行政审批项目设定行政许可的决定》（国务院令第412号）
28	保险集团公司及保险控股公司合并、分立、变更、解散审批	保监会	《国务院对确需保留的行政审批项目设定行政许可的决定》（国务院令第412号）
29	外国保险机构驻华代表机构重大事项变更审批	保监会	《国务院对确需保留的行政审批项目设定行政许可的决定》（国务院令第412号）、《国务院关于发布〈中华人民共和国国务院关于管理外国企业常驻代表机构的暂行规定〉的通知》（国发〔1980〕272号）

续表

序号	项目名称	实施部门	设定依据
30	烟草制品生产企业分立、合并、撤销的审批	国家烟草专卖局	《烟草专卖法》《烟草专卖法实施条例》（国务院令第 223 号）
31	营利性民办学校（营利性民办培训机构）名称、层次、类别的变更，分立，合并，终止	县级以上人民政府教育行政部门、县级以上人民政府劳动和社会保障行政部门	《民办教育促进法》

注：以上前置审批事项涉及工商登记事项的，凭审批文件办理变更、注销登记。

（资料来源：原国家工商总局 2018 年 2 月 11 日公布）

【实务演练】

1. 请分组组成创业团队，讨论一下，给自己团队拟设立的企业取一个符合规范要求的名字。

2. 假定你拟设立一家合伙企业，请登录当地政务服务网，了解合伙企业登记程序及所需提交的全套材料。

3. 从无到有开办一家企业，需要完成哪些工作呢？请说一说，并试着画出流程图。

4. 请登录国家企业信用信息公示系统，查询一家企业提交的年度报告。

【案例评析】

山东起重机厂有限公司与山东山起重工有限公司侵犯企业名称权纠纷案

山东起重机厂成立于 1968 年，以起重机械制造加工为主，2002 年 1 月 8 日成立山东起重机厂有限公司，其经营范围包括起重机械及配件的设计、制造、安装、咨询、技术服务与销售等业务。山东山起重工有限公司（下称"山起重工公司"）成立于 2004 年 2 月 13 日，其经营范围为起重机械、皮带输送机械、石油机械设备的制造、销售、安装、维修。2004 年 2 月 26 日，青州市经济贸易局向山东省工商行政管理局发出《关于申请保护山东起重机厂有限公司名称的报告》。该报告称："'山起'既是山东起重机厂的简称，也代表着企业的形象，山东山起重工公司的注册损害了山东起重机厂的名称权利，恳切希望贵局对此企业名称给予撤销。"山东省工商行政管理局回复如下意见："山东起重机厂有限公司原为国有老企业，在生产经营和对外经济来往中使用'山起'作为企业简称，同时该企业在我省同行业中有一定的知名度，现上述几个企业住所地都在青州市，在社会上易产生误解。根据有关规定，请你局做好双方企业的工作，并督促山东山起重工有限公司到省局变更企业名称。"但山起重工公司一直未变更企业名称。

山东起重机厂于 2005 年 7 月 11 日向法院起诉，请求判令山起重工公司立即停止对"山起"字号的使用，赔偿损失 50 万元，并承担诉讼费用。该案经一审、二审，判令山起重工公司停止使用"山起"二字作为字号；赔偿山东起重机厂经济损失人民币 20 万元。山起重工公司不服，遂向最高人民法院申请再审。最高人民法院最终裁定驳回山东山起重工有限公司的再审申请，并指出：企业名称的简称源于语言交流的方便。对于具有一定市场知名度、为相关社会公众所熟知并已经实际具有商号作用的企业或者企业名称的简称，可以视为企业名称。如果经过使用和社会公众认同，企业的特定简称已经在特定地域内为相关社会公众所认可，具有相应的市场知名度，与该企业建立了稳定的关联关系，具有识别经营主体的商业标识意义，他人在后擅自使用该知名企业简称，足以使特定地域内的相关社会公众对在后使用者和在先企业之间发生市场主体的混淆、误认，在后使用者就会不恰当地利用在先企业的商誉，侵害在先企业的合法权益。具有此种情形的，应当将在先企业的特定简称视为企业名称，并根据《反不正当竞争法》（1993年）第五条第（三）项的规定加以保护。

（资料来源：最高人民法院）

评析：本案是较早的保护企业名称简称的案例。"山起"是山东起重机厂的简称，经长期使用，已经广为公众熟知，具有识别经营主体的商业标识意义；山起重工公司与山东起重机厂经营范围相同，属于同行，使用"山起"作为自己的字号，就涉嫌"傍名牌"、混淆视听，构成不正当竞争，因此必须改名。这个案子当时一直打到最高人民法院，主要是对于简称是不是作为企业名称进行保护还有不同认识。而《反不正当竞争法》2017年修订时，已经明确了受保护的企业名称包括简称，所以擅自使用他人企业简称，也会涉嫌不正当竞争。

第四章

企业经营法律实务（上篇）

本章要点提示

- ☑ 企业如何进行经营决策
- ☑ 如何用好人、管好人
- ☑ 如何保护企业的知识产权
- ☑ 如何做好企业的合同管理
- ☑ 如何开展进出口贸易

恭喜你拥有了自己的企业！拿到营业执照意味着你的企业获得了合法的身份，现在可以在市场经济的大舞台上一展身手了。企业的经营可谓千头万绪，招兵买马、开拓市场、打响品牌……一件件纷至沓来，令人应接不暇。这个时候既要善于运用经营管理的艺术，还必须时时刻刻注意企业经营行为的合法性，依照法律来规范企业的经营管理活动，运用法律武器来保护企业的合法权益。

第一节　企业经营决策权

关键词：法人治理结构、股东会、董事会、经理、监事会、法定代表人、公司法人人格否认、内部人控制

一、企业的事由谁做主

市场经济中的企业就像是大海里的航船，不管这艘船是大还是小，若想顺利起航、乘风破浪乃至决胜千里，都离不开掌舵人的英明决策、运筹帷幄。那么，企业的经营管理究竟由谁做主？谁来担当企业的掌舵人呢？这实际上是企业的控制权问题。

要回答这个问题，首先要搞清楚企业的类型，不同企业的情形区别很大。

（1）个人独资企业：最简单，投资人就是企业的控制人。企业事务一般都由投资人自行管理，当然投资人也可以通过书面授权委托或聘用别人来管理企业。

（2）合伙企业：相对复杂。全体合伙人共同控制企业，平等享有对企业的决策权、管理权。通过召开合伙人会议对合伙企业的有关事项进行表决，其中一些重大事项必须经全体合伙人一致同意。在企业事务的执行上，可以共同执行，也可以委托一个或者几个合伙人执

行。受委托执行合伙事务的合伙人，为执行事务合伙人，其他合伙人不再执行合伙事务。

（3）公司：最复杂。根据《公司法》的规定，公司必须建立法人治理结构，公司的控制权实际上由几个相互制衡的机构分享。在公司章程中，可以找到这些机构，即股东会、董事会及经理、监事会，如图4-1所示。

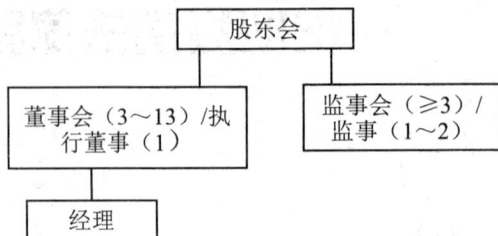

图4-1　有限责任公司的法人治理结构

① 股东会由全体股东组成，是公司的权力机构，它决定公司的大政方针，任免董事、监事，监督董事会、监事会的工作，并有权修改公司的"宪法"——公司章程。

② 董事会由股东会选举的董事组成（有的公司不设董事会，仅设执行董事1人），负责对公司经营发展重大事项的决策，对股东会负责。

经理是由董事会聘任的主持公司日常经营管理工作的高级职员，负责执行董事会的决策，对董事会负责。

董事会及经理组成公司的经营决策和业务执行机构，也就是我们常说的高层管理团队，是法人治理结构的核心。一个公司是否能够有效运作，往往取决于其高层管理团队是否团结、高效。

③ 监事会是公司的监督机构（有的公司也不设监事会，仅设1~2名监事），它的主要职权是检查公司财务，监督董事、高级管理人员的行为（所以《公司法》规定董事、高级管理人员不得兼任监事）。

我们可以发现，尽管股东们是公司的"老板"，但他们的权力并不是无限的，他们对公司的控制权必须通过股东会来行使；董事会和经理作为常设的决策和执行机构，往往实权在握，股东不能直接干预他们的工作，而是要通过股东会、监事会等根据法律规定对他们进行监督。当然，对于一些股东比较少（甚至只有一个）、规模比较小的公司来说，股东担任董事长、执行董事、经理等职，直接控制公司的情况也有很多。

二、企业的法定代表人由谁担任

公司日常经营中，还有一个举足轻重的人物：法定代表人。法定代表人是代表公司行使职权的负责人，可以由董事长、执行董事或者经理担任。究竟谁来担任法定代表人，由股东们在公司章程中做出规定。但需要注意，根据《企业法人法定代表人登记管理规定》（1999年修订）的规定，有下列情形之一的，不得担任法定代表人。

（1）无民事行为能力或者限制民事行为能力的。

（2）正在被执行刑罚或者正在被执行刑事强制措施的。

（3）正在被公安机关或者国家安全机关通缉的。

（4）因犯有贪污贿赂罪、侵犯财产罪或者破坏社会主义市场经济秩序罪，被判处刑罚，执行期满未逾五年的；因犯其他罪，被判处刑罚，执行期满未逾三年的；或者因犯罪被判处剥夺政治权利，执行期满未逾五年的。

（5）担任因经营不善破产清算的企业的法定代表人或者董事、经理，并对该企业的破产负有个人责任，自该企业破产清算完结之日起未逾三年的。

（6）担任因违法被吊销营业执照的企业的法定代表人，并对该企业的违法行为负有个人责任，自该企业被吊销营业执照之日起未逾三年的。

（7）个人负债数额较大，到期未清偿的。

（8）有法律和国务院规定不得担任法定代表人的其他情形的。例如，根据《中华人民共和国公务员法》规定，公务员不得违反有关规定从事或者参与营利性活动，在企业或者其他营利性组织中兼任职务，因此公务员不能违规担任公司的法定代表人。

另外，各地大学生创业扶持政策对法定代表人也有要求，即必须由符合条件的大学生担任企业的法定代表人。这里的"大学生"一般包括在校大学生和毕业后一定年限内的大学生。例如，杭州市规定，"大学生创业企业"的"大学生"包括在杭州的普通高校在校生及毕业后5年内的全国普通高校毕业生。

【小贴士】

法定代表人不等于法人。有人把法定代表人简称为法人，这是错误的。因为法人和法定代表人是两个不同的法律概念，法人是具有民事权利能力和民事行为能力，依法独立享有民事权利和承担民事义务的组织，法人其实不是"人"，而是组织；法定代表人是代表法人行使职权的负责人，法定代表人总是由某个"人"来担任。

在实践中，法定代表人可以对外代表公司意志，其经营活动由公司承担责任，因此法定代表人的选任必须慎重。

【法条】

《民法典》

第六十一条 依照法律或者法人章程的规定，代表法人从事民事活动的负责人，为法人的法定代表人。

法定代表人以法人名义从事的民事活动，其法律后果由法人承受。

法人章程或者法人权力机构对法定代表人代表权的限制，不得对抗善意相对人。

第六十二条 法定代表人因执行职务造成他人损害的，由法人承担民事责任。

法人承担民事责任后，依照法律或者法人章程的规定，可以向有过错的法定代表人追偿。

第五百零四条 法人的法定代表人或者非法人组织的负责人超越权限订立的合同，除相对人知道或者应当知道其超越权限外，该代表行为有效，订立的合同对法人或者非法人组织发生效力。

三、企业的投资人意见不一致时听谁的

公司股东之间、合伙企业合伙人之间意见不一致，怎么办？如果处理不好，陷入僵局，会给企业的正常运作和发展带来很大问题，甚至可能导致企业解散。

对于按照法律规定建立了经营决策机制的企业来说，好办。《合伙企业法》《公司法》都规定了投资人通过召开会议讨论问题并形成决策的议事方式。

（1）合伙企业。按照合伙协议约定的表决办法办理，如果合伙协议没有约定的，合伙企业的下列事项应当经全体合伙人一致同意：① 改变合伙企业的名称；② 改变合伙企业的经营范围、主要经营场所的地点；③ 处分合伙企业的不动产；④ 转让或者处分合伙企业的知识产权和其他财产权利；⑤ 以合伙企业名义为他人提供担保；⑥ 聘任合伙人以外的人担任合伙企业的经营管理人员。

对于其他事项的表决，实行合伙人一人一票并经全体合伙人过半数通过的表决办法。

（2）公司。股东会会议做出修改公司章程、增加或者减少注册资本的决议，以及公司合并、分立、解散或者变更公司形式的决议，必须经代表 2/3 以上表决权的股东通过。

其他决议的通过方式由公司章程做出规定，一般经代表 1/2 以上表决权的股东通过即可。

需要注意的是，有限责任公司的表决权一般不以股东人数为基数行使，即不是股东一人一票，而是按其出资比例行使表决权。它意味着股东出资越多，享有的表决权就越大，在表决中发挥的作用也就越大；反之，股东出资越少，享有的表决权就越小。如果公司章程对表决权的行使做出不按出资比例行使的规定，则按照公司章程的规定行使表决权。

【小贴士】

表决权越大，意味着对公司的控制权也越大。如果你想拥有更多的表决权，办法有两个：一个是在按出资比例行使表决权的情况下，多出资；另一个是在不按出资比例行使表决权的情况下，争取自己拥有比出资比例更大的表决权。当然，最终你拥有多少表决权，取决于你和其他股东之间的博弈。还有一点千万不能忘记，表决权比例确定下来以后，一定要写到公司的章程中。

四、如何召开股东会会议

我们以有限责任公司为例介绍股东会会议的召开。

股东会会议分为定期会议和临时会议。定期会议应当依照公司章程的规定按时召开。代表 1/10 以上表决权的股东、1/3 以上的董事、监事会或者不设监事会的公司的监事可以提议召开临时会。

1. 会议的召集

设立董事会的，股东会会议由董事会召集，董事长主持；不设立董事会的，股东会会议由执行董事召集和主持。董事会或者执行董事不能履行或者不履行召集股东会会议职责

的，由监事会或者不设立监事会的公司的监事召集和主持；监事会或者监事不召集和主持的，代表十分之一以上表决权的股东可以自行召集和主持。

2．会议的通知

召开股东会会议，应当于会议召开15日前通知全体股东；但是，公司章程另有规定或者全体股东另有约定的除外。

3．会议的表决

参考"三、企业的投资人意见不一致时听谁的"中的有关介绍。

4．会议的记录

开股东会会议时，应当有专人将所议事项的决定做成会议记录，出席会议的股东应当在会议记录上签名。

上述第2项和第3项，如果公司章程另有约定，或者全体股东一致同意，只要不违反《公司法》的强制性规定，都可以做出个性化的处理。当然，如果对讨论事项全体股东都没有异议，一致同意的，也可以不召开股东会会议，直接做出决定，并由全体股东在决定文件上签名、盖章。

五、企业的财产是谁的，股东可否支配企业的财产

你一个人或者和你的合作伙伴们一起开办了一家企业，你（们）出钱、出力、出物，那么这家企业的财产是谁的呢？如果你设立的是个人独资企业，答案很简单，企业的财产是你的，企业就是你的个人财产，一般来说，没有区分个人财产和企业财产的必要。

如果你（们）设立的是公司或者合伙企业，那么你（们）的出资、企业经营过程中取得的新的财产都是企业的财产，一般情况下，你（们）均无权对企业财产进行分割。也就是说，企业的财产不是你（们）的私人财产，你（们）应学会把自己的个人财产和企业的财产分开，避免公私不分，否则可能构成对企业财产权利以及其他股东、合伙人合法权益的侵害。这一点对公司而言尤其重要。

在实践中，公司股东随意支配公司财产的情况并不少见。这是因为有的公司股东认为公司是自己投资的，公司的财产就是自己的财产，于是把公司当成自己的私人小金库，随意支用公司的钱、物，其实这种做法非常错误。股东把原来属于自己的财产投入公司后，就丧失了对这些财产的所有权，这些财产的"主人"就是公司。如果这时股东未经公司授权而以所有者的身份继续直接占有、使用或处分原来属于其所有的财产，其行为就构成了对公司法人财产权的侵犯，应当承担相应的法律责任。

如果股东的个人财产与公司财产不分，那么可能导致公司法人人格被否认，股东不再受有限责任的保护，而须对公司债务承担无限清偿责任。这种情形在一人有限责任公司和家族公司中尤为常见。《公司法》为此特别规定，一人有限责任公司的股东不能证明公司财产独立于股东自己的财产的，应当对公司债务承担连带责任。

【小贴士】

公司法人人格否认制度，又称"揭开公司的面纱"，是指为了制止滥用公司法人制度和保护公司债权人的利益及社会公共利益，允许在特定情形下，否认公司的独立人格和股东的有限责任，责令公司股东对公司债务或公共利益承担责任的一种制度。

六、股东有哪些权利，如何进行自我保护

股东的基本权利包括依法享有资产收益、参与重大决策和选择管理者等。作为股东，最好的自我保护就是充分了解法律赋予自己的权利，依法主张和行使自己的权利，必要时还可以向法院寻求帮助，提起诉讼。以下都是《公司法》明确规定的股东权利。

1. 分红权、增资的优先认购权

股东有权获得投资收益，并享有在公司新增资本时的优先认购权。

【法条】

《公司法》

第三十四条　股东按照实缴的出资比例分取红利；公司新增资本时，股东有权优先按照实缴的出资比例认缴出资。但是，全体股东约定不按照出资比例分取红利或者不按照出资比例优先认缴出资的除外。

2. 转让股权的优先购买权

股东转让股权的，其他老股东有权优先购买。

【法条】

《公司法》

第七十一条　有限责任公司的股东之间可以相互转让其全部或者部分股权。

股东向股东以外的人转让股权，应当经其他股东过半数同意。股东应就其股权转让事项书面通知其他股东征求同意，其他股东自接到书面通知之日起满三十日未答复的，视为同意转让。其他股东半数以上不同意转让的，不同意的股东应当购买该转让的股权；不购买的，视为同意转让。

经股东同意转让的股权，在同等条件下，其他股东有优先购买权。两个以上股东主张行使优先购买权的，协商确定各自的购买比例；协商不成的，按照转让时各自的出资比例行使优先购买权。

公司章程对股权转让另有规定的，从其规定。

3. 知情权

股东有权了解公司的经营管理状况，有权查阅、复制公司章程、股东会会议记录、董事会会议决议、监事会会议决议和财务会计报告。

4. 决策权

股东有权通过股东会会议行使决策权，参与对公司重大事项的决定。具体包括以下几点。

（1）提议召开股东会临时会议的权利。

（2）在董事会、监事会不依法召集股东会会议时，代表 1/10 以上表决权的股东自行召集和主持股东会会议的权利。

（3）表决权，即对公司重大事项表示同意、不同意或弃权的权利。

5. 退出权（异议股东的股权回购请求权）

对公司一些重大事项有不同意见的股东可以依法要求公司回购股权，以退出公司。

【法条】

《公司法》

第七十四条　有下列情形之一的，对股东会该项决议投反对票的股东可以请求公司按照合理的价格收购其股权：

（一）公司连续五年不向股东分配利润，而公司该五年连续盈利，并且符合本法规定的分配利润条件的；

（二）公司合并、分立、转让主要财产的；

（三）公司章程规定的营业期限届满或者章程规定的其他解散事由出现，股东会会议通过决议修改章程使公司存续的。

自股东会会议决议通过之日起六十日内，股东与公司不能达成股权收购协议的，股东可以自股东会会议决议通过之日起九十日内向人民法院提起诉讼。

6. 诉权

在下列情况下，股东可以向法院起诉，以保护公司及自身的合法权益。

（1）面对违法、违反章程的公司决议，股东有权请求法院撤销。

（2）公司拒绝股东行使查阅权时，股东有权请求人民法院要求公司提供查阅。

（3）异议股东行使股权回购请求权时，无法与公司达成协议的，可以起诉。

（4）在公司权益受到董事、高级管理人员或他人侵害时，依法提起诉讼。

（5）在自身权益受到董事、高级管理人员侵害时提起诉讼。

（6）在公司陷入僵局时，依法请求法院解散公司。

七、企业是自己管理还是请别人来管理

大部分创业企业，一开始往往是创业者自己管理，称为所有权与经营权合一的模式，创业者既是企业的投资人（所有者），又是企业的管理者。如果请别人管理，则属于所有权与经营权分离的模式。这两种模式各有利弊。一般来说，所有权与经营权合一的模式只适合于规模小、投资者人数较少的企业，如个人独资企业、一人有限责任公司、小的合伙企业和小公司等。随着企业规模扩大、投资者增多、资产增长、经营方式多元化，所有权

与经营权分离的模式的优势就开始显现。这是因为一旦企业做大，最初的创业者可能会发现自己的精力有限，管不过来了，也可能会发现有些方面自己也确实不懂，迫切需要聘请企业管理方面的专业人才——职业经理人。事实证明，所有权与经营权分离的模式，权、责、利明确，有利于发挥各方所长，避其所短，从而最大限度地合理配置资源，使投资者的创业资本与经理人的经营管理才能实现最优结合，创造效益最大化。

不过必须指出的是，虽然所有权与经营权分离模式有很多好处，但是老板（投资者）和职业经理人毕竟处在不同的地位，他们既有利益一致的地方，也存在许多矛盾。做老板的往往担心经理人瞒着自己控制企业，侵害自己的利益，经理人则最害怕老板不信任自己，不能充分发挥自己的才能，不兑现给自己的待遇承诺。因此，在现实中频频上演老板与经理人从"一见钟情"到"互相猜疑"，最终"不欢而散"的"三部曲"，严重影响企业的经营和发展。

要处理好老板和经理人的关系，关键还在老板，做老板的既要监督经理人，防止内部人控制，又要给经理人充分的权力，不能干扰经理人的正常管理行为。

（1）企业要建立有效的治理结构，明确划分职责。以公司为例，应当按照《公司法》的要求建立健全法人治理结构，既给予经理人充分的职权，又可以通过股东会、董事会、监事会等实现对经理人的监督。

（2）聘请经理人时，应当与经理人签订书面合同，把企业和经理人各自的权利和义务明明白白地列清楚。

（3）企业要建立有效的激励机制和约束机制，以激励经理人充分发挥其才能，认真履行职责，防止经理人侵害投资者权益的行为发生。

【小贴士】

内部人控制（Insider Control；Inner Member Control）是指掌握企业实际控制权的管理层，在企业经营管理中为牟取自身利益最大化，架空投资者（外部人）的控制和监督，使投资者的权益受到侵害的现象。这些"内部人"往往就是掌握实权的公司董事（长）、经理、高级管理人员，他们利用自己对企业的控制，让企业为自己的利益服务，而不是为投资者产生效益。

第二节　人力资源管理

关键词：人力资源管理、劳动者的权利、招聘、劳动合同、试用期、服务期、竞业限制、经济补偿

一、人力资源管理的定义

企业的有效运作关键在人。企业的"企"字如果去掉了"人"，就变成了停止的"止"，由此可见人力资源对于企业发展的重要性。国际上许多知名的大公司、大企业都非常重视

人力资本的投入和人力资源的管理。对创业企业而言，人才更为重要，因为创业企业最重要的资源就是人，如果人心散了，企业就难以为继。

人力资源管理是指企业对于本组织的人力资源，从人力资源规划、员工招聘与配置、培训与开发、薪酬与福利、绩效管理、劳资关系处理等各个环节和各项任务进行系统、综合的全过程管理。人力资源管理的基本任务可以归纳为求才、用才、育才、激才、护才、留才。有效的人力资源管理除追求用人的效益外，还十分关注员工对企业的忠诚度，把对人的尊重和权益保障放在特别重要的位置。

长期以来，我国劳动力资源一直相当"廉价"，与此同时侵害劳动者权益的现象时有发生，导致劳资关系紧张、劳动争议不断，劳动者已经沦为急需保护的弱势群体。为维护劳动者的合法权益，我国先后出台了《劳动法》（1995 年 1 月 1 日起施行，2009 年、2018 年修正）及与之配套的大量劳动法律、法规。2007 年 6 月 29 日通过的《劳动合同法》（2008 年 1 月 1 日起施行，2012 年 12 月 28 日修正）秉承"向劳动者倾斜，向弱势者倾斜"的精神，突出对劳动合同制度的规范，对企业的人力资源管理提出了更高的要求。因此，今天的创业者必须把人力资源管理建立在充分尊重劳动者合法权益的基础上，依法实施对人力资源的管理和配置，才能有效防范劳动用工法律风险，避免劳动争议的发生，构建一个合法高效的人力资源管理平台和体系。

本节将以《劳动法》和《劳动合同法》为主要依据，介绍企业人力资源管理过程中必须注意的法律问题。

二、劳动者的权利

保障劳动者的合法权益是企业的基本义务，因此创业者很有必要了解我国法律赋予劳动者的以下权利。

1. 平等就业和自主择业的权利

平等就业权是指在就业的机会、条件等方面，每个劳动者都有平等的权利。《劳动法》规定，劳动者就业，不因民族、种族、性别、宗教信仰不同而受歧视；妇女享有与男子平等的就业权利。尊重和保护劳动者的平等就业权，其实质就是要反对各种就业歧视行为，如性别歧视、身高歧视、"乙肝"歧视、户籍歧视等。

【案例】乙肝病原携带者求职被拒

因为是乙肝病原携带者在求职时被拒，22 岁的应届大学毕业生小林愤而将用人单位起诉至法院。小林请求法院判定这家公司侵犯了他的平等就业权，并赔偿其各项损失共 5 万元，同时要求用人单位向其公开道歉。

（资料来源：中华网）

评析：近年来，随着人们对平等就业权的理解越来越深刻，"乙肝"歧视引起社会的强烈反响，反对"乙肝"歧视、维护传染病病原携带者平等就业权的法律和政策也相应出台。《就业促进法》（2008 年 1 月 1 日起施行，2015 年修正）第三十条规定："用人单位招用人员，不得以是传染病病原携带者为由拒绝录用。"《关于维护乙肝表面抗原携带者就业权利的意见》（2007年5月18日起实施，原劳动和社会保障部〔2007〕16号）明确规定："保护乙肝表面抗原携带者的就业权利。除国家法律、行政法规和卫生部规定禁止从事的易使乙肝扩散的工作外，用人单位不得以劳动者携带乙肝表面抗原为理由拒绝招用或者辞退乙肝表面抗原携带者。"

在此，我们特别提醒创业者在招募员工时，除国家法律、行政法规和卫生部规定禁止从事的易使乙肝扩散的工作外，不得强行将乙肝病毒血清学指标作为体检标准，否则，作为创业者的你可能会站在被告席上。

劳动者自主择业的权利包括两个方面：一方面是劳动者在就业时有权根据自己的意愿、兴趣选择用人单位，不受外力的强迫；另一方面是劳动者在就业后所享有的辞职权，当然这里并不排除劳动者违反劳动合同约定依法承担的法律责任。当前对劳动者自主择业权利的侵害，主要表现在对劳动者辞职权的侵害，如用人单位在与劳动者签订劳动合同时附加不合理的条件，要求劳动者辞职后支付违约金；又如在劳动者依法辞职后扣压档案、证件等。针对这些现象，《劳动合同法》明确规定，除劳动者违反服务期约定和竞业限制约定外，用人单位不得与劳动者约定由劳动者承担违约金；用人单位应当在解除或者终止劳动合同时出具解除或者终止劳动合同的证明，并在15日内为劳动者办理档案和社会保险关系转移手续。

2. 取得劳动报酬的权利

取得劳动报酬的权利是指劳动者履行劳动义务后，享有自用人单位取得报酬的权利。劳动报酬中最重要的部分就是工资，一般包括计时工资、计件工资、奖金、津贴补贴、加班工资以及特殊情况下支付的工资等。为了限制企业任意降低工资标准，国家实行最低工资保障制度，用人单位支付劳动者的工资不得低于当地最低工资标准。

用人单位应当依法及时足额支付劳动报酬，否则劳动行政部门将责令限期支付，逾期不支付的，要按照应付金额50%以上100%以下的标准向劳动者加付赔偿金。

对于逃避或者拒不支付劳动报酬的行为，还可能面临刑事责任。自2011年5月1日起施行的《中华人民共和国刑法修正案（八）》新增了一条"拒不支付劳动报酬罪"：以转移财产、逃匿等方法逃避支付劳动者的劳动报酬或者有能力支付而不支付劳动者的劳动报酬，数额较大，经政府有关部门责令支付仍不支付的，处三年以下有期徒刑或者拘役，并处或者单处罚金；造成严重后果的，处三年以上七年以下有期徒刑，并处罚金。单位犯前款罪的，对单位判处罚金，并对其直接负责的主管人员和其他直接责任人员，依照前款的规定处罚。

3. 休息休假的权利

休息休假权，是指劳动者在一定时间的劳动之后所获得的休息休假的权利。我国从限制工时和规定休息休假时间两个方面确保劳动者享有休息休假的权利。

（1）限制工时：我国当前的标准工时形式是每日工作8小时，每周工作40小时。用人单位由于生产经营需要，经与工会和劳动者协商后可以延长工作时间，一般每日不得超过 1 小时；因特殊原因需要延长工作时间的，在保障劳动者身体健康的条件下延长工作时间每日不得超过 3 小时，每月不得超过 36 小时。

企业因生产特点不能实行标准工时的，经劳动行政部门批准，可以实行不定时工作制和综合计算工时制。不定时工作制是指没有固定上下班时间限制的工时制度，主要适用于企业高管、外勤人员、推销人员、长途运输人员等；综合计算工时制是指一些特殊企业可以一定期限为周期，综合计算工作时间的工时制度，但其平均日工作时间和平均周工作时间应与法定标准工作时间相同，主要适用于交通、铁路、邮电、水运、航空、渔业、地质勘探、建筑、旅游等行业。

（2）休息休假：用人单位应当根据《全国年节及纪念日放假办法》（2008 年 1 月 1 日起施行，2013 年 12 月 11 日修订）的规定，安排劳动者在法定节假日休息。同时用人单位还应当保证职工享有带薪年休假。根据《职工带薪年休假条例》（2008 年 1 月 1 日起施行）规定，职工连续工作 1 年以上的，享受带薪年休假（以下简称年休假）。职工在年休假期间享受与正常工作期间相同的工资收入。职工累计工作已满 1 年不满 10 年的，年休假 5 天；已满 10 年不满 20 年的，年休假 10 天；已满 20 年的，年休假 15 天。此外，劳动者还依法享有探亲假、婚丧假、病假等休假权，女职工享有产假等特殊假期待遇。

（3）安排劳动者延长工作时间或者休息休假时间工作的，用人单位要依法支付加班工资：安排劳动者延长工作时间的，支付不低于工资的 150% 的工资报酬；休息日安排劳动者工作又不能安排补休的，支付不低于工资的 200% 的工资报酬；法定休假日安排劳动者工作的，支付不低于工资的 300% 的工资报酬；对应休未休的年休假天数，按照工资的 300% 支付年休假工资报酬。

4. 获得劳动安全卫生保护的权利

用人单位必须为劳动者提供符合国家规定的劳动安全卫生条件和必要的劳动防护用品，对从事有职业危害作业的劳动者应当定期进行健康检查。劳动者对用人单位管理人员违章指挥、强令冒险作业，有权拒绝执行；对危害生命安全和身体健康的行为，有权提出批评、检举和控告。

国家对女职工和未成年工实行特殊劳动保护：禁止安排女职工从事矿山井下、国家规定的第四级体力劳动强度和其他禁忌从事的劳动；女职工在经期时，不得安排从事高处、低温、冷水作业和国家规定的第三级、第四级体力劳动强度的劳动；女职工在孕期时禁忌从事劳动范围更广，如不得安排从事作业场所空气中有毒物质浓度超标的作业、高温作业、噪声作业等。对怀孕 7 个月以上的女职工，不得安排其延长工作时间或安排夜班劳动；女职工生育享受 98 天产假，其中产前休假 15 天；哺乳期还应当在每天的劳动时间内为女职工安排 1 小时哺乳时间。不得安排未成年工（年满 16 周岁未满 18 周岁）从事矿山井下、有毒有害、国家规定的第四级体力劳动强度和其他禁忌从事的劳动。

5. 接受职业技能培训的权利

根据《劳动法》的规定，用人单位应当建立职业培训制度，按照国家规定提取和使用职业培训经费，根据本单位实际，有计划地对劳动者进行职业培训。从事技术工种的劳动者，上岗前必须经过培训。正常业务培训不应由职工本人负担费用。

6. 享受社会保险和福利的权利

社会保险是指劳动者因年老、伤病、残疾、生育、死亡造成劳动能力丧失或失去职业岗位等客观情况导致经济困难，而从国家和社会获得补偿和物质帮助的保障制度。社会保险包括养老保险、医疗保险、失业保险、工伤保险和生育保险。用人单位必须按照相关法律规定为劳动者缴纳各种社会保险费，否则劳动者有权解除劳动合同，并要求用人单位支付经济补偿。

职工福利是指用人单位和国家在工资和社会保险之外，通过设立集体福利设施、给予各种补贴、提供服务等形式，为职工改善和提高物质生活和精神生活质量所提供的物质帮助。职工福利能提高劳动者的生活质量，激发职工工作的积极性和创造性。

7. 提请劳动争议处理的权利

用人单位与劳动者发生劳动争议，劳动者可以依法申请调解、劳动仲裁，提起诉讼。

8. 法律规定的其他权利

例如，劳动者有依法参加和组织工会的权利，依法通过职工代表大会或其他形式参与民主管理的权利；根据《民法典》第一千零一十条的规定，劳动者有权利要求企业采取合理的预防、受理投诉、调查处置等措施，防范职场性骚扰。

【案例】惩罚员工吃蚯蚓？拘留！

2020年6月2日，贵州省毕节市公安局七星关分局发布通报：广东××装饰有限公司为了提升公司业绩，对未完成工作目标任务的员工进行惩罚。自5月4日以来，该公司先后有多名未完成工作目标任务的员工受到罚款、喝生鸡蛋、做深蹲、做俯卧撑、扫厕所等惩罚。5月25日，未完成工作目标的员工李某被公司惩罚吃蚯蚓，李某因不愿意吃蚯蚓改为罚款500元。目前，公安机关依法对该公司责任人员曹某某、冷某某分别处以行政拘留5日之处罚。

（资料来源：每日经济新闻）

评析：近年来，有些企业以激励员工为名，发展出不少奇葩的"企业文化"，而员工为了留住饭碗，往往不得不选择服从。但是企业内部规章制度再大，也大不过国家法律，违法的规章制度本身是无效的，如果执行这样的规章制度而侵害了员工权利，必须承担相应的法律责任。根据《劳动法》第九十六条的规定，用人单位有侮辱、体罚、殴打、非法搜查和拘禁劳动者等行为之一的，由公安机关对责任人员处以十五日以下拘留、罚款或者警告；构成犯罪的，对责任人员依法追究刑事责任。上述案例中企业惩罚员工的做法，显然已经构成对员工的侮辱、体罚，所以责任人员被拘留也是"罪有应得"。这个案例给企业提了一个醒，重新审视一下那些不合法的规章制度，不要搬起石头砸自己的脚。

三、拟定招聘文件的注意事项

根据企业用人的实际需求，发布招聘广告，是企业向社会"招兵买马"的第一步。那么拟定招聘文件有什么讲究呢？

1. 避免出现歧视性条款

我们知道，招聘文件的主要内容是录用条件，即对应聘者提出各方面的具体条件和标准，如专业、学历、工作经验等。如本节介绍劳动者的权利时所述，录用条件在拟定时首先要注意避免出现歧视性条款，以防侵犯劳动者的平等就业权。

2. 录用条件应当具体、明确，便于考核或查证

根据《劳动合同法》的规定，用人单位在试用期期间，如果发现劳动者不符合录用条件，可以即时通知予以辞退。那么如何证明劳动者是否符合录用条件呢？这首先取决于录用条件本身是否明确具体，是否可以衡量、比较。例如，A企业以一员工不符合岗位要求为由将其辞退，员工不服申请了劳动仲裁。在仲裁过程中，发现虽然A企业在招聘广告的录用条件中注明"符合岗位要求"，但无论是招聘广告、劳动合同还是企业规章制度中都没有明确该岗位的具体要求是什么，最终A企业败诉。以上案例告诉我们，拟定录用条件一定要具体、细化（招聘文件中不宜细化的，可以在劳动合同或者企业规章制度等文件中细化），便于衡量、考核、查证。

3. 录用条件一定要事先告知应聘人员

无论是将录用条件载于招聘文件，还是劳动合同、企业规章制度，都必须以某种方式告知应聘人员，只有应聘人员事先知道这些条件的存在，这些条件才能对其产生约束力。一般情况下，招聘文件在媒体上发布，应保留好发布媒体原件或发布证据；录用条件最好载入劳动合同中；企业规章制度应装订成册，在签订劳动合同的同时发放给劳动者，并由其签收。

四、订立劳动合同的注意事项

（1）订立劳动合同前用人单位应认真审核劳动者的基本情况。

在签订劳动合同时，用人单位和劳动者均享有知情权，即有权了解对方的情况。一方面，用人单位应当如实告知劳动者的工作内容、工作条件、工作地点、职业危害、安全生产状况、劳动报酬，以及劳动者要求了解的其他情况；另一方面，用人单位有权了解劳动者与劳动合同直接相关的基本情况，劳动者应当如实说明。为保护自身的合法权益，用人单位应当认真审查以下内容。

① 劳动者的身份、年龄、学历、资格、工作经历等信息的真实性。特别要注意的是，我国禁止使用未满16周岁的童工，因此年龄信息也需认真核实。

② 劳动者的健康状况。劳动者的健康状况不但影响其工作表现，而且根据规定，劳动者患病期间，用人单位是不得随意解除劳动合同的，并且还需承担相应的医疗费用。因此用人单位在招用劳动者时，应做好健康检查工作，以控制由此导致的风险。

③ 劳动者与其他单位的劳动关系情况。包括劳动者是否与其他用人单位存在未到期的劳动合同，是否与其他单位签订了竞业限制协议等。如果用人单位招用了与其他单位尚未了结劳动关系的人员，或者尚在竞业限制期内的人员，可能会陷入官司，被要求向其他单位承担赔偿责任。

【小贴士】共享员工模式的法律问题

共享员工是2020年新冠疫情下出现的新型用工方式。疫情下，许多传统企业遭遇寒冬，无法正常经营，员工无班可上，而一些新零售企业却因订单暴增，人手短缺，于是传统企业和新零售企业互通有无，建立共享员工关系，传统企业的员工暂时到新零售企业上岗，对三方都有利。那么，三方之间到底是什么样的法律关系？如果员工出现工伤，由谁负责？

北京市丰台区人民法院郭婧芳法官认为，共享员工不是双重劳动关系，也不是劳务派遣关系，而是一种劳动力借用关系。该模式下，员工依然与原用人单位（出借单位）保持劳动关系，其与原用人单位之间的劳动合同继续履行；员工到新零售企业（借用单位）上班，属于劳务关系。如果员工在借用单位上班期间出现工伤，由出借单位承担工伤保险责任，出借单位可以依据其与借用单位的约定，要求借用单位弥补损失。出借单位、借用单位需要签订协议明确各方权利义务关系，以免争议。

（资料来源：人民司法）

（2）用人单位应当及时订立书面劳动合同。

招到合适的劳动者后，用人单位应当及时与劳动者订立书面劳动合同。已建立劳动关系未同时订立书面劳动合同的，应当自用工之日起1个月内订立书面劳动合同。鉴于过去用人单位怠于签订劳动合同的现象相当严重，为此《劳动合同法》对不签订或不及时签订劳动合同的用人单位制定了严厉的惩处措施：用人单位自用工之日起超过1个月不满1年未与劳动者订立书面劳动合同的，须向劳动者每月支付两倍的工资；用人单位自用工之日起满1年不与劳动者订立书面劳动合同的，视为用人单位与劳动者已订立无固定期限劳动合同。

需要特别注意的是，劳动者与用人单位建立劳动关系以用工之日为准，而不是以签订劳动合同之日为准。

【小贴士】如果员工故意拖延不签订劳动合同怎么办

自从《劳动合同法》规定用人单位不及时签订劳动合同要支付两倍工资后，用人单位故意不签订劳动合同或不及时签订劳动合同的情况基本杜绝了。但是，一个奇怪的现象出现了。用人单位发现，个别员工来单位上班后，单位让他签订劳动合同，他以各种理由拖着不签。面对这样的员工，企业该怎么处理呢？很简单，那就不要用这个人了。显然他"居心不良"，是想故意造成用人单位的"犯规"，以谋求两倍工资的利益。

《中华人民共和国劳动合同法实施条例》第五条规定："自用工之日起一个月内，经用人单位书面通知后，劳动者不与用人单位订立书面劳动合同的，用人单位应当书面通知劳动者终止劳动关系，无须向劳动者支付经济补偿，但是应当依法向劳动者支付其实际工作时间的劳动报酬。"因此，企业要做好劳动合同签订工作：用工后要及时书面通知劳动者签订劳动合同；在用工之日起一个月内要及时关注签订情况；对于一个月内不签订劳动合同的劳动者，要及时书面通知终止劳动关系。整个过程都需要做好证据留存。

（3）用人单位招用劳动者，不得扣押劳动者的居民身份证和其他证件，不得要求劳动者提供担保或者以其他名义向劳动者收取财物。

（4）劳动合同由用人单位与劳动者协商一致，并经用人单位与劳动者在劳动合同文本上签字或者盖章生效。劳动合同文本由用人单位和劳动者各执一份。

根据《劳动合同法》第二十六条第一款规定，如果存在下列情形的，劳动合同无效或部分无效。

① 以欺诈、胁迫的手段或者乘人之危，使对方在违背真实意思的情况下订立或者变更劳动合同的。

② 用人单位免除自己的法定责任、排除劳动者权利的。如有的用人单位在劳动合同中写上"工伤概不负责"的条款。

③ 违反法律、行政法规强制性规定的。如有的用人单位与未满 16 周岁的童工签订合同；有的要求劳动者劳动合同期内"不得结婚""不得生育"。

五、劳动合同的内容约定

根据《劳动合同法》第十七条的规定，劳动合同应当具备以下条款。
（1）用人单位的名称、住所和法定代表人或者主要负责人。
（2）劳动者的姓名、住址和居民身份证或者其他有效身份证件号码。
（3）劳动合同期限。
（4）工作内容和工作地点。
（5）工作时间和休息休假。
（6）劳动报酬。
（7）社会保险。
（8）劳动保护、劳动条件和职业危害防护。
（9）法律、法规规定应当纳入劳动合同的其他事项。

除上述必备条款外，用人单位与劳动者可以在劳动合同中约定试用期、培训、保守秘密、补充保险和福利待遇等其他事项。

劳动合同条款在拟定过程中，需要特别注意以下问题。

1. 劳动合同的期限

劳动合同分为固定期限劳动合同、无固定期限劳动合同和以完成一定工作任务为期限的劳动合同三种。具体订立哪种合同，由用人单位与劳动者协商。但是，有下列情形之一的，除劳动者要求订立固定期限劳动合同外，应当订立无固定期限劳动合同：① 劳动者在该用人单位连续工作满 10 年的；② 连续订立两次固定期限劳动合同后再续订劳动合同的。

2. 试用期

（1）试用期的期限应根据劳动合同期限进行约定，具体如表 4-1 所示。

表 4-1　不同试用期期限

劳动合同期限	试用期期限
不满 3 个月或以完成一定工作任务为期限的	不得约定试用期
3 个月以上不满 1 年的	不得超过 1 个月
1 年以上不满 3 年的	不得超过 2 个月
3 年以上或无固定期限的	不得超过 6 个月

需要注意的是，试用期是包含在劳动合同期限内的，如果劳动合同仅约定试用期的，试用期不成立，该期限为劳动合同期限。

（2）同一用人单位与同一劳动者只能约定一次试用期。

（3）劳动者在试用期的工资不得低于本单位相同岗位最低档工资或者劳动合同约定工资的 80%，并不得低于用人单位所在地的最低工资标准。

（4）在试用期中，除劳动者有《劳动合同法》第三十九条和第四十条第一项、第二项规定的情形外，用人单位不得解除劳动合同。用人单位在试用期解除劳动合同的，应当向劳动者说明理由。

【法条】

《劳动合同法》

第三十九条　劳动者有下列情形之一的，用人单位可以解除劳动合同：

（一）在试用期间被证明不符合录用条件的；

（二）严重违反用人单位的规章制度的；

（三）严重失职，营私舞弊，给用人单位造成重大损害的；

（四）劳动者同时与其他用人单位建立劳动关系，对完成本单位的工作任务造成严重影响，或者经用人单位提出，拒不改正的；

（五）因本法第二十六条第一款第一项规定的情形致使劳动合同无效的；

（六）被依法追究刑事责任的。

第四十条　有下列情形之一的，用人单位提前三十日以书面形式通知劳动者本人或者额外支付劳动者一个月工资后，可以解除劳动合同：

（一）劳动者患病或者非因工负伤，在规定的医疗期满后不能从事原工作，也不能从事由用人单位另行安排的工作的；

（二）劳动者不能胜任工作，经过培训或者调整工作岗位，仍不能胜任工作的；

（三）劳动合同订立时所依据的客观情况发生重大变化，致使劳动合同无法履行，经用人单位与劳动者协商，未能就变更劳动合同内容达成协议的。

3. 服务期

服务期与劳动合同期限不是同一个概念，它是劳动者必须为用人单位服务的期限，劳动者违反服务期约定的，还需按照约定向用人单位支付违约金。正因为此，服务期的使用有严格的条件限制，只有在用人单位为劳动者提供专项培训费用，对其进行专业技术培训的情况下，才可以约定服务期。同时，劳动者违反服务期应支付的违约金，《劳动合同法》也有明确规定，即违约金的数额不得超过用人单位提供的培训费用；用人单位要求劳动者支付的违约金不得超过服务期尚未履行部分所应分摊的培训费用。例如，某公司出资 3 万元送小林出国接受专业技术培训，双方签订了为期 3 年的服务期协议。现小林在服务期尚有 1 年未到期的情况下，要求离开公司，那么小林应当支付的违约金为 1 万元。

4. 保密义务和竞业限制

目前因竞业限制而产生的劳动争议越来越多，尤其频发于高新技术企业。所谓竞业限制，就是限制劳动者到与原单位生产或者经营同类产品、从事同类业务的有竞争关系的其他用人单位就业，或者自己开业生产或者经营同类产品、从事同类业务。《劳动合同法》规定，对负有保密义务的劳动者，用人单位可以在劳动合同或者保密协议中与劳动者约定竞业限制条款，并约定在解除或者终止劳动合同后，在竞业限制期限内按月给予劳动者经济补偿；劳动者违反竞业限制约定的，应当按照约定向用人单位支付违约金。在拟定竞业限制条款时，要注意以下事项。

（1）用人单位必须确实存在需要保密的商业秘密或知识产权，如果无密可保，要求劳动者承担竞业限制义务的前提条件就不存在。

（2）承担竞业限制义务的人员限于负有保密义务的劳动者，具体包括高级管理人员、高级技术人员和其他负有保密义务的人员，不接触秘密的普通员工无须承担竞业限制义务。

（3）竞业限制的期限最长不得超过劳动者离职后 2 年。

（4）经济补偿和违约金的数额在《劳动合同法》中均没有明确规定，应经双方协商后确定具体金额或计算方法，以便日后执行。如地方法规、规章有具体规定的，可从其规定。如《浙江省技术秘密保护办法》（2006 年 1 月 1 日起施行）规定，如果双方没有确定经济补偿费的，年度补偿费按劳动者离职前最后一个年度报酬总额的 2/3 计算。

【劳动合同范本】

劳动合同

合同编号：

甲方（用人单位）名称：

住所：

法定代表人：

乙方（劳动者）姓名：

住址：

居民身份证号码：

根据《中华人民共和国劳动合同法》以及有关法律、法规、规章和政策的规定，经甲乙双方平等协商，订立本劳动合同。

一、劳动合同期限。按下列第 _____ 款确定：

（一）本合同为有固定期限的劳动合同。合同期从 ____年____月____日起至____年____月____日止。其中试用期从____年____月____日起至____年____月____日止。

（二）本合同为无固定期限的劳动合同。合同期从 ____年____月____日起至法定或约定的解除（终止）合同的条件出现时止。其中试用期从____年____月____日起至____年____月____日止；合同终止条件为_____。

（三）本合同为以完成一定工作任务为期限的劳动合同。合同期从____年____月____日起至工作完成止。

二、工作内容和工作地点。

（一）乙方同意按甲方生产（工作）需要，在_____岗位（工种）工作，完成该岗位（工种）所承担的各项工作内容。

（二）乙方的工作地点为_____。

三、工作时间和休息休假。

（一）乙方的工作时间按下列第 _____ 项确定。

1. 标准工时制。乙方每日工作时间不超过8小时，每周工作时间不超过40小时。

2. 不定时工时制。根据乙方岗位特点和工作需要，经劳动行政部门批准，实施不定时工时制。

3. 综合计算工时制。根据乙方岗位特点和工作需要，经劳动行政部门批准，实施综合计算工时制。具体计算周期以批准文件为准。

（二）甲方根据工作需要，合理安排乙方加班加点，依法保障乙方的休息休假权利。

四、劳动报酬。

（一）乙方试用期的月工资为 _____ 元；试用期满继续保持劳动关系的，乙方月工资为 _____ 元。工资发放日为每月 _____ 日，甲方不得无故拖欠。

（二）甲方依法为乙方代扣代缴个人所得税。

（三）乙方工资的增减，奖金、津贴、补贴、加班加点工资的发放，以及特殊情况下的工资支付等，均按相关法律、法规、规章、政策以及甲方依法制定的规章制度执行。

五、社会保险和福利。

（一）甲、乙双方依法参加社会保险，按期足额缴纳养老保险基金、失业保险基金、工伤保险基金、医疗保险基金和生育保险基金。乙方个人缴纳部分，由甲方在其工资中代为扣缴。

（二）乙方的公休假、年休假、探亲假、婚丧假、女工孕期、产期、哺乳期待遇以及解除和终止劳动合同时乙方生活补助费（经济补偿金）、医疗补助费的发放等，均按有关法律、法规、规章、政策以及甲方依法制定的规定执行。

（三）乙方患职业病或因工负伤的待遇、因工或因病死亡的丧葬费、一次性抚恤费、供养直系亲属生活困难补助费等均按有关法律、法规、规章、政策执行。

（四）乙方患病或负伤的医疗期及其待遇，乙方供养直系亲属的医疗待遇等按法律、法规、规章、政策和甲方依法制定的规定执行。

（五）甲方还为乙方提供以下福利待遇：＿＿＿＿＿＿＿＿＿＿＿＿＿＿。

六、劳动保护、劳动条件和职业危害防护。

（一）甲、乙双方都必须严格执行国家有关生产安全、劳动保护、职业危害防护等规定。

（二）甲方为乙方提供符合规定的劳动保护设施、劳动防护用品以及其他劳动保护条件，对乙方进行必要的职业健康和劳动安全卫生等各项规章制度的教育。

（三）乙方应严格遵守各项安全操作规程、劳动安全卫生制度，自觉预防事故和职业病的发生。

七、劳动纪律。

甲、乙双方应严格遵守法律、法规、规章和政策。甲方应依法制定各项具体的内部管理制度。乙方应服从甲方的管理。

八、双方需要约定的其他事项：＿＿＿＿＿＿＿＿＿＿＿＿＿＿。

九、本合同自双方签字盖章之日起生效。本合同生效后，双方必须严格履行。

十、本合同一式三份，甲、乙双方各执一份，鉴证机关存档一份。

甲方（盖章）：　　　　　　　鉴证机关（盖章）：

　　　　　　　　　　　　　　鉴证编码：

乙方（签名）：　　　　　　　鉴证人员（盖章）：

合同订立日期：　年　月　日　　鉴证日期：　年　月　日

（资料来源：人力资源和社会保障部）

六、解除劳动合同的情形

劳动合同的解除是指劳动合同尚未到期之前，由于一方或双方的意志，劳动关系提前终止。解除劳动合同大多由一方提起，俗称"炒鱿鱼"。具体包括以下三种情形。

1. 经用人单位和劳动者协商一致的解除

需要注意的是，即便是协商一致解除，也要区分由谁提起解除要求。如果是用人单位首先提出来的，则依然须向劳动者支付经济补偿金。

2. 用人单位单方面解除

用人单位不能随便辞退劳动者，如确实需要单方面解除劳动合同的，一方面，要根据不同情形履行《劳动合同法》规定的解除程序；另一方面，在大多数情况下，还需向劳动者支付经济补偿。如果违法解除劳动合同的，劳动者可以要求继续履行劳动合同，或者要求用人单位按照经济补偿标准的 2 倍支付赔偿金。

（1）过失性解除。

当劳动者存在下列过失时，用人单位无须提前通知，也无须支付经济补偿，即可解除劳动合同：在试用期间被证明不符合录用条件的；严重违反用人单位的规章制度的；严重失职，营私舞弊，给用人单位造成重大损害的；劳动者同时与其他用人单位建立劳动关系，对完成本单位的工作任务造成严重影响，或者经用人单位提出，拒不改正的；以欺诈、胁迫的手段或者乘人之危，使用人单位在违背真实意思的情况下订立或者变更劳动合同的；被依法追究刑事责任的。

如果用人单位以劳动者严重违反企业规章制度为由解除劳动合同的，其前提是企业制定的规章制度内容合法、程序合法。根据《劳动合同法》的规定，企业在制定直接涉及劳动者切身利益的规章制度时必须经职工代表大会或者全体职工讨论，与工会或者职工代表平等协商确定；同时还需将其公示或告知劳动者，否则该规章制度可能被认定无效。

【案例】只拿了 3 盒酸奶、5 个桃子，公司可以解除这名员工吗

边某某（以下称原告）是天津某酒店（以下称被告）的员工，于 2015 年 6 月 23 日入职被告处，从事餐饮部厨房管事员职务，基本工资为 2200 元/月。在职期间双方签订了书面劳动合同，期限至 2024 年 6 月 22 日。2018 年 8 月 3 日，被告做出与原告解除劳动合同的决定，解除理由为原告存在私自将公司物品（酸奶 3 盒、桃子 5 个）带出公司的严重违纪行为。原告认可确实存在上述行为，但不认为上述行为构成严重违纪。另查，被告的规章制度《你的指南》第 68 页第 1 项规定"盗窃或企图盗窃酒店或员工个人财物"第一次即解除劳动合同，第 3 项规定，"无部门经理签发的许可，擅自将酒店的财物（如餐具、食品、饮料、水果等）带出酒店"第一次即解除劳动合同，原告签收了该规章制度。再查明，（2017）津 02 民终 3567 号民事判决书确认了被告公司《你的指南》已经民主程序议定且经公示。

法院认为，本案的争议焦点系被告与原告解除劳动合同是否为违法解除。首先，关于《你的指南》是否经过民主程序议定，已经生效判决予以确认，原告亦对上述指南签字确认，该指南应成为本案的处理依据。其次，被告向原告出具的解除劳动合同通知书中载明，其解除理由系劳动者过失，依据系《劳动合同法》第三十九条及规章制度《你的指南》。庭审中，原告认可其存在私自带出公司的 3 盒酸奶、5 个桃子的行为，且根据《你的指南》，无部门经理签发的许可，擅自将酒店的财物（如餐具、食品、饮料、水果等）带出酒店，第一次即可解除劳动合同。原告虽陈述其私自拿取酒店物品的行为系由于其身体不适，拿取的也是餐厅客人吃剩的物品，但对其主张未提供充分证据予以证实，同时，原告上述主张也并不能成为原告可以私拿公司物品的合法理由。原告拿取公司物品的价值虽有限，但其行为的性质不仅触犯了公司的管理制度，也触犯了基本的行为道德准则。如果私拿价值小的物品的行为被宽容而未严格依照公司制度处罚，那么对公司而言，可能引发公司其他员工争相私拿公司物品的后果，对于原告而言，若以小恶为无伤而弗去也，则易至恶积而不可掩。公司的解除行为不仅是在公司内部严明纪律、杜绝类似事件发生的必须，也是对原告行为的警示和良性引导。原告也应通过此次事件深刻反思自身过失，在人生道路上引以为戒。综上所述，被告依据规章制度与原告解除劳动合同符合《劳动合同法》第三十九条第（二）项之规定，该解除行为合法有效，被告无须向原告支付违法解除劳动合同赔偿金。

（资料来源：中国裁判文书网）

评析：原告只私自拿了3盒酸奶和5个桃子，就被公司解除劳动合同，法院还判决支持公司的行为。这是为什么呢？法官的判决理由讲得很清楚。首先就是公司的规章制度是合法有效的，可以作为解除的依据。本案中的公司在规章制度中明确规定了，员工擅自将公司财物带出，第一次即可解除劳动合同；其次，勿以恶小而为之，原告这次拿的东西价值不大，但是不改变其行为性质。公司需要严明纪律，原告也应引以为戒。

公司依据《劳动合同法》第三十九条第（二）项员工"严重违反用人单位的规章制度"为由解除劳动合同，其必要的前提就是公司制定了合法有效的规章制度。本案中的公司值得创业者学习的地方，一个是制定规章制度要履行民主程序并予以公示，这样才能使得企业内部的管理规定具有合法性；另一个是规章制度要符合企业实际情况，要细致、具备可操作性，如果规定太笼统，在实际执行过程中，可能难以评判一个员工的行为是否构成"严重违反用人单位的规章制度"。

（2）无过失性解除。

在下列情形下，用人单位提前30天书面通知劳动者本人或者额外支付劳动者1个月工资后，可以解除劳动合同：劳动者患病或者非因工负伤，在规定的医疗期满后不能从事原工作，也不能从事由用人单位另行安排的工作的；劳动者不能胜任工作，经过培训或者调整工作岗位，仍不能胜任工作的；劳动合同订立时所依据的客观情况发生重大变化，致使劳动合同无法履行，经用人单位与劳动者协商，未能就变更劳动合同内容达成协议的。

用人单位依据以上规定解除劳动合同的，必须向劳动者依法支付经济补偿。

（3）经济性裁员。

经济性裁员是企业经营发生重大变化时，大规模裁减人员的行为。所谓企业经营重大变化，主要指以下情形：企业依照《企业破产法》规定进行重整的（关于重整参见第六章）；企业生产经营发生严重困难的；企业转产、重大技术革新或者经营方式调整，经变更劳动合同后，仍需裁减人员的；其他因劳动合同订立时所依据的客观经济情况发生重大变化，致使劳动合同无法履行的。所谓大规模裁减人员，是指裁减20人以上或者裁减职工总数10%以上。

实施经济性裁员须提前30天向工会或者全体职工说明情况，听取工会或者职工意见，并将裁减人员方案向劳动行政部门报告。

经济性裁员应当优先留用订立较长期限劳动合同或无固定期限劳动合同的人员，以及家庭无其他就业人员、有需要扶养的老人或者未成年人的困难人员。如果用人单位在裁员后6个月内重新招用人员的，应当通知被裁人员，并在同等条件下优先招用被裁人员。

经济性裁员应当向被裁人员支付经济补偿。

（4）用人单位不得解除劳动合同的情形。

尽管有上述规定，但如果劳动者存在下列情形的，用人单位不得实施无过失性解除或者经济性裁员的行为：从事接触职业病危害工作的劳动者未进行离岗前职业健康检查，或者疑似职业病病人在诊断或者医学观察期间的；在本单位患职业病或者因工负伤并被确认丧失或者部分丧失劳动能力的；患病或者非因工负伤，在规定的医疗期内的；女职工在孕期、产期、哺乳期的；在本单位连续工作满 15 年，且距法定退休年龄不足 5 年的；法律、行政法规规定的其他情形，如担任专职的工会主席、副主席或委员的，处于义务服兵役期间的。

3. 劳动者单方面解除

前面我们说过，劳动者享有辞职权，除非劳动者与用人单位签订了服务期协议或竞业限制协议，一般情况下，劳动者均可潇洒地和用人单位告别，而无须支付任何违约金。劳动者依法解除劳动合同具体包括以下三种情形。

（1）提前通知解除。劳动者提前 30 天以书面形式通知用人单位，在试用期内提前 3 日通知用人单位，就可以解除劳动合同。

（2）随时通知解除。用人单位有下列情形的，劳动者无须提前 30 天或 3 天，而是随时通知即可解除劳动合同：未按照劳动合同约定提供劳动保护或者劳动条件的；未及时足额支付劳动报酬的；未依法为劳动者缴纳社会保险费的；规章制度违反法律、法规的规定，损害劳动者权益的；因《劳动合同法》第二十六条第一款规定的情形致使劳动合同无效的；法律、行政法规规定劳动者可以解除劳动合同的其他情形。

（3）即时解除。用人单位以暴力、威胁或者非法限制人身自由的手段强迫劳动者劳动的，或者用人单位违章指挥、强令冒险作业危及劳动者人身安全的，劳动者可以立即解除劳动合同，无须事先告知用人单位。

在后两种情形下，劳动者单方面解除劳动合同的，用人单位还需依法支付经济补偿。

七、用人单位必须支付经济补偿的情形

根据前面关于劳动合同解除的介绍，现在可以对用人单位须支付经济补偿的情形做一个小结。

（1）双方协商解除劳动合同时，如系用人单位首先提出解除劳动合同的。

（2）用人单位实施无过失性解除劳动合同的。

（3）用人单位实施经济性裁员的。

（4）除劳动者提前通知解除外，由劳动者依法单方面解除劳动合同的。

此外，《劳动合同法》第四十六条还规定了用人单位须支付经济补偿的其他情形。

（1）除用人单位维持或者提高劳动合同约定条件续订劳动合同，劳动者不同意续订的

情形外，因劳动合同期满而终止固定期限劳动合同的。

（2）因用人单位被依法宣告破产，被吊销营业执照、责令关闭、撤销或者用人单位决定提前解散而终止劳动合同的。

（3）法律、行政法规规定的其他情形。

那么经济补偿如何计算呢？主要取决于劳动者的工作年限和月工资（指劳动者在劳动合同解除或终止前12个月的平均工资）两个条件。一般情况下，经济补偿金=本人月工资×工作年限，如表4-2所示。

表4-2　经济补偿金的计算方式

工 作 年 限	计 算 方 式
不满 6 个月	本人月工资×0.5
6 个月以上不满 1 年	本人月工资×1
1 年以上	本人月工资×工作年限

如果劳动者月工资高于用人单位所在直辖市、设区的市级人民政府公布的本地区上年度职工月平均工资3倍的，经济补偿金=职工月平均工资×3×工作年限（该年限最高不超过12年）。

需要注意的是，经济补偿金和赔偿金是不一样的概念，根据《劳动合同法》的规定，下列情形用人单位应支付赔偿金。

（1）用人单位违反该法规定与劳动者约定试用期，且违法约定的试用期已经履行的，由用人单位以劳动者试用期满月工资为标准，按已经履行的超过法定试用期的期间向劳动者支付赔偿金。

（2）用人单位未依法及时足额支付劳动报酬，经劳动行政部门责令限期支付仍不支付的，要按照应付金额50%以上100%以下的标准向劳动者加付赔偿金。

（3）用人单位违反该法规定解除或者终止劳动合同的，应当依照经济补偿金标准的二倍向劳动者支付赔偿金。

【案例】某通信公司诉王某劳动合同纠纷案

2005年7月，王某进入杭州某通信公司从事销售工作。公司的《员工绩效管理办法》规定：员工半年、年度绩效考核分别为S、A、C1、C2四个等级，分别代表优秀、良好、价值观不符、业绩待改进；S、A、C（C1、C2）等级的比例分别为20%、70%、10%；不胜任工作原则上考核为C2。2008年下半年、2009年上半年及2010年下半年，王某的考核结果均为C2。通信公司认为，王某不能胜任工作，故在支付了部分经济补偿金的情况下解除了劳动合同。2011年7月27日，王某提起劳动仲裁。同年10月8日，劳动争议仲裁委做出裁决：通信公司支付王某违法解除劳动合同的赔偿金余额36 596.28元。通信公司不服，故诉至法院，请求判令不予支付解除劳动合同赔偿金余额。浙江省杭州市滨江区人民法院于2011年12月6日做出民事判决，维持了仲裁裁决。

法院生效裁判认为，《劳动法》《劳动合同法》对用人单位单方解除劳动合同的条件进行了明确限定。通信公司以王某不胜任工作为由解除劳动合同，对此应负举证责任。根据《员工绩效管理办法》的规定，"C（C1、C2）考核等级的比例为 10%"，虽然王某曾经考核结果为 C2，但是 C2 等级并不完全等同于"不能胜任工作"，通信公司仅凭该限定考核等级比例的考核结果，不能证明劳动者不能胜任工作，不符合据此单方解除劳动合同的法定条件。通信公司违法解除劳动合同，应当承担经济补偿标准二倍的赔偿金。

（资料来源：最高人民法院）

评析：该案例事实上是对一些企业实行"末尾淘汰"的做法说不，因为劳动者在用人单位等级考核中居于末位等次，不等同于"不能胜任工作"，不符合单方解除劳动合同的法定条件，用人单位不能据此单方解除劳动合同。因此，用人单位构成了违法解除劳动合同，应当依照经济补偿标准的二倍向劳动者支付赔偿金。

八、非全日制用工的定义与特点

非全日制用工，是指以小时计酬为主，劳动者在同一用人单位一般平均每日工作时间不超过 4 小时，每周工作时间累计不超过 24 小时的用工形式。

与全日制用工相比，非全日制用工有以下特点。

（1）非全日制用工可以订立口头协议，不一定要订立书面合同。

（2）非全日制用工劳动者可以和多家用人单位建立劳动关系。但是，后订立的劳动合同不得影响先订立的劳动合同的履行。

（3）非全日制用工不得约定试用期。

（4）非全日制用工，任何一方都可以随时通知对方终止用工。终止用工，用人单位不向劳动者支付经济补偿。

（5）非全日制用工劳动报酬结算支付周期最长不得超过十五日。

非全日制用工小时计酬标准不得低于用人单位所在地人民政府规定的最低小时工资标准。

由此可见，非全日制用工最大的特点是用工灵活，无论是对于用人单位还是对于劳动者来说，都比较自由。创业企业也可以根据实际需要采用这种方式用工。

【小贴士】国家支持多渠道灵活就业

2020 年 7 月 22 日的国务院常务会议上，李克强总理强调要取消对灵活就业的不合理限制。他指出，要支持多渠道灵活就业，要鼓励个体经营。同时要支持非全日制就业。对就业困难人员、离校两年未就业高校毕业生从事非全日制等工作的，按规定给予社保补贴。"过去很多人一讲就业就是'固定工'，现在要转变这种观念。"李克强说："我们支持的非全日制就业，可能是'临时工'，也可能是一个人服务几个单位、兼职几份工作。这对提升居民收入大有帮助。"

第三节　知 识 产 权

关键词：知识产权、专利权、商标权、发明、实用新型、外观设计、注册商标、驰名商标、商业秘密、计算机软件著作权

一、知识产权的含义

知识产权又称为智力成果权，是由英文"Intellectual Property"翻译而来，是指人们对其智力成果所享有的权利。知识产权是一种无形财产权，它与房屋、汽车等有形资产一样，都受到国家法律的保护，都具有价值和使用价值。有些重大专利、驰名商标或作品的价值要远远高于房屋、汽车等有形资产。

知识产权主要包括著作权（版权）、专利权、商标权、地理标记权、未公开信息专有权（商业秘密权）等。知识产权具有无形性、专有性、地域性、时间性、法定性等特征。大部分的知识产权须经法定程序授予，才能得到法律的保护，而且对知识产权的保护有一定的时间限制，超过这个时间，智力成果就会进入公有领域，成为全社会的财富。

在知识经济高度发达的今天，知识产权对一个企业的发展起着越来越重要的作用。可口可乐公司的老总曾说过：哪怕我突然一夜之间身无分文，只要我手里还有可口可乐这个牌子，第二天我就能靠可口可乐这个牌子建立起新的厂房。他这样说是有一定道理的，看看可口可乐在世界范围内的影响力就知道了。正因为知识产权如此重要，企业经营管理者必须高度重视知识产权的管理和保护，使企业控制的知识产权为企业带来更多的经济效益。

我国越来越重视对知识产权的保护。近年来，有关部门加紧研究制定专利权授权确权、商业秘密、惩罚性赔偿、知识产权民事诉讼证据等司法解释和司法政策，加大对知识产权、商誉权侵权犯罪行为的惩治力度。因此，对于创业者而言，关注知识产权是很有必要的。

【案例】"嘀嘀打车"为何改名为"滴滴打车"

"滴滴出行"开发商北京小桔科技有限公司（以下简称"小桔科技"）一开始给他们的打车软件命名为"嘀嘀打车"，于2012年9月上线。注意，并不是水滴的滴，而是用拟声词"嘀嘀"，让人马上联想到汽车喇叭响。"嘀嘀一下，美好出行"的广告也深入人心。为什么后来改成"滴滴打车"了呢？原来"嘀嘀打车"上线运行了一段时间后，小桔科技才开始申请注册商标。这时，杭州、宁波两家妙影公司说自己早就注册了"嘀嘀"商标，而且杭州妙影早在2011年8月就推出了一款叫"嘀嘀出行"的下载软件，后来还有"嘀嘀导航""嘀嘀地图""嘀嘀打车"等，主要在杭州地区推广。两家妙影公司主张小桔科技未经许可擅自在其打车软件、网站、门店、广告宣传及其他商业活动中将"嘀嘀"用作其打车软件商标，侵犯了其核定使用在"计算机程序（可下载软件）"等商品项目上的第9243846号"嘀嘀"注册商标专用权。他们于2014年5月8日起诉小桔科技，请求法院判令小桔科技：① 立即停止侵犯"嘀嘀"商标专用权的行为，包括但不限于停止将"嘀嘀"作为其软

件商标使用，在其网站 www.xiaojukeji.com 和其他网站或应用下载商店中停止提供"嘀嘀"系列软件下载，并断开"嘀嘀"相关软件的服务器连接等；② 在《中国知识产权报》、《钱江晚报》、《中国青年报》、人民网、中央电视台经济频道就侵犯商标专用权的行为发表声明、消除影响；③ 赔偿 8000 万元；④ 赔偿合理支出 20 万元；⑤ 承担本案诉讼费用。

诉讼程序一启动，旷日持久，为了不影响公司发展战略，小桔科技不得不改名，从"嘀嘀"变成了"滴滴"。两年后，经过法院调解，小桔科技与妙影公司握手言和，达成了一揽子商标转让协议，妙影公司撤诉。

（资料来源：中国裁判文书网、浙江日报）

评析："嘀嘀打车"之所以要改名，还是因为小桔科技刚开始时没有重视企业商标保护的战略布局。所以，初创企业一开始就要有知识产权保护意识，制定知识产权保护战略，以免类似事情发生，打乱企业发展计划。

二、专利、专利权概述

美国前总统林肯曾经说过：专利制度就是将利益的燃料添加到天才之火上。专利制度不仅保护发明人的权利，激发人们发明创造的热情，而且也是一个国家走上自主创新道路必不可少的法律保障。在我国，专利权是指一项发明创造（包括发明、实用新型或外观设计）向国务院专利行政部门提出专利申请，经依法审查合格后，国务院专利行政部门向专利申请人授予的在规定的时间内对该项发明创造享有的专有权。

1. 专利的类型

发明是指对产品、方法或者其改进所提出的新的技术方案，分为产品发明和方法发明两大类。产品发明包括所有创造出来的产品，方法发明包括所有利用自然规律的方法，又可以分为制造方法与使用方法两种类型。《专利法》保护的发明也可以是对现有产品或方法的改进。

实用新型是指对产品的形状、构造或者其结合所提出的适于实用的新的技术方案。实用新型专利在技术创新水平上略低于发明专利，所以又称为"小发明"或"小专利"。

外观设计是指对产品的整体或者局部的形状、图案或者其结合以及色彩与形状、图案的结合所做出的富有美感并适于工业应用的新设计。在发明创造的三种类型中，总的来说，外观设计的技术含量是最低的，取得外观设计的专利权相对容易一些。

2. 授予专利权的条件

（1）授予专利权的发明和实用新型，应当具备新颖性、创造性和实用性。

新颖性，是指该发明或者实用新型不属于现有技术，也没有任何单位或者个人就同样的发明或者实用新型在申请日以前向国务院专利行政部门提出过申请，并记载在申请日以后公布的专利申请文件或者公告的专利文件中。

申请专利的发明创造在申请日以前 6 个月内，有下列情形之一的，不丧失新颖性：在国家出现紧急状态或者非常情况时，为公共利益目的首次公开的；在中国政府主办或者承认的国际展览会上首次展出的；在规定的学术会议或者技术会议上首次发表的；他人未经申请人同意而泄露其内容的。

创造性，是指与现有技术相比，该发明具有突出的实质性特点和显著的进步，该实用新型具有实质性特点和进步。

实用性，是指该发明或者实用新型能够制造或者使用，并且能够产生积极效果。

（2）授予专利权的外观设计，应当不属于现有设计，也没有任何单位或者个人就同样的外观设计在申请日以前向国务院专利行政部门提出过申请，并记载在申请日以后公告的专利文件中。与现有设计或者现有设计特征的组合相比，授予专利权的外观设计应当具有明显区别，并不得与他人在先取得的合法权利相冲突。

（3）我国《专利法》（1985 年 4 月 1 日起施行，2020 年 10 月 17 日修正）规定，对下列各项不授予专利权。

① 科学发现。

② 智力活动的规则和方法。

③ 疾病的诊断和治疗方法。

④ 动物和植物品种（但对动物和植物品种的生产方法可以授予专利权）。

⑤ 原子核变换方法以及用原子核变换方法获得的物质。

⑥ 对平面印刷品的图案、色彩或者二者的结合做出的主要起标识作用的设计。

另外，申请专利应当遵循诚实信用原则，对违反国家法律、社会公德或者妨害公共利益的发明创造，不授予专利权。

3. 专利权的内容

（1）专利独占权：专利权的核心是独占支配权，包括独占使用权、禁用权。独占使用权是指专利权人对其专利产品、专利方法享有独家制造、使用和销售的权利。禁用权是指除法律另有规定外，任何单位或个人未经专利权人许可，都不得实施其专利。

（2）专利转让权：见下文介绍的专利权"继受取得"方式。

（3）专利实施许可权：实施专利，可以是专利权人自己制造、使用或销售专利产品，使用专利方法，也可以是授权他人实施专利，其实质是转让专利使用权。

（4）专利标记权：专利权人有权在其专利产品或者该产品的包装上标明专利标记和专利号。

三、专利权的取得方式

专利权的取得方式有两种：原始取得和继受取得。原始取得是指专利申请权人通过向专利行政部门申请而获得专利权的方式。继受取得是指以买卖、赠与等方式获得专利权的方式。

1. 原始取得

（1）专利申请的原则。

先申请原则，即两个以上申请人分别就同样的发明创造申请专利时，专利权授予最先申请的申请人。

优先权原则，即在一国提出专利申请的人，从最初的申请日（优先日）起，在一定期限内又在他国提出同样内容的专利申请的，享有优先权。

一发明一申请原则，即一件发明或者实用新型专利申请应当限于一项发明或者实用新型（属于一个总的发明构思的两项以上的发明或者实用新型，可以作为一件申请提出）；一件外观设计专利申请应当限于一项外观设计（同一产品两项以上的相似外观设计，或者用于同一类别并且成套出售或者使用的产品的两项以上外观设计，可以作为一件申请提出）。

（2）专利申请的受理部门。

申请专利应当将申请文件面交或寄交国家知识产权局专利局受理处，也可以面交或寄交到设在地方的国家知识产权局专利局代办处。目前在北京、沈阳、济南、长沙、成都、南京、上海、广州、西安、武汉、郑州、天津、石家庄、哈尔滨、长春、昆明、贵阳、杭州、重庆、深圳、福州、南宁、乌鲁木齐、南昌、银川、合肥、苏州、兰州、海口、太原、西宁、呼和浩特、青岛、拉萨等地设有国家知识产权局专利局代办处。国防专利分局专门受理国防专利申请。另外，可以通过电子申请方式，将专利申请文件以符合规定的电子文件形式向国家知识产权局提出专利申请。

（3）专利申请的程序。

第一步，提出申请，按照要求提交申请文件。

申请发明或者实用新型专利的，应当提交请求书、说明书及其摘要和权利要求书等文件。

请求书应当写明发明或者实用新型的名称，发明人的姓名，申请人的姓名或者名称、地址，以及其他事项。

说明书应当对发明或者实用新型做出清楚、完整的说明，以所属技术领域的技术人员能够实现为准；必要时，应当有附图。摘要应当简要说明发明或者实用新型的技术要点。

权利要求书应当以说明书为依据，清楚、简要地限定要求专利保护的范围。

申请外观设计专利的，应当提交请求书、该外观设计的图片或者照片，以及对该外观设计的简要说明等文件。提交的有关图片或者照片应当清楚地显示要求专利保护的产品的外观设计。要求保护色彩的，还应当提交彩色图片或者照片。

国务院专利行政部门收到专利申请后，对符合受理条件的申请，将确定申请日，给予申请号，发出受理通知书。

第二步，初步审查。

专利部门受理申请后，对其进行初步审查。经初步审查后，对符合《专利法》要求的发明专利申请，将自申请日起满18个月即予以公布（早期公布）；对于实用新型和外观设计专利申请，没有发现驳回理由的，即授予专利权，发给相应的专利证书，并予以登记和公告。

第三步，实质审查。

实质审查是申请发明专利的必经程序。所谓实质审查，即审查申请专利的发明是否具备新颖性、创造性和实用性。发明专利自申请日起 3 年内，申请人可随时提出实质审查请求，必要时专利部门也可自行启动实质审查。申请人应及时提出实质审查的请求，并缴纳审查费。

经实质审查后，对没有发现驳回理由的，专利部门将授予专利权，发给发明专利证书，并予以登记和公告；如果专利部门认为不符合《专利法》规定的，将通知申请人，要求其在规定期限内陈述意见或者修改申请。申请人必须及时予以答复，否则将被视为撤回申请。在申请人陈述意见或修改申请后，专利部门仍认为该发明专利申请不符合要求的，将做出驳回申请的决定。

第四步，复审。

专利申请人对专利部门驳回其申请不服的，可以在收到通知之日起 3 个月内向国务院专利行政部门请求复审；如对复审结果不服的，还可以在收到复审决定之日 3 个月内向人民法院提起诉讼。

（4）专利费用。

向国务院专利部门申请专利和办理其他手续，应当按照规定缴纳费用。需要特别注意的是，专利权人应当自被授予专利权的当年开始缴纳年费。如果没有按照规定缴纳年费的，专利权在期限届满前终止，这对于辛辛苦苦申请到专利的专利权人来说，是非常可惜的。

具体的收费项目和标准可以至国家知识产权局网站查询。

缴纳专利费用确有困难的，可以请求减缴。可以减缴的费用包括四种：申请费（其中公布印刷费、申请附加费不予减缓）、发明专利申请实质审查费、年费（自授予专利权当年起十年内的年费）、复审费。其他费用是不能减缴的。专利申请人或者专利权人请求减缴专利收费的，应当提交收费减缴请求书及相关证明材料。

根据上述介绍，可以发现申请专利权的手续烦琐、时间长、费用大，又会面临失败的风险。因此在提出申请之前，申请人需要考虑清楚下列问题，以做出正确的申请方案。

① 拟申请的发明创造是否必须申请专利？能否通过其他更经济、可靠的方式加以保护？并不是所有的技术方案都必须通过专利保护，可口可乐的饮料配方就是通过技术秘密的方式加以保护的。

② 拟申请的发明创造究竟是否具备新颖性、创造性和实用性？

③ 拟申请的发明创造究竟作为哪一种专利进行申请？

④ 如何撰写权利要求书和说明书，以确保申请成功？权利要求书和说明书的撰写质量直接影响发明创造能否获得专利、保护范围的大小、审批进度等，而且由于各个不同的发明创造涉及不同的技术领域，往往专业性非常强，撰写技巧非常讲究。

如果申请人对上述问题没有把握的话，可以咨询专业人士，或者将专利申请事项委托给专利代理机构办理。

2. 继受取得

专利权人有权通过买卖、赠与等方式转让其专利权。转让专利权的，当事人应当订立书面专利转让合同，并由国务院专利行政部门登记、公告。专利权的转让自登记之日起生效。中国单位或者个人向外国人转让专利权的，必须经国务院有关主管部门批准。

四、专利权的保护

1. 专利权的保护期限

我国《专利法》规定，发明专利权的保护期限为20年，实用新型专利权为10年，外观设计专利权为15年，均自申请日起计算。专利权人应当自授予专利权的当年开始缴纳专利年费，避免因忘了缴费而导致专利权终止。

2. 专利权的保护范围

发明或实用新型专利权的保护范围以其权利要求的内容为准，说明书及附图可以用于解释权利要求。外观设计专利权的保护范围以表示在图片或者照片中的该外观设计专利产品为准，简要说明可以用于解释图片或者照片所表示的该产品的外观设计。

3. 专利权的行政保护和司法保护

未经专利权人许可，实施其专利的行为，是侵犯专利权的行为。专利权人或者利害关系人可以向人民法院起诉（司法保护），侵犯专利权的诉讼时效为三年，自专利权人或者利害关系人知道或者应当知道侵权行为以及侵权人之日起计算；也可以请求管理专利工作的部门处理（行政保护）。

专利权人或者利害关系人有证据证明他人正在实施或者即将实施侵犯其专利权的行为，如不及时制止将会使其合法权益受到难以弥补的损害的，可以在起诉前向人民法院申请采取责令停止有关行为和财产保全措施。

假冒他人专利，构成犯罪的，还将依照刑法追究其刑事责任。

【案例】中国IT知识产权第一案——朗科公司维权

深圳市朗科科技有限公司（以下简称朗科公司）于1999年发明世界第一款闪存盘（朗科公司称为"优盘"，"优盘"为该公司注册商标），并因此而荣获闪存盘的全球基础性发明专利——"用于数据处理系统的快闪电子式外存储方法及其装置"（专利号：ZL99117225.6）。该专利填补了我国在计算机存储领域发明专利的空白。此后，朗科公司在闪存盘领域获得了多项发明专利授权。

获得发明专利后，朗科公司发现有其他公司未经其许可生产、销售使用其发明专利的闪存盘。

2002年9月，朗科公司以其闪存盘发明专利权受到侵犯为由，将北京华旗资讯数码科技有限公司（以下简称华旗公司）、富光辉电子有限公司（华旗公司的代工厂）、深圳市星之岛贸易有限公司（华旗公司的销售代理商）起诉至法院，要求立即停止侵权，并累计索赔数百万元。

深圳市中级人民法院做出一审判决，被告华旗公司、深圳富光辉电子有限公司和深圳市星之岛贸易有限公司立即停止侵害朗科公司ZL99117225.6号发明专利权的行为，即立即停止生产、销售爱国者迷你王闪存盘，包括迷你 MP3 型闪存盘产品；三被告向朗科公司赔偿侵权损失合计 100 万元。

在二审中，朗科公司与三被告达成和解。

（资料来源：中国新闻网）

评析： 专利权往往能给企业带来立竿见影的经济效益，但获得专利权特别是发明专利异常艰辛，不少企业就动起了"走捷径"的歪脑筋，最常见的是未经许可擅自使用他人的专利。这个案子给我们的启发有两点：一是专利权人要密切关注自己的专利是否被侵犯，如果被侵犯，要积极运用法律手段维权；二是我们要有守法意识，尊重他人的专利权，否则将被追究法律责任。

五、商标、注册商标、商标权概述

1. 商标

商标是指任何能够将自然人、法人或者其他组织的商品与他人的商品区别开的标志，包括文字、图形、字母、数字、三维标志、颜色组合和声音等，以及上述要素的组合。

2. 注册商标

经商标局核准注册的商标为注册商标，包括商品商标、服务商标和集体商标、证明商标。商标注册人享有商标专用权，受法律保护。

商标为什么要注册？首先，只有注册商标才受法律保护，未注册商标的使用人对该商标不享有专用权。如果他人已将该商标注册，后来者只能放弃使用这个商标，或者要花费更多的代价去换取这个商标；其次，未注册商标有可能与他人在相同或类似商品上使用的注册商标相同或近似，从而发生侵权行为；最后，未注册商标不能形成知识产权，不能成为使用人的无形资产。美国苹果公司就曾经在 iPad 商标问题上栽过跟头，最后花了 6000 万美元才拿回该商标。

另外，如果是法律、行政法规规定必须使用注册商标的商品，则必须申请商标注册，未经核准注册的，不得在市场上销售。目前，必须使用注册商标的商品只有烟草制品类。《烟草专卖法》（2015 年修订）第十九条规定："卷烟、雪茄烟和有包装的烟丝必须申请商标注册，未经核准注册的，不得生产、销售。"

3. 商标权

商标权是注册商标专用权的简称，是指商标注册人依法支配其注册商标并禁止他人侵害的权利。商标权包括以下四项权利。

（1）专有使用权，是指商标权人在核定使用的商品上专有使用核准注册商标的权利。

（2）排他权，又称为禁止权，即禁止任何第三方未经其许可在相同或类似的商品或服务上使用与其注册商标相同或近似的商标的权利。当注册商标具有一定的知名度，尤其是驰名商标时，则禁止权的范围还将进一步扩大至非类似的商品或服务上。

（3）转让权，是指商标权人将其商标权转让给他人所有。商标的转让必须是在注册商标的有效期内进行，而且转让人和受让人应当签订转让协议，并共同向商标局提出申请。

（4）使用许可权，是指商标注册人有权通过签订商标使用许可合同，许可他人使用其注册商标。许可人应当监督被许可人使用其注册商标的商品质量。被许可人应当保证使用该注册商标的商品质量。经许可使用他人注册商标的，必须在使用该注册商标的商品上标明被许可人的名称和商品产地。商标使用许可合同应当报商标局备案。

六、注册商标的申请

申请注册商标须依法向国家知识产权局商标局提出注册申请（包括网上申请）。申请人可以自己直接到商标局的商标注册大厅办理申请，也可以委托国家认可的商标代理机构办理。

1. 授予商标权的条件

根据《商标法》（2019年修正）的规定，申请注册的商标应当有显著特征，便于识别，并不得与他人在先取得的合法权利相冲突。申请注册商标的目的应当是为自身生产经营需要，不以使用为目的的恶意商标注册申请将不会被核准注册。

《商标法》规定，下列标志不得作为商标使用。

（1）同中华人民共和国的国家名称、国旗、国徽、国歌、军旗、军徽、军歌、勋章等相同或者近似的，以及同中央国家机关的名称、标志、所在地特定地点的名称或者标志性建筑物的名称、图形相同的。

（2）同外国的国家名称、国旗、国徽、军旗等相同或者近似的，但经该国政府同意的除外。

（3）同政府间国际组织的名称、旗帜、徽记等相同或者近似的，但经该组织同意或者不易误导公众的除外。

（4）与表明实施控制、予以保证的官方标志、检验印记相同或者近似的，但经授权的除外。

（5）同"红十字""红新月"的名称、标志相同或者近似的。

（6）带有民族歧视性的。

（7）带有欺骗性，容易使公众对商品的质量等特点或者产地产生误认的。

（8）有害于社会主义道德风尚或者有其他不良影响的。

县级以上行政区划的地名或者公众知晓的外国地名，不得作为商标。但是，地名具有其他含义或者作为集体商标、证明商标组成部分的除外；已经注册的使用地名的商标继续有效。

下列标志不得作为商标注册。

（1）仅有本商品的通用名称、图形、型号的。

（2）仅直接表示商品的质量、主要原料、功能、用途、重量、数量及其他特点的。

（3）其他缺乏显著特征的。

前款所列标志经过使用取得显著特征，并便于识别的，可以作为商标注册。

2. 申请注册前的商标查询

按照《商标法》的规定，一件商标从申请到核准注册大约需要一年时间[①]。如果商标注册申请被驳回，一方面损失商标注册费；另一方面重新申请注册商标还需要时间，而且再次申请能否被核准注册仍处于未知状态。因此，申请人在申请注册商标前最好进行商标查询，了解是否存在与拟申请注册商标可能构成冲突的在先商标权利，根据查询结果做出判断后，再提交申请书。

商标查询可登录国家知识产权局中国商标网。

3. 申请注册商标的程序

（1）提出申请。

根据《中华人民共和国商标法实施条例》（以下简称《商标法实施条例》，2014 年 4 月 29 日修订，2014 年 5 月 1 日起施行）规定，申请注册商标应当按公布的商品和服务分类表填报。申请时，可以通过一份申请就多个类别的商品申请注册同一商标。商标注册申请等文件，可以书面方式或者数据电文方式提出。注册商标需要在核定使用范围之外的商品上取得商标专用权的，应当另行提出注册申请。

我国 1988 年起正式采用了《尼斯协定》规定的《商标注册用商品和服务国际分类表》，简称《商品国际分类表》，按其规定，商标注册用商品和服务国际分类共有 45 个类别，其中商品 34 个类别、服务 11 个类别。申请人需按照该分类表确定商品（服务）的类别。

申请商标注册时，每一件商标注册申请应当向商标局提交《商标注册申请书》1 份、商标图样 1 份；以颜色组合或者着色图样申请商标注册的，应当提交着色图样，并提交黑白稿 1 份；不指定颜色的，应当提交黑白图样。

商标图样应当清晰，便于粘贴，用光洁耐用的纸张印制或者用照片代替，长和宽应当不大于 10cm，不小于 5cm。

以三维标志申请商标注册的，应当在申请书中予以声明，说明商标的使用方式，并提交能够确定三维形状的图样，提交的商标图样应当至少包含三面视图。

以颜色组合申请商标注册的，应当在申请书中予以声明，说明商标的使用方式。

以声音标志申请商标注册的，应当在申请书中予以声明，提交符合要求的声音样本，对申请注册的声音商标进行描述，说明商标的使用方式。对声音商标进行描述，应当以五线谱或者简谱对申请用作商标的声音加以描述并附加文字说明；无法以五线谱或者简谱描述的，应当以文字加以描述；商标描述与声音样本应当一致。

申请注册集体商标、证明商标的，应当在申请书中予以声明，并提交主体资格证明文件和使用管理规则。

商标为外文或者包含外文的，应当说明含义。

[①] 根据商标注册便利化改革三年攻坚计划，2018 年年底我国商标注册审查周期缩短至 6 个月，2020 年缩短至 4 个月。

（2）审查。

商标局在收到申请文件之日起 9 个月内审查完毕，符合规定的予以初步审定并公告；对不符合规定的，予以驳回。

（3）核准注册。

对初步审定的商标，自公告之日起 3 个月内，任何人均可以提出异议。公告期满无异议的，予以核准注册，发给商标注册证，并予以公告。

（4）异议与复审。

对初步审定、予以公告的商标提出异议的，商标局经调查核实后做出决定。商标局决定不予注册，被异议人不服的，可以自收到通知之日起 15 日内向商标评审委员会申请复审。当事人对商标评审委员会的复审决定不服的，可以自收到通知之日起 30 日内向人民法院起诉。商标局决定准予注册的，异议人不服的，可以向商标评审委员会请求宣告该注册商标无效。

对驳回申请、不予公告的商标，商标注册申请人不服的，可以自收到通知之日起 15 日内向商标评审委员会申请复审。当事人对商标评审委员会的决定不服的，可以自收到通知之日起 30 日内向人民法院起诉。

4. 申请注册商标的费用

申请商标注册和办理其他商标事宜的，应当按照规定缴纳费用。商标业务收费项目和标准可以登录国家知识产权局商标局查询。

5. 商标的国际注册

近年来，我国不少老字号、知名品牌、驰名商标屡屡在国外被抢注，这引起了人们对于商标国际注册的重视。由于商标权的地域性特征，未在外国注册的商标势必得不到该国的法律保护，因此打算走向国际市场的企业，必须将自己的品牌注册到国外去。

那么如何办理商标的国际注册呢？有两种途径：一种是逐一国家注册，即分别向各国商标主管机关申请注册；另一种是马德里商标国际注册，即根据《商标国际注册马德里协定》（以下简称《马德里协定》）或《商标国际注册马德里协定有关议定书》（以下简称《马德里议定书》）的规定，在马德里联盟成员之间进行的商标注册。我们通常所说的商标国际注册，指的就是马德里商标国际注册。"马德里联盟"是指由《马德里协定》和《马德里议定书》所适用的国家或政府间组织所组成的商标国际注册特别联盟。截至 2019 年 10 月，马德里联盟共有 105 个成员（或称缔约方）。我国是马德里联盟成员国，对于国内企业来说，最方便的途径是通过我国商标局办理商标国际注册，具体只需向商标局国际注册处提交申请即可。

七、使用注册商标的注意事项

注册商标的使用，是指将商标用于商品、商品包装或容器以及商品交易文书上，或者将商标用于广告宣传、展览以及其他商业活动中，用于识别商品来源的行为。在使用过程中，须注意以下事项。

（1）注册商标应严格按照《商标注册证》上核准注册的商标和核定使用的商品或服务使用。

（2）商标注册人不得自行改变注册商标、注册人名义、地址或者其他注册事项。

（3）商标注册人超过《商标注册证》核定使用的商品或服务范围使用其注册商标，并标明注册标志的，是冒充注册商标的违法行为。

（4）商标注册人不得自行转让注册商标。转让注册商标的，转让人和受让人应当签订转让协议，并共同向商标局提出申请。

（5）商标注册人有使用注册商标的义务。如果注册商标自核准之日起连续 3 年停止使用，则该商标将可能被依法撤销。

（6）商标注册人应当对其使用注册商标的商品或服务的质量负责。

（7）商标注册人许可他人使用其注册商标，应当将其商标使用许可报商标局备案。许可人还应当监督被许可人使用其注册商标的商品质量。

八、商标权的保护

1. 商标权的保护期限

注册商标的有效期为 10 年，自核准注册之日起计算。注册商标有效期满，需要继续使用的，应当在期满前 12 个月内申请续展注册；在此期间未能提出申请的，可以给予 6 个月的宽展期。宽展期满仍未提出申请的，注册商标将会被注销。每次续展注册的有效期为 10 年。

2. 商标权的保护范围

注册商标的专用权以核准注册的商标和核定使用的商品或服务为限。

3. 商标权的行政保护和司法保护

《商标法》规定，有下列行为之一的，均属侵犯注册商标专用权。

（1）未经商标注册人的许可，在同一种商品上使用与其注册商标相同的商标的。

（2）未经商标注册人的许可，在同一种商品上使用与其注册商标近似的商标，或者在类似商品上使用与其注册商标相同或者近似的商标，容易导致混淆的。

（3）销售侵犯注册商标专用权的商品的。

（4）伪造、擅自制造他人注册商标标识或者销售伪造、擅自制造的注册商标标识的。

（5）未经商标注册人同意，更换其注册商标并将该更换商标的商品又投入市场的。

（6）故意为侵犯他人商标专用权行为提供便利条件，帮助他人实施侵犯商标专用权行为的。

（7）给他人的注册商标专用权造成其他损害的。

遇有侵犯注册商标专用权行为的，商标注册人或者利害关系人可以向人民法院起诉，也可以请求工商行政管理部门处理。商标所有人认为他人将其注册商标或者未注册的驰名商标作为企业名称中的字号使用，误导公众，构成不正当竞争行为的，依照《反不正当竞争法》处理。

商标注册人或者利害关系人有证据证明他人正在实施或者即将实施侵犯其注册商标专用权的行为，如不及时制止，将会使其合法权益受到难以弥补的损害的，可以在起诉前向人民法院申请采取责令停止有关行为和财产保全的措施。在证据可能灭失或者以后难以取得的情况下，还可以在起诉前向人民法院申请保全证据。

《商标法》还规定，有以下行为的，构成犯罪的，除赔偿被侵权人的损失外，依法追究刑事责任：未经商标注册人许可，在同一种商品上使用与其注册商标相同的商标；伪造、擅自制造他人注册商标标识或者销售伪造、擅自制造的注册商标标识；销售明知是假冒注册商标的商品。

4. 驰名商标的特殊保护

驰名商标是指在中国为相关公众广为知晓并享有较高声誉的商标。认定驰名商标应考虑下列因素。

（1）相关公众对该商标的知晓程度。

（2）该商标使用的持续时间。

（3）该商标的任何宣传工作的持续时间、程度和地理范围。

（4）该商标作为驰名商标受保护的记录。

（5）该商标驰名的其他因素。

为相关公众所熟知的商标，持有人认为其权利受到侵害时，可以依照《商标法》规定请求驰名商标保护。我国法律对驰名商标给予特殊保护，并扩大了对其保护的范围，主要表现在以下几个方面。

（1）驰名商标即使未经注册，也可受到法律保护。

《商标法》规定，就相同或者类似商品申请注册的商标是复制、模仿或者翻译他人未在中国注册的驰名商标，容易导致混淆的，不予注册并禁止使用。

（2）已注册驰名商标，其受保护范围扩展到非相同或类似商品上。

《商标法》规定，就不相同或者不相类似商品申请注册的商标是复制、模仿或者翻译他人已经在中国注册的驰名商标，误导公众，致使该驰名商标注册人的利益可能受到损害的，不予注册并禁止使用。

另外需要注意的是，生产者、经营者不得将"驰名商标"字样用于商品、商品包装或者容器上，或者用于广告宣传、展览以及其他商业活动中。

【案例】"新华书店"的驰名商标保护之路

2007年8月，"新华书店"这一有着70年光荣历史的"老字号"被国家工商行政管理总局商标评审委员会认定为中国驰名商标。为此，新华书店总店、新华书店协会经过了十余年的不懈努力，其过程可谓一波三折、跌宕起伏。

早在1993年，全国各地就相继出现了个体书店张挂"新华书店"店招，以新华书店名义非法贩卖盗版图书及非法出版物的事件。为此，新华书店总店以毛泽东手书"新华书店"店招作为标识，国家商标局申请"新华书店"服务商标注册。结果得到的答复是，该标识不得注册为商标。理由是"书店"二字是企业名称，不在注册范围之内，而"新华"二字已有人注册在先。与此同时，却有人于1996年8月13日用中文的毛体、楷体、汉语拼音以及英文等字体在美国联邦政府注册"新华书店"商标。

　　1997年，在新华书店成立60周年之际，新华书店总店再次向国家商标局提请了"新华书店"商标注册的申请。然而，这一申请再次被国家商标局驳回，理由与1995年相同。于是，新华书店总店转而寻求商标注册的仲裁机构——商标评审委员会的支持。新华书店总店准备了大量书面材料，详细介绍了新华书店的历史，充分陈述了注册"新华书店"商标的理由。商标评审委员会研究了申述材料后，几次到新华书店总店了解情况，组织专题研讨。与此同时，许多出版界的老前辈也纷纷利用不同渠道呼吁要对"新华书店"这一国有无形资产、著名品牌给予注册保护。根据新华书店60年光荣而悠久的历史，考虑新华书店行业的特殊性，特别是毛体"新华书店"字体在海内外的影响力，商标评审委员会做出了对"新华书店"商标予以注册的终审裁决。国家商标局分别于1998年1月、1998年11月对"新华书店"商标核准注册。2003年中国新华书店协会成立后，新华书店总店将"新华书店"商标注册及持有权全部无偿转让给协会。

　　伴随着"新华书店"商标知名度的提升，同时为进一步增加"新华书店"商标的保护力度，中国新华书店协会于2006年8月向商标评审委员会提出对"新华书店"进行驰名商标的认定申请。与此同时，为全面加强对"新华书店"商标的境外保护，中国新华书店协会在澳大利亚、日本、韩国、英国、美国、法国、德国、意大利、俄罗斯、西班牙、瑞士、乌克兰等22个国家申请注册"新华书店"商标。目前，中国新华书店协会已获得世界知识产权组织马德里国际注册局的注册证明。至此，"新华书店"这一金字招牌、重要的国有文化知名品牌已经在国内外受到全面保护。

　　（资料来源：中国新闻出版报）

　　评析： 新华书店维权的曲折之路，从某种意义上说带有历史的印记。过去我国知识产权保护的意识不强，不少老字号、知名品牌都没有及时申请商标注册，这就给侵权人提供了可乘之机。这个案例给我们最重要的启发就是，知识产权是企业的重要资产，企业品牌、核心技术等知识产权的保护千万马虎不得。

九、商业秘密的概念与保护

1. 商业秘密的概念

　　商业秘密，是指不为公众所知悉、具有商业价值并经权利人采取相应保密措施的技术信息、经营信息等商业信息。技术信息包括与技术有关的结构、原料、组分、配方、材料、样品、样式、植物新品种繁植材料、工艺、方法或其步骤、算法、数据、计算机程序及其有关文档等，又被称为技术秘密。经营信息包括与经营活动有关的创意、管理、销售、财务、计划、样本、招投标材料、客户信息（包括客户的名称、地址、联系方式以及交易习惯、意向、内容等）、数据等。

　　商业秘密具有秘密性、保密性、价值性的特点。保护企业的商业秘密，前提是有密可保，也就是说，企业必须通过积极的措施将具有重要经济价值的技术信息或经营信息秘密化，使之成为受法律保护的商业秘密。如果企业没有很好的保密措施，任何人随便都可以得到大量的技术信息、经营信息，即使这些信息对企业来说很重要，也不能称为商业秘密。

2. 商业秘密的保护

根据《反不正当竞争法》（1993年12月1日起施行，2019年4月23日修正）的有关规定，下列行为属于侵犯商业秘密的行为。

（1）以盗窃、贿赂、欺诈、胁迫、电子侵入或者其他不正当手段获取权利人的商业秘密。

（2）披露、使用或者允许他人使用以前项手段获取的权利人的商业秘密。

（3）违反保密义务或者违反权利人有关保守商业秘密的要求，披露、使用或者允许他人使用其所掌握的商业秘密。

（4）教唆、引诱、帮助他人违反保密义务或者违反权利人有关保守商业秘密的要求，获取、披露、使用或者允许他人使用权利人的商业秘密。

经营者以外的其他自然人、法人和非法人组织实施前款所列违法行为的，视为侵犯商业秘密。

第三人明知或者应知商业秘密权利人的员工、前员工或者其他单位、个人实施上述所列违法行为，仍获取、披露、使用或者允许他人使用该商业秘密的，视为侵犯商业秘密。

权利人认为其商业秘密受到了侵害，可以向监督检查部门申请查处侵权行为，也可以向人民法院提起诉讼，如认为侵权人构成犯罪的，还可以向公安机关报案。

侵犯商业秘密，构成侵犯商业秘密罪的，须依法承担刑事责任。

【案例】浙江金某某侵犯商业秘密案——2019年度检察机关保护知识产权典型案例之十七

温州明×光学科技有限公司（以下简称"明×公司"）主要生产销售光学塑料显微镜、望远镜、太阳能聚光透镜、充电器，经多年研究掌握了菲涅尔超薄放大镜生产技术。被告人金某某在明×公司工作期间，先后担任业务员、销售部经理、副总经理，并与明×公司签订了保密协议。2011年年初，被告人金某某从明×公司离职，并成立温州菲××光学有限公司（以下简称"菲××公司"），到明×公司的供应商处购买相同类型的设备、材料等，使用相同的方法生产与明×公司同样的菲涅尔超薄放大镜进入市场销售，造成明×公司经济损失120万余元。经鉴定，菲××公司制作菲涅尔超薄放大镜的工艺与明×公司的工艺实质相同，且涉及的"三合一"塑成制作方法属于"不为公众所知悉"的技术信息。

浙江省温州市平阳县公安局接到明×公司报案，于2016年10月27日对金某某以涉嫌侵犯商业秘密罪立案侦查，并于2017年2月24日将案件移送温州市公安局。2018年1月23日，温州市公安局将该案移送起诉，温州市人民检察院交由瑞安市人民检察院办理。瑞安市人民检察院于2018年3月15日、5月25日两次退回公安机关补充侦查，并自行补充调取部分书证、证人证言。同年8月16日瑞安市人民检察院提起公诉，瑞安市人民法院于2019年2月14日做出判决，认定被告人金某某犯侵犯商业秘密罪，判处有期徒刑一年六个月，并处罚金70万元。被告人金某某上诉，温州市中级人民法院裁定驳回上诉，维持原判。

本案犯罪嫌疑人拒不认罪，检察机关认真梳理全案证据，理顺指控犯罪的证明思路，有力指控犯罪行为。检察官根据被告人与明××公司的保密协议，论证其明知具体保密的内容包括涉案技术信息和经营信息；根据被告人在明××公司从业务员到副总经理的任职经历和2010年年底离职的情况，结合两公司员工、客户、供应商的证人证言，菲××公司2011年成立和变更登记的书证等，论证其具备接触并掌握涉案技术秘密和经营信息的条件且是菲××公司的实际控制人；通过多份鉴定意见论证其使用的生产工艺与权利人的生产工艺实质性相同；结合审计没有发现菲××公司任何研发资金投入且未发现有证明菲××公司工艺合法来源于他人的证据，从正反两方面综合论证侵犯商业秘密行为系由被告人实施，得到法院支持。

（资料来源：最高人民检察院）

3. 创业计划是不是商业秘密

大学生创业过程中制订的创业计划，往往花费了大学生大量的时间和精力，其中可能包含着创新的技术、商业模式，不乏富有价值的商业秘密。那么如何保护我们的创业计划呢？

一方面，我们应当将创业计划做成真正有自己特色的、与众不同的一份计划，体现它的独特性、创造性，只有当它与已有的创业计划都不一样时，才能使之具备秘密性和价值性；另一方面，要采取严密的保密措施，包括制定内部保密制度和涉秘人员签订保密协议等方式，严加防范泄密事件的发生。只有当秘密性、保密性、价值性同时具备时，创业计划才真正变成了受保护的商业秘密。

十、计算机软件著作权的保护

随着IT产业的迅猛发展，计算机软件作为一种重要的智力成果越来越需要保护。一方面计算机软件的开发非常辛苦，风险也很大；另一方面它又具有容易复制的特点，因而也更容易受到侵害。

根据《计算机软件保护条例》（2002年1月1日起施行，2013年1月30日第二次修订）的规定，计算机软件是指计算机程序及其有关文档。计算机程序，是指为了得到某种结果而可以由计算机等具有信息处理能力的装置执行的代码化指令序列，可以被自动转换成代码化指令序列的符号化指令序列，或者符号化语句序列。同一计算机程序的源程序和目标程序为同一作品。文档，是指用来描述程序的内容、组成、设计、功能规格、开发情况、测试结果及使用方法的文字资料和图表等，如程序设计说明书、流程图、用户手册等。

我国对计算机软件给予著作权的保护。软件著作权人享有发表权、署名权、修改权、复制权、发行权、出租权、信息网络传播权、翻译权、许可使用权和转让权等权利。

1. 软件著作权的归属

软件著作权属于软件开发者，如无其他证明，在软件上署名的自然人、法人或者其他组织为开发者。

合作开发的软件，其著作权的归属由合作开发者签订书面合同约定。无书面合同或者合同未做明确约定，合作开发的软件可以分割使用的，开发者对各自开发的部分可以单独享有著作权；但是，行使著作权时，不得扩展到合作开发软件整体的著作权。合作开发的软件不能分割使用的，其著作权由各合作开发者共同享有，通过协商一致行使；不能协商一致，又无正当理由的，任何一方不得阻止他方行使除转让权以外的其他权利，但是所得收益应当合理分配给所有合作开发者。

接受他人委托开发的软件，其著作权的归属由委托人与受托人签订书面合同约定；无书面合同或者合同未做明确约定的，其著作权由受托人享有。

由国家机关下达任务开发的软件，著作权的归属与行使由项目任务书或者合同规定；项目任务书或者合同中未做明确规定的，软件著作权由接受任务的法人或者其他组织享有。

自然人在法人或者其他组织中任职期间所开发的软件有下列情形之一的，该软件著作权由该法人或者其他组织享有，该法人或者其他组织可以对开发软件的自然人进行奖励。

（1）针对本职工作中明确指定的开发目标所开发的软件。

（2）开发的软件是从事本职工作活动所预见的结果或者自然的结果。

（3）主要使用了法人或者其他组织的资金、专用设备、未公开的专门信息等物质技术条件所开发并由法人或者其他组织承担责任的软件。

2. 软件著作权的保护期限

软件著作权自软件开发完成之日起产生。自然人的软件著作权，保护期为自然人终生及其死亡后50年，截至自然人死亡后第50年的12月31日；软件是合作开发的，截至最后死亡的自然人死亡后第50年的12月31日。法人或者其他组织的软件著作权，保护期为50年，截至软件首次发表后第50年的12月31日，但软件自开发完成之日起50年内未发表的不再保护。

3. 软件著作权的登记

鉴于软件保护的难度，国家鼓励软件登记，并对登记的软件予以重点保护。

申请软件著作权登记的，应当向登记机关——中国版权保护中心通过直接递交或者挂号邮寄的方式提交以下材料。

（1）按要求填写的软件著作权登记申请表。

（2）软件的鉴别材料。

（3）相关的证明文件。

软件的鉴别材料包括程序和文档的鉴别材料。程序和文档的鉴别材料应当由源程序和任何一种文档前、后各连续30页组成。整个程序和文档不到60页的，应当提交整个源程序和文档。除特定情况外，程序每页不少于50行，文档每页不少于30行。

中国版权保护中心受理申请后，将在60日内完成审查，申请符合《计算机软件保护条例》和《计算机软件著作权登记办法》（2002年2月20日起施行）规定的，予以登记，发给相应的登记证书，并予以公告。

【案例】北京飞××软件有限公司与北京猎×移动科技有限公司侵害计算机软件著作权纠纷

本案由北京知识产权法院 2020 年 2 月 20 日做出一审判决。

北京飞××软件有限公司（简称飞××公司）诉称：飞××公司拥有计算机单机游戏《三国群英传 II》（简称涉案游戏）的完整著作权。该游戏在国内单机游戏中有极高的知名度。飞××公司发现北京猎×移动科技有限公司（简称猎×公司）未经授权在其经营的网站（域名 duba.com）上非法传播涉案游戏，飞××公司对此进行了证据保全公证。猎×公司未经许可擅自将涉案游戏通过网络进行传播的行为，严重侵犯了飞××公司对涉案游戏享有的信息网络传播权，严重扰乱了飞××公司对涉案游戏正常市场发行秩序。故请求法院判令猎×公司赔偿经济损失 5 万元。

猎×公司答辩称：不认可飞××公司关于公司及涉案游戏的知名度的主张。飞××公司关于侵权的证据不充分，其未进行下载并进入游戏，不能证明猎×公司存在侵权行为。飞××公司主张的经济损失过高，涉案游戏开发时间早，与现在的计算机系统不兼容，安装困难，画面简单古老，基本没人玩，涉案游戏不在猎×公司的游戏版页面，需手动搜索，即使侵权，飞××公司的主张金额过高。综上所述，请求法院驳回原告的诉讼请求。

法院经审理查明：

涉案游戏的外包装上载明，游戏名称"三国群英传 II"，制作"宇×××科技股份有限公司"（简称宇×××公司）。2018 年 1 月 1 日，宇×××公司向飞××公司出具《授权委托书》。授权的基本内容如下：宇×××公司将所附游戏（附件中包含涉案游戏）（包括繁体版和简体版）的信息网络传播权、复制发行权等著作权独家授权给飞××公司。飞××公司拥有对所涉及的知识产权的侵权行为，包括但不限于针对互联网的下载、传播各种形式的使用：网吧（包含单机、局域网等情形）的各种形式的使用、传播；打击盗版等进行维权的权利。飞××公司有权以自己的名义在授权范围内行使上述权利，如申请证据保全，行政投诉，提起民事、行政诉讼，上诉，申请执行等。授权区域：中国大陆（不含香港、澳门、台湾地区）。授权期限：五年（自 2018 年 1 月 1 日起至 2022 年 12 月 31 日止）。

2018 年 4 月 10 日，北京市长安公证处做出了（2018）京公明内民证字第 622 号公证书（简称公证书）。公证书显示：2018 年 4 月 10 日，公证人员和飞××公司的委托代理人陈园在北京市公明公证处，使用公证处的一部台式计算机（该计算机安装有"屏幕录像专家"软件并已经通过公证处网线、网口连接至互联网）进行证据保全操作。公证步骤显示对本台计算机上保存的有关浏览的历史记录等情况进行了删除。随后在该页面浏览界面的地址栏输入"www.miitbeian.gov.com"，敲击回车键，进入相对应页面；在所示页面搜索栏输入"公共查询"，单击"备案信息查询"进入相对应页面；在"网站域名"处输入"duba.com"，在"输入验证码"栏输入验证码，单击"提交"，进入相对应页面，显示域名"duba.com"，注册人为猎×公司；单击"duba.com"，进入相应页面；单击"免费软件"，进入相对应页面；搜索"三国群英传"，进入相对应页面；单击所示页面中的"三国群英传 II"，进入相对应页面；单击所示页面中的"立即下载"，开始下载；文件下载完毕后，结束录制。

法院认为：本案中，飞××公司提交了涉案游戏光盘外包装，在没有相反证据的情况下可以确认宇×××公司为涉案游戏的著作权人。飞××公司根据宇×××公司出具的《授权委托书》获得授权，有权对针对涉案游戏的侵权行为提起诉讼。根据在案的公证书，从涉案网站可以下载涉案游戏，使公众可以在其个人选定的时间和地点获得涉案游戏。猎×公司并未提交证据证明其在涉案网站提供涉案游戏的行为获得了涉案游戏权利人的许可，故该行为侵害了飞××公司对涉案游戏的信息网络传播权。

最后，法院综合考虑涉案游戏性质、知名度、上市时间、侵权人的主观过错以及侵权时间等因素，认为猎×公司赔偿飞××公司12 000元足以弥补其损失。遂判决被告北京猎×移动科技有限公司赔偿原告北京飞××软件有限公司经济损失12 000元。

（资料来源：中国裁判文书网）

评析： 本案是一起软件著作权侵权纠纷，事实比较清楚。原告进行了充分的举证，一是提供了软件光盘及原著作权人的授权委托书，证明了自身享有信息网络传播权等权利；二是通过公证取证，固定了在被告网站上可以下载涉案软件的事实，证明了被告的侵权行为。这些正确的维权行为都为其赢得诉讼奠定了基础，值得创业者们学习。

第四节　合同管理

关键词：合同、合同管理、要约、承诺、合同担保、合同的履行

一、合同管理概述

合同是平等主体的自然人、法人、其他组织之间设立、变更、终止民事权利义务关系的协议，是连接各经济主体、处理各种经济关系的重要法律依据和经济纽带。企业的生产经营，从某种意义上说就是不断地订立合同、履行合同的过程。例如，"美特斯·邦威"生产衣服，须采购布料，与布料供应商之间就会产生买卖合同；"美特斯·邦威"想在杭州市设立一个旗舰店，需要租赁店面，那么就需要和房东签订租赁合同；"美特斯·邦威"的衣服从生产厂家运到杭州，就会和物流公司达成运输协议；"美特斯·邦威"的衣服卖给消费者，又和消费者之间构成买卖合同……在这一系列的合同行为过程中，不论哪个环节出现问题，都可能给企业的正常运转带来麻烦。由此可见，合同与企业的经营活动如影随形，要想控制企业经营风险，就必须管好合同。

【案例】腾讯状告老干妈拖欠千万元广告费案

2020年6月腾讯起诉老干妈一案引起广泛关注。一开始腾讯称，其与老干妈签订了一份广告合同，但老干妈一直未付广告费，遂起诉并申请法院对老干妈财产进行保全。接下来的事情，让人们大跌眼镜。老干妈回应，称自己从来没有和腾讯签过合同，已经报案了。警方调查结果显示，有3名犯罪嫌疑人伪造老干妈公司印章，冒充该公司市场经营部经理，

与腾讯公司签订合作协议。7月10日，腾讯和老干妈握手言和，并发表联合声明：腾讯已向法院撤诉，并就合同诈骗行为向公安报案。腾讯和老干妈双方后续将积极配合相关法律程序的推进。

（资料来源：互联网）

评析：本案原来是误会一场。但这件事情不禁让人替腾讯着急，这家互联网巨头的合同管理有漏洞，以后务必加强管理，不能让犯罪分子钻空子。

合同管理是在企业内部通过建立一系列合同管理制度，对企业经营活动中各种合同的订立、变更、解除、审查、监督、履行进行规范，使合同依法订立并全面履行的一系列活动[①]。

要管理好合同，企业应当根据自身的实际情况设置相应的合同管理机构，配备专门的合同管理人员，制定完整的合同管理制度。一般来说，须从以下几个方面加强合同的管理。

（1）合同签约管理。包括对合同相对方的资信调查、己方签约代表授权、合同的审查、合同专用章的使用等，目的是规范签约行为，预防履约风险。

（2）合同履行管理。对合同履行情况，包括合同变更、转让、解除、终止、违约情况等的管理，目的是随时监控并及时处理各种履行异常情况，保证合同的全面履行。

（3）合同纠纷管理。包括合同纠纷报告，处理方案拟订、执行等，目的是及时处理合同纠纷，最大限度地降低由此带来的损失。

（4）合同档案管理。包括合同台账登记、合同档案建立等，目的是使合同行为有据可查，并为改进企业的合同管理工作提供依据。

二、经济活动中常见的合同

1. 买卖合同

买卖合同是出卖人转移标的物的所有权于买受人，买受人支付价款的合同。这类合同多见于商品交易中。例如，"戴尔"公司拥有一批新型计算机，"百度"公司正好需要这一批计算机，于是"百度"公司找到了"戴尔"公司购买该批计算机并支付了相应的价款，那么该批计算机现在就归"百度"公司所有。

2. 供用电、水、气、热力合同

供用电、水、气、热力合同是供电、水、气、热力人向用电、水、气、热力人供电、水、气、热力，用电、水、气、热力人支付费用的合同。向社会公众供电、水、气、热力的供电、水、气、热力人，不得拒绝用电、水、气、热力人合理的订立合同要求。

日常生活中，我们用电，然后支付电费，就属于这类合同。

---

① 后东升. 企业合同管理法律实务[M]. 北京：人民法院出版社，2005：71.

3. 赠与合同

赠与合同是赠与人将自己的财产无偿给予受赠人，受赠人表示接受赠与的合同。由于赠与是一种无偿无对等给付的法律行为，因此一般情况下，在赠与财产的权利转移之前，赠与人可以撤销赠与，但具有救灾、扶贫等社会公益、道义义务性质的赠与合同或者经过公证的赠与合同，不可以任意撤销。

4. 借款合同

借款合同是借款人向贷款人借款，到期返还借款并支付利息的合同。如秋秋服装有限公司因为生产经营需要资金，向上海交通银行申请现金贷款100万元，并用公司厂房抵押，约定一年后还本付息（利息按中国人民银行规定的同期贷款利率计算）。

5. 保证合同

保证合同是为保障债权的实现，保证人和债权人约定，当债务人不履行到期债务或者发生当事人约定的情形时，保证人履行债务或者承担责任的合同。保证是担保的一种方式，因为是用"人"来担保，所以也被称为"人保"。如在创业时，向银行借款，银行要求创业者提供担保，创业者请自己的父母担保，这就是保证，银行要求父母与其签订的合同就是保证合同。如果创业者未及时还清本息，银行有权要求其父母履行还债的义务。

6. 租赁合同

租赁合同是出租人将租赁物交付承租人使用、收益，承租人支付租金的合同。常见的有房屋租赁、汽车租赁等。在这类合同中值得注意的是《民法典》第七百二十五条的规定："租赁物在承租人按照租赁合同占有期限内发生所有权变动的，不影响租赁合同的效力。"这就是我们所说的"买卖不破租赁"。另外，《民法典》第七百二十六条规定，"出租人出卖租赁房屋的，应当在出卖之前的合理期限内通知承租人，承租人享有以同等条件优先购买的权利；但是，房屋按份共有人行使优先购买权或者出租人将房屋出卖给近亲属的除外"，赋予了承租人优先购买权。

7. 融资租赁合同

融资租赁合同是出租人根据承租人对出卖人、租赁物的选择，向出卖人购买租赁物，提供给承租人使用，承租人支付租金的合同。融资租赁有利于用较少的资金解决生产所需，且能为出租人带来丰厚的利润，是一个由买卖合同和融资性质合同构成，涉及出卖人、出租人（买受人）、承租人三方的合同。

8. 保理合同

保理合同是应收账款债权人将现有的或者将有的应收账款转让给保理人，保理人提供资金融通、应收账款管理或者催收、应收账款债务人付款担保等服务的合同。保理合同应当采用书面形式。应收账款债权人有时面临应收账款难以回收、急需资金等困难，债权人就会考虑引入第三方（即保理人）来帮助他解决应收账款带来的困难，则债权人就要和第三方签订保理合同。

9. 承揽合同

承揽合同是承揽人按照定做人的要求完成工作，交付工作成果，定做人给付报酬的合同。承揽包括加工、定做、修理、复制、测试、检验等工作，如定做家具、首饰等。

10. 建设工程合同

建设工程合同是承包人进行工程建设，发包人支付价款的合同。建设工程合同包括工程勘察、设计、施工合同。建设工程合同具有较强的国家管理性，其签订一般采用招标、投标形式进行。例如，万科金色家园三期工程要建，首先须在相应的权威媒体公开发布招标公告，经过各投标人投标后，最后也须公布中标结果，要确保建设工程的招标、投标活动公开、公平、公正。

11. 运输合同

运输合同是承运人将旅客或者货物从起运地点运输到约定地点，旅客、托运人或者收货人支付票款或者运输费用的合同。原则上，运输合同是有偿的，但是也有无偿的情况，如运送救济品或运送身高未达一定高度的小孩儿，即属于免费运输。

12. 技术合同

技术合同是当事人就技术开发、转让、咨询或者服务订立的确立相互之间权利和义务的合同。订立技术合同，应当有利于科学技术的进步，加速科学技术成果的转化、应用和推广。我国经济快速发展，技术合同的成交额也大幅增长。

13. 保管合同

保管合同是保管人保管寄存人交付的保管物，并返还该物的合同。保管合同为无偿合同，但是当事人也可以约定为保管而给付报酬。例如，去超市，你为了方便，把手上提的物品寄存在超市前台，你离开超市时，前台将该物品返还于你，这种保管一般不需要给付报酬。在火车站，你将一个大包裹放在寄存处保管，寄存处的工作人员告诉你，保管需要交付保管费用 5 元，那么这种保管合同就是有偿保管。

14. 仓储合同

仓储合同是保管人储存存货人交付的仓储物，存货人支付仓储费的合同。保管人为存货人保管储存的货物，出具仓单，存货人凭仓单提取货物并给保管人支付报酬。仓储合同为有偿合同，是由一般的保管合同发展、演变而来，法律对仓储合同有特别规定时，应适用法律的特别规定。

15. 委托合同

委托合同是委托人和受托人约定，由受托人处理委托人事务的合同。委托合同是一种典型的提供劳务的合同，以委托人和受托人之间的相互信任为前提，法律后果由委托方承受。例如，万科地产委托探索广告公司设计房地产平面广告，并由探索广告公司联系媒体以"万科"的名义发布广告。

16. 物业服务合同

物业服务合同是物业服务人在物业服务区域内，为业主提供建筑物及其附属设施的维修养护、环境卫生和相关秩序的管理维护等物业服务，业主支付物业费的合同。物业服务人包括物业服务企业和其他管理人。物业服务合同应当采用书面形式。

17. 行纪合同

行纪合同是行纪人以自己的名义为委托人从事贸易活动，委托人支付报酬的合同。在我国，行纪人只能是经法定手续批准经营信托业务的法人，其他法人或公民不能成为行纪合同中的行纪人。行纪人是以自己的名义办理行纪事务，委托人不直接与第三人发生法律上的权利义务关系。

18. 中介合同

中介合同是中介人向委托人报告订立合同的机会或者提供订立合同的媒介服务，委托人支付报酬的合同。日常生活中，常见的中介合同是房屋买卖、租赁中介合同。

19. 合伙合同

合伙合同是两个以上合伙人为了共同的事业目的而订立的共享利益、共担风险的协议。例如，两位同学利用业余时间一起摆地摊，每人出资 500 元，挣的钱两人平分，如果亏了也平摊。

三、合同订立的程序

根据《民法典》（2021 年 1 月 1 日起施行）的规定，当事人订立合同，采取要约、承诺方式。

1. 要约

企业在经济活动中，要订立合同，就需要发出要约。要约是希望和他人订立合同的意思表示，又称发盘、出价，是订立合同的必经阶段。发出要约的人为要约人，接受要约的人为受要约人或相对人。要约的内容应具体确定，并表明经受要约人承诺，要约人即受该要约的约束。例如，"家乐福"超市向"伊利"乳业发电文称："我公司欲以 10 万元购买贵公司近日生产的 250mL 装纯牛奶 10 万盒，如贵公司愿意出售，请在两日内复电。"显然，"家乐福"超市发出的是一个要约。要约到达受要约人时生效，要约可以撤回，也可以撤销。

2. 承诺

承诺是受要约人同意要约的意思表示。例如上面提到的"家乐福"超市向"伊利"乳业发出的要约，正常情况下，"伊利"乳业在两天时间内给"家乐福"超市回复"愿意出售"或者直接将货物送往"家乐福"超市，那么"伊利"乳业做出的回复行为就是"承诺"。

承诺到达要约人时生效，承诺生效时合同成立，承诺生效的地点为合同成立的地点。当然，承诺可以在到达要约人之前或者同时到达要约人时撤回。上例中，如果"伊利"乳业觉得"家乐福"超市给的价格太低，想以 12 万元出售，于是回复"家乐福"超市要求售价为 12 万元，那么"伊利"乳业发出的这个回复将成为新的要约，而不是承诺。

【法条】

《民法典》

第四百八十八条　承诺的内容应当与要约的内容一致。受要约人对要约的内容作出实质性变更的，为新要约。有关合同标的、数量、质量、价款或者报酬、履行期限、履行地点和方式、违约责任和解决争议方法等的变更，是对要约内容的实质性变更。

四、订立合同的注意事项

1. 签约前认真审查当事人的主体资格、信用情况

要审查合同相对方是否具备相应的民事主体资格，查验其营业执照、身份证件等证明材料，如果对方委托代理人前来签约，除核实代理人身份外，还需查验其取得的授权情况。只有签约主体具备订立合同的资格，其签订的合同才具有法律效力。

同时还应注意对方是否资信良好、是否具有履约能力、签约的真实目的等，防止受骗上当。有些不法分子假借订立合同的机会探听商业秘密或怀有其他不纯目的的，对此必须加强防范。腾讯与老干妈的案例就是一个教训。

2. 订立合同应采取书面形式

当事人订立合同，有书面形式、口头形式和其他形式。书面形式不仅指合同书、信件，还包括电报、电传、传真、电子数据交换和电子邮件等数据电文形式。其他形式，如顾客将货币投入自动售货机内，售货机弹出所售货物，买卖合同成立。

但从保全证据、预防风险的角度看，订立合同应当尽量采用书面形式，因为空口无凭，"口头君子协议"靠不住。如果对方对你做出了书面合同以外的口头承诺，那么一定要把这些口头承诺写入书面合同，把它固定下来，否则日后发生争议时无据可查，你的权利就无法得到保障。

3. 把好对签约人员的授权关

签约实务中一般均派企业工作人员代表企业进行，这时就需要企业对签约人员进行授权，出具授权委托书，使其具有签约的权限。在授权的过程中，企业要认真挑选签约人员，

并经审批程序之后，方能将签约所需的材料交给签约人员，如授权委托书、介绍信、合同书等。上述文件均需填写规范，明确授权权限和期限，并在企业留底备查。除非特殊需要，企业公章/合同专用章不能交给签约人员带出企业，防止失控导致的风险。

4. 认真审查合同的内容

《民法典》第四百七十条规定："合同的内容由当事人约定，一般包括以下条款：（一）当事人的姓名或者名称和住所；（二）标的；（三）数量；（四）质量；（五）价款或者报酬；（六）履行期限、地点和方式；（七）违约责任；（八）解决争议的方法。当事人可以参照各类合同的示范文本订立合同。"

标的，是合同权利义务指向的对象。标的的数量多少、质量如何、什么样的价位都直接关系企业的经济利益，因此都要把好关，避免因约定不明而导致履行困难，或者发生争议。

履行期限、地点和方式也非常重要。例如，秋秋服装公司和红星制衣厂定做了一批衣服，约定两个月后交货，但没有明确交货地点和方式，结果秋秋服装公司认为红星制衣厂应该送货上门，然后现场付款，但是红星制衣厂认为他们应该自己提货，于是，争议就发生了。所以在订立合同时，最好能白纸黑字写清楚。

违约责任条款最好采用约定违约金的方式，而不是笼统地约定违约方要"赔偿损失"等，因为主张赔偿损失必须举证证明损失的大小，这在实际操作中有时很困难。当然，如果违约金约定过高，对方当事人可以要求法院或者仲裁机构予以减少。

争议的解决办法一般写法是："合同双方发生争议的，通过协商解决，协商不成的，双方当事人均有权到××法院通过诉讼解决"，也有约定通过仲裁解决的（关于仲裁参见本书第七章）。从节约诉讼成本的角度考虑，订立合同时可以尽量争取将管辖法院约定为己方就近的法院。

生效条件也是合同的主要条款。一般的约定是"本合同自双方签字盖章之日起生效"，也有的合同附生效条件或生效期限，这时须注意审查所附的条件或期限是否可以实现，如果实现不了，该合同无法生效。

合同内容审查应抓住以下重点。

（1）合同内容的真实性、可行性和合法性。

（2）合同条款的完备性、一致性。合同条款不仅要完整，而且不能相互矛盾。

（3）合同文字的准确性、唯一性。要避免含义模糊、约定不明的情况出现。

（4）权利义务的平等性。对于"不平等条约"要及时提出修改意见。

5. 尽量要求对方提供合同担保

合同担保的作用是督促合同相对方（债务人）履行合同，从而降低履约风险，保障己方（债权人）合同权利。合同担保可采用的担保方式包括保证担保、抵押担保、质押担保、留置担保、定金担保等。

五、合同履行中的注意事项

合同生效之后，当事人均应全面履行自己的义务。履行不当往往是合同在履行的过程中引发争议的一根导火线。因此，在合同的履行中，需要遵循合同履行的原则，还需特别注意一些履行中的权利义务事项。

1. 遵循合同履行原则

（1）全面履行原则。全面履行原则，是指按照合同约定，遵循合同的本旨，准确、完整地履行合同义务。《民法典》第五百零九条第一款明确规定："当事人应当按照约定全面履行自己的义务。"在实务中，有的企业为了方便或逃避税务，在合同签订中使用的是公司账号，而在履行中却使用合同以外第三方的私人账号，这显然增加了履约风险。因此，特别提醒在合同履行中应遵循全面履行原则。履行中如需变更的，应采用书面形式，以防产生争议。

（2）诚实信用原则。《民法典》第五百零九条第二款规定："当事人应当遵循诚信原则，根据合同的性质、目的和交易习惯履行通知、协助、保密等义务。"在合同的履行过程中，有可能当事人的名称、法定代表人、负责人等发生了变更，而该合同还未完成履行，那么当事人应遵循诚信原则，继续完成合同的履行，积极履行通知、协助、保密等附随义务。

2. 善用各项权利保护自己

在合同履行中，当事人如善于运用法律赋予的权利，则能更好地保护企业利益。

（1）履行抗辩权。抗辩权是指对抗请求的权利，常用于双务合同履行中，是一种行之有效的保障合同债务履行的法律制度，是及时防止不良债权形成的有效方法。双务合同履行抗辩权包括同时履行抗辩权、不安抗辩权和后履行抗辩权。

同时履行抗辩权，是指双务合同的当事人互负债务，没有先后履行顺序的，应当同时履行。一方在对方履行之前或履行不符合约定时，有权拒绝相应的履行要求。

不安抗辩权，是指先履行债务的当事人有证据证明对方的经营状况严重恶化，或转移财产、抽逃资金以逃避债务，或丧失商业信誉，以及其他丧失或有可能丧失履行债务能力的其他情形时，可中止履行，并及时通知对方；对方在合理期限内提供适当担保时，应当恢复履行，对方不能提供担保或证明履行能力的，中止履行的一方可以解除合同。

后履行抗辩权，是指当事人双方约定了先后履行顺序，先履行一方未履行的或履行不符合约定的，后履行一方有权拒绝相应履行要求。

（2）代位权。因债务人怠于行使其到期债权，对债权人造成损害的，债权人可以向人民法院请求以自己的名义代位行使债务人的债权。

（3）撤销权。因债务人放弃其到期债权或无偿转让财产或以明显不合理的低价转让财产，对债权人造成损害的，债权人可以请求人民法院撤销债务人的行为。

（4）解除权。在合同履行的过程中，当出现法定情形时，当事人可以解除合同。在订立合同时，当事人也可以约定解除条件，解除条件成立时，解除权人可以解除合同。

【法条】
《民法典》
第五百六十三条　有下列情形之一的，当事人可以解除合同：
（一）因不可抗力致使不能实现合同目的；
（二）在履行期限届满前，当事人一方明确表示或者以自己的行为表明不履行主要债务；
（三）当事人一方迟延履行主要债务，经催告后在合理期限内仍未履行；
（四）当事人一方迟延履行债务或者有其他违约行为致使不能实现合同目的；
（五）法律规定的其他情形。
以持续履行的债务为内容的不定期合同，当事人可以随时解除合同，但是应当在合理期限之前通知对方。

【小贴士】什么是不可抗力
不可抗力是不能预见、不能避免且不能克服的客观情况。
例如，2020年新冠肺炎疫情爆发超出各方预期，对个体来讲具有不可避免、不可克服的特性，可以认定属于不可抗力。合同一方因新冠肺炎疫情这一不可抗力致使合同目的落空的，可以通知对方解除合同。在自身义务之履行与疫情具有因果关系的前提下，当事人可以部分或全部免除民事责任。

3. 及时追究违约责任

在合同履行的过程中，如当事人出现违约情况，应该及时处理或追究，以确保合同的顺利履行，保障企业的合法权益。
追究违约责任的一般程序如下。
（1）协商。就对方的违约情形，与对方进行协商，争取达成解决问题的一致意见，并将该一致意见以书面形式确定下来（如双方签订变更协议、补充协议、备忘录等）。
（2）催告。协商不成的，向对方正式发函，提出我方的处理意见和要求，催促对方限期履约。
（3）诉讼或仲裁。催告效果不佳的，直接提起诉讼或仲裁，通过法律途径追究其违约责任。
在追究违约责任的过程中，要注意证据的收集和保全，同时还应及时采取防止损失扩大的合理措施。根据《民法典》的规定，当事人一方违约后，对方应当采取适当措施防止损失的扩大；没有采取适当措施致使损失扩大的，不得就扩大的损失要求赔偿。当然，当事人因防止损失扩大而支出的合理费用，由违约方承担。

【案例】中国××商品基地建设总公司与被上诉人中国建设银行上海市××分行、上海××国际贸易发展有限公司借款合同纠纷案

1996年8月19日，中国建设银行上海市××分行（以下简称建行××分行）与上海××国际贸易发展有限公司（以下简称上海A公司）签订了一份外汇借款合同。约定：由建行××分行向上海A公司提供流动资金贷款450万美元；贷款期限自1996年8月19日起至1997年8月18日止；贷款年利率为中国建设银行一年期外汇流动资金贷款利率，按六个月浮动；每年3月20日、6月20日、9月20日、12月20日为付息日；若上海A公司不能按约偿还该合同项下的任何到期款项，则建行××分行将向上海A公司就逾期款项部分，从应付之日起到实际支付之日止计收逾期利息，利率为该合同贷款利率（指逾期发生时的贷款利率）的1.3倍。当日，建行××分行依约将450万美元划入上海A公司账户。嗣后，上海A公司除向建行××分行支付自借款日至1996年12月23日止的利息和于1998年1月25日又支付利息12万美元外，余款拖欠至今。截至1998年1月20日，上海A公司尚欠建行××分行本金450万美元、利息（包括期内息和逾期息）307330.08美元。

中国××商品基地建设总公司（以下简称B公司）为本案系争贷款向建行××分行出具《不可撤销担保书》一份。该担保书载明，担保金额为450万美元以及贷款项下所发生的利息和相关费用；B公司保证归还上海A公司在借款合同项下不按期偿还的全部或部分到期借款本息及相关费用，并保证在接到建行××分行的书面通知后14日内代为偿还上海A公司所欠借款本息和费用；该担保书是一种连续担保和赔偿的保证，自签订日起生效，直至担保金额已由上海A公司或B公司全部偿还为止。该担保书上有薛某的签章并且加盖有B公司的公章。

上述担保书上所盖的B公司公章与B公司预留在国家工商局备案的公章印文样式不相一致。

本案的焦点之一是B公司是否要承担保证责任。

最高人民法院在二审终审中认为，在经本院委托司法鉴定认定建行××分行《不可撤销担保书》上B公司法定代表人签名系伪造、公章系由其他公章变造盖印形成的，且经当事人举证和本院查证均不能证明该变造的B公司章系B公司自己加盖或者授意他人加盖的，不能证明B公司明知该担保书的存在而不作否认表示，也不能证明B公司自己在其他业务活动中使用了该变造的B公司章，或者明知他人使用该变造的B公司章而不做否认表示，《不可撤销担保书》上的签名和变造的B公司章均不能认定或者依法推定为B公司真实意思的表示，因此该《不可撤销担保书》不成立，B公司不应承担上海A公司对建行××分行450万美元借款本息的担保责任。

（资料来源：最高人民法院公报 2007年第4期）

评析： 有争议的合同文本经司法鉴定认定，一方当事人的签名系伪造，印章系变造，且经当事人举证和人民法院查证，均不能证明变造的印章为该当事人自己加盖或授意他人加盖，也不能证明该当事人有明知争议合同文本的存在而不予否认，或者在其他业务活动中使用过变造印章，或者明知他人使用变造印章而不予否认等情形，故不能认定或推定争议合同文本为该当事人真实意思的表示。这个案件的裁判宗旨告诉我们加强合同管理是非

常重要的。建行××分行未能实现让B公司承担保证责任的目的，其根本原因就在于《不可撤销担保书》上B公司法定代表人签名系伪造、公章系由其他公章变造盖印形成的。在合同管理中，要特别注意对方签字和盖章的真实性。

第五节　进出口贸易

关键词：进出口贸易、贸易保护主义、**WTO** 规则、禁止进出口、限制进出口、电子口岸、国际贸易术语、国际结算、信用证、提单、进出口通关、跨境电商

一、进出口贸易概述

进出口贸易又称对外贸易，是指一国/地区与其他国家/地区之间交换商品或服务的活动，包括货物进出口、技术进出口和国际服务贸易（本节将主要介绍货物进出口）。

改革开放以来，我国对外贸易发展迅猛，成为国民经济发展的重要组成部分。2019年货物贸易进出口总额达到 31.54 万亿美元，是全球货物贸易第一大国。我国对外贸易发展早期，主要鼓励出口，贸易顺差比较大。近年来受世界经济增速放缓、贸易保护主义抬头影响，贸易摩擦进入高发期，针对我国的"两反一保"案件数量和涉案金额居高不下。2017年新一届美国政府上任以来，在"美国优先"的口号下，实行单边主义、保护主义和经济霸权主义，对我国做出一系列不实指责，利用不断加征关税等手段进行经济恫吓，导致中美经贸摩擦在短时间内持续升级。同时，在运用电子商务开展对外贸易的过程中，交易风险也相伴而生，甚至频现走私（参见第二章第二节"六、海外代购的法律风险"）、逃汇、逃税、欺诈、经销假冒伪劣商品等违法违规行为。

【案例】中国仍然是贸易保护主义最大受害国
2014年1月商务部发言人在一次例行发布会上表示，2013年，中国贸易摩擦的形势并未趋缓，在调查数量上反而有所增加。从数据对比来看，中国将连续18年成为遭遇反倾销调查最多的国家，连续8年遭遇反补贴调查最多的国家，中国仍然是贸易保护主义的最大受害国。

商务部发言人指出，贸易摩擦是我国成为世界第二大经济体和第一大出口国的伴生现象，有一定的必然性、长期性和复杂性，这种局面难以在短期内根本扭转，既要认真应对，也要平常心看待。为了维护产业利益，我国在应对国外贸易保护主义和保护自有产业方面做了很多工作。在摩擦应对方面，中国有效应对了中欧光伏贸易摩擦等一批涉案金额大、影响范围广的重大案件，保护了企业出口市场份额，此外，在强化贸易摩擦的预警机制、公共信息服务和贸易救济知识普及等方面的工作都得到了显著加强。中国还妥善运用世贸组织的争端解决机制，维护我国企业的合法利益，2013年在多起案件中取得了满意的结果。中国还通过对话磋商、管控分歧，既发挥与主要贸易伙伴国政府之间贸易救济磋商机制作

用，又努力维护与发展中国家之间稳定可预期的贸易环境。中国强化了对企业的法律技术指导服务，支持中国企业运用法律维权，同时支持相关商协会和国外的业界进行交流。

（资料来源：中国网）

应该看到，无论是传统商务领域，还是电子商务领域，对外贸易依然大有可为，国家出台了诸多政策鼓励对外贸易。企业从事进出口贸易，应当熟悉对外贸易法律、法规和WTO规则，充分用好国家政策，主动防范风险、规范经营，为顺利开拓国际市场打下扎实的基础。

【小贴士】

"两反一保"：即倾销与反倾销、补贴与反补贴、保障措施和特别保障措施。"两反一保"是世界贸易组织允许的由成员方为保护国内同类产品产业免遭进口产品造成损害而采取的限制进口的政府行为，是一种法律制度。

WTO：世界贸易组织（World Trade Organization），是当代最重要的国际经济组织之一，总部设在瑞士日内瓦，前身是1948年起实施的关税及贸易总协定的秘书处。其成员之间的贸易额占世界贸易额的绝大多数，被称为"经济联合国"。其基本原则是通过实施市场开放、非歧视和公平贸易等原则，来实现世界贸易自由化的目标。自2001年12月11日开始，中国正式加入WTO。

货物进出口程序，首先从与外商报价、询价、洽谈合同开始，达成签约意向后，其基本程序（以信用证支付为例）如下。

1. 出口

（1）签订合同。

（2）进口方开信用证，出口方审证。

（3）出口方备货（涉及相关检验、检疫）。

（4）出口方发货（涉及办理国际货物运输、报关通关）。

（5）结算（涉及结汇、出口退税）。

2. 进口

（1）签订合同。

（2）进口方开信用证，银行审单付款，进口方购汇赎单。

（3）进口方收货（涉及办理国际货物运输、报关通关、进口检验检疫）。

（4）结算。

由于涉及货物进出境、国际支付和国际运输，与国内贸易相比，进出口贸易程序实际要复杂许多，具体包括：对外贸易经营者资质、进出口货物管制（是否属于自动许可货物、是否属于限制/禁止进出口货物、是否涉及配额管理、是否需要检验检疫）、国际贸易术语、国际货物运输及保险、进出境报关通关、关税、国际结算、单证、外汇管理等。这些环节均可能发生风险，因此从事进出口贸易，不仅要熟知进出口贸易实务，还应当对其间的风险点、法律规范有深入的了解。

我国进出口贸易的相关法律法规主要包括《对外贸易法》、《中华人民共和国进出口商品检验法》（以下简称《进出口商品检验法》）、《中华人民共和国进出境动植物检疫法》（以下简称《进出境动植物检疫法》）、《中华人民共和国海关法》（以下简称《海关法》）、《中华人民共和国海商法》、《中华人民共和国出口管制法》（以下简称《出口管制法》）、《中华人民共和国货物进出口管理条例》、《中华人民共和国技术进出口管理条例》、《中华人民共和国反倾销条例》、《中华人民共和国反补贴条例》、《中华人民共和国保障措施条例》、《中华人民共和国外汇管理条例》、《中华人民共和国进出口关税条例》（以下简称《进出口关税条例》）、《中华人民共和国进出口货物原产地条例》、《对外贸易经营者备案登记办法》、《禁止进口限制进口技术管理办法》、《技术进出口合同登记管理办法》、《货物出口许可证管理办法》、《货物自动进口许可管理办法》、《国际货物运输代理业管理规定》等。

二、申请进出口权的程序

根据《对外贸易法》规定，从事货物进出口或者技术进出口的对外贸易经营者，应当向国务院对外贸易主管部门（商务部）或者其委托的机构办理备案登记。具体程序如下。

1. 办理对外贸易经营者备案登记

对外贸易经营者备案登记工作实行全国联网和属地化管理，对外贸易经营者在本地区对外贸易主管部门（备案登记机关）办理备案登记。

对外贸易经营者备案登记程序如下。

（1）领取《对外贸易经营者备案登记表》（以下简称《登记表》）。对外贸易经营者可以通过商务部政府网站（http://www.mofcom.gov.cn）下载，或到所在地备案登记机关领取《登记表》（样式附后）。

（2）填写《登记表》。对外贸易经营者应按《登记表》要求认真填写所有事项的信息，并确保所填写内容是完整的、准确的和真实的；同时认真阅读《登记表》背面的条款，并由企业法定代表人或个体工商户负责人签字、盖章。

（3）向备案登记机关提交如下备案登记材料。

① 按要求填写的《登记表》。

② 营业执照复印件。

③ 对外贸易经营者为外商投资企业的，还应提交外商投资企业批准证书复印件。

备案登记机关将在收到对外贸易经营者提交的上述材料之日起5日内办理备案登记手续，在《登记表》上加盖备案登记印章。

【对外贸易经营者备案登记表】

对外贸易经营者备案登记表

备案登记表编号： 进出口企业代码：

经营者中文名称			
经营者英文名称			
组织机构代码		经营者类型 （由备案登记机关填写）	
住 所			
经营场所（中文）			
经营场所（英文）			
联系电话		联系传真	
邮政编码		电子邮箱	
工商登记 注册日期		工商登记 注册号	

依法办理工商登记的企业还须填写以下内容：

企业法定代表人姓名		有效证件号	
注册资金			（折美元）

依法办理工商登记的外国（地区）企业或个体工商户（独资经营者）还须填写以下内容：

企业法定代表人/ 个体工商负责人姓名		有效证件号	
企业资产/个人财产			（折美元）
备注：			

填表前请认真阅读背面的条款，并由企业法定代表人或个体工商负责人签字、盖章。

备案登记机关

签 章

年 月 日

对外贸易经营者备案登记表背面

本对外贸易经营者作如下保证：

一、遵守《中华人民共和国对外贸易法》及其配套法规、规章。

二、遵守与进出口贸易相关的海关、外汇、税务、检验检疫、环保、知识产权等中华人民共和国其他法律、法规、规章。

三、遵守中华人民共和国关于核、生物、化学、导弹等各类敏感物项和技术出口管制法规以及其他相关法律、法规、规章，不从事任何危害国家安全和社会公共利益的活动。

四、不伪造、变造、涂改、出租、出借、转让、出卖《对外贸易经营者备案登记表》。

五、在备案登记表中所填写的信息是完整的、准确的、真实的；所提交的所有材料是完整的、准确的、合法的。

六、《对外贸易经营者备案登记表》上填写的任何事项发生变化之日起，30日内到原备案登记机关办理《对外贸易经营者备案登记表》的变更手续。

以上如有违反，将承担一切法律责任。

对外贸易经营者签字、盖章

年　　月　　日

注：1. 备案登记表中"组织机构代码"一栏，由企业、组织和取得组织机构代码的个体工商户填写。

2. 依法办理工商登记的外国（地区）企业，在经营活动中，承担有限/无限责任。依法办理工商登记的个体工商户（独资经营者），在经营活动中，承担无限责任。

3. 工商登记营业执照中，如经营范围不包括进口商品的分销业务，备案登记机关应在备注栏中注明"无进口商品分销业务"。

（资料来源：商务部）

取得备案登记表后，对外贸易经营者应凭加盖备案登记印章的登记表在30日内到当地海关、检验检疫、外汇、税务等部门办理开展对外贸易业务所需的有关手续。逾期未办理手续的，《登记表》自动失效。

【小贴士】对外贸易经营者备案和原产地企业备案"两证合一"

商务部、海关总署、中国国际贸易促进委员会决定自2019年10月15日起，在全国范围内推广对外贸易经营者备案和原产地企业备案"两证合一"改革工作。商务部对外贸易经营者备案登记应用与海关总署、中国国际贸易促进委员会原产地管理系统对接，企业在办理对外贸易经营者新备案或变更备案后，可根据进出口货物原产地管理相关规定，直接向海关、中国贸促会及其地方机构申请原产地证书，不再进行原产地企业备案。

2. 办理海关报关单位注册手续

进出口货物收发货人应当按照《海关报关单位注册登记管理规定》（2018年修订）的规定到所在地海关办理报关单位注册登记手续。进出口货物收发货人在海关办理注册登记后，可以在中华人民共和国关境内口岸或者海关监管业务集中的地点办理本企业的报关业务。

3. 办理"贸易外汇收支企业名录"登记、外汇账户开立申请手续

根据国家外汇管理局的相关规定，企业依法取得对外贸易经营权后，应当持有关材料到外汇局"贸易外汇收支企业名录"登记。同时，还必须按规定申请外汇账户的开立，从而进行结汇、付汇和售汇的操作。

【小贴士】

1. 互联网+海关

近年来，我国海关致力于简政放权，促进贸易便利。推进"查检合一"，拓展"多查合一"，优化通关流程，压缩通关时间；整合各类政务服务资源与数据，加快推进国际贸易"单一窗口"，实现企业"一次登录，全网通办"；推进"互联网+海关"建设，通关证件资料一地备案，全国通用，一次提交，共享复用。凡是与通关相关的业务，如卫生检疫、动植物检疫、商品检验、进出口食品检验检疫、货物通关、税费业务……都可以在中国海关门户网站"互联网+海关"找到办事指南。企业可以在企业注册地海关、中国国际贸易单一窗口、互联网+海关一体化网上办事平台（http://online.customs.gov.cn）、海关行政审批网上办理平台等办理相关事项。

"中国国际贸易单一窗口"统一门户网站是全国"单一窗口"的统一入口和口岸综合资讯服务平台，由国家口岸管理办公室主办，中国电子口岸数据中心负责运行维护，于2016年12月31日正式上线运行。

2. 电子口岸

中国电子口岸是经国务院批准，由海关总署会同国家发展与改革委员会、商务部、中国人民银行、国家税务总局、国家市场监督管理总局、国家外汇管理局等十余个部门共同建设的跨部门、跨地区、跨行业信息平台。它依托互联网，将进出口信息流、资金流、货物流集中存放于一个公共数据平台，实现口岸管理相关部门之间的数据共享和联网核查，并向进出口企业提供货物申报、舱单申报、运输工具申报、许可证和原产证书办理、企业资质办理、公共查询、出口退税、税费支付等"一站式"窗口服务，是一个集口岸通关执法服务与相关物流商务服务于一体的大通关统一信息平台，并逐步延伸扩展至国际贸易各主要服务环节，实现国际贸易"单一窗口"功能。

在中国电子口岸在线办理各种业务前，企业须通过"身份认证管理系统"认证，在各执法部门审批通过，并由制证部门完成制证后，企业才能凭操作员卡在网上进行各项口岸业务（自然人的注册业务可在线办理）。

办理认证需要提供如下材料：营业执照、海关进出口收发货人报关注册登记证、对外贸易经营者备案登记表或外商投资企业批准证、中国电子口岸企业情况登记表和中国电子口岸企业IC卡登记表、经办人身份证件原件、加盖单位公章的法人、操作员身份证复印件（港澳台同胞或国外人员，需提供护照等有效证件复印件）。

三、禁止、限制进出口的货物

国家准许货物与技术的自由进出口，但并不意味着任何企业均可从事一切货物及技术的进出口。《对外贸易法》有如下规定。

1. 实行国营贸易管理货物的进出口业务只能由经授权的企业经营

擅自进出口实行国营贸易管理的货物的，海关不予放行。

目前，我国实行进口国营贸易管理的货物包括粮食、植物油、糖、烟草、原油、成品油、化肥、棉花。实现出口国营贸易管理的货物包括原油、成品油、煤炭、大米、玉米、棉花、钨砂、锑砂、氧化锑、仲/偏钨酸铵、三氧化钨及蓝色氧化钨、钨酸及其盐类、钨粉及其制品、锑（包括锑合金）及锑制品、蚕丝类、白银。

2. 实行自动许可的进出口货物须办理自动许可手续

未办理自动许可手续的，海关不予放行。

3. 国家基于下列原因，可以限制或者禁止有关货物进出口

（1）为维护国家安全、社会公共利益或者公共道德，需要限制或者禁止进口或者出口的。

（2）为保护人的健康或者安全，保护动物、植物的生命或者健康，保护环境，需要限制或者禁止进口或者出口的。

（3）为实施与黄金或者白银进出口有关的措施，需要限制或者禁止进口或者出口的。

（4）国内供应短缺或者为有效保护可能用竭的自然资源，需要限制或者禁止出口的。

（5）输往国家或者地区的市场容量有限，需要限制出口的。

（6）出口经营秩序出现严重混乱，需要限制出口的。

（7）为建立或者加快建立国内特定产业，需要限制进口的。

（8）对任何形式的农业、牧业、渔业产品有必要限制进口的。

（9）为保障国家的国际金融地位和国际收支平衡，需要限制进口的。

（10）依照法律、行政法规的规定，其他需要限制或者禁止进口或者出口的。

（11）根据我国缔结或者参加的国际条约、协定的规定，其他需要限制或者禁止进口或者出口的。

为维护国家安全，对与裂变、聚变物质或者衍生此类物质有关的货物、技术进出口，以及与武器、弹药或者其他军用物资有关的进出口，国家可以采取任何必要的措施。在战时或者为维护国际和平与安全，国家在货物、技术进出口方面可以采取任何必要的措施。

对限制进口或者出口的货物，国家实行配额、许可证等方式管理。

我国出口管制领域第一部专门法律《出口管制法》（2020年10月17日通过，2020年12月1日起施行），明确规定国家对两用物项、军品、核以及其他与维护国家安全和利益、履行防扩散等国际义务相关的货物、技术、服务等物项（统称管制物项），实行统一的出口管制制度，通过制定管制清单、实施出口许可等方式进行管理。出口经营者必须申请出口许可之后才能从事管制物项的出口业务；依法需要取得相关管制物项出口经营资格的，应当取得相应的资格。

四、签订进出口贸易合同的注意事项

进出口贸易合同也是一种合同，对于合同订立普遍应当注意的事项，不再提示，接下

来仅讨论进出口贸易合同的特殊问题。

1. 国际贸易术语的使用

国际贸易术语是在国际贸易长期实践过程中逐步形成的价格术语，不同价格术语下，国际贸易合同双方的权利和义务是不同的。为了规范国际贸易术语的使用，避免各自解释的不确定性，出现了国际贸易术语解释的一些规则。比较通用的是国际商会制定的《国际贸易术语解释通则》（International Rules for the Interpretation of Trade Terms，INCOTERMS）。在订立进出口合同时，正确使用国际贸易术语非常重要。

根据交货地点、风险转移等不同，INCOTERMS 把贸易术语分为 E、F、C、D 四组，分别明确了各个贸易术语下买卖双方承担的责任和义务。作为进口商，选择 D 组贸易术语风险相对最小，而 E 组贸易术语风险最大，因此，应当尽量选择 D 组或者 F 组贸易术语；而作为出口商，应当尽可能避免 D 组贸易术语，争取选择其他各组。当然，不同贸易术语的风险仅是理论上，在实践中并不是确定不变的。由于无单放货风险的加大，2000 年，对外贸易经济合作部曾发出通知，要求外贸企业在签订出口合同时，尽量签订 CIF 或 CFR 条款，力拒 FOB 条款，避免外商指定境外货代安排运输。

鉴于 INCOTERMS 不时修订，所以签订合同时要清楚地指明所引用的 INCOTERMS 版本，以免双方就术语版本问题引起争议。目前 INCOTERMS 最新版本是于 2020 年 1 月 1 日生效的 2020 版。

2. 结算方式的选择

进出口贸易下结清货款的传统方式主要有汇付、托收、信用证等。

汇付就是交易双方根据合同约定，通过电汇或信汇方式支付货款。预付货款（前 T/T），进口商有收不到货的风险；货到付款（后 T/T），则出口商有收不到钱的风险。

托收是指出口商出具汇票委托银行代为收款，托收条件下，出口商处于不利地位，要委托银行向客户收款的前提是出口商备妥托收项下的单据，也就是必须先备妥货物装运后取得单据才能通过银行托收。

信用证（Letter of Credit，L/C）是银行开立的保证进口商有支付能力的凭证。信用证下，进口商先将货款交存银行，由银行开立信用证，出口商按合同和信用证规定的条款发货，凭符合规定的单据就能得到银行付款。信用证有三个特点：一是信用证不依附于买卖合同，银行在审单时强调的是信用证与基础贸易相分离的书面形式认证。二是信用证是凭单付款，不以货物为准。只要单据相符，开证行就应无条件付款。三是信用证是一种银行信用，它是银行的一种担保文件。

在选择支付方式时，首先须考虑的问题是安全因素，其次是占用资金的时间，至于办理手续的繁简、银行费用成本也应注意。那么何种支付方式才是真正安全的？很多人想当然地认为是信用证，但大量案例表明，真正意义上的国际贸易诈骗所使用的手段几乎都是人们通常认为相对安全的信用证或跟单托收。因为如果没有貌似安全、可靠的支付形式，诈骗者难以得到出口商的信任。在费用成本高、拒付风险大、信用证诈骗盛行等诸多因素下，从 20 世纪 90 年代开始，非信用证结算成为国际贸易结算的新趋势。其实，没有绝对安全的支付方式，在实际使用中，各种支付方式加以组合，以及使用国际保理、福费廷和备用信用证等新兴结算方式，灵活应用，才是降低风险的有效之道。

【小贴士】

国际保理，即国际保付代理（International Factoring），又称承购应收账款，是指在以商业信用出口货物时，出口商交货后把应收账款的发票和装运单据转让给保理商，即可收进全部或部分货款，从而融通资金或规避风险。

福费廷（Forfeiting）或称为无追索权的融资，又称买断、包买票据，是一种为远期信用证支付方式下的出口商提供付款保证和融资服务的业务，包买商从出口商那里无追索地购买已经承兑的，并通常由进口商所在地银行担保的远期汇票或本票，音译为福费廷。

3. 运输方式的选择

国际货物的传统运输方式有海洋运输、铁路运输、公路运输、航空运输、管道运输和大陆桥运输等，在单一运输方式不能满足需求的情况下，国际多式联运应运而生。

运输方式的选择，除考虑运输成本、速度、货物特性等因素外，需要特别注意货物运输的法律风险问题，包括货代风险、不良承运人带来的风险、单证缺陷带来的风险、交易对方国家法律环境与本国差异带来的风险等。针对这些风险，进出口企业应从以下几个方面做好风险防范。

（1）做好对交易对象的资信调查，包括调查对方国家的法律环境，避免被欺诈，以及因法律环境不同带来的合同履行风险。

（2）尽量选择信用好的货代和承运人，对方指定的要尽量婉拒。

（3）积极投保，因为国际货物运输风险种类繁多，防不胜防，投保可以尽可能减少风险带来的损失。

（4）应尽量由己方办理运输和保险，避免让对方办理。

（5）谨慎选择货运单据，不能盲目采用空运单、海运单和记名提单，因为这些都不是货权凭证，买方凭身份证明就能提货。

【小贴士】

海运提单（Ocean Bill of Lading）与海运单（Sea Waybill）一字之差，却是两种完全不同的单据，前者是提单，是物权凭证；后者只是运输单据，不具有货权凭证的效力。

记名提单（Named/Nominate Bill of Lading），由于在许多国家里，记名提单的收货人可以不凭提单就可以提货，因此记名提单实际上已经失去了货权凭证的作用。

无单放货，又叫无正本提单放货，是指国际贸易中承运人或其代理人（货代）把其承运的货物交给未持有正本提单的收货人。由于当今运输技术的发展，货物往往先于正本提单到达，为提高效率、缓解港口压力，航运实践中出现了以正本提单以外的其他单证连同保函提货的做法。这种做法的不利之处，就是导致出现冒充收货人骗取货物，或者收货人提货后不支付货款等恶意行为，大大增加了出口商财货两空的风险。

4. 法律适用与争议解决

进出口贸易过程中产生争议与纠纷，由于涉及来自不同法律制度下的国家/地区的当事人，究竟适用哪个国家/地区的法律，通过哪种方式解决争议，都需要在合同中做出明确约定。

国际贸易合同的当事人可以选择适用法律，包括国际公约、国际惯例、外国法或者有关地区的法律，如果没有选择的，则适用履行义务最能体现该合同特征的一方当事人经常居所地法律或者其他与该合同有最密切联系的法律，如买方或卖方所在地、合同履行地、合同签订地、诉讼标的物所在地等国家/地区的法律。

我国企业应当尽量争取在合同中明确适用中国法律，凡是与本合同相关的争议提交中国法院诉讼或者是选择中国/第三国仲裁机构仲裁解决。

五、进出口通关的程序

通关是指进出口货物的收发货人、受委托的报关企业依照《海关法》以及有关法律、行政法规和规章的要求，在规定的期限、地点，采用电子数据报关单和纸质报关单形式，向海关报告实际进出口货物的情况，并且接受海关审核的行为。通关也称为报关、申报。进出口货物只有在履行各项义务，办理海关申报、查验、征税、放行等手续后，才能放行，货主或申报人才能提货。货物在通关期间，不论是进口、出口或转运，都是处在海关监管之下，不准自由流通。

通关程序包括以下内容。

1. 申报

进口货物的收货人、受委托的报关企业应当自运输工具申报进境之日起 14 日内向海关申报。出口货物发货人、受委托的报关企业应当在货物运抵海关监管区后、装货的 24 小时以前向海关申报。进口货物的收货人超过规定时限未向海关申报的，将被征收滞纳金。

向海关申报时，除提交进出口货物报关单外，还应提交下列文件。

（1）合同、发票、运输单据、装箱单等商业单据。

（2）进出口所需的许可证件及随附单证。

（3）海关总署规定的其他进出口单证。

2. 审单

海关对申报的电子报关单数据实行集中审单制度。海关审单中心收到报关单电子数据，通过计算机系统对报关企业及报关员进行资格认证后，开始进入计算机自动审核程序。报关单电子数据通过规范性审核的，计算机自动接受申报。报关单电子数据经通道判别，交由现场海关进行接单审核、征收税费处理，以及经专业化审核通过后，系统自动完成计征税费程序处理。

3. 征税

对于应纳税的进出口货物，应按《海关法》《进出口关税条例》《中华人民共和国海关进出口税则》《中华人民共和国海关进出口货物征税管理办法》等规定征收关税和其他税费。

税款目前有以下两种支付方式。

（1）柜台支付：海关应当在货物实际进境，并完成海关现场接单审核工作之后及时填发税款缴款书。

（2）电子支付：在通关无纸化模式下，参与税费电子支付业务的进出口企业应在海关审结报关单生成电子税款信息之日起 10 日内，向商业银行发送扣款指令。企业已电子支付税款且报关单符合放行条件的，系统自动放行。未在规定期限内发送扣款指令的，将直接转为柜台支付，海关填发税款缴款书。

涉及减免税的货物，应当在货物申报进出口前，向其所在地海关申请办理减免税备案、审批手续。

4. 查验与放行

海关查验货物时，进出口货物的收发货人或其代理人应当到场，并按照海关的要求负责搬移货物、开拆和重封货物的包装，提供查验货物所需的单证，回答海关提出的问题。海关检查进出境运输工具（包括承运海关监管货物的境内运输工具）时，运输工具负责人或有关责任人应当到场，并根据海关的要求开启舱室、房间、车门，有走私嫌疑的，并应当开拆可能藏匿走私货物、物品的部位，搬移货物、物料。

目前大部分通关手续均可以在网上办理，无须人到现场，但货物查验还是需要到现场办理的。2020 年针对新冠疫情防控特殊情形，海关全面优化企业注册、审批、报关、查验等流程，推行收发货人"免到场"查验等新模式，而未来在进一步优化营商环境的大背景下，这种"免到场"查验新模式也很可能会成为一种常态。

【小贴士】

无纸通关是利用中国电子口岸及现代海关业务信息化管理系统功能，改变海关验凭进出口企业递交书面报关单及随附单证办理通关手续的做法，直接对企业联网申报的进出口货物报关电子数据进行无纸审核、验放处理的通关方式。

需要注意的是，如果根据《进出口商品检验法》《进出境动植物检疫法》《中华人民共和国国境卫生检疫法》等法律规定，进出口货物需办理相关检验、检疫手续的，应当报检，办理相关检验检疫手续后才能通关。

【案例】海关总署：厄瓜多尔冻南美白虾外包装检出新冠病毒，已暂停相关企业在华注册资格

2020 年 7 月 10 日，国务院联防联控机制召开新闻发布会介绍，为防范新冠肺炎疫情通过进口冷链食品传入的风险，全国海关对进口冷链食品开展了新冠病毒检测，到 7 月 9 日 24 时，全国海关共抽样检测样本 227 934 个。其中，7 月 3 日，大连海关从装载厄瓜多尔企业生产的冻南美白虾集装箱内壁一个样本中，从厄瓜多尔企业生产的冻南美白虾的两个外包装样本中检出新冠病毒核酸阳性。同日，厦门海关从厄瓜多尔企业生产的冻南美白虾的两个外包装样本中检出新冠病毒核酸阳性。上述企业的冻南美白虾虾体和内包装样本，

新冠病毒核酸检测均为阴性，其他 227 928 个样本检测全部为阴性。检测结果提示，厄瓜多尔三家企业产品的集装箱环境、货物外包装存在被新冠病毒污染的风险。

专家研判认为，检出结果不代表具有传染性，但反映出相关企业食品安全管理制度落实不到位。为保护消费者健康，海关总署决定自即日起暂停上述三家企业在华注册资格，暂停上述三家企业产品的进口，对暂扣的货物采取退货、销毁等处理措施。

（资料来源：中国政府网）

六、跨境电商与传统外贸的不同

跨境电商，顾名思义，就是进出口贸易领域的电子商务，与传统进出口贸易相比，它是在对外贸易各环节广泛运用电子商务技术的商业模式。从性质上来说，跨境电商既从事电子商务，又从事对外贸易，因此，既要遵循《电子商务法》，又要接受《对外贸易法》等外贸法律法规的规制。例如，和普通的外贸企业一样，除办理市场主体登记外，跨境电商企业还要进行对外贸易经营者备案、海关报关单位注册等。

近年来，跨境电商发展势头迅猛，成为外贸转型升级的重要方向，通过海关跨境电子商务管理平台零售，进出口商品总额从 2015 年的 360.2 亿元增长到 2019 年的 1862.1 亿元，年增速超过 50%[①]。从 2015 年至 2020 年 4 月，经国务院同意设立的跨境电商综合试验区达 105 个，同时国家出台了不少规范、鼓励跨境电商的政策法规。例如，《国家外汇管理局关于进一步促进跨境贸易投资便利化的通知》（汇发〔2019〕28 号）规定，"简化小微跨境电商企业货物贸易收支手续"，年度货物贸易收汇或付汇累计金额低于 20 万美元的（不含）小微跨境电商企业，可免于办理"贸易外汇收支企业名录"登记。

和传统外贸一样，跨境电商也分进口业务、出口业务。跨境电商与传统外贸最大的不同在于，传统外贸基本都是大宗贸易，是企业对企业的贸易，而跨境电商则包括企业对企业（B2B）、企业对个人（B2C）、个人对个人（C2C）等模式。

下面主要介绍跨境零售进口、跨境零售出口、跨境 B2B 出口方面的有关规定。

1. 跨境零售进口

根据《关于完善跨境电子商务零售进口监管有关工作的通知》（商财发〔2018〕486 号）等规定，跨境电商零售进口是指中国境内消费者通过跨境电商第三方平台经营者自境外购买商品，并通过"网购保税进口"（海关监管方式代码 1210）或"直购进口"（海关监管方式代码 9610）运递进境的消费行为。

跨境零售进口主要包括以下四方参与主体。

（1）跨境电商零售进口经营者（简称"跨境电商企业"），是零售进口商品的境外注册企业，为商品的货权所有人。跨境电商企业承担商品质量安全的主体责任，承担消费者权益保障责任，履行对消费者的提醒告知义务。跨境电商企业应委托一家在境内办理工商登记的企业，由其在海关办理注册登记，承担如实申报责任，依法接受相关部门监管，并

[①] 数据来自商务部发布的《中国电子商务报告 2019》。

承担民事连带责任。

（2）跨境电商第三方平台经营者。

（3）境内服务商：接受跨境电商企业委托为其提供申报、支付、物流、仓储等服务，具有相应的运营资质，直接向海关提供有关支付、物流和仓储信息，接受海关、市场监管等部门后续监管，承担相应责任的主体。

（2）、（3）均为境内登记企业。

（4）消费者：跨境电商零售进口商品的境内购买人和纳税义务人。在限值以内进口的商品，关税税率暂设为 0%；进口环节增值税、消费税取消免征税额，暂按法定应纳税额的 70%征收。

跨境零售进口的商品应符合以下条件。

（1）属于《跨境电子商务零售进口商品清单》内、限于个人自用并满足跨境电商零售进口税收政策规定的条件。

（2）通过与海关联网的电子商务交易平台交易，能够实现交易、支付、物流电子信息"三单"比对。

（3）未通过与海关联网的电子商务交易平台交易，但进出境快件运营人、邮政企业能够接受相关电商企业、支付企业的委托，承诺承担相应的法律责任，向海关传输交易、支付等电子信息。

跨境零售进口模式，强调进口商品是消费者个人自用的最终商品，不得进入国内市场再次销售。另外，原则上不允许网购保税进口商品在海关特殊监管区域外开展"网购保税+线下自提"模式。

【小贴士】

"网购保税+线下自提"模式是指试点电商企业可将网购保税进口商品在线下"体验店"进行展示展销，消费者完成线上下单、经过身份验证、跨境支付、三单信息核对、缴纳跨境税等一系列合规购买流程后，可以在"体验店铺"当场提货或选用其他境内物流方式完成购买的模式。

【案例】经营者未尽查验义务，推定明知进口商品质量问题——广州互联网法院发布网络购物合同纠纷十大典型案例之二

2019 年 3 月，冯某在某平台自营"品牌特卖"频道下单购买一瓶"德国鱼子酱蛋白粉"，并付款 588 元。冯某签收案涉商品并食用 1 个月后，发现案涉商品容器内有白色蠕动小虫。冯某诉至法院，要求：某平台退还货款 588 元，赔偿十倍价款损失 5 880 元。

法院审理认为，某平台既是案涉跨境电子商务商品的境内提供者，亦是跨境电子商务中个人报关服务的提供者，属于《消费者权益保护法》规定的经营者以及《电子商务法》规定的电子商务经营者。冯某提交的商品实物图片显示，案涉蛋白粉内确有肉眼可见蠕虫。在冯某已经对案涉商品存在食品安全问题初步举证的情况下，某平台作为案涉商品的销售者，应当举证证明其已履行了作为食品经营者的法定义务，其经营的商品符合食品安全标准。案涉商品保质期 2 年，冯某发现案涉商品内有蠕虫时，商品尚处于保质期内。在未有

证据显示系因冯某自身原因导致案涉商品长虫的情况下，某平台作为经营者，亦应履行法律规定的质量担保义务。因某平台未提交有效证据证明案涉商品在销售前已经出入境检验检疫机构检验合格，故不能认定某平台已尽上述规定的查验义务，应当推定某平台明知案涉商品存在质量问题。法院判决：某平台向冯某退还货款 588 元，赔偿 5880 元；冯某将案涉订单商品退还某平台。

（资料来源：广州互联网法院）

评析： 本案是一起跨境零售进口食品引发的纠纷。本案作为广州互联网法院发布的典型案例，一方面，明确了跨境电商经营者主体身份认定问题。另一方面，案涉商品为食品，本案还要适用《中华人民共和国食品安全法》（以下简称《食品安全法》）的规定来判定经营者的责任。《食品安全法》明确规定了食品经营者采购食品，应当查验供货者的许可证和食品出厂检验合格证或者其他合格证明。食品经营企业应当建立食品进货查验记录制度，如实记录食品的名称、规格、数量、生产日期等内容，并保存相关凭证。《食品安全法》第一百四十八条规定："消费者因不符合食品安全标准的食品受到损害的，可以向经营者要求赔偿损失，也可以向生产者要求赔偿损失。接到消费者赔偿要求的生产经营者，应当实行首负责任制，先行赔付，不得推诿；属于生产者责任的，经营者赔偿后有权向生产者追偿；属于经营者责任的，生产者赔偿后有权向经营者追偿。""生产不符合食品安全标准的食品或者经营明知是不符合食品安全标准的食品，消费者除要求赔偿损失外，还可以向生产者或者经营者要求支付价款十倍或者损失三倍的赔偿金……"本案被告不能证明其履行了查验义务，推定其明知案涉食品存在质量问题，因此，本案支持了原告要求十倍赔偿的诉讼请求。

2. 跨境零售出口

根据《国务院办公厅转发商务部等部门关于实施支持跨境电子商务零售出口有关政策意见的通知》（国办发〔2013〕89 号）等规定，跨境电商零售出口经营主体（以下简称经营主体）分为以下三类。

（1）自建跨境电子商务销售平台的电子商务出口企业。

（2）利用第三方跨境电子商务平台开展电子商务出口的企业。

（3）为电子商务出口企业提供交易服务的跨境电子商务第三方平台。

经营主体要按照现行规定办理注册、备案登记手续。在政策未实施地区注册的电子商务企业可在政策实施地区被确认为经营主体。

跨境零售出口的主要政策包括海关监管政策和税收政策。

（1）海关监管政策：对于跨境零售出口商品，海关进行集中监管，并采取清单核放、汇总申报的方式办理通关手续，降低报关费用。2020 年开始，海关总署决定全面推广跨境电子商务出口商品退货监管措施。对于需退运回国的跨境电商包裹出口、海关特殊监管区域跨境电商出口、跨境电商出口海外仓的商品，可在出口放行之日起 1 年内退运进境，其中跨境电商包裹出口商品可单独运回，也可批量运回。

（2）税收政策：对符合条件的电子商务出口货物实行增值税和消费税免税或退税政策。

对跨境电子商务综合试验区（以下简称综试区）跨境电子商务零售出口企业出口未取

得有效进货凭证的货物，同时符合下列条件的，试行增值税、消费税免税政策。

① 电商零售出口企业在综试区注册，并在注册地跨境电子商务线上综合服务平台登记出口日期、货物名称、计量单位、数量、单价、金额。

② 出口货物通过综试区所在地海关办理电子商务出口申报手续。

③ 出口货物不属于财政部和税务总局根据国务院决定明确取消出口退（免）税的货物。

同时，符合条件的综试区内跨境电商企业，试行核定征收企业所得税办法，采用应税所得率方式核定征收企业所得税。应税所得率统一按照4%确定。

3. 跨境 B2B 出口

海关总署 2020 年 6 月 12 日发布第 75 号《关于开展跨境电子商务企业对企业出口监管试点的公告》，决定自 2020 年 7 月 1 日起在北京海关、天津海关、南京海关、杭州海关、宁波海关、厦门海关、郑州海关、广州海关、深圳海关、黄埔海关开展跨境电商企业对企业出口（以下简称"跨境电商 B2B 出口"）监管试点。

（1）监管试点适用范围。

跨境电商 B2B 出口是指境内企业通过跨境物流，将货物运送至境外企业或海外仓，并通过跨境电商平台完成交易的贸易模式。根据企业经营模式分为以下两种。

跨境电商 B2B 直接出口（海关监管方式代码"9710"）：境内企业通过跨境电商平台与境外企业达成交易后，通过跨境物流将货物直接出口送达境外企业。

跨境电商出口海外仓（海关监管方式代码"9810"）：境内企业将出口货物通过跨境物流送达海外仓，通过跨境电商平台实现交易后从海外仓送达购买者。

跨境电商企业均应依据海关报关单位注册登记管理有关规定，向所在地海关办理注册登记。开展出口海外仓业务的跨境电商企业，还应当在海关开展出口海外仓业务模式备案。

（2）通关便利措施。

试点政策实施前，跨境电商 B2B 出口企业只能按照传统外贸方式申报通关，实施后，跨境 B2B 出口有了专门的通关方式，享受通关便利。

① 可以通过网上传输订票或订舱单等信息，简化申报手续，报关全程信息化。

② 针对跨境电商物流时效要求高等特点，企业可以选择时效更强、组合更优的方式运送跨境电商货物，还能享受优先查验的便利。

③ 此前出口需要单独打包、逐个贴面单，现在可以批量出口，节省出口前的人工操作和物流成本。

④ 针对中小微企业出口单票价值低、单量大等实际，提供申报便捷通道和简化申报等便利化措施，进一步降低通关成本、提升通关效率。

【案例】新加坡用户状告网购平台，全国首个跨境贸易法庭在杭州敲响第一槌

2020 年 7 月 15 日上午，全国首个依法集中审理跨境数字贸易纠纷案件的人民法院——杭州互联网法院跨境贸易法庭挂牌成立。当天即全流程在线开庭审理了"第一案"——新加坡用户起诉网购平台网络服务合同纠纷案。

原告新加坡用户诉称，2019 年 5 月 18 日，原告在被告自营的网店内购买了一台笔记

本电脑。收货当天，原告第一次开机使用中发现该电脑是非全新电脑，且没有按照双方约定安装终身正版 Office 2016 软件，仅提供按年激活的 Office 365 服务。原告据此认为被告作为自营方构成虚假宣传，涉嫌欺诈消费者。同时被告作为网络交易平台的运营者，在原告反映软件问题后不能提供合适的解决方案，发起退款申请后，被告又未在承诺时间内回复，亦需承担相应责任。综上所述，原告诉至法院，请求被告退还原告货款 3300 元，并支付货款三倍赔偿金 9900 元。

被告网购平台认为，案涉商品的销售者为案外某公司，被告仅系平台网络服务提供商，并非案涉商品销售者，未实施销售行为。被告作为电商平台，已经根据约定全面完整履行了网络服务，对原告发起的前两次退货退款申请均已判定支持退货退款，因原告未退货导致退款通道关闭。不存在原告所说的处理错误，也不存在明知销售者有欺诈行为而未采取措施的情形。关于原告提出开机后发现非全新机的理由，被告通过向联想、微软官方客服等多方渠道核实，均系正常情形。案涉型号电脑已经预装 Office 2016 软件，激活后即会正确显示，且可以一直使用。原告并未有效举证证明案涉商品为非全新，相关经营行为不存在欺诈。

本案争议焦点：原告与被告之间是否存在网络购物合同的法律关系，被告应否承担销售者责任；案涉经营行为是否存在欺诈；被告在履行网络服务合同时是否存在违约；被告的法律责任应如何确定。

关于争议焦点，原告新加坡用户认为，被告对销售案涉商品的店铺进行官方自营标注，使一般消费者对商品产生信赖，被告为销售者，应承担销售者责任。纠纷产生后，被告作为平台方，未考虑原告海外消费者的身份，就软件使用问题提供解决措施，亦应承担平台责任。预装的软件是商品的重要组成部分，消费者已经付出对价，销售者和平台应当充分考虑海外消费者当地的使用环境习惯和法律法规，提供符合约定的商品或解决方案。故被告无论是作为销售者，还是平台，均应承担与承诺不符的赔偿责任。

被告网购平台认为，原告与被告之间不存在网络购物合同，销售者为案外人某公司，被告不应承担销售者责任。案涉软件需要激活后才能正常使用，激活提示与试用期长短无关，激活后可终身免费使用。文件夹系厂家测试及原告点击解包后留下的，并非销售者产生的。案涉电脑生产日期可以证明不可能存在销售者在当时使用或者销售给他人使用的情况。综上所述，案涉经营行为不构成欺诈。被告作为网络服务提供商已全面完整履行义务，但考虑到消费者感受，且案外人系同集团旗下的子公司，被告愿意与原告协商解决，并加强消费者的消费体验。

该案系跨境电商案件，涉及《中华人民共和国涉外民事关系法律适用法》《电子商务法》《消费者权益保护法》的适用问题，本案涉及的原告所购电脑系被告自营还是第三方经营、电脑瑕疵（是否为旧电脑、软件安装版本）是否构成欺诈等问题引发多方热烈讨论。案件仍在进一步审理中。

（资料来源：浙江天平）

【小贴士】什么是跨境贸易法庭

杭州互联网法院跨境贸易法庭设立，是互联网司法主动适应跨境数字贸易发展的一项制度创新。2015 年 3 月 7 日，全国首个跨境电商试验区落户杭州，单一园区业务量居全国第一，跨境电商"杭州经验"逐步向全国推广。跨境数字贸易的快速发展，呼唤建立新型国际商事争端解决机制。

跨境贸易法庭旨在将互联网司法的优势和影响力推向全球，通过集中管辖跨境贸易纠纷，形成与输出相关案件国际管辖规则和裁判规则，平等保护不同国家、地区的各类市场主体合法权益，构建公正透明的国际营商环境，为打造"数字丝绸之路"，建设"一带一路"提供强有力的司法保障和服务。

杭州互联网法院还联合杭州海关、杭州税务局等部门共同建立了杭州跨境数字贸易司法平台，依托区块链平台技术，实现报关、缴税、支付等信息全流程记录，为构建公正透明的国际营商环境，促进跨境数字贸易健康发展提供有力保障。

【超级链接】

一、法定节假日知多少

根据《全国年节及纪念日放假办法》（2008年1月1日起施行，2013年12月11日修订）的规定，目前我国全体公民放假的节日包括以下几种。

（1）新年，放假1天（1月1日）。

（2）春节，放假3天（农历正月初一、初二、初三）。

（3）清明节，放假1天（农历清明当日）。

（4）劳动节，放假1天（5月1日）。

（5）端午节，放假1天（农历端午当日）。

（6）中秋节，放假1天（农历中秋当日）。

（7）国庆节，放假3天（10月1日、2日、3日）。

部分公民放假的节日及纪念日包括以下几种。

（1）妇女节（3月8日），妇女放假半天。

（2）青年节（5月4日），14周岁以上的青年放假半天。

（3）儿童节（6月1日），不满14周岁的少年儿童放假1天。

（4）中国人民解放军建军纪念日（8月1日），现役军人放假半天。

二、维权成市高、周期长、举证难、赔偿低，大学生创业者专利维权何去何从

一个大学生创业公司的专利维权案，登上了2016年武汉市保护知识产权十大典型案例。

这家被侵权的公司名为武汉毳雨环保科技有限责任公司（以下简称毳雨公司），核心技术是由武汉科技大学学生李恒2012年在校研发出的一种"高空喷淋降尘系统"。该系统通过将水雾化进行高空喷淋，吸附工地现场空气中的灰尘颗粒和杂质，达到润湿地面和防止尘土重新扬起的效果，改善城市环境。

武汉市建设科学技术委员会曾专门组织评审，认为该技术成果属国内首创。依托该成果申请到的国家专利，李恒在校开始了创业。

被侵权获赔 2.8 万元

但在2016年8月，毳雨公司的销售人员发现武汉某环保公司制造了模仿该专利技术的

塔吊喷淋装置，并销售给两家公司共 6 套设备，在武汉某大桥和某地铁工地投入使用。

为此，鑫雨公司以涉嫌侵犯其专利权为由，向武汉市科技局（知识产权局）申请立案。经调查，武汉市科技局（知识产权局）认定鑫雨公司被侵权。

结果是，侵权企业一次性赔偿鑫雨公司 2.8 万元。考虑给环境带来的不利影响，原施工现场继续使用已安装的塔吊喷淋装置。

"这 2.8 万元，也是我们磨破嘴皮才要到的。"李恒说，侵权企业一共销售了 6 套设备，每套市场售价 4 万元，"依照《专利法》规定，根据侵权人因侵权获得的收益和处罚标准系数测算合计，至少要赔偿我们 30 万元以上。"

可提出这一要求后，对方就一直以"没钱"等理由拒绝赔偿。李恒无奈之下只好一步步妥协，"当面交涉了不下 6 次，可还是一直谈不拢"。从 2016 年 8 月一直拖到 2016 年年底，对方才答应赔给 2.8 万元。"他们说就这么多，如果不要尽管去法院告。"

"能赔一点算一点，有总比没有好"

李恒一打听，知识产权局只具备行政权，只能认定是否构成侵权，没法核定具体金额并判赔。通过法院走司法程序维权并强制索赔，则至少需要 6 个月，时间长，还要聘请律师，花费更大，迫不得已他们只好接受，"毕竟能赔一点算一点，有总比没有好。"

2017 年 1 月，鑫雨公司收到侵权企业的一次性赔付款 2.8 万元。但在武汉市科技局（知识产权局）调解结案前，该侵权企业又向国家知识产权局提出质疑，"赔完又后悔了"。

4 月 26 日，国家知识产权局专利复审委员会在武汉知识产权审判庭 1 号法庭举行了巡回口头审理，将择期公布结果。

这不是李恒的公司第一次遭遇专利侵权。"至少遭遇过 5 起。"李恒在维权之路上备尝艰辛。

2015 年，河南省安阳市一家建筑企业涉嫌侵犯鑫雨公司的专利权，产生专利侵权纠纷。"我亲自跑了 3 次，公司人员前后去了不低于 6 趟，花了 5 个月进行取证和维权申请。"李恒说，随后该市知识产权局进行多次调解，但双方未达成一致。只能认定该企业行为构成侵权，拆掉了设备。

2016 年 1 月，河北省邯郸市一家建筑企业涉嫌侵犯鑫雨公司的专利权。鑫雨公司用了 3 个月取证、申请维权协调，结果同样还是只能认定该企业侵权，拆掉设备。

"这连我们基本的维权成本都没法弥补，更别谈带来的经济损失。而且，这还是维权后拆掉设备的例子，还有更多的侵权企业根本不理。"就此，李恒对中国青年报·中青在线记者说。

谁来帮大学生创业者维权

李恒的维权经历不是个案。一直以来，维权成本高、周期长、举证难、赔偿低是制约知识产权司法保护的瓶颈。

武汉岱家山科技企业孵化器有限公司知识产权服务专员邓梦说，2012 年至今，该园区累计入住过近 600 家中小企业，现有的 120 家科技型企业中大学生创业企业有 60 家。"鑫雨公司是园区至今唯一维权成功的。"

"最近出版的浙江省知识产权司法报告显示，小微企业知识产权被侵犯的案例数是最多的。"武汉知识产权研究会常务理事蔡祖国分析，知识产权保护部门力量薄弱，企业本身不愿意选择成本高的维权方式，企业对专利权益了解不全面等，是当前小微企业专利维权难的主要原因。

他表示，"双创"背景下，大学生创业企业不断涌现，知识型创业是最大特点，也是国家经济转型升级的热切期盼。这类企业起点高、成长快，但知识产权侵害却可能直接将其扼杀在摇篮里。

"小微企业维权还是得走司法程序，但难点在证据收集。"蔡祖国建议，在采用诉讼方式维权时，在诉讼地域管辖、证据保全等方面，必须运用专业化的思维方式来处理。可以把所有的侵权方告到同一个法院。"一并起诉，告倒一家就可以产生震慑作用。"

他还呼吁政府加快立法和制度建设，加大侵权处罚力度。为大学生创业提供维权信息服务，帮助搜集证据，减免一部分打官司的费用，分担维权成本。

尽管维权一路艰难，但李恒没有放弃，还加大了公司技术研发投入，在他看来，知识才是大学生创业最大的"杀手锏"。

李恒介绍，毳雨公司目前有6项发明专利正在申请，"虽然路很长，但我们坚信只要坚持做，希望总在前方。"

（资料来源：中国青年报·中青在线）

三、买卖合同示范文本

工业品买卖合同

合同编号：

签订地点：

签订时间：　　年　　月　　日

出卖人：

买受人：

第一条　标的、数量、价款及交（提）货时间：

标的名称	牌号商标	规格型号	生产厂家	计量单位	数量	单价	金额	交（提）货时间及数量

合计人民币金额（大写）：

注：空格如不够用，可以另接。

第二条　质量标准：

第三条　出卖人对质量负责的条件及期限：

第四条　包装标准、包装物的供应与回收：

第五条　随机的必备品、配件、工具数量及供应办法：

第六条 合理损耗标准及计算方法：

第七条 标的物所有权自_____时起转移，但买受人未履行支付价款义务的，标的物属于_____所有。

第八条 交（提）货方式、地点：

第九条 运输方式及到达站（港）和费用负担：

第十条 检验标准、方法、地点及期限：

第十一条 成套设备的安装与调试：

第十二条 结算方式、时间及地点：

第十三条 担保方式（也可另立担保合同）：

第十四条 本合同解除的条件：

第十五条 违约责任：

第十六条 合同争议的解决方式：本合同在履行过程中发生的争议，由双方当事人协商解决；协商不成的，按下列第_____种方式解决：

（一）提交_____仲裁委员会仲裁。

（二）依法向人民法院起诉。

第十七条 本合同自_____起生效。

第十八条 其他约定事项：

出卖人（章）：	买受人（章）：	鉴（公）证意见：
住所：	住所：	
法定代表人：	法定代表人：	
委托代理人：	委托代理人：	
电话：	电话：	
开户银行：	开户银行：	
账号：	账号：	
邮政编码：	邮政编码：	鉴（公）证机关（章） 经办人： 年 月 日

（资料来源：原浙江省工商局）

【实务演练】

1. 唐僧师徒讨论"企业决策谁说了算"。唐僧认为，谁出资多，谁说了算；孙悟空认为，谁能力强，谁说了算；猪八戒认为他们说的都不对，谁人缘好，谁说了算；沙和尚觉得他们说的似乎都有道理。你觉得呢？

2. 上网搜索几份招聘广告，评一评：这些招聘广告是否存在违法风险？录用条件是否明确、具体？可以试着改一改。

3. 看了超级链接材料二《维权成本高、周期长、举证难、赔偿低，大学生创业者专利维权何去何从》，你认为作为大学生创业企业专利维权面临哪些困境？企业该怎样制定企业品牌、核心技术的保护战略？

4. 据《钱江晚报》报道，一位大二女生小孙（化名）分期付款购买了一台价值3000元的扫地机器人解决宿舍打扫问题。为了"还债"，她想出了"出租"扫地机赚钱的办法，一个月就赚了上千元，被同学调侃为"商业鬼才"。小孙给这台扫地机定价为扫地单次5元，拖地单次8元，结果有很多同学排着队来预订，于是她干脆开了个包月价格，10次扫拖一共是60元。现在请你帮小孙拟订一份出租合同。

5. 小王打算开设网店，从事海外代购业务，作为朋友，你有哪些好的建议？

【案例评析】

王老吉、加多宝合作变反目　互相起诉商战不休

王老吉商标权人广州医药集团有限公司（下称"广药"）和广东加多宝饮料食品有限公司（下称"加多宝"）原本是互利共赢的合作关系，加多宝租用王老吉商标，经过十多年的成功营销，把一款岭南一隅的凉茶饮料做成继碳酸饮料、果汁和茶饮料之后的第四大饮料品类。王老吉品牌也因此身价倍增，估值千亿元。但是从2010年开始，两家因为商标租用是否到期问题产生争议，进而反目成仇，从商标使用权、包装装潢权到广告语，双方相互起诉，官司不断，上演了一场旷日持久、剧情跌宕的商战肥皂剧。

第一季：商标权之争

2011年4月广药向中国国际经济贸易仲裁委员会提起商标权仲裁申请；2012年5月仲裁委员会裁决判定加多宝停止使用王老吉商标。加多宝不服，向法院申请撤销仲裁裁决。2012年7月13日，北京市第一中级人民法院做出终审判决，驳回了加多宝撤销仲裁结果的申请。至此，加多宝不能继续使用王老吉商标。

第二季：红罐装潢权之争

商标使用权之争落败后，加多宝迅速奋起反击，以自己是红罐包装装潢专有权人为由，起诉广药侵权，广药不甘示弱，也以同样的案由起诉加多宝。2013年5月15日，广东省高级人民法院开庭审理了广药和加多宝互诉红罐包装装潢侵权纠纷一案。双方提出的诉求几乎一模一样：第一，对方停止并销毁相关红罐产品；第二，对方赔礼道歉并消除相关影响；第三，对方承担一切诉讼费用；第四，广药要求加多宝赔偿1.5亿元，加多宝对广药的索赔则暂定3096万元。庭审中，加多宝方面指出，加多宝早就对红色罐体包装申请了外观设计专利，并使用多年，因此加多宝享有红罐包装装潢专用权；而广药方面则坚持认为，知名商标的包装装潢与商标本属一体，理应归属于王老吉，加多宝应立刻停止使用"红罐"包装。

第三季：广告语之争持续发酵

红罐之诉尚未尘埃落定，双方又在广告宣传领域展开角逐。广药以加多宝使用"全国

销量领先的红罐凉茶改名为加多宝""红罐王老吉凉茶更名为加多宝凉茶了"等广告语，涉嫌虚假宣传、误导消费者、不正当竞争为由，再次将加多宝告上法庭。2013年12月20日，受理该案的广州市中级人民法院宣判，加多宝立即停止使用"全国销量领先的红罐凉茶改名为加多宝""红罐王老吉凉茶更名为加多宝凉茶了"广告语进行广告宣传的行为，并立即销毁使用了上述广告语的宣传物品，同时赔偿广药公司经济损失费、合理费用等1000多万元。

几天后，2013年12月24日，加多宝起诉王老吉广告语"怕上火就喝王老吉"不正当竞争一案在重庆市第一中级人民法院宣判，法院当场驳回加多宝的全部诉讼请求。宣判结束后，王老吉方面对判决结果表示认同，而加多宝方面表示，"怕上火"广告是公司10年来耗费巨资进行打造的，加多宝是当之无愧的创作者和拥有者，因此对于审判结果难以理解。

上诉两案一审宣判后，加多宝均表示立即向上一级人民法院上诉。

2014年3月11日，广药诉加多宝又一不正当竞争案在广州市中级人民法院开庭。这次是针对加多宝使用的"怕上火喝加多宝"广告语……

（资料来源：新华网、网易等）

评析： 王老吉、加多宝酣战不休，因为事关双方经济利益，谁也不愿意让步。王老吉、加多宝之争，说白了就是品牌之争，不管最终结果如何，他们倒确实给大家上了非常生动的一课，让人们再次深刻地理解了企业品牌的重要性。一方面，对于任何企业来说，都应当十分珍惜和爱护自己的品牌，并通过商标权、专利权等方式保护好自己的品牌；另一方面，在法治社会，商战也应当遵守法律，不正当竞争会受到法律的制裁，同时，企业一定要善于运用法律手段保护自己的合法权益。

第五章

企业经营法律实务（下篇）

本章要点提示

☑ 如何加强产品（服务）质量管理
☑ 如何合法地开展市场营销
☑ 如何有效地进行财务、税务管理
☑ 如何实施 HSE 管理
☑ 如何成功筹资、融资

第一节 产品（服务）质量管理

关键词：质量管理、产品质量法、产品质量责任

一、产品（服务）质量管理概述

著名的美国质量管理专家克劳士比有句名言："质量是免费的。"他认为"真正费钱的是不符合质量标准的事情——没有第一次就把事情做对"。因为那些不符合质量标准的工作必须补救，否则就会使企业产生额外的支出，包括时间、金钱和精力，由此产生了质量损失。其实许多人都知道产品（服务）质量对一个企业的重要性，但是把产品（服务）质量作为企业的长期战略目标来抓的人却并不是很多。不少人受暂时、短期的利益驱使，以次充好，不能保证产品（服务）质量的稳定性和可靠性，经受不住时间的考验，这样的企业必将遭到市场的无情淘汰。只有企业高度重视产品（服务）质量，才能保证企业的长远发展。

【案例】海尔集团的生命——产品质量

20 世纪 80 年代初，海尔集团还是一家濒临倒闭的小集体企业。在总裁张瑞敏的决策下，引进了西德的先进技术，然而，第一批走下生产线的几百台电冰箱都有一个小小的缺陷，这令他极为愤怒，他立即下令把这些电冰箱全部砸掉，一台也不能流向市场，并且张瑞敏带头砸了第一台电冰箱。这一砸惊醒了工人们的质量意识，严格的管理使得海尔凭借高质量的产品持续高速地发展。2004 年，世界品牌实验室、世界经理人周刊和世界经理人网站联合发布消息——世界最具影响力的 100 个品牌揭晓。海尔是唯一入选的中国品牌，排

在第 95 位，此前从没有中国本土品牌进入该排行榜。

（资料来源：全球品牌网）

质量管理不仅对企业来说很重要，它还关系着整个社会生活的安全。企业的产品（服务）都要与人接触，其质量的优劣都会影响人们的工作和生活，尤其是供人们食用的产品，它的质量管理显得更为重要。例如，2008 年曝光的婴幼儿奶粉三聚氰胺污染事件，给婴幼儿的生长发育带来了巨大的伤害，给他们的家庭造成了极大的精神伤害和物质损失。因此，产品（服务）质量管理绝对来不得半点马虎，任何一家企业都应当本着高度的社会责任感对待质量问题，那些不重视产品（服务）质量，生产质量低劣甚至假冒伪劣产品的企业都将受到法律的严惩。

2017 年 10 月十九大首次把"质量强国""质量第一"写入报告中，这不仅是为了满足人们对美好生活向往的需要，也是中国制造提质升级，从制造大国走向制造强国的必然要求。

我国现行的产品（服务）质量法律规定散见于以《产品质量法》（2018 年修正）为核心的各法律、法规之中，如《民法典》《刑法》《中华人民共和国计量法》《中华人民共和国标准化法》《中华人民共和国农产品质量安全法》《中华人民共和国药品管理法》《食品安全法》《消费者权益保护法》《国务院关于进一步加强质量工作若干问题的决定》《认证证书和认证标志管理办法》《强制性产品认证管理规定》等。

二、国家制定的产品质量监督管理制度

1. 企业质量体系认证制度

国家根据国际通用的质量管理标准，推行企业质量体系认证制度。企业根据自愿原则可以向国务院市场监督管理部门认可的或者国务院市场监督管理部门授权的部门认可的认证机构申请企业质量体系认证。经认证合格的，由认证机构颁发企业质量体系认证证书。

国际通用的质量管理标准，是指国际标准化组织（ISO）推荐的 ISO 9000 系列国际标准。我国已将其转化为我国的国家标准，即质量管理体系认证系列标准（GB/T 19001/ ISO 9001）。

企业质量体系认证的目的，在于确认企业对其产品的质量保证及控制能力是否符合标准要求，以衡量企业能否持续稳定地保证产品质量。因为一般来讲，通过抽样检验产品质量，只能是对被检样品质量的认可，即使是建立在统计学基础上的抽样检验，也只能证明一个产品批次的质量，而不能证明以后生产、出厂销售的产品是否持续符合标准的要求。

虽然企业质量体系认证的原则是自愿的，国家并不强制，但是通过认证，就等于取得通向市场的"通行证"。企业经质量体系认证合格，可增加人们对该企业产品的信任度，从而增强企业在市场上的竞争能力。因此建议企业在条件具备的情况下，积极申请企业质量体系认证。

2. 产品质量认证制度

国家参照国际先进的产品标准和技术要求，推行产品质量认证制度。

产品质量认证包括自愿性认证和强制性认证两种。

自愿性认证，是指企业根据自愿原则可以向国务院市场监督管理部门认可的或者国务院市场监督管理部门授权的部门认可的认证机构申请产品质量认证。经认证合格的，由认证机构颁发产品质量认证证书，准许企业在产品或者其包装上使用产品质量认证标志。

强制性认证，是指对于国家规定必须经过认证的产品，只有在经过认证并标注认证标志后，方可出厂、销售、进口或者在其他经营活动中使用。对部分产品实施强制性认证的目的是保护国家安全、防止欺诈行为、保护人体健康或者安全、保护动植物生命或者健康以及保护环境。截至2020年4月21日，强制性产品认证目录共17大类103种产品，主要包括电线电缆、电路开关、低压电器、小功率电动机、电动工具、电焊机、家用电器、电子产品、照明电器、车辆、农机、消防产品、安全防范产品、建材产品、儿童用品、防爆电气、家用燃气器具等。

【小贴士】

CCC：根据《强制性产品认证管理规定》实施的强制性产品认证标志，拥有一个简洁好记的基本图案"CCC"，它是"中国强制性认证"英文名称"China Compulsory Certification"的英文缩写。所以，我国强制性产品认证简称CCC认证或3C认证。

3. 产品质量监督检查制度

国家对产品质量实行以抽查为主要方式的监督检查制度，对可能危及人体健康和人身、财产安全的产品，影响国计民生的重要工业产品，以及消费者、有关组织反映有质量问题的产品进行抽查。

为了保证产品质量抽查检验的公正，《产品质量法》规定产品质量检验机构必须具备相应的检测条件和能力，经省级以上人民政府市场监督管理部门或者其授权的部门考核合格后，方可承担产品质量检验工作。国家监督抽查的产品，地方不得另行重复抽查；上级监督抽查的产品，下级不得另行重复抽查，并且不得向被检查人收取检验费用。生产者、销售者对抽查检验结果有异议的，可以自收到检验结果之日起15日内向实施监督抽查产品质量的市场监督管理部门或其上级部门申请复检。

4. 产品质量社会监督制度

产品质量的社会监督，主要是指消费者及保护消费者权益的社会组织依法对产品质量所进行的监督。《产品质量法》规定，任何单位和个人有权对违反本法规定的行为，向市场监督管理部门或者其他有关部门检举。同时规定，消费者有权就产品质量问题，向产品的生产者、销售者查询，向市场监督管理部门及有关部门申诉，接受申诉的部门应当负责处理；保护消费者权益的社会组织可以就消费者反映的产品质量问题建议有关部门负责处理，支持消费者对因产品质量造成的损害向人民法院起诉。

三、生产者负有的产品质量责任和义务

根据《产品质量法》的规定，生产者负有以下产品质量责任和义务。

（1）生产者应当对其生产的产品质量负责。产品质量应当符合下列要求。

① 不存在危及人身、财产安全的不合理的危险，有保障人体健康和人身、财产安全的国家标准、行业标准的，应当符合该标准。

② 具备产品应当具备的使用性能，但是对产品存在使用性能的瑕疵做出说明的除外。

③ 符合在产品或者其包装上注明采用的产品标准，符合以产品说明、实物样品等方式表明的质量状况。

同时，国家鼓励推行科学的质量管理方法，采用先进的科学技术，鼓励企业产品质量达到并且超过行业标准、国家标准和国际标准。

（2）生产者必须保证产品或其包装上的标识真实，并符合法定要求。

① 有产品质量检验合格证明。

② 有中文标明的产品名称、生产厂厂名和厂址。

③ 根据产品的特点和使用要求，需要标明产品规格、等级、所含主要成分的名称和含量的，用中文相应予以标明；需要事先让消费者知晓的，应当在外包装上标明，或者预先向消费者提供有关资料。

④ 限期使用的产品，必须在显著位置清晰地标明生产日期、安全使用期或失效日期。

⑤ 使用不当，容易造成产品本身损坏或者可能危及人身、财产安全的产品，应当有警示标志或者中文警示说明。

⑥ 裸装的食品和其他根据产品的特点难以附加标识的裸装产品，可以不附加产品标识。

另外，易碎、易燃、易爆、有毒、有腐蚀性、有放射性等危险物品以及储运中不能倒置和有其他特殊要求的产品，其包装质量必须符合相应要求，依照国家有关规定做出警示标志或者中文警示说明，标明储运注意事项。

（3）生产者不得有以下行为。

① 不得生产国家明令淘汰的产品。

② 不得伪造产地或伪造、冒用他人的厂名、厂址。

③ 不得伪造或者冒用认证标志等质量标志。

④ 不得生产假冒伪劣产品，如在产品中掺杂、掺假，以假充真，以次充好，以不合格产品冒充合格产品等。

四、销售者负有的产品质量责任和义务

《产品质量法》对销售者的产品质量责任和义务做了如下规定。

（1）销售者应当建立并执行进货检查验收制度，验明产品合格证明和其他标识。

（2）销售者应当采取措施保证销售产品的质量。

（3）销售者不得销售国家明令淘汰并停止销售的产品和失效、变质的产品。

（4）销售者销售的产品的标识应当符合《产品质量法》第二十七条的规定（同前述生产者对产品或产品包装的标识承担的义务）。

（5）销售者不得伪造产地，不得伪造或者冒用他人的厂名、厂址。

（6）销售者不得伪造或者冒用认证标志等质量标志。

（7）销售者销售产品，不得掺杂、掺假，不得以假充真、以次充好，不得以不合格产品冒充合格产品。

五、生产者、销售者违反《产品质量法》要承担的责任

1. 民事责任

（1）销售者需承担的民事责任。

销售者出售的产品有下列情形的，应负修理、更换、退货以及赔偿损失的法律责任。

① 不具备产品应当具备的使用性能而事先未做说明的。

② 不符合在产品或者包装上注明采用的产品标准的。

③ 不符合以产品说明、实物样品等方式表明的质量状况的。

销售者负责修理、更换、退货、赔偿损失后，属于生产者的责任或者属于向销售者提供产品的其他销售者（供货者）的责任的，销售者有权向生产者、供货者追偿。

由于销售者的过错使产品存在缺陷，造成人身、他人财产损害的，或者销售者不能指明缺陷产品的生产者，也不能指明缺陷产品的供货者的，销售者应当承担赔偿责任。

（2）生产者需承担的民事责任。

因产品存在缺陷造成人身、缺陷产品以外的其他财产损害的，生产者应当承担赔偿责任。

产品的缺陷是指产品存在危及人身、他人财产安全的不合理的危险；产品有保障人体健康和人身、财产安全的国家标准、行业标准的，是指不符合该标准。

需要注意的是，不管生产者主观上是否有过错，缺陷产品的生产者均需承担赔偿责任。生产者承担无过错责任已为世界上许多国家所采用。只有如此规定，才能约束生产者严把产品质量关，避免生产缺陷产品，也才能更好地保护消费者的利益。同时，《产品质量法》也规定，如果生产者能够证明，未将产品投入流通，或产品投入流通时引起损害的缺陷不存在，或将产品投入流通时的科学技术水平尚不能发现缺陷的存在，如有些药品在多年实践中才发现具有损害人体健康的物质，生产者可以不承担赔偿责任。

（3）缺陷产品损害赔偿的范围。

人身损害赔偿：因产品存在缺陷造成受害人人身伤害的，侵害人应当赔偿医疗费、治疗期间的护理费、因误工减少的收入等费用；造成残疾的，还应当支付残疾者生活辅助器具费、生活补助费、残疾赔偿金以及由其扶养的人所必需的生活费等费用；造成受害人死亡的，应当支付丧葬费、死亡赔偿金以及由死者生前扶养的人所必需的生活费等费用。

财产损害赔偿：因产品存在缺陷造成受害人财产损失的，侵害人应当恢复原状或者折价赔偿。受害人因此遭受其他重大损失的，侵害人应当赔偿损失。

2. 行政责任

依照《产品质量法》的有关规定，生产者、销售者如果不履行法定的义务，则可能面临下列行政处罚：警告、责令改正、责令停止生产和停止销售、没收违法产品和违法所得、罚款、吊销营业执照等。

3. 刑事责任

依照《产品质量法》的有关规定，可以追究刑事责任的违法行为有以下几种。

（1）生产、销售不符合保障人体健康和人身、财产安全的国家标准、行业标准的产品，构成犯罪的。

（2）在产品中掺杂、掺假，以假充真，以次充好，或者以不合格产品冒充合格产品，构成犯罪的。

（3）销售失效、变质产品构成犯罪的。

我国《刑法》第一百四十条至第一百五十条对生产、销售伪劣商品罪做了明确规定，上述行为如果构成犯罪的，应当依照相应条款承担刑事责任。

【案例】北京一医药公司老总卖假口罩被判 15 年

2020 年 6 月 19 日，北京市朝阳区人民法院对一起销售伪劣产品案做出一审判决。

这是一起医药公司老总在新冠疫情期间销售假口罩的案件。法院审理查明：

北京京海康××医药有限责任公司（以下简称"康××公司"）于 2004 年 1 月成立，法定代表人李某。北京京海××商贸有限公司（以下简称"京海××公司"）于 2012 年成立，法定代表人马某（李某的前妻），实际控制人为李某。

因新冠疫情爆发，口罩等防护用品供不应求。2020 年 1 月 21 日，被告人李某联系在国药集团山西有限公司工作的堂弟被告人李俞某，让其寻找购买口罩的渠道。李俞某通过淘宝网寻找到山东高密的卖家仪某（另案处理），仪某通过微信向李俞某提供了质量检测报告。李俞某将相关情况向李某进行了汇报后，李某同意购买，并授权李俞某负责价格谈判及提货。

2020 年 1 月 22 日凌晨，李俞某同罗某某开车从山西出发到山东高密。二人到达高密后在街边与仪某见面，在商谈价格的过程中向对方提出开票时每只口罩多开一元作为回扣。仪某当场组织货源，当地假冒 3M 口罩生产者周某×等人（另案处理）各自将不同型号的口罩送到现场。李某通过其个人银行卡向仪某支付货款 51.75 万元，仪某后以高密瑞博劳保用品有限公司等名义开具增值税发票 6 张，票面金额计 51.75 万元。当日，上述货物运抵北京市大兴区。此次交易被告人李俞某、罗某某通过罗某某的账户收取仪某支付的回扣人民币 25.05 万元。

被告人李某同步在微信群中发布消息称有口罩出售，北京市、天津市多名药房经营者及个人联系其购买。李某验货后，将货物销售给已联系好的大客户，同时将剩余的口罩交康××公司运营部经理李某×分配至公司各加盟店销售。

上述口罩销售一空后，李某决定再次从仪某处购进口罩。经李俞某等人联系后，李某于1月23日通过其个人账户向仪某账户转入货款95.49万元。第二批口罩数量为33万余只，其中10万只由李俞某租车直接发给河北沧州吴某，其余23万余只运到北京后继续批发给大客户及通过药店零售。此次交易仪某向罗某某账户支付回扣人民币35.53万元。

综上所述，被告人李某从仪某处共购进涉案口罩50万余只，向仪某支付货款共计147.24万元。李某以其实际控制的京海××公司名义将上述口罩对外销售，销售金额共计人民币425.7065万元，违法所得为270.4665万元。被告人李俞某、罗某某获得仪某给付的回扣共计人民币60.58万元，李俞某另获得李某给付的现金人民币8万元作为租车费和好处费。

2020年1月24日开始有买家和康××公司加盟店的顾客反映口罩质量有问题。1月26日北京市朝阳区市场监督管理局从一加盟店起获636只涉案口罩；1月27日从一加盟店起获2530只涉案口罩；1月30日市场监管部门联合公安机关从李某通州家中起获药店下架口罩21 135只。上述口罩现被扣押。

经3M公司认定，在上述两家药店以及李某通州家中起获的24 301只3M品牌口罩为假冒注册商标的商品。经国家劳保用品质量检测中心（北京）检验，本案中扣押的3M口罩涉及3种型号，过滤效率数据不符合（KN90）标准要求。

法院认为，销售伪劣产品罪是指销售者在产品中掺杂、掺假，以假充真，以次充好，或者以不合格产品冒充合格产品，销售金额较大的行为。本案中，被告人李某、李俞某、罗某某以低价购进过滤效率不符合（KN90）标准要求，呼气阀气密性数据不符合标准要求的假冒3M口罩后进行销售，销售金额达400余万元，其行为属于"以不合格产品冒充合格产品，销售金额200万元以上"，均已构成销售伪劣产品罪，依法应予惩处。另外，三被告人的行为同时构成销售假冒注册商标的商品罪，根据相关司法解释确定的裁判规则，从一重罪处断。故北京市朝阳区人民检察院指控被告人李某、李俞某、罗某某犯销售伪劣产品罪的事实清楚，证据确实、充分，指控罪名成立。遂判决：被告人李某犯销售伪劣产品罪，判处有期徒刑15年，罚金人民币400万元；被告人李俞某、罗某某分别判处有期徒刑10年、9年，罚金人民币300万元、250万元。另追缴三位被告人的违法所得。

（资料来源：中国裁判文书网）

六、加强产品（服务）质量管理的方法

不同企业生产的产品（提供的服务）不同，因而不存在一个千篇一律的产品（服务）质量管理模式。重要的是结合企业自身实际，制定和执行完善的质量管理制度，具体可从以下几点入手。

（1）建立健全内部产品（服务）质量管理制度，实行全员、全过程、全面质量管理，条件具备时，申请质量管理体系认证。

（2）建立内部质量管理机构，配备专门的质量管理人员。

（3）严格实施岗位质量规范、质量责任以及相应的考核办法，奖罚分明。

（4）建立完善的质量管理记录，提供有效的证据。

（5）提供有效的员工培训，不断提高员工的专业技术水平。

（6）加强企业文化建设，形成质量至上的企业理念。

（7）推行科学的质量管理方法，采用先进的科学技术，不断追求高质量。

（8）自觉接受质量监督检查，积极处理质量问题，及时化解质量危机。

【案例】"三株"神话破灭的启示

1993年年底，三株公司在山东济南创立，此后短短三年时间里，三株公司的销售额从一个多亿跃至80亿元；从1993年年底30万元注册资本起家，到1997年年底公司净资产已达48亿元。迅速崛起的三株公司达到了自身发展的顶峰时刻，更创造了中国保健品行业史上的纪录。

然而正如其迅速崛起一样，三株公司的溃败来得也是那样突然。1996年6月，湖南常德一退休老人在喝完三株口服液后去世，其家属随后向三株公司提出索赔，财大气粗的三株公司则拒绝给予任何赔偿，坚称是消费者自身问题。遭到拒绝后死者家属一纸诉状将三株公司告上法院。1998年3月，法院一审宣判三株公司败诉，二十多家媒体炮轰三株公司，引发了三株口服液的销售地震，4月份（即审判后的第二个月）的三株口服液销售额就从1997年的月销售额2亿元下降至几百万元，15万人的营销大军被迫削减为不足2万人，生产经营陷入空前灾难之中。据三株公司介绍，这场质量官司给三株公司造成的直接经济损失达四十多亿元。

1999年3月，法院终审判决三株公司获胜，但此时三株帝国已经陷入全面瘫痪状态。三株公司的二百多个子公司停业，绝大多数工作站和办事处全部关闭，全国销售基本停止，一个超级企业帝国的神话就此终结。

（资料来源：全球品牌网）

评析：市场就是如此无情，敢问今天谁还记得三株公司？三株公司之所以被市场淘汰，是因为产品质量问题。在这一质量危机的处理过程中，三株公司强硬的态度和简单粗暴的行为方式，把自己推到了消费者的对立面，严重伤害了消费者的感情，毁坏了企业的形象，尽管最终三株公司赢得了官司，但却输掉了人心和市场。质量就是生命，消费者就是上帝，这恐怕是任何企业在任何时候都不能忘记的；质量至上，尤其是维护企业质量至上的形象和信誉更是企业必须牢牢把握的硬道理。

其实质量危机只是三株公司自身发展危机的冰山一角，导致三株帝国最终崩溃的深层次原因是其后期的盲目扩张和管理不善。为实现成为中国第一纳税人的梦想，三株公司向医疗电子、精细化工、生物工程、材料工程、物理电子以及化妆品等多个行业渗透，大量并购亏损医药企业；同时在全国各地设立分支机构，到1997年，三株公司共注册了三百多家子公司、两千多个县级办事处、一万三千多个乡镇工作站，吸纳了15万销售人员。此时的三株公司仿佛患上了"巨人症"，在快速膨胀的业绩背后，却是危机四伏：企业负债率急剧上升、机构臃肿、管理失控、负面新闻频频出现。例如，未经患者同意，编写典型病例进行宣传，导致纠纷；冒用专家名义、夸大功效、诋毁对手做虚假广告，结果被起诉，并被一些地方卫生主管部门处罚等。可以这么说，案例中的质量官司只是压倒这个巨人的最后一根稻草。

第二节 市场营销行为管理

关键词：市场营销、消费者权益保护、竞争行为管理、不正当竞争、垄断、广告

一、市场营销行为管理概述

作为一个营利性组织，企业生存的主要目标就是将自己的产品（服务）推向市场，销售出去，并从中获取利润。根据市场营销学理论，市场营销实务由产品策略、定价策略、分销渠道策略、促销策略、市场营销组合策略等组成。从法律角度分析，企业市场营销行为主要涉及经营者与消费者之间的法律关系，以及不同经营者之间的法律关系，前者主要受《消费者权益保护法》规范，后者则属于竞争法的范畴，企业市场营销行为管理的核心就是要保证合法正当竞争，保障消费者权益。

随着我国企业之间市场竞争越来越激烈，频频出现一些不正当竞争现象，如食品行业的王老吉与加多宝，互联网企业腾讯（QQ）与奇虎（360），电器销售商京东、国美、苏宁的价格战，打车软件补贴战等……而全民电商、全民带货时代的竞争更是白热化，硝烟四起，暗战不断。为此，2020年7月22日最高人民法院、国家发展和改革委员会出台的《关于为新时代加快完善社会主义市场经济体制提供司法服务和保障的意见》中明确提出，要加强反不正当竞争、反垄断审判工作。准确把握法律标准，恪守竞争中性原则，综合运用效能竞争、比例原则、竞争效果评估方法，建立健全第三方审查和评估机制，依法判断竞争行为的正当性，及时制止不正当竞争、垄断行为，提高违法成本，引导市场主体诚信公平有序竞争，增强市场竞争活力。

必须看到，竞争直接关系企业的根本经济利益，关系企业的生存和发展，而稍有不慎，又很容易触碰法律的底线。因此，如何规范市场营销行为，做好竞争行为管理，是每个企业都必须认真思考的课题。

我国现行的竞争法律体系以《反不正当竞争法》（2019年修订）和《反垄断法》为主体法，包括了《中华人民共和国价格法》、《广告法》（2018年修正）、《刑法》、《关于禁止在市场经济活动中实行地方封锁的规定》、《关于禁止有奖销售活动中不正当竞争行为的若干规定》、《关于禁止仿冒知名商品特有的名称、包装、装潢的不正当竞争行为的若干规定》、《关于禁止侵犯商业秘密行为的若干规定》、《关于禁止商业贿赂行为的暂行规定》、《禁止垄断协议暂行规定》、《禁止滥用市场支配地位行为暂行规定》、《制止滥用行政权力排除、限制竞争行为暂行规定》等相关法规。

二、消费者的权益

3月15日是国际消费者权益日（World Consumer Rights Day），由国际消费者联盟组织于1983年确定。我国于1984年成立中国消费者协会，1987年加入国际消费者联盟组织。

1993 年 10 月 31 日我国通过了《消费者权益保护法》（1994 年 1 月 1 日起施行，2009 年、2013 年两次修正），该法明确规定了消费者的权利和经营者的义务。对于企业来说，消费者是企业产品和服务的购买者，企业作为经营者的义务就是要为消费者提供好的产品和服务，保障消费者的权利。只有把消费者服务好了，企业才能真正拥有广阔的发展前景。

根据《消费者权益保护法》的规定，我国消费者享有下列权利。

1. 消费者在购买、使用商品和接受服务时享有人身、财产安全不受损害的权利

作为经营者，应当按照下列要求履行保障消费者人身财产安全权的义务和责任。

（1）应当保证其提供的商品或者服务符合保障人身、财产安全的要求。对可能危及人身、财产安全的商品和服务，应当向消费者做出真实的说明和明确的警示，并说明和标明正确使用商品或者接受服务的方法以及防止危害发生的方法。

（2）发现其提供的商品或者服务存在缺陷，有危及人身、财产安全危险的，应当立即向有关行政部门报告和告知消费者，并采取停止销售、警示、召回、无害化处理、销毁、停止生产或者服务等措施。采取召回措施的，经营者应当承担消费者因商品被召回支出的必要费用。

（3）宾馆、商场、餐馆、银行、机场、车站、港口、影剧院等经营场所的经营者，应当对消费者尽到安全保障义务。

2. 消费者享有知悉其购买、使用的商品或者接受的服务的真实情况的权利

消费者有权根据商品或者服务的不同情况，要求经营者提供商品的价格、产地、生产者、用途、性能、规格、等级、主要成分、生产日期、有效期限、检验合格证明、使用方法说明书、售后服务，或者服务的内容、规格、费用等有关情况。

相应地，经营者应当标明其真实名称和标记；向消费者提供有关商品或者服务的质量、性能、用途、有效期限等信息，应当真实、全面，不得做虚假或者引人误解的宣传；对消费者就其提供的商品或者服务的质量和使用方法等问题提出的询问，应当做出真实、明确的答复；提供商品或者服务应当明码标价，并按照国家有关规定或者商业惯例向消费者出具发票等购货凭证或者服务单据。

采用网络、电视、电话、邮购等方式提供商品或者服务的经营者，以及提供证券、保险、银行等金融服务的经营者，应当向消费者提供经营地址、联系方式、商品或者服务的数量和质量、价款或者费用、履行期限和方式、安全注意事项和风险警示、售后服务、民事责任等信息。

消费者因经营者利用虚假广告或者其他虚假宣传方式提供商品或者服务，其合法权益受到损害的，可以向经营者要求赔偿。广告经营者、发布者不能提供经营者的真实名称、地址和有效联系方式的，应当承担赔偿责任。广告经营者、发布者设计、制作、发布关系消费者生命健康的商品或者服务的虚假广告，造成消费者损害的，应当与提供该商品或者服务的经营者承担连带责任。社会团体或者其他组织、个人在关系消费者生命健康的商品或者服务的虚假广告或其他虚假宣传中向消费者推荐商品或服务，造成消费者损害的，应当与提供该商品或者服务的经营者承担连带责任。

【案例】网店店主宣称真丝"假一赔万"，违背承诺被判赔偿一万元

2012 年 7 月 11 日，廖某某在某网上商城一旗舰店购买裙子 1 条，卖家在该商品详情中载明：① 材质真丝，面料主成分含量 91%～95%。② 产品为品牌设计中心设计师最新作品，进口欧根纱真丝面料，质量保证，假一赔万。2012 年 7 月 13 日，廖某某收到上述商品，发现不是真丝材质，遂与卖家交涉，未果。之后该商品经纺织品检测中心检测，结果表明：该商品的面料成分为聚酯纤维及聚酰胺薄膜纤维，真丝含量为零。廖某某遂向法院起诉维权。

一审法院经审理认为：原告与被告之间网络购物的约定，实质上是双方成立的买卖合同，该买卖合同成立并生效，双方的权利义务关系应受法律的保护。现被告提供给原告的商品，经检测，真丝含量为零，不符合合同约定。被告做出"假一赔万"的承诺，是对自己设定的义务，被告应当向原告履行赔偿的义务。法院经审理判决被告返还原告购物款、服装面料检测费用，并支付原告廖某某违约金 10 000 元。

（资料来源：浙江法院网）

3. 消费者享有自主选择商品或者服务的权利

消费者有权自主选择提供商品或者服务的经营者，自主选择商品品种或者服务方式，自主决定购买或者不购买任何一种商品，接受或者不接受任何一项服务；有权进行比较、鉴别和挑选。

实践中有的经营者在消费者看过、摸过某商品后，强制消费者购买，不购买就恶语相加；有的旅行社工作人员强制消费者在指定商店购买一定金额的商品，并以暴力相威胁，严重侵犯了消费者的购买决定权。我国法律明令禁止强买强卖的行为，《中华人民共和国治安管理处罚法》第四十六条规定："强买强卖商品，强迫他人提供服务或者强迫他人接受服务的，处五日以上十日以下拘留，并处二百元以上五百元以下罚款；情节较轻的，处五日以下拘留或者五百元以下罚款。"

4. 消费者享有公平交易的权利

消费者在购买商品或者接受服务时，有权获得质量保障、价格合理、计量正确等公平交易条件，有权拒绝经营者的强制交易行为。

作为经营者要保证商品或服务的质量，对于质量不符合要求的商品或服务，承担退货、更换、修理义务。经营者采用网络、电视、电话、邮购等方式销售商品，消费者享有七天内无理由退货权利。经营者不得以格式条款、通知、声明、店堂告示等方式，做出排除或者限制消费者权利、减轻或者免除经营者责任、加重消费者责任等对消费者不公平、不合理的规定，不得利用格式条款并借助技术手段强制交易。

【案例】文化和旅游部规范在线旅游行业　大数据杀熟最高可罚五十万元

2019 年 10 月 9 日，文化和旅游部公示了《在线旅游经营服务管理暂行规定（征求意见稿）》（以下简称《暂行规定》），并在未来一个月内面向社会公开征求意见。

针对最受关注的"大数据杀熟"问题，《暂行规定》第十六条明确规定："在线旅游

经营者不得利用大数据等技术手段，针对不同消费特征的旅游者，对同一产品或服务在相同条件下设置差异化的价格。"

大数据杀熟还将面临最高五十万元的处罚。《暂行规定》第三十五条规定："违反本规定第十六条规定的，由县级以上文化和旅游行政部门依照《中华人民共和国电子商务法》第七十七条的规定处罚。"具体来说，由市场监督管理部门责令限期改正，没收违法所得，可以并处五万元以上二十万元以下的罚款；情节严重的，并处二十万元以上五十万元以下的罚款。

（资料来源：信用中国（上海））

评析： 大数据杀熟实施价格歧视，显然侵犯了消费者的公平交易权。

5. 消费者因购买、使用商品或者接受服务受到人身、财产损害的，享有依法获得赔偿的权利

侵害消费者权益的经营者应当承担的赔偿责任包括以下几种。

（1）人身损害赔偿。

人身损害赔偿包括赔偿医疗费、护理费、交通费等为治疗和康复支出的合理费用，以及因误工减少的收入。造成残疾的，还应当赔偿残疾生活辅助具费和残疾赔偿金。造成死亡的，还应当赔偿丧葬费和死亡赔偿金。给消费者或其他受害人造成严重精神损害的，还应当赔偿精神损失。

（2）财产损害赔偿。

经营者造成消费者财产损害的，应当依照法律规定承担赔偿损失等民事责任。包括对不合格的商品或者服务修理、重做、更换、退货；补足商品数量、退还货款和服务费用；继续履行，返还预付款、支付预付款利息和消费者必须支付的合理费用；排除商品或者服务的危险等。赔偿损失的，按照损失发生时的市场价格或者其他方式计算。

（3）惩罚性赔偿。

经营者提供商品或者服务有欺诈行为的，应当按照消费者的要求增加赔偿其受到的损失，增加赔偿的金额为消费者购买商品的价款或者接受服务的费用的三倍；增加赔偿的金额不足五百元的，以五百元计。法律另有规定的，依照其规定。

经营者明知商品或者服务存在缺陷，仍然向消费者提供，造成消费者或者其他受害人死亡或者健康严重损害的，受害人除有权要求经营者依法赔偿人身损害和精神损失外，还有权要求所受损失二倍以下的惩罚性赔偿。

生产不符合食品安全标准的食品或者经营明知是不符合食品安全标准的食品，消费者除要求赔偿损失外，还可以向生产者或者经营者要求支付价款十倍或损失三倍的赔偿金；增加赔偿的金额不足一千元的，为一千元。

6. 消费者享有依法成立维护自身合法权益的社会组织的权利

消费者协会和其他消费者组织是依法成立的对商品和服务进行社会监督的保护消费者合法权益的社会组织。

7. 消费者享有获得有关消费和消费者权益保护方面的知识的权利

消费者应当努力掌握所需或者服务的知识和使用技能，正确使用商品，提高自我保护意识。

8. 消费者在购买、使用商品和接受服务时，享有人格尊严、民族风俗习惯得到尊重的权利，个人信息依法得到保护的权利

经营者不得对消费者进行侮辱、诽谤，不得搜查消费者的身体及其携带的物品，不得侵犯消费者的人身自由。

大数据时代，个人信息安全受到严峻挑战。一些不良商家将通过经营活动获得的消费者身份信息、电话号码、家庭住址、电子邮箱等个人信息泄露给他人，甚至出卖谋利；有的商家随意通过短信、电子邮件等向消费者发送广告、推送信息，这些行为都严重影响消费者的生活安宁，侵害消费者的隐私。为此，2013 年《消费者权益保护法》修改时专门增加了关于个人信息保护的内容，并明确规定经营者未经消费者同意或请求，或者消费者明确表示拒绝的，不得向其发送商业性信息。

根据 2020 年 5 月 28 日通过的《民法典》规定，个人信息是以电子或者其他方式记录的能够单独或者与其他信息结合识别特定自然人的各种信息，包括自然人的姓名、出生日期、身份证件号码、生物识别信息、住址、电话号码、电子邮箱、健康信息、行踪信息等。

自然人的个人信息受法律保护。任何组织或者个人需要获取他人个人信息的，应当依法取得并确保信息安全，不得非法收集、使用、加工、传输他人个人信息，不得非法买卖、提供或者公开他人个人信息。

处理个人信息的，即对个人信息进行收集、存储、使用、加工、传输、提供、公开等，应当遵循合法、正当、必要原则，不得过度处理，并符合下列条件。

（1）征得该自然人或者其监护人同意，但是法律、行政法规另有规定的除外。

（2）公开处理信息的规则。

（3）明示处理信息的目的、方式和范围。

（4）不违反法律、行政法规的规定和双方的约定。

信息处理者不得泄露或者篡改其收集、存储的个人信息；未经自然人同意，不得向他人非法提供其个人信息，但是经过加工无法识别特定个人且不能复原的除外。

信息处理者应当采取技术措施和其他必要措施，确保其收集、存储的个人信息安全，防止信息泄露、篡改、丢失；发生或者可能发生个人信息泄露、篡改、丢失的，应当及时采取补救措施，按照规定告知自然人并向有关主管部门报告。

9. 消费者享有对商品和服务以及保护消费者权益工作进行监督的权利

消费者有权检举、控告侵害消费者权益的行为和国家机关及其工作人员在保护消费者权益工作中的违法失职行为，有权对保护消费者权益工作提出批评、建议。

三、不正当竞争

不正当竞争是指经营者在生产经营活动中，违反《反不正当竞争法》（2019 年修正）

的规定，扰乱市场竞争秩序，损害其他经营者或者消费者的合法权益的行为。常见的不正当竞争行为包括如下几种行为。

1. 商业混同行为

经营者不得实施下列混淆行为，引人误认为是他人商品或者与他人存在特定联系。

（1）擅自使用与他人有一定影响的商品名称、包装、装潢等相同或者近似的标识。

（2）擅自使用他人有一定影响的企业名称（包括简称、字号等）、社会组织名称（包括简称等）、姓名（包括笔名、艺名、译名等）。

（3）擅自使用他人有一定影响的域名主体部分、网站名称、网页等。

（4）其他足以引人误认为是他人商品或者与他人存在特定联系的混淆行为。

2. 商业贿赂行为

商业贿赂是指经营者采用财物或其他手段进行贿赂以销售或者购买商品。商业贿赂的主要形式是回扣，通常比较多地出现在商品的流通领域中，如商品购销、土地的转让与成片开发过程中；在建筑工程的承包、银行贷款，以及为取得政府对某种经营业务的行政特许等领域也大量存在，这些都对正常的市场秩序造成了严重的危害。

经营者不得采用财物或者其他手段贿赂下列单位或者个人，以谋取交易机会或者竞争优势。

（1）交易相对方的工作人员。

（2）受交易相对方委托办理相关事务的单位或者个人。

（3）利用职权或者影响力影响交易的单位或者个人。

经营者在交易活动中，可以以明示方式向交易相对方支付折扣，或者向中间人支付佣金。经营者向交易相对方支付折扣、向中间人支付佣金的，应当如实入账。接受折扣、佣金的经营者也应当如实入账。

经营者的工作人员进行贿赂的，应当认定为经营者的行为；但是，经营者有证据证明该工作人员的行为与为经营者谋取交易机会或者竞争优势无关的除外。

3. 虚假宣传行为

经营者不得对其商品的性能、功能、质量、销售状况、用户评价、曾获荣誉等作虚假或者引人误解的商业宣传，欺骗、误导消费者。

经营者不得通过组织虚假交易等方式，帮助其他经营者进行虚假或者引人误解的商业宣传。

4. 侵犯商业秘密的行为

商业秘密是指不为公众所知悉、具有商业价值并经权利人采取相应保密措施的技术信息、经营信息等商业信息。经营者不得实施下列侵犯商业秘密的行为。

（1）以盗窃、贿赂、欺诈、胁迫、电子侵入或者其他不正当手段获取权利人的商业秘密。

（2）披露、使用或者允许他人使用以前项手段获取的权利人的商业秘密。

（3）违反保密义务或者违反权利人有关保守商业秘密的要求，披露、使用或者允许他人使用其所掌握的商业秘密。

（4）教唆、引诱、帮助他人违反保密义务或者违反权利人有关保守商业秘密的要求，获取、披露、使用或者允许他人使用权利人的商业秘密。

经营者以外的其他自然人、法人和非法人组织实施前款所列违法行为的，视为侵犯商业秘密。第三人明知或者应知商业秘密权利人的员工、前员工或者其他单位、个人实施上述违法行为，仍获取、披露、使用或者允许他人使用该商业秘密的，视为侵犯商业秘密。

5. 违反规定的有奖销售活动

有奖销售是常见的促销行为，但有奖销售必须注意避免以下情形。

（1）所设奖的种类、兑奖条件、奖金金额或者奖品等有奖销售信息不明确，影响兑奖。

（2）采用谎称有奖或者故意让内定人员中奖的欺骗方式进行有奖销售。

（3）抽奖式的有奖销售，最高奖的金额超过五万元。

6. 诋毁行为

经营者不得编造、传播虚假信息或者误导性信息，损害竞争对手的商业信誉、商品声誉。

7. 通过网络实施不正当竞争行为

经营者不得利用技术手段，通过影响用户选择或者其他方式，实施下列妨碍、破坏其他经营者合法提供的网络产品或者服务正常运行的行为。

（1）未经其他经营者同意，在其合法提供的网络产品或者服务中，插入链接、强制进行目标跳转。

（2）误导、欺骗、强迫用户修改、关闭、卸载其他经营者合法提供的网络产品或者服务。

（3）恶意对其他经营者合法提供的网络产品或者服务实施不兼容。

（4）其他妨碍、破坏其他经营者合法提供的网络产品或者服务正常运行的行为。

【案例】涉视频刷量行为的不正当竞争纠纷案——2019年上海法院知识产权司法保护十大案件之七

本案系北京爱奇艺科技有限公司与杭州飞×信息科技有限公司、吕某、胡某不正当竞争纠纷案。杭州飞×信息科技有限公司（以下简称飞×公司）是一家专门提供视频刷量服务的公司，其与吕某、胡某通过分工合作、运用多个域名、不断更换访问IP地址等方式，连续访问爱奇艺网站视频，在短时间内迅速提高视频访问量，达到刷单成绩，以牟取利益。北京爱奇艺科技有限公司（以下简称爱奇艺公司）诉称，飞×公司的行为已经严重损害了其合法权益，破坏了视频行业的公平竞争秩序，飞×公司、吕某、胡某构成共同侵权，请求法院判令三被告立即停止不正当竞争行为，刊登声明、消除影响，并连带赔偿爱奇艺公司经济损失500万元。三被告辩称，爱奇艺公司与飞×公司的经营范围、盈利模式均不相同，不具有竞争关系，并且涉案的刷量行为未在《反不正当竞争法》（1993年版）禁止之列，故飞×公司的刷量行为不构成不正当竞争。

一审法院认为，三被告通过技术手段干扰、破坏爱奇艺网站的访问数据，违反公认的商业道德，损害爱奇艺公司以及消费者的合法权益，构成不正当竞争，故依据《反不正当竞争法》（1993年版）第二条判令飞×公司、吕某、胡某向爱奇艺公司连带赔偿50万元，并刊登声明，消除影响。一审判决后，飞×公司、吕某、胡某不服，提起上诉。二审法院认为，涉案视频刷量行为属于《反不正当竞争法》（1993年版）第九条所规定的"虚假宣传"不正当竞争行为。根据查明的事实，飞×公司、吕某、胡某系分工合作，共同实施了涉案视频刷量行为，应承担连带赔偿责任。一审法院酌情确定50万元的判赔数额合理，应予维持。据此，二审法院判决驳回上诉，维持原判。

（资料来源：上海市高级人民法院）

评析：本案适用的是修订前的《反不正当竞争法》（1993年版）。被告实施视频刷量行为是在2016至2017年期间，本案从2017年一审打到2019年二审，主要争议焦点在于，涉案视频刷量行为是否属于不正当竞争行为及其法律适用。被告一方坚称，其行为未在《反不正当竞争法》（1993年版）明确列举的不正当竞争行为之中，故不受该法规制。这是典型的"老办法遇到了新问题"。确实，互联网行业新型商业模式和竞争手段层出不穷，让人眼花缭乱。这些新模式、新手段究竟是促进了自由竞争，提高了市场效率，还是带来了完全相反的结果呢？本案二审法官给出了明确的判断。二审法官指出，《反不正当竞争法》（1993年版）第九条规定，"经营者不得利用广告或者其他方法，对商品的质量、制作成分、性能、用途、生产者、有效期限、产地等作引人误解的虚假宣传。"本案中，虚构视频点击量的行为，实质上提升了相关公众对虚构点击量视频的质量、播放数量、关注度等的虚假认知，起到了吸引消费者的目的，故应当按照虚假宣传予以处理。本案被告虚构视频点击量的行为属于《反不正当竞争法》（1993年版）第九条所规制的"虚假宣传"的不正当竞争行为。法律要鼓励创新，但对于"换了一个马甲"实施违法行为的人，还是必须依法制裁。

四、垄断行为

垄断是对竞争的限制和排除，它严重破坏市场竞争格局，影响市场经济的健康发展。因此各国法律均对垄断行为加以限制和制裁，大名鼎鼎的微软就曾多次被提起反垄断调查，并遭到欧盟的巨额罚款。

我国《反垄断法》从2008年8月1日起施行，形成了以反垄断法为核心，由若干行政法规、国务院反垄断委员会指南、部门规章、规范性文件构成的反垄断法律体系。为了回应市场竞争出现的新问题，2020年1月国家市场监督管理总局发布《〈反垄断法〉修订草案（公开征求意见稿）》，即将对现行《反垄断法》进行"大修"。征求意见稿进一步明确了互联网垄断相关细则，提出认定互联网领域经营者具有市场支配地位，应当考虑网络效应、规模经济、锁定效应、掌握和处理相关数据的能力等因素。还新增"鼓励创新"、"国家强化竞争政策"、建立和实施公平竞争审查制度等提法。

我国现行《反垄断法》规定的垄断行为包括以下几种：① 经营者达成垄断协议；② 经营者滥用市场支配地位；③ 具有或者可能具有排除、限制竞争效果的经营者集中。同时《反垄断法》禁止滥用行政权力排除、限制竞争的行为。

1. 订立垄断协议的行为

垄断协议是指排除、限制竞争的协议、决定或者其他协同行为。

具有竞争关系的经营者不得达成下列垄断协议。

（1）固定或者变更商品价格。

（2）限制商品的生产数量或者销售数量。

（3）分割销售市场或者原材料采购市场。

（4）限制购买新技术、新设备或者限制开发新技术、新产品。

（5）联合抵制交易。

（6）国务院反垄断执法机构认定的其他垄断协议。

经营者与交易相对人不得达成下列协议。

（1）固定向第三人转售商品的价格。

（2）限定向第三人转售商品的最低价格。

（3）国务院反垄断执法机构认定的其他垄断协议。

【案例】6 家奶企垄断价格被罚约 6.7 亿元

2013 年 8 月 7 日，国家发展和改革委员会宣布，合生元等 6 家乳粉生产企业因违反《反垄断法》限制竞争行为共被罚约 6.7 亿元，这是我国反垄断史上开出的最大罚单。3 家企业因配合执法机关调查并积极整改被免除处罚。

据介绍，从 2013 年 3 月开始，根据举报，国家发改委对 9 家乳粉生产企业开展了反价格垄断调查。大量证据表明，涉案企业价格垄断具体的措施和手段主要包括合同约定、直接罚款、变相罚款、扣减返利、限制供货、停止供货等。一旦下游经营者不按照涉案企业规定的价格或限定的最低价格进行销售，就会遭到惩罚。涉案企业的上述行为违反了《反垄断法》，不正当地维持了乳粉的销售高价，严重排除、限制同一乳粉品牌内的价格竞争，削弱了不同乳粉品牌之间的价格竞争，破坏了公平有序的市场竞争秩序，损害了消费者利益。

（资料来源：新华网）

2. 滥用市场支配地位的行为

市场支配地位，是指经营者在相关市场内具有能够控制商品价格、数量或者其他交易条件，或者能够阻碍、影响其他经营者进入相关市场能力的市场地位。具有市场支配地位的经营者不得从事下列滥用市场支配地位的行为。

（1）以不公平的高价销售商品或者以不公平的低价购买商品。

（2）没有正当理由，以低于成本的价格销售商品。

（3）没有正当理由，拒绝与交易相对人进行交易。

（4）没有正当理由，限定交易相对人只能与其进行交易或者只能与其指定的经营者进行交易。

（5）没有正当理由搭售商品，或者在交易时附加其他不合理的交易条件。

（6）没有正当理由，对条件相同的交易相对人在交易价格等交易条件上实行差别待遇。

（7）国务院反垄断执法机构认定的其他滥用市场支配地位的行为。

【案例】深圳微××软件开发有限公司与腾讯科技（深圳）有限公司、深圳市腾讯计算机系统有限公司垄断纠纷案

深圳微××软件开发有限公司（以下称原告）与腾讯科技（深圳）有限公司、深圳市腾讯计算机系统有限公司（以下称两被告）垄断纠纷案系最高人民法院发布的2018年中国法院50件典型知识产权案例之三十七。广东省深圳市中级人民法院2018年8月23日对该案做出一审判决。

原告诉称，两被告是活跃用户数量达到6.8亿的即时通信服务公司。两被告滥用其在即时通信软件及服务市场的支配地位，损害了市场的竞争，侵犯了原告的合法权益。原告是数据精灵等26个微信公众号的拥有者，为小型企业提供软件设计服务的经营者，享有在市场竞争中公平竞争的权利。原告自2015年10月6日在微信公众平台上注册了很多微信公众号，两被告以每个公众号300元人民币收取服务费用。两被告以莫须有的名义随意停止服务……为此，原告提出了包括：两被告停止微信的滥用市场支配地位的民事侵权行为，解封包括原告在内申请的微信号、微信公众号等九项诉讼请求。

两被告共同答辩如下：原告在本案提起的是垄断侵权纠纷，根据其起诉状及在庭审中的主张，原告诉称被告利用其在中国大陆移动互联网即时通信和社交软件与服务市场的市场支配地位，对原告实施了无正当理由"拒绝交易"和"差别待遇"的滥用市场支配地位，进而提出九项诉讼请求。原告对本案相关市场界定错误，且未能证明被告在相关市场中具有市场支配地位以及实施了滥用市场支配地位的行为。被告对原告涉案26个微信公众号采取封号措施是依据双方此前达成的《微信公众平台服务协议》和《微信公众平台运营规范》的明确规定，具有充分的正当理由，不构成反垄断法项下的滥用市场支配地位的行为。

法院审理认为，在滥用市场支配地位案件中，要考察涉案争议行为是否在相关市场上产生了竞争损害，首先应当明晰涉案行为究竟可能在哪些商品或服务所构成的市场范围内产生了竞争损害。本案双方争议行为直接指向的产品是微信公众号服务，微信公众号服务不能等同于微信产品，"微信公众号服务"与"即时通信服务"在产品的特性、用途上有重要区别。因此，原告指控被告垄断行为的争议商品系通过互联网平台进行的宣传推广服务，本案相关商品市场应为互联网平台在线推广宣传服务市场，而不是即时通信和社交软件与服务市场。微信用户数量不等于具有天然垄断属性基础，同时，市场支配地位的认定还需要结合被告是否具有控制上下游市场的能力、财力与技术条件、其他经营者对被告的依赖程度、相关市场进入的难易程度等因素进行综合的分析判断，而原告未能依据法律要求证明被告具有市场支配地位。

因此，法院认为，原告没有完成《关于审理因垄断行为引发的民事纠纷案件应用法律若干问题的规定》第八条规定的举证责任，其诉称被告构成"拒绝交易"和"差别待遇"滥用市场支配地位不能成立。原告基于起诉被告垄断行为而提起的其他诉讼请求，也无法律和事实的支持。遂判决驳回原告的全部诉讼请求。

（资料来源：最高人民法院）

评析： 鉴于腾讯在即时通信市场的地位，关于腾讯垄断的指摘不绝于耳，本案是又一起指控腾讯垄断的案例。腾讯是否构成垄断？可能很多人会觉得"是啊"，QQ、微信现在基本人人离不开。但是，法律上认定是否构成垄断，不能跟着感觉走，而是需要提供充分证据证明，并且要有法律依据。本案法官指出，微信公众号服务不等于微信产品，微信用户数量再多，也不必然得出腾讯在本案中构成垄断的结论。当然，腾讯在这个案子中不构成垄断，不等于它在其他方面也不构成垄断。腾讯和其他互联网头部公司，是否可能在某一方面构成垄断，相信在《反垄断法》修订出台互联网垄断判定细则后，人们对这个问题会有更清晰的认识。

3. 排除、限制竞争的经营者集中行为

经营者集中，是指经营者合并；经营者通过取得股权或者资产的方式取得对其他经营者的控制权；经营者通过合同等方式取得对其他经营者的控制权，或者能够对其他经营者施加决定性影响。

经营者集中超过一定的度，具有排除、限制竞争的效果时，即构成垄断，为避免经营者集中对正常市场竞争的不利影响，《反垄断法》规定，经营者集中达到国务院规定的申报标准的，经营者应当事先向国务院反垄断执法机构申报，未申报的不得实施集中。

4. 滥用行政权力排除、限制竞争的行为

滥用行政权力排除、限制竞争的行为又称为行政垄断行为，具体包括行政机关和法律、法规授权的具有管理公共事务职能的组织实施的下列行为。

（1）限定或者变相限定单位或者个人经营、购买、使用其指定的经营者提供的商品。

（2）实施各种妨碍商品在地区之间自由流通的措施。

（3）以设定歧视性资质要求、评审标准或者不依法发布信息等方式，排斥或者限制外地经营者参加本地的招标、投标活动。

（4）采取与本地经营者不平等待遇等方式，排斥或者限制外地经营者在本地投资或者设立分支机构。

（5）强制经营者从事《反垄断法》规定的垄断行为。

（6）制定含有排除、限制竞争内容的规定。

【案例】《反垄断法》第一案

《反垄断法》于2008年8月1日起正式施行，同日国家质检总局就成了被告。北京4家防伪企业将国家质检总局诉至北京市第一中级人民法院，认为其在推广"中国产品质量

电子监管网"的过程中，违反了《反垄断法》和《反不正当竞争法》，涉嫌行政垄断。

这些企业为什么要告国家质检总局？因为从2005年4月开始，国家质检总局不断推广一家名为"中信国检信息技术有限公司"的企业经营的中国产品质量电子监管网的经营业务，将该网的推广与中国名牌、免检产品等评选挂钩，并规定一些产品不赋码入网不得销售。企业加入这一系统，每年一般须缴纳600元的密匙费，而普通市民通过手机查询，每次也须缴纳0.2元的短信费。这些企业认为：一方面，国家质检总局强制推广电子监管网经营业务，严重损害了防伪行业各企业参与市场公平竞争的权利；另一方面，极大地增加了企业和消费者的负担。

（资料来源：上海法制报）

5. 经营者违反《反垄断法》的法律责任

经营者违反《反垄断法》规定，达成并实施垄断协议、滥用市场支配地位的，将面临责令停止违法行为、没收违法所得、罚款等行政处罚；违反《反垄断法》规定实施集中的，则将被责令停止实施集中、限期处分股份或者资产、限期转让营业以及采取其他必要措施恢复到集中前的状态并罚款等行政处罚。

经营者实施垄断行为，给他人造成损失的，依法承担民事责任。

拒不配合反垄断执法机构依法实施审查和调查，除面临行政处罚外，情节严重构成犯罪的，还将被依法追究刑事责任。

五、做广告的注意事项

做广告是企业在激烈的市场竞争中采取的常用营销手段之一，而在社交电商时代，几乎人人都是广告主。做广告是最容易违规、违法的，那么做广告有什么讲究呢？根据《广告法》（2018年修订）等广告法律法规的规定，做广告需要注意以下事项。

（1）广告的内容应当真实、准确、清晰、合法。

① 广告应当真实、合法，以健康的表现形式表达广告内容，符合社会主义精神文明建设和弘扬中华民族优秀传统文化的要求；不得含有虚假或者引人误解的内容，不得欺骗、误导消费者；不得损害未成年人和残疾人的身心健康；不得贬低其他生产经营者的商品或者服务。

② 广告不得有下列情形。

❑ 使用或者变相使用中华人民共和国的国旗、国歌、国徽，军旗、军歌、军徽。

❑ 使用或者变相使用国家机关、国家机关工作人员的名义或者形象。

❑ 使用国家级、最高级、最佳等用语。

❑ 损害国家的尊严或者利益，泄露国家秘密。

❑ 妨碍社会安定，损害社会公共利益。

❑ 危害人身、财产安全，泄露个人隐私。

❑ 妨碍社会公共秩序或者违背社会良好风尚。

- 含有淫秽、色情、赌博、迷信、恐怖、暴力的内容。
- 含有民族、种族、宗教、性别歧视的内容。
- 妨碍环境、自然资源或者文化遗产保护。
- 法律、行政法规规定禁止的其他情形。

【案例】一个"最"字罚 20 万元？杭州一炒货店不服行政处罚案 法院改判罚 10 万元

杭州市西湖区方××炒货店（以下称"原告"）系方××夫妻俩经营的个体工商户。2015 年 11 月 5 日，杭州市西湖区市监局接到消费者投诉举报后至原告店铺进行现场检查，发现原告店铺西侧墙上印有两块"方××炒货店杭州最优秀的炒货特色店铺""方××杭州最优秀的炒货店"内容的广告；店铺西侧柱子上印有一块"杭州最优炒货店"字样的广告牌；店铺展示柜内放置有两块手写的商品介绍板，上面分别写了"中国最好、最优品质荔枝干"和"2015 年新鲜出炉的中国最好、最香、最优品质燕山栗子"的内容，展示柜外侧的下部分贴有一块广告，上面写了"本店的栗子，不仅是中国最好吃的，也是世界上最高端的栗子"；对外销售栗子所使用的包装袋上印有"杭州最好吃的栗子"和"杭州最特色炒货店铺"的内容。西湖区市监局对上述广告内容进行拍照取证并制作了现场检查笔录，于当日立案。经过询问方××本人、听证等程序，西湖区市监局 2016 年 3 月 22 日做出 534 号处罚决定，责令原告停止发布使用绝对化用语的广告，并处罚款 20 万元。原告不服，于 3 月 29 日向杭州市市监局申请行政复议，8 月 10 日，杭州市市监局做出 139 号复议决定。原告不服，诉至法院，要求撤销前述行政处罚决定和行政复议决定。

法院认为，《广告法》（2015 年版）第二条第一款规定："在中华人民共和国境内，商品经营者或者服务提供者通过一定媒介和形式直接或者间接地介绍自己所推销的商品或者服务的商业广告活动，适用本法。"原告发布"中国最好、最优品质荔枝干""2015 年新鲜出炉的中国最好、最香、最优品质燕山栗子""杭州最好吃的栗子"属于对商品直接介绍；原告发布的"方××炒货店杭州最优秀的炒货特色店铺""方××杭州最优秀的炒货店""杭州最优炒货店""杭州最特色炒货店铺"属于对店铺的介绍，均属于广告法调整范畴。《广告法》中的"介绍"包括直接介绍商品或者服务，也包括介绍企业形象等间接宣传，因为间接宣传的目的和作用仍然是使消费者对企业认可，从而购买其商品或者服务。原告关于"杭州最特色炒货店铺"等介绍店铺形象的宣传用语不受《广告法》调整的主张，不能成立。

《广告法》（2015 年版）第九条规定，"广告不得有下列情形：……（三）使用'国家级''最高级''最佳'等用语……"。该项规定禁止使用的广告用语，不仅包括已列举的"国家级""最高级""最佳"，还包括与这些用语表达含义相当的绝对化用语。本案中，被告西湖区市监局提交的案涉现场及包装袋照片、询问笔录等证据可以证明原告发布的广告内容违反了《广告法》（2015 年版）第九条第（三）项的规定，原告的违法事实成立。

根据《广告法》（2015 年版）第五十七条第（一）项规定，发布有《广告法》（2015 年版）第九条规定的禁止情形的广告的，由工商行政管理部门责令停止发布广告，对广告主处二十万元以上一百万元以下的罚款，情节严重的，并可以吊销营业执照。故被诉处罚决定责令原告停止发布使用绝对化用语的广告，有相应的事实和法律依据。

最后，法院认为，罚款是行政处罚的种类之一，对广告违法行为处以罚款，除应适用《广告法》的规定外，还应遵循《行政处罚法》。法院认为原告的案涉违法行为情节较为轻微，社会危害性较小，根据《行政处罚法》过罚相当原则、处罚与教育相结合原则以及从轻、减轻等规定，法院将罚款数额变更为 10 万元。

本案为一审，后经杭州市中级人民法院二审维持原判，故一审判决已经生效。

（资料来源：浙报融媒体）

评析： 俗话说，"王婆卖瓜自卖自夸"，但是这个"夸"也要有章法，《广告法》就是这个章法。本案中的炒货店说自家的店是杭州最好的炒货店，自家的栗子是杭州最好吃的栗子，显然违反了《广告法》，挨罚确实也是应该的。在这个全媒体的时代，广告的媒介已经泛化了，只要"眼球"所及之处，不管是传统媒体，还是新媒体，不管是到别家投放广告，还是在自己家的店招、商品包装、微博、微信、直播平台等发布信息，都可能成为广告行为。所以，自"夸"之前，您还是要谨慎措辞，以免翻车。

③ 广告内容涉及的事项需要取得行政许可的，应当与许可的内容相符合。广告使用数据、统计资料、调查结果、文摘、引用语等引证内容的，应当真实、准确，并表明出处。引证内容有适用范围和有效期限的，应当明确表示。广告中涉及专利产品或者专利方法的，应当标明专利号和专利种类。

④ 广告有下列情形之一的，为虚假广告。

- 商品或者服务不存在的。
- 商品的性能、功能、产地、用途、质量、规格、成分、价格、生产者、有效期限、销售状况、曾获荣誉等信息，或者服务的内容、提供者、形式、质量、价格、销售状况、曾获荣誉等信息，以及与商品或者服务有关的允诺等信息与实际情况不符，对购买行为有实质性影响的。
- 使用虚构、伪造或者无法验证的科研成果、统计资料、调查结果、文摘、引用语等信息作为证明材料的。
- 虚构使用商品或者接受服务的效果的。
- 为以虚假或者引人误解的内容欺骗、误导消费者的其他情形。

（2）广告应当具有可识别性。广告应当使消费者能辨明其为广告。大众传播媒介不得以新闻报道形式变相发布广告。

（3）医疗、药品、医疗器械、保健食品、婴儿乳制品、化妆品、烟、酒、美容、教育培训、招商、房地产、农药、兽药、饲料、种子等广告须遵循其特殊规定。

例如，保健食品广告应当显著标明"本品不能代替药物"；广播电台、电视台、报刊音像出版单位、互联网信息服务提供者不得以介绍健康、养生知识等形式变相发布医疗、药品、医疗器械、保健食品广告；禁止在大众传播媒介或者公共场所、公共交通工具、户外发布烟草广告。发布医疗、药品、医疗器械、农药、兽药和保健食品广告，以及法律、行政法规规定应当进行审查的其他广告，未经审查，不得发布。

【案例】部分版本电视广告因违规被叫停

2019年3月15日国家广播电视总局办公厅发出《关于立即停止播出"椰树牌椰汁""力补金秋胶囊""强身牌四子填精胶囊"部分版本广告的通知》，通知指出：

一些电视台播出的"椰树牌椰汁""力补金秋胶囊""强身牌四子填精胶囊"部分版本广告存在导向偏差和违规播出涉性广告等问题，违反了《广告法》《广播电视管理条例》《广播电视广告播出管理办法》等规定。具体情况如下：

一、"椰树牌椰汁"部分版本广告，片面追求感官刺激、宣扬低俗内容、违背社会风尚，价值导向存在偏差，易对广大受众，尤其是未成年人产生误导。

二、"力补金秋胶囊"和"强身牌四子填精胶囊"部分版本广告，含有宣传"益气固本、滋阴壮阳"、主治"阳痿不坚、遗精早泄"以及"补肾填精"等内容，存在违规播出提高性功能药品广告的问题。

为严肃播出纪律，切实维护广大人民群众合法权益，根据相关法律法规规定，总局决定，自即日起，各级广播电视播出机构立即停止播出相关版本的"椰树牌椰汁""力补金秋胶囊""强身牌四子填精胶囊"广告，并举一反三，全面清查所有在播和拟播广告，严把导向关，凡存在类似违规问题的，一律禁止播出，坚决杜绝此类违规问题。

【法条】

《广播电视广告播出管理办法》

第九条　禁止播出下列广播电视广告：

……

（四）治疗恶性肿瘤、肝病、性病或者提高性功能的药品、食品、医疗器械、医疗广告；

……

（资料来源：国家广播电视总局）

（4）广告设计制作、发布、代言等行为要合法、规范。

① 广告主委托设计、制作、发布广告时，应当委托具有合法经营资格的广告经营者、广告发布者。

② 广告代言人在广告中对商品、服务做推荐、证明，应当依据事实，并不得为其未使用过的商品或者未接受过的服务做推荐、证明。不得利用不满十周岁的未成年人作为广告代言人。

③ 除公益广告外，不得在中小学校、幼儿园内开展广告活动，不得利用中小学生和幼儿的教材、教辅材料、练习册、文具、教具、校服、校车等发布或者变相发布广告；在针对未成年人的大众传播媒介上不得发布医疗、药品、保健食品、医疗器械、化妆品、酒类、美容广告，以及不利于未成年人身心健康的网络游戏广告。

④ 设置、发布户外广告需接受地方政府管理，办理相关手续。

有下列情形之一的，不得设置户外广告。

❑　利用交通安全设施、交通标志的。

❑　影响市政公共设施、交通安全设施、交通标志、消防设施、消防安全标志使用的。

❑　妨碍生产或人民生活，损害市容市貌的。

❑　在国家机关、文物保护单位、风景名胜区等的建筑控制地带，或者县级以上地方人民政府禁止设置户外广告的区域设置的。

⑤　未经当事人同意或者请求，不得向其住宅、交通工具等发送广告，也不得以电子信息方式向其发送广告。以电子信息方式发送广告的，应当明示发送者的真实身份和联系方式，并向接收者提供拒绝继续接收的方式。

利用互联网发布、发送广告，不得影响用户正常使用网络。在互联网页面以弹出等形式发布的广告，应当显著标明关闭标志，确保一键关闭。

第三节　财务、税务管理

关键词：企业财务管理、会计、会计凭证、会计账簿、会计报表、现金管理、发票管理、增值税、企业所得税、纳税申报、税收筹划

一、企业财务管理的定义

企业财务，是指企业在生产经营过程中客观存在的资金运动及其所体现的经济利益关系。企业财务管理就是对企业资金运动的管理，简单地说，就是"管钱"。

企业财务管理是企业管理的重要内容，如何管好财务，达到收支平衡，让企业始终有充足的资金流，并且不断带来效益，是企业生存发展的头等大事，换言之，谁都不会忽视管钱的重要性。对于企业的投资者——创业者而言，通过有效的企业财务管理，能够清楚地了解企业的经营状况，客观评析企业的经营成果和存在的问题，及时调整企业发展的战略和决策，从而保障企业发展走上正确的轨道。

依法实施企业财务管理，客观真实地反映企业资金运动状况，并以此为依据缴纳税款，是每一个企业的基本义务。其基本的要求就是依法会计、依法纳税。

在企业财务管理过程中，应当遵循的法律法规主要有《会计法》、《现金管理暂行条例》、《中华人民共和国发票管理办法》（以下简称《发票管理办法》）、《中华人民共和国税收征收管理法》（以下简称《税收征收管理法》）、《中华人民共和国税收征收管理法实施细则》（以下简称《税收征收管理法实施细则》）、《增值税暂行条例》、《企业所得税法》、《企业所得税法实施条例》等。

【案例】瑞幸咖啡财务造假事件

美国当地时间 2020 年 4 月 2 日股市开盘前，瑞幸咖啡公布提交监管部门的文件显示，在审计截至 2019 年 12 月 31 日的年报发现问题后，董事会成立了一个特别调查委员会。该调查委员会 4 月 2 日向董事会说明，发现公司 2019 年第二季度至第四季度虚增了 22 亿人民币交易额，相关的费用和支出也相应虚增。该公告发布后，股市开盘瑞幸咖啡股价随即遭遇多次熔断，当日收盘跌逾 75%。3 日，瑞幸咖啡股价继续跳水，当日收跌 15.94%。6

日，瑞幸咖啡股价盘中最高下跌超 20%，贷款人对瑞幸咖啡股东质押的 7640 万股瑞幸股权进行强制执行。

瑞幸咖啡是 2017 年 6 月在英属开曼群岛注册成立，经境外监管机构注册发行证券，并在 2019 年 5 月 17 日于美国纳斯达克股票市场上市。根据美国法律，提供不实财务报告和故意进行证券欺诈的犯罪要判处 10～25 年的监禁，个人和公司的罚金分别最高达 500 万美元和 2500 万美元。因此，瑞幸咖啡以及相关责任人员未来可能会被处以巨额罚金以及较高刑期的处罚。

瑞幸咖啡因财务造假，造成股票价格大跌，投资者已经提起了诉讼，瑞幸咖啡将会遭遇集体诉讼。依据美国法律规定，投资者可以索赔的金额大约为 112 亿美元，赔偿责任主体包括瑞幸咖啡及相关责任人员等。依据瑞幸咖啡公告，公司在 2019 年第二季度即开始财务造假，公司是 2019 年 5 月在美国上市的。

瑞幸咖啡相关责任人员若在国外受到刑事处罚后，依据我国《刑法》仍有被追究刑事责任的可能。同时，根据《证券法》规定"在中华人民共和国境外的证券发行和交易活动，扰乱中华人民共和国境内市场秩序，损害境内投资者合法权益的，依照本法有关规定处理并追究法律责任"，虽然瑞幸咖啡在美国上市，境内也有一部分投资者。这些投资者开通了跨境开户，投资了美股业务，如果因瑞幸咖啡财务造假的行为导致了损失，瑞幸咖啡有可能在境内被境内投资者追责。

（资料来源：新浪网）

评析：为维护良好的市场秩序，各国严禁市场主体财务造假，并对造假者都予以严厉惩罚。我国也不例外，《会计法》明确规定，任何单位或者个人不得以任何方式授意、指使、强令会计机构、会计人员伪造、变造会计凭证、会计账簿和其他会计资料，提供虚假财务会计报告。瑞幸咖啡财务造假事件给创业者敲响警钟，创业没有捷径，依法诚信做账才是正途，否则不仅无法获得成功，还可能会面临牢狱之灾。

二、企业建账做账

【法条】

《公司法》

第一百六十三条 公司应当依照法律、行政法规和国务院财政部门的规定建立本公司的财务、会计制度。

《会计法》（2000 年 7 月 1 日起施行，2017 年 11 月 4 日第二次修正）

第二条 国家机关、社会团体、公司、企业、事业单位和其他组织（以下统称单位）必须依照本法办理会计事务。

会计是以货币计量作为统一尺度，根据凭证，按照规定的程序，对各企业、各单位的经济活动和财务开支全面地、系统地、真实地、准确地进行记录、计算、分析、检查和监督的一种活动。①简言之，就是企业建账做账活动。

那么企业应该如何依法建账做账呢？

1. 企业建账做账的过程

企业建账做账的过程主要包括三个环节：填制会计凭证→登记会计账簿→编制财务会计报告。

（1）会计凭证包括原始凭证和记账凭证。企业在建账做账过程中，要特别重视原始凭证的填制和取得，原始凭证必须真实、合法，填制必须完整、准确，记载的各项内容均不得涂改。记账凭证应当根据经过审核的原始凭证及有关资料编制。

根据《会计法》的规定，办理下列经济业务事项，必须填制或者取得原始凭证。

① 款项和有价证券的收付。

② 财物的收发、增减和使用。

③ 债权、债务的发生和结算。

④ 资本、基金的增减。

⑤ 收入、支出、费用、成本的计算。

⑥ 财务成果的计算和处理。

⑦ 需要办理会计手续、进行会计核算的其他事项。

（2）会计账簿包括总账、明细账、日记账和其他辅助性账簿。

会计账簿登记，必须以经过审核的会计凭证为依据，按照连续编号的页码顺序登记，如果记账时发生错误或者隔页、缺号、跳行的，应当按照国家会计制度规定的方法更正，并由会计人员和会计机构负责人（会计主管人员）在更正处盖章；使用电子计算机进行会计核算的，其会计账簿的登记、更正应当符合国家会计制度的规定。同时，企业应当建立财产清查制度，定期对账，保证会计账簿记录与实物、款项相符。

特别要注意的是，企业发生的各项经济业务事项只能在依法设置的会计账簿上统一登记、核算，不得另外私设会计账簿。现实中，有的企业搞两本账，一本应付检查，另一本自己用，这是极端错误的违法行为。

（3）财务会计报告是企业对外提供的反映企业某一特定日期的财务状况和某一会计期间的经营成果、现金流量等会计信息的文件。

财务会计报告由会计报表、会计报表附注和财务情况说明书组成。向不同的会计资料使用者提供的财务会计报告，其编制依据应当一致。有关法律、行政法规规定会计报表、会计报表附注和财务情况说明书须经注册会计师审计的，注册会计师及其所在的会计师事务所出具的审计报告应当随同财务会计报告一并提供。会计报表包括资产负债表、利润表、现金流量表等报表，小企业编制的会计报表可以不包括现金流量表。

资产负债表，是指反映企业在某一特定日期的财务状况的会计报表。

利润表（也称损益表），是指反映企业在一定会计期间经营成果的会计报表。

现金流量表，是指反映企业在一定会计期间的现金和现金等价物流入和流出的会计报表。

---

① 潘静成，刘文华. 经济法[M]. 北京：中国人民大学出版社，2005：314.

【资产负债表样式】

资产负债表

编制单位：　　　　　　　　　　年　　月　　日　　　　　　　　　　单位：元

资　　产	行次	年初数	期末数	负债和所有者权益 （或股东权益）	行次	年初数	期末数
流动资产：				流动负债：			
货币资金	1			短期借款	68		
短期投资	2			应付票据	69		
应收票据	3			应付账款	70		
应收股息	4			应付工资	72		
应收账款	6			应付福利费	73		
其他应收款	7			应付利润	74		
存货	10			应交税金	76		
待摊费用	11			其他应交款	80		
一年内到期的长期债权投资	21			其他应付款	81		
其他流动资产	24			预提费用	82		
流动资产合计	31			一年内到期的长期负债	86		
长期投资：				其他流动负债	90		
长期股权投资	32			流动负债合计	100		
长期债权投资	34			长期负债：			
长期投资合计	38			长期借款	101		
固定资产：				其他应付款	103		
固定资产原价	39			其他长期负债	106		
减：累计折旧	40						
固定资产净值	41			长期负债合计	110		
工程物资	44						
在建工程	45			负债合计	114		
固定资产清理	46			所有者权益（或股东权益）：			
固定资产合计	50			实收资本（或股本）	115		
无形资产及其他资产：				资本公积	120		
无形资产	51			盈余公积	121		
长期待摊费用	52			其中：法定公益金	122		
其他长期资产	53			未分配利润	123		
无形资产及其他资产合计	60			所有者权益（或股东权益）合计	124		
资产总计	67			负债和所有者权益（或股东权益）合计	135		

单位负责人：　　　　　　财会负责人：　　　　　　复核：　　　　　　制表：

（资料来源：浙江省地方税务局）

【利润表样式】

利润表

编制单位：　　　　　　　　　　年　　　月　　　　　　　　　　单位：元

项　　目	行　次	本　月　数	本年累计数
一、主营业务收入	1		
减：主营业务成本	4		
主营业务税金及附加	5		
二、主营业务利润（亏损以"－"号填列）	10		
加：其他业务利润（亏损以"－"号填列）	11		
减：营业费用	14		
管理费用	15		
财务费用	16		
三、营业利润（亏损以"－"号填列）	18		
加：投资收益（损失以"－"号填列）	19		
补贴收入	22		
营业外收入	23		
减：营业外支出	25		
四、利润总额（亏损总额以"－"号填列）	27		
减：所得税	28		
五、净利润（净亏损以"－"号填列）	30		

单位负责人：　　　　　财会负责人：　　　　　复核：　　　　　制表：

（资料来源：浙江省地方税务局）

　　根据编制时间不同，财务会计报告分为年度、半年度、季度、月度报告。一般企业均应在每一会计年度（会计年度自公历1月1日起至12月31日止）终了时编制年度财务会计报告。

　　（4）另外，企业建账做账还应对会计凭证、会计账簿、财务会计报告和其他会计资料建立档案，妥善保管。

2. 企业建账做账的特别规定

　　《会计法》对公司、企业会计核算还有特别规定。公司、企业必须根据实际发生的经济业务事项，按照国家统一的会计制度的规定确认、计量和记录资产、负债、所有者权益、收入、费用、成本和利润。公司、企业进行会计核算中不得有下列行为。

　　（1）随意改变资产、负债、所有者权益的确认标准或者计量方法，虚列、多列、不列或者少列资产、负债、所有者权益。

　　（2）虚列或者隐瞒收入，推迟或者提前确认收入。

　　（3）随意改变费用、成本的确认标准或者计量方法，虚列、多列、不列或者少列费用、成本。

（4）随意调整利润的计算、分配方法，编造虚假利润或者隐瞒利润等。

3. 会计机构和人员的设置

企业根据自身实际情况，可以设置会计机构或者在有关机构中设置会计人员并指定会计主管人员；如果不具备设置条件的，可以不设置会计机构，但是应当委托经批准设立从事会计代理记账业务的中介机构代理记账。

设置会计机构时要注意配备具备相应资质的会计人员，根据规定，担任会计机构负责人、会计主管人员的，还应当具备会计师以上专业技术职务资格或者从事会计工作不少于3年的经历。

4. 依法向税务机关办理备案

根据《税收征收管理法》的规定，从事生产、经营的纳税人的财务、会计制度或者财务、会计处理办法和会计核算软件，还应当报送税务机关备案。

【小贴士】

个体工商户是否建账，要根据其注册资金、营业额等实际情况而定。根据《个体工商户建账管理暂行办法》（2007年1月1日起施行，2018年6月15日修正）的规定，注册资金在20万元以上的，或者销售增值税应税劳务的纳税人月销售（营业）额在40 000元以上，从事货物生产的增值税纳税人月销售额在60 000元以上，从事货物批发或零售的增值税纳税人月销售额在80 000元以上的个体户应当设置复式账；注册资金在10万元以上20万元以下的，或销售增值税应税劳务的纳税人月销售（营业）额为15 000～40 000元，从事货物生产的增值税纳税人月销售额为30 000～60 000元，从事货物批发或零售的增值税纳税人月销售额为40 000～80 000元的应当设置简易账。达不到上述建账标准的个体工商户，经县以上税务机关批准，可按照税收征管法的规定，建立收支凭证粘贴簿、进货销货登记簿或者使用税控装置。

三、企业的现金使用

【法条】

《现金管理暂行条例》（1988年10月1日起施行，2011年1月8日修订）

第三条　开户单位之间的经济往来，除按本条例规定的范围可以使用现金外，应当通过开户银行进行转账结算。

本书第三章曾介绍过，企业设立登记后，需要到银行办理开户登记，除规定可以使用现金的情形外，企业等单位之间资金往来均需通过银行转账进行。根据《现金管理暂行条例》的规定，可以使用现金的范围包括以下几种。

（1）职工工资、津贴。

（2）个人劳务报酬。

（3）根据国家规定颁发给个人的科学技术、文化艺术、体育等各种奖金。

（4）各种劳保、福利费用以及国家规定的对个人的其他支出。

（5）向个人收购农副产品和其他物资的价款。

（6）出差人员必须随身携带的差旅费。

（7）结算起点以下的零星支出。

（8）中国人民银行确定需要支付现金的其他支出。

前款结算起点定为 1000 元。结算起点的调整，由中国人民银行确定，报国务院备案。

该条例还规定，企业等单位自己库存现金有限额限制，具体限额由开户银行核定。发生现金收入时，企业等单位均需及时存银行，需要支付现金时可以从本单位库存现金限额中支付或者从开户银行提取，但不得从现金收入中直接支付（即坐支）。

那么，既然对现金使用有如此严格的限制，企业之间经济往来如何通过银行转账结算呢？银行结算方式有很多，如支票结算、汇票结算、银行本票结算、汇兑结算、委托收款结算、托收承付结算、信用卡结算等。

【小贴士】

汇票是出票人签发的，委托付款人在见票时或者在指定日期无条件支付确定的金额给收款人或者持票人的票据，分为银行汇票和商业汇票。

支票是出票人签发的，委托办理支票存款业务的银行或者其他金融机构在见票时无条件支付确定的金额给收款人或者持票人的票据，分为现金支票、转账支票。

银行本票是银行签发的，承诺自己在见票时无条件支付确定的金额给收款人或者持票人的票据。

四、企业的发票使用

发票，是指在购销商品、提供或者接受服务以及从事其他经营活动中，开具、收取的收付款凭证。企业应当按照规定开具、使用、取得发票。

1. 依法领购发票

发票是重要的财务会计凭证，国家明令禁止私自印制、伪造、变造发票。增值税专用发票由国务院税务主管部门确定的企业印制；其他发票，按照国务院税务主管部门的规定，分别由省、自治区、直辖市税务机关确定的企业印制。对于企业来说，依法领购发票是远离假发票、保证依法使用发票的前提。

领购发票时应当持税务登记证件、经办人身份证明、按照国务院税务主管部门规定式样制作的发票专用章印模，向主管税务机关办理发票领购手续。

2. 依法开具、取得发票

企业对外发生经营业务收取款项时，应当向付款方开具发票；在购买商品、接受服务以及从事其他经营活动支付款项时，应当向收款方取得发票。

开具发票时，应当按照规定的时限、顺序、栏目，全部联次一次性如实开具，并加盖发票专用章。取得发票时，不得要求变更品名和金额。不符合规定的发票，不得作为财务报销凭证，任何单位和个人有权拒收。

使用税控装置开具发票的企业，应当按照规定安装、使用税控装置，并按期向主管税务机关报送开具发票的数据。使用非税控电子器具开具发票的，应当将非税控电子器具使用的软件程序说明资料报主管税务机关备案，并按照规定保存、报送开具发票的数据。

使用网络发票管理系统开具发票的单位和个人办理网络发票管理系统的开户登记、网上领取发票手续、在线开具、传输、查验和缴销等事项，应遵循《网络发票管理办法》（2013年4月1日起施行，2018年修订）的规定。

3. 依法保管发票、接受发票检查

开具发票的单位和个人应当按照税务机关的规定存放和保管发票，不得擅自损毁。已经开具的发票存根联和发票登记簿，应当保存5年。保存期满，报经税务机关查验后方可销毁。

此外，还需配合税务机关的发票检查工作，如实反映情况，提供有关资料，不得拒绝、隐瞒。

4. 违反发票管理的行为

（1）不按规定开具发票的行为，包括以下几种：应当开具而未开具发票，或者未按照规定的时限、顺序、栏目，全部联次一次性开具发票，或者未加盖发票专用章的；使用税控装置开具发票，未按期向主管税务机关报送开具发票数据的；使用非税控电子器具开具发票，未将非税控电子器具使用的软件程序说明资料报主管税务机关备案，或者未按照规定保存、报送开具发票数据的；跨规定区域开具发票等。

（2）虚开发票的行为，包括以下几种：为他人、为自己开具与实际经营业务情况不符的发票；让他人为自己开具与实际经营业务情况不符的发票；介绍他人开具与实际经营业务情况不符的发票。

（3）非法代开发票行为。

（4）不按规定使用发票的行为，包括以下几种：转借、转让、介绍他人转让发票、发票监制章和发票防伪专用品；知道或者应当知道是私自印制、伪造、变造、非法取得或者废止的发票而受让、开具、存放、携带、邮寄、运输；拆本使用发票；扩大发票使用范围；以其他凭证代替发票使用。

（5）未按照规定缴销发票的行为。

（6）未按照规定存放和保管发票的行为。

上述行为将受到没收非法所得、罚款等行政处罚，构成犯罪的，依法追究刑事责任。对违反发票管理规定两次以上或者情节严重的单位和个人，税务机关可以向社会公告。

【案例】切勿违规取得发票　以免损失后悔莫及

建德市某工具有限公司在向A企业购进30万元原材料过程中，因A企业为小规模纳

税人无法提供增值税专用发票，在公司支付货款后，A 企业就从另一家单位——B 企业把发票开给该公司（发票上销货单位名称也是 B 企业）。这项看似货款两清的交易，殊不知却因无知埋下了隐患。之后，B 企业以发票开给该公司，却尚未收到货款为由，向该公司索讨货款，由此引发了一场本不应该发生的经济官司，该公司最终还是以偿付了并无实际交易的 30 万元货款而告终。

该公司之所以会为并不存在的交易埋单，症结就在于该公司未按规定取得发票，该公司取得发票和 B 公司开具发票的行为事实上都是违法的。根据《增值税专用发票管理办法》规定，企业开具增值税专用发票必须票、货、款相一致，支付的货款必须交给开票和销售货物的同一个单位。否则，开票单位为虚开发票，接收发票单位则为未按规定取得发票，发票不但不能抵扣，还将被税务机关处罚。

现在，社会上提供代开各种发票服务的信息和短信很多。为此，税务部门提醒：企业一定要学法、懂法、守法，按规定开具和取得发票，不要贪图便宜、疏忽大意，被一些别有用心的单位和不法分子钻了空子，因小失大。

（资料来源：杭州市国税局）

五、与企业有关的主要税种

1. 增值税

增值税是以生产经营过程中产生的增值额为课税对象的一种税。根据《增值税暂行条例》（2009 年 1 月 1 日起施行，2017 年 11 月 19 日第二次修订）规定，在我国境内销售货物或者加工、修理修配劳务（以下简称劳务），销售服务、无形资产、不动产以及进口货物的单位和个人，为增值税的纳税人，应当缴纳增值税。

（1）征税范围：主要包括境内销售货物、劳务行为；销售服务、无形资产、不动产行为；境内提供劳务的行为；进口货物行为。

（2）纳税人：分为一般纳税人和小规模纳税人。

一般纳税人和小规模纳税人在税款计算、适用税率以及管理上均有所不同，其认定标准主要是依据企业年销售额的大小，如表 5-1 所示。

表 5-1 一般纳税人和小规模纳税人的认定标准

纳 税 人	工 业 企 业	商 业 企 业
一般纳税人	年销售额 50 万元以上	年销售额 80 万元以上
小规模纳税人	年销售额 50 万元以下	年销售额 80 万元以下

一般纳税人需经税务机关认定，领取资格证书。

（3）税率：分为三档，销售货物、劳务、有形动产租赁服务或者进口货物，税率为 17%；销售交通运输、邮政、基础电信、建筑、不动产租赁服务，销售不动产，转让土地使用权，销售或者进口特定货物，税率为 11%；销售其他服务、无形资产，税率为 6%；

出口货物，税率为零。

以上所说的特定货物包括：粮食等农产品、食用植物油、食用盐；自来水、暖气、冷气、热水、煤气、石油液化气、天然气、二甲醚、沼气、居民用煤炭制品；图书、报纸、杂志、音像制品、电子出版物；饲料、化肥、农药、农机、农膜等。

小规模纳税人增值税征收率为3%。

（4）增值税起征点（仅适用于个人）。

① 销售货物的，为月销售额5000～20 000元。

② 销售应税劳务的，为月销售额5000～20 000元。

③ 按次纳税的，为每次（日）销售额300～500元。

【小贴士】

2017年10月30日国务院常务会议通过《国务院关于废止〈中华人民共和国营业税暂行条例〉和修改〈中华人民共和国增值税暂行条例〉的决定（草案）》，标志着实施六十多年的营业税正式退出历史舞台。

取消营业费，将缴纳营业税的应税项目改成缴纳增值税，可消除重复增税，降低企业负担，优化完善税制，促进经济转型升级。对小微企业而言，拓展了其生存空间，降低了创业创新的成本和风险，为小微企业发展营造了更为宽松的税制环境，催生了大量创新型、成长型中小企业。

2. 企业所得税

企业所得税是国家对企业和其他组织获取的生产经营所得和其他所得开征的一种税。根据《企业所得税法》（2008年1月1日起施行，2018年12月29日第二次修正）的规定，企业和其他取得收入的组织（以下统称企业）为企业所得税的纳税人，应当缴纳企业所得税。

（1）纳税人。

纳税人包括居民企业和非居民企业。

居民企业，是指依法在中国境内成立，或者依照外国（地区）法律成立，但实际管理机构在中国境内的企业。

非居民企业，是指依照外国（地区）法律成立且实际管理机构不在中国境内，但在中国境内设立机构、场所的，或者在中国境内未设立机构、场所，但有来源于中国境内所得的企业。

个人独资企业、合伙企业无须缴纳企业所得税。

（2）征税对象和计税依据。

企业所得税的征税对象是企业每一纳税年度的各类所得。计税依据，即

$$应纳税所得额 = 收入总额 - 准予扣除的项目$$

收入总额由以下各部分构成：销售货物收入；提供劳务收入；转让财产收入；股息、红利等权益性投资收益；利息收入；租金收入；特许权使用费收入；接受捐赠收入；其他收入。

准予扣除的项目包括不征税收入、免税收入、各项扣除以及允许弥补的以前年度亏损等。

（3）税率、应纳税额。

企业所得税的税率为25%。

非居民企业在中国境内未设立机构、场所的，或者虽设立机构、场所但取得的所得与其所设机构、场所没有实际联系的，就其来源于中国境内的所得缴纳企业所得税，适用20%的税率。

$$应纳税额=应纳税所得额\times适用税率-准予减免和抵免的税额$$

（4）税收优惠。

为鼓励国家重点扶持和鼓励发展的产业和项目，照顾小型微利企业，《企业所得税法》及其实施条例明确给予以下税收优惠。

① 从事规定的农、林、牧、渔业项目免征或减半征收企业所得税。

② 从事港口码头、机场、铁路、公路、电力、水利等基础设施项目投资经营所得，自项目取得第一笔生产经营收入所属纳税年度起，第一年至第三年免征企业所得税，第四年至第六年减半征收企业所得税（简称"三免三减半"）。

③ 从事符合条件的环境保护、节能节水项目的所得，给予"三免三减半"的优惠。

④ 符合国家产业政策规定的，综合利用资源生产的产品所取得的收入，可以在计算应纳税所得额时，减按90%计入收入总额。

⑤ 购置用于环境保护、节能节水、安全生产等专用设备的投资额的10%，可以从企业当年的应纳税额中抵免，当年不足抵免的，可以在以后5个纳税年度结转抵免。

⑥ 符合条件的小型微利企业，减按20%的税率征收企业所得税。小型微利企业的标准是：工业企业，年度应纳税所得额不超过30万元，从业人数不超过100人，资产总额不超过3000万元；其他企业，年度应纳税所得额不超过30万元，从业人数不超过80人，资产总额不超过1000万元。

⑦ 促进技术创新和科技进步的优惠措施：第一，居民企业从事符合条件的技术转让所得，一个纳税年度内，不超过500万元的部分，免征企业所得税；超过500万元的部分，减半征收企业所得税。第二，国家需要重点扶持的高新技术企业，减按15%的税率征收企业所得税。第三，企业为开发新技术、新产品、新工艺发生的研究开发费用，未形成无形资产计入当期损益的，在按照规定据实扣除的基础上，按照研究开发费用的50%加计扣除；形成无形资产的，按照无形资产成本的150%摊销。第四，创业投资企业采取股权投资方式投资于未上市的中小高新技术企业两年以上的，可以按照其投资额的70%在股权持有满两年的当年抵扣该创业投资企业的应纳税所得额，当年不足抵扣的，可以在以后纳税年度结转抵扣。第五，企业的固定资产由于技术进步、产品更新换代较快等原因，确需加速折旧的，可以缩短折旧年限或者采取加速折旧的方法。

⑧ 安置残疾人员的企业支付给残疾职工的工资加计扣除100%。

【小贴士】税收优惠政策指引

为方便纳税人及时了解掌握税收优惠政策，国家税务总局于2019年6月发布最新版的《"大众创业 万众创新"税收优惠政策指引》，归集了截至2019年6月我国针对创新创业主要环节和关键领域陆续推出的89项税收优惠政策措施，覆盖企业从初创到发展的整个生命周期。另外，国家税务总局还汇编了《支持脱贫攻坚税收优惠政策指引》《支持疫情防控和经济社会发展税费优惠政策指引》等。

建议创业者经常登录国家税务总局官网，或关注国家税务总局微信公众号，及时了解有关税收政策的更新情况。

3. 个人所得税

需要特别指出的是，个体工商户、个人独资企业投资人、合伙企业合伙人的生产经营所得，目前均按照《中华人民共和国个人所得税法》（2018 年 8 月 31 日第七次修正）的规定缴纳个人所得税，而不是缴纳企业所得税。

其应缴税额的计算公式为

应纳税额=（每一纳税年度收入总额-成本-费用-损失）×适用税率

适用税率为5%～35%共五级超额累进税率，如表 5-2 所示。

表 5-2　个人所得税适用税率

级　数	全年应纳税所得额	税率/%	速算扣除数/元
1	不超过 30 000 元部分	5	0
2	超过 30 000 元至 90 000 元部分	10	1 500
3	超过 90 000 元至 300 000 元部分	20	10 500
4	超过 300 000 元至 500 000 元部分	30	40 500
5	超过 500 000 元部分	35	65 500

六、企业依法纳税的主要程序与要求

依法纳税是企业的法定义务。那么企业应当如何履行依法纳税的义务呢？下面我们把企业纳税过程中需遵循的主要程序与要求小结如下。

（1）企业应当自设立之日起 30 日内办理开业税务登记（详见本书第三章第三节）。

（2）企业应当依法设置账簿，根据合法有效的凭证记账，并将企业财务会计制度报送税务机关备案。

（3）企业在生产经营过程中应当依法开具、使用、取得、保管发票。

（4）企业应当依法进行纳税申报。

根据《税收征收管理法》的规定，纳税人必须依照法律、行政法规规定或者税务机关依照法律、行政法规的规定确定的申报期限、申报内容如实办理纳税申报，报送纳税申报表、财务会计报表以及税务机关根据实际需要要求报送的其他纳税资料。扣缴义务人必须依照法律、行政法规规定或者税务机关依照法律、行政法规的规定确定的申报期限、申报内容，如实报送代扣代缴、代收代缴税款报告表以及税务机关根据实际需要要求扣缴义务人报送的其他有关资料。

纳税人、扣缴义务人可以直接到税务机关办理纳税申报或者报送代扣代缴、代收代缴税款报告表，也可以按照规定采取邮寄、数据电文或者其他方式办理上述申报、报送事项。

（5）纳税人依法缴纳税款，扣缴义务人依法代扣代缴税款。

根据《税收征收管理法》的规定，纳税人、扣缴义务人按照法律、行政法规规定或者税务机关依照法律、行政法规的规定确定的期限，缴纳或者解缴税款。

（6）企业应当配合和接受税务机关的税务检查。

（7）税务登记事项发生变化时，企业应当及时办理变更、注销税务等登记手续。

违反税法，不仅可能面临罚款、吊销营业执照等各项行政处罚，还可能构成犯罪，被依法追究刑事责任。我国《刑法》设专节规定了危害税收征管罪，对包括偷税罪、抗税罪、逃避追缴欠税罪、骗取出口退税罪、虚开增值税专用发票罪等在内的涉税犯罪行为予以严惩。

【小贴士】

生产、经营规模小，达不到《个体工商户建账管理暂行办法》规定设置账簿标准的个体工商户可以申请定期定额纳税，即由税务机关对其在一定经营地点、一定经营时期、一定经营范围内的应纳税经营额（包括经营数量）或所得额进行核定，并以此为计税依据，确定其应纳税额。

七、税收筹划的含义

税收筹划是指企业在遵守国家税法、不损害国家利益的前提下，充分利用税收法规所提供的包括减免税在内的一切优惠政策，达到少缴税或递延缴纳税款，从而降低税收成本，实现税收成本最小化的经营管理活动。例如，对于从事兼营业务的企业，对不同业务应分开记账核算，分别纳税，否则将从高适用税率。

【法条】

《增值税暂行条例》

第三条　纳税人兼营不同税率的项目，应当分别核算不同税率的销售额；未分别核算销售额的，从高适用税率。

再如，大学生创业企业不少属于科技型企业，可以争取认定为高新技术企业，以便按照《企业所得税法》的规定享受税收优惠。

需要特别注意的是，我们所说的税收筹划是一种合理、合法的节税行为，不是违法的偷税、逃税。在国外，纳税人为有效减轻税收负担，都对税务管理加以研究，专门聘请税务顾问研究税收政策和征管制度的各项规定，利用优惠政策，达到节税的目的。为避免逾越合法的界限，税收筹划必须建立在依法纳税的前提之下。鉴于税收法律法规的复杂性，对于初次创业者而言，多咨询税务机关或专业的税务师，是避免在纳税问题上栽跟头的必备功课。

【案例】一个大学生的创业税案①

小王 2002 年一毕业就在学校门口开了一家计算机维修保养服务部，由于选址合理、技术过硬，生意红红火火，不到半年时间就收回了投资。接下来，小王又雄心勃勃进军网吧业务。到第二年年底，小王的服务部营业额已达 90 余万元，净赚 15 万元。但是小王还没高兴多久，麻烦就来了。在一次税务检查后，税务部门发现小王在 2003 年仅漏缴营业税就高达 14.5 万元，加上附加税及各类罚金，小王一年下来不仅分文未赚，还赔进去 5 万多元。税务部门限期小王缴足偷漏的税款及罚金，否则将移送公安机关。

其实小王有点冤，因为他从创业一开始就不忘纳税。他经营的原本是修理修配业务，所以一直按照 4% 的税率向税务部门缴纳增值税。问题出在后来的网吧业务。开了网吧之后，小王的服务部实际上既从事修理修配业务，又经营网吧，这就是兼营。按照规定，开办网吧取得的收入应按照 20% 的税率缴纳营业税。如果小王对修理修配业务和网吧业务分开核算，那么修理修配所得收入和开办网吧的业务收入可以分别适用各自的税率纳税，可是小王的营业核算是一笔糊涂账，两方面的收入都混在一起，这种情况下，就必须从高适用税率，也就是说，一律按照 20% 的税率纳税，小王就全部收入仅按照 4% 的税率纳税显然远远不够。

第四节　HSE 管理

关键词：**HSE**（健康、安全、环境）、**HSE** 管理体系、职业病防治法、安全生产法、环境保护法、清洁生产促进法、循环经济促进法

【案例】"有毒快递"事件折射快递企业安全生产漏洞

2013 年 11 月，山东发生一起有毒快递导致网购客和快递员工 1 死 9 伤的悲剧。惹事的是湖北某化工厂，该厂将禁运的有毒化学品氟乙酸甲酯经当地圆通快递收寄点寄往潍坊某制药厂，结果这份有毒快递泄漏并污染了同车快递。11 月 28 日，装有有毒快递的运输车到达圆通下属潍坊公司，工作人员在卸载时，刺激性气味突然散发开来，两名员工当场呕吐。然而快递公司低估了该事件的影响，11 月 29 日上午，在对可疑快递自行隔离后，依然将同一车次的其他快递先后投出，导致一名网购客收到快递后引发不适，最终于当晚在医院抢救无效死亡；另有两位山东其他地方的网购客和数名快递员工先后染病入院。

（资料来源：齐鲁晚报）

评析：近年来，受益于电子商务的迅猛发展和网购的井喷，我国快递业疯狂生长，随之而来的是质疑不断。可以说人们对于快递的态度是又爱又恨，爱其便捷，恨其"野蛮"。这次有毒快递事件，再次引发人们的强烈质疑，快递企业在收寄件过程中，为何不严格把关？为何能让有毒快递畅通无阻？快递企业如何保障安全生产？如何保障员工及客户的生命和财产安全？

---

① 韩国文. 创业学[M]. 武汉：武汉大学出版社，2007：496-498.

一、HSE、HSE 管理体系的含义[①]

HSE 是健康（Health）、安全（Safety）和环境（Environment）三个词英文首字母缩写，对 HSE 问题的重视，体现了现代企业价值目标从单纯逐利到追求社会效益、环境效益和经济效益协调发展的转变。HSE 管理体系是指企业将实施健康、安全与环境管理的组织机构、职责、做法、程序、过程和资源等要素通过先进、科学的运行模式有机地融合在一起，相互关联、相互作用，形成一套结构化的动态管理体系。从其功能上讲，它是一种事前进行危害识别与风险评价，从而采取有效的防范手段和控制措施防止其发生，以便减少可能引起的人员伤害、财产损失和环境污染的有效管理模式。

我国国内比较早地提出并建立 HSE 管理体系的企业是一些大型企业，如中石化、中石油，因为国际石油石化市场对 HSE 有着严格的要求，这也是我国企业走向国际市场、与国际接轨的内在要求。而一些化工、农药等企业及相关行业组织也开始逐步重视 HSE 管理理念，如中国农药工业协会 2012 年发布了《中国农药行业 HSE 管理规范》，并在全行业开展 HSE 管理体系合规企业的认证工作。

建立 HSE 管理体系的一个基本要求，就是自觉遵守 HSE 相关法律法规的要求，包括职业健康法律法规、安全生产法律法规，以及环境保护法律法规，并在此基础上实施 HSE 管理。违反 HSE 相关法律、法规的企业，应当承担相应的民事责任、行政责任，构成犯罪的，还将承担刑事责任。

【案例】胡某某、丁某某投放危险物质案

盐城市某化工有限公司系环保部门规定的"废水不外排"企业。被告人胡某某系化工公司法定代表人，曾因犯虚开增值税专用发票罪于 2005 年 6 月 27 日被判处有期徒刑二年，缓刑三年。被告人丁某某系化工公司生产负责人。2007 年 11 月底至 2009 年 2 月 16 日期间，两被告人在明知该公司生产过程中所产生的废水含苯、酚类有毒物质的情况下，仍将大量废水排放至该公司北侧的五支河内，任其流经蟒蛇河污染盐城市区城西、越河自来水厂取水口，致盐城市区 20 多万居民饮用水停水长达 66 小时 40 分钟，造成直接经济损失人民币 543.21 万元。

法院经一审、二审认为：胡某某、丁某某明知其公司在生产过程中所产生的废水含有毒害性物质，仍然直接或间接地向其公司周边的河道大量排放，放任危害不特定多数人的生命、健康和公私财产安全的结果发生，使公私财产遭受重大损失，构成投放危险物质罪，且属共同犯罪。胡某某是主犯，丁某某是从犯。胡某某系在缓刑考验期限内犯新罪，依法应当撤销缓刑，予以数罪并罚。据此胡某某犯投放危险物质罪，判处有期徒刑十年，与其前罪所判处的刑罚并罚，决定执行有期徒刑十一年；丁某某犯投放危险物质罪，判处有期徒刑六年。

（资料来源：最高人民法院）

[①] 中国石油化工集团公司安全监管局，中国石化青岛安全工程研究院. 中国石化 HSE 管理体系建设理论与实践[M]. 北京：中国石化出版社，2013.

改革开放以来，我国国民经济一直保持高速增长，与此同时，个别企业生产安全事故不断，职业健康状况不容乐观，一些环境污染恶性案件社会影响极坏，造成人民生命、财产巨大损失。社会是企业利益的来源，企业从社会汲取营养，反过来回报社会，与社会形成和谐共生的关系，这样才能更好地发展。如果企业只追求经济效益，不顾社会责任，一味巧取豪夺，而不进行环境和生态上的"反哺"，最终会因资源环境的破坏而失去生存的基本条件。违背"健康""安全""环保"的所谓发展，必将是不健康、不安全、难以持续的。

21 世纪是生态文明的世纪，是强调企业履行社会责任、节约资源能源、保护生态环境的世纪。因此，一个优秀的企业家应当高度重视 HSE 问题，建立完善的 HSE 管理体系，努力改善职业健康、安全生产和环境保护现状，让企业生产更安全、职工更健康、环境更美好，这也是大学生创业者义不容辞的责任。

二、做好职业健康管理

我国现行的职业健康法律法规体系主要包括《中华人民共和国职业病防治法》（以下简称《职业病防治法》）（2018 年修正）、《劳动法》、《使用有毒物品作业场所劳动保护条例》、《中华人民共和国尘肺病防治条例》、《放射性同位素与射线装置安全和防护条例》、《工作场所职业卫生监督管理规定》、《职业病危害项目申报办法》、《职业病目录》、《职业病危害因素分类目录》、《职业健康检查管理办法》等，以及大量的职业安全健康技术规范与国家标准，如《工业企业设计卫生标准》《工作场所有害因素职业接触限值标准》。

做好职业健康管理，需要企业负责人高度重视职业健康管理工作，建立健全的职业健康管理制度，加强对职业病防治的管理，提高职业病防治水平，促进员工职业健康。具体而言，主要包括以下内容。

1. 落实人员，建立职业健康管理机构

《职业病防治法》规定，企业的主要负责人对本单位的职业病防治工作全面负责。在明确责任人的前提下，企业要设置或者指定职业卫生管理机构或者组织，配备专职或者兼职的职业卫生管理人员，负责本单位的职业病防治工作。

2. 建章立制，落实职业健康管理制度和防治措施

（1）制订职业病防治计划和实施方案。
（2）建立健全职业卫生管理制度和操作规程。
（3）建立健全职业卫生档案和劳动者健康监护档案。
（4）建立健全工作场所职业病危害因素监测及评价制度。
（5）建立健全职业病危害事故应急救援预案。

3. 加强预防，做好职业危害申报和评价

企业应当依照法律法规的要求，严格遵守国家职业卫生标准，落实职业病预防措施，

从源头上控制和消除职业病危害。用人单位工作场所存在职业病目录所列职业病的危害因素的，应当及时、如实向所在地卫生行政部门申报危害项目，接受监督。

新建、扩建、改建建设项目和技术改造、技术引进项目（以下统称建设项目）可能产生职业病危害的，在可行性论证阶段应当进行职业病危害预评价。建设项目的职业病防护设施所需费用应当纳入建设项目工程预算，并与主体工程同时设计，同时施工，同时投入生产和使用。建设项目在竣工验收前，建设单位应当进行职业病危害控制效果评价。建设项目竣工验收时，职业病防护设施应当由建设单位负责依法组织验收，验收合格后，方可投入生产和使用。

产生职业病危害的用人单位，其工作场所应当符合下列职业卫生要求。

（1）职业病危害因素的强度或者浓度符合国家职业卫生标准。

（2）有与职业病危害防护相适应的设施。

（3）生产布局合理，符合有害与无害作业分开的原则。

（4）有配套的更衣间、洗浴间、孕妇休息间等卫生设施。

（5）设备、工具、用具等设施符合保护劳动者生理、心理健康的要求。

（6）法律、行政法规和国务院卫生行政部门关于保护劳动者健康的其他要求。

4. 依法参加工伤保险，保障员工的职业卫生保护权利

（1）获得职业卫生教育、培训。

企业应当对劳动者进行上岗前的职业卫生培训和在岗期间的定期职业卫生培训，普及职业卫生知识，督促劳动者遵守职业病防治法律、法规、规章和操作规程，指导劳动者正确使用职业病防护设备和个人使用的职业病防护用品。

劳动者应当学习和掌握相关的职业卫生知识，增强职业病防范意识，遵守职业病防治法律、法规、规章和操作规程，正确使用、维护职业病防护设备和个人使用的职业病防护用品，发现职业病危害事故隐患应当及时报告。劳动者不履行前述义务的，企业应当对其进行教育。

（2）获得职业健康检查、职业病诊疗、康复等职业病防治服务。劳动者离职时，有权索取本人职业健康监护档案复印件，企业应当如实、无偿提供，并在所提供的复印件上签章。

（3）了解工作场所产生或者可能产生的职业病危害因素、危害后果和应当采取的职业病防护措施。

（4）要求用人单位提供符合防治职业病要求的职业病防护设施和个人使用的职业病防护用品，改善工作条件。

（5）对违反职业病防治法律、法规以及危及生命健康的行为提出批评、检举和控告。

（6）拒绝违章指挥和强令进行没有职业病防护措施的作业。

（7）参与用人单位职业卫生工作的民主管理，对职业病防治工作提出意见和建议。

对从事接触职业病危害作业的劳动者，用人单位应当按照国务院卫生行政部门的规定组织上岗前、在岗期间和离岗时的职业健康检查，并将检查结果书面告知劳动者。职业健康检查费用由用人单位承担。

用人单位不得安排未经上岗前职业健康检查的劳动者从事接触职业病危害的作业；不得安排有职业禁忌的劳动者从事其所禁忌的作业；对在职业健康检查中发现有与所从事的职业相关的健康损害的劳动者，应当调离原工作岗位，并妥善安置；对未进行离岗前职业健康检查的劳动者不得解除或者终止与其订立的劳动合同。

同时必须注意的是，为保护未成年人和妇女，用人单位不得安排未成年工从事接触职业病危害的作业；不得安排孕期、哺乳期的女职工从事对本人和胎儿、婴儿有危害的作业。

【小贴士】健康企业建设

2019 年 11 月全国爱国卫生运动委员会印发《健康企业建设规范（试行）》（以下简称《规范》），指导开展健康企业建设，《规范》中明确了企业重点落实的以下四个方面的工作任务。

一是建立健全管理制度。制订健康企业工作计划，结合企业性质、作业内容、劳动者健康需求和健康影响因素等，建立完善与劳动者健康相关的各项规章制度，规范企业劳动用工管理。

二是建设健康环境。完善企业基础设施，为劳动者提供布局合理、设施完善、整洁卫生、绿色环保、舒适优美和人性化的工作生产环境。积极开展控烟工作，打造无烟环境。落实建设项目职业病防护设施"三同时"制度，做好职业病危害预评价、职业病防护设施设计及竣工验收、职业病危害控制效果评价。

三是提供健康管理与服务。鼓励依据有关标准设立医务室、紧急救援站等，配备急救箱等设备。建立劳动者健康管理服务体系，实施人群分类健康管理和指导。制定应急预案，防止传染病等传播流行。制订并实施员工心理援助计划，提供心理咨询等服务。组织开展适合不同工作场所或工作方式特点的健身活动。落实《女职工劳动保护特别规定》。依法依规开展职业病防治工作。

四是营造健康文化。广泛开展职业健康、慢性病防治、传染病防控和心理健康等健康知识宣传教育活动，提高员工健康素养。关爱员工身心健康，构建和谐、平等、信任、宽容的人文环境。切实履行社会责任。

三、做好安全生产管理

我国现行的安全生产法律法规体系主要包括《中华人民共和国安全生产法》（以下简称《安全生产法》）（2014 年修正）、《中华人民共和国矿山安全法》、《中华人民共和国消防法》、《安全生产许可证条例》、《铁路安全管理条例》、《电力安全事故应急处置和调查处理条例》、《危险化学品安全管理条例》、《易制毒化学品管理条例》、《特种设备安全监察条例》、《生产安全事故报告和调查处理条例》、《建设工程安全生产管理条例》等，以及各项安全生产标准。

《安全生产法》明确规定，生产经营单位必须遵守本法和其他有关安全生产的法律、法规，加强安全生产管理，建立健全安全生产责任制度，完善安全生产条件，确保安全生产。企业主要负责人对本单位安全生产工作负有下列职责。

（1）建立健全本单位安全生产责任制。

（2）组织制定本单位安全生产规章制度和操作规程。

（3）组织制订并实施本单位安全生产教育和培训计划。

（4）保证本单位安全生产投入的有效实施。

（5）督促、检查本单位的安全生产工作，及时消除生产安全事故隐患。

（6）组织制定并实施本单位的生产安全事故应急救援预案。

（7）及时、如实报告生产安全事故。

具体来说，安全生产管理工作主要包括以下几种。

1. 建立健全企业安全生产规章制度

按照《安全生产法》等相关法律法规的要求，结合本企业的实际，制定安全生产管理制度，可包括安全生产责任制度、安全措施和费用管理制度、重大危险源管理制度、危险物品使用管理制度、安全检查制度、消防安全制度、人员安全管理制度、设备设施安全管理制度、生产环境安全管理制度等。

2. 建立安全生产责任制

安全生产是整个企业全员、全过程的一个活动，因此，企业上下均应承担相应责任。企业负责人要把任务合理分解，真正把"安全生产、人人有责"落实到每个机构、每个人身上，增强企业员工责任心。

3. 设置安全生产管理机构

矿山、金属冶炼、建筑施工、道路运输单位和危险物品的生产、经营、储存单位以及其他从业人员超过一百人的企业，应当设置安全生产管理机构或者配备专职安全生产管理人员。从业人员在一百人以下的企业，应当配备专职或者兼职的安全生产管理人员，或者委托具有国家规定的相关专业技术资格的工程技术人员提供安全生产管理服务（在这种情况下，保证安全生产的责任仍由本单位负责）。

4. 组织安全生产教育和培训

除主要负责人和安全生产管理人员必须具备与本单位所从事的生产经营活动相应的安全生产知识和管理能力，生产经营单位还应当对员工进行安全生产教育和培训，保证员工具备必要的安全生产知识，熟悉有关的安全生产规章制度和安全操作规程，掌握本岗位的安全操作技能，了解事故应急处理措施，知悉自身在安全生产方面的权利和义务。未经安全生产教育和培训合格的员工，不得上岗作业。特种作业人员必须按照国家有关规定经专门的安全作业培训，取得特种作业操作资格证书，方可上岗作业。

为防患于未然，日常经营管理过程中，还应当经常教育和督促员工严格执行本单位的安全生产规章制度和安全操作规程，并向员工如实告知作业场所和工作岗位存在的危险因素、防范措施以及事故应急措施。为员工提供符合国家标准或者行业标准的劳动防护用品，并监督、教育员工按照使用规则佩戴、使用。

5. 完善安全生产条件

企业应当具备安全生产条件；应当按照规定提取和使用安全生产费用，专门用于改善安全生产条件；不具备安全生产条件的，不得从事生产经营活动。不得将生产经营项目、场所、设备发包或者出租给不具备安全生产条件或者相应资质的单位或者个人。企业新建、改建、扩建工程项目（以下统称建设项目）的，其安全设施必须与主体工程同时设计、同时施工、同时投入生产和使用。

企业经营场所和设施设备管理也必须符合《安全生产法》的要求，如在有较大危险因素的生产经营场所和有关设施、设备上，应设置明显的安全警示标志。生产、经营、储存、使用危险物品的车间、商店、仓库不得与员工宿舍在同一座建筑物内，并应当与员工宿舍保持安全距离。生产经营场所和员工宿舍应当设有符合紧急疏散要求、标志明显、保持畅通的出口。禁止封闭、堵塞生产经营场所或者员工宿舍的出口。

企业使用的安全设备，应当符合国家标准或者行业标准，并进行经常性维护、保养，定期检测，保证正常运转。使用涉及生命安全、危险性较大的特种设备，以及危险物品的容器、运输工具，必须按照国家有关规定，由专业生产单位生产，并经取得专业资质的检测、检验机构检测、检验合格，取得安全使用证或者安全标志，方可投入使用。

【案例】一百年前一场火灾改变美国劳工保护法律①

一百年前的一天，1911年3月25日，纽约市发生了一场惨绝人寰的工厂火灾。发生火灾的是位于华盛顿广场附近的埃斯克大楼的三角女式衬衣公司。由于当时的政府没有关于工作场所的安全规范，制衣厂雇主为了节省成本，在厂房里挤进了尽可能多的设备和工人，车间四处散放着易燃布料和纸箱，而为防止女工偷窃，还锁闭大门、通道（那个年代的普遍做法）。几个因素叠加，火势一起，迅速蔓延，女工逃生无门，半个小时之内导致146名女工丧命，许多女工被活活烧死在缝纫机边，一些无法忍受被烧死的女工跳楼而亡。惨案发生后，人们通过对惨案中所有不利因素进行细致全面的调查，迅速开创性地形成了关于建筑和工作场所防火规范的全面立法，如工作场所防火演习、室外消防梯、封闭电梯井、自动报警系统、自动防火喷淋系统等。而且这些立法很快超越了防火的范围，直接推动了美国有关劳工权利和利益的立法突飞猛进地发展。

6. 定期做好安全生产检查

通过制度化的安全生产检查，对生产过程及安全管理制度中可能存在的隐患、危险源、工作漏洞与疏忽等进行查证，以及时识别危险源，发现隐患，通过相应的整改措施，消除危险隐患，保障长久的生产安全。安全生产检查的内容很多，包括安全生产制度的完善、落实，人员执行情况，硬件设备情况等。

---

① 林达. 一路走来一路读（增补本）[M]. 北京：生活·读书·新知三联书店，2011：323-327.

7. 做好事故应急预案和事故报告

为预防安全事故发生，将安全生产事故带来的损害尽可能降低，企业应当参照《生产经营单位生产安全事故应急预案编制导则》做好事故应急预案，并在平时做好实战演练。一旦发生生产安全事故时，主要负责人应当做好事故报告，立即组织抢救，并不得在事故调查处理期间擅离职守。

四、履行企业的环保义务

随着国家大力推进生态文明建设，践行绿色发展理念，绿色原则已经成为法治的重要原则。《民法典》第九条规定："民事主体从事民事活动，应当有利于节约资源、保护生态环境。"第五百零九条第三款规定："当事人在履行合同过程中，应当避免浪费资源、污染环境和破坏生态。"《首次公开发行股票并上市管理办法》规定，如果前三年内存在环保违规，企业就不得上市……这些规定，都在强化企业的环保责任。那么今天的企业应当如何履行环保义务呢？

我国现行的环境保护法律体系包括环境保护、自然资源开发利用、节约能源等法律规定以及相关标准，如《环境保护法》（2014 年修订）、《中华人民共和国清洁生产促进法》（以下简称《清洁生产促进法》）（2012 年修正）、《中华人民共和国循环经济促进法》（以下简称《循环经济促进法》）（2019 年修正）、《中华人民共和国水法》、《中华人民共和国土地管理法》、《中华人民共和国森林法》、《中华人民共和国草原法》、《中华人民共和国矿产资源法》、《中华人民共和国水土保持法》、《中华人民共和国海洋环境保护法》、《中华人民共和国大气污染防治法》（以下简称《大气污染防治法》）、《中华人民共和国水污染防治法》（以下简称《水污染防治法》）、《中华人民共和国土壤污染防治法》、《中华人民共和国环境噪声污染防治法》、《中华人民共和国环境影响评价法》（以下简称《环境影响评价法》）、《中华人民共和国节约能源法》（以下简称《节约能源法》）、《中华人民共和国环境保护税法》（以下简称《环境保护税法》）、《排污许可管理办法（试行）》、《大气环境质量标准》、《地面水环境质量标准》、《土壤环境质量 农用地土壤污染风险管控标准（试行）》、《土壤环境质量 建设用地土壤污染风险管控标准（试行）》、《声环境质量标准》、污染物排放标准等。建立了环境影响评价制度、"三同时"制度、排污许可管理制度、环境保护税制度等环境保护的基本制度。

1. 环境影响评价制度

环境影响评价，是指对规划和建设项目实施后可能造成的环境影响进行分析、预测和评估，提出预防或者减轻不良环境影响的对策和措施，进行跟踪监测的方法与制度。

按照评价的对象可以分为规划环境影响评价和建设项目环境影响评价。

规划环境影响评价的对象包括国务院有关部门、设区的市级以上地方人民政府及其有关部门，对其组织编制的土地利用的有关规划，区域、流域、海域的建设、开发利用规划；

国务院有关部门、设区的市级以上地方人民政府及其有关部门，对其组织编制的工业、农业、畜牧业、林业、能源、水利、交通、城市建设、旅游、自然资源开发的有关专项规划。

建设项目的环境影响评价则针对具体的建设项目进行。国家对建设项目的环境影响评价实行分类管理，根据建设项目对环境影响程度的大小，确定评价方式。对可能造成重大环境影响的，应当编制环境影响报告书，对产生的环境影响进行全面评价；对可能造成轻度环境影响的，应当编制环境影响报告表，对产生的环境影响进行分析或者专项评价；对环境影响很小、不需要进行环境影响评价的，填报环境影响登记表。

【法条】

《环境保护法》

第十九条　编制有关开发利用规划，建设对环境有影响的项目，应当依法进行环境影响评价。

未依法进行环境影响评价的开发利用规划，不得组织实施；未依法进行环境影响评价的建设项目，不得开工建设。

2. "三同时"制度

"三同时"制度，是指建设项目中防治环境污染和其他公害的设施必须与主体工程同时设计、同时施工、同时投产使用的制度。"三同时"制度是我国防止新污染源出现、贯彻"预防为主"方针的一项重要法律制度。其适用对象包括一切对环境有影响的新建、扩建和改建项目，技术改造项目，区域开发建设项目等。

【法条】

《环境保护法》

第四十一条　建设项目中防治污染的设施，应当与主体工程同时设计、同时施工、同时投产使用。防治污染的设施应当符合经批准的环境影响评价文件的要求，不得擅自拆除或者闲置。

3. 排污许可制度

目前我国的排污许可制度是以改善环境质量为目标，以污染物总量控制为基础，规定排污单位许可排放什么污染物、许可污染物排放量、许可污染物排放去向等的一项法律制度，是对排污者排污实施许可的一项环境管理手段。

根据《排污许可管理办法（试行）》，纳入固定污染源排污许可分类管理名录的企事业单位和其他生产经营者（以下简称排污单位）应当按照规定的时限申请并取得排污许可证；未纳入固定污染源排污许可分类管理名录的排污单位，暂不需申请排污许可证。生态环境部依法制定并公布固定污染源排污许可分类管理名录。

排污许可证的申请、受理、审核、发放、变更、延续、注销、撤销、遗失补办在生态环境部建设的全国排污许可证管理信息平台上进行。

【法条】

《环境保护法》

第四十五条　国家依照法律规定实行排污许可管理制度。

实行排污许可管理的企事业单位和其他生产经营者应当按照排污许可证的要求排放污染物；未取得排污许可证的企事业单位和其他生产经营者，不得排放污染物。

4. 环境保护税制度

2018年1月1日起生效的《环境保护税法》，标志着我国排污收费制度被环境保护税制度取代。根据该法规定，在中华人民共和国领域和中华人民共和国管辖的其他海域，直接向环境排放应税污染物的企事业单位和其他生产经营者为环境保护税的纳税人，应当依法缴纳环境保护税。应税污染物，是指该法所附《环境保护税税目税额表》《应税污染物和当量值表》规定的大气污染物、水污染物、固体废物和噪声。

不过，有下列情形之一的，不属于直接向环境排放污染物，不缴纳相应污染物的环境保护税。

（1）企事业单位和其他生产经营者向依法设立的污水集中处理、生活垃圾集中处理场所排放应税污染物的。

（2）企事业单位和其他生产经营者在符合国家和地方环境保护标准的设施、场所储存或者处置固体废物的。

5. 环境污染和生态破坏责任

违反环境保护义务，违法企业除要按照《环境保护法》等相关法律法规规定接受行政处罚外，因污染环境、破坏生态造成他人损害的，还应当承担侵权责任，构成犯罪的要承担刑事责任。

《民法典》规定，两个以上侵权人污染环境、破坏生态的，承担责任的大小，根据污染物的种类、浓度、排放量，破坏生态的方式、范围、程度，以及行为对损害后果所起的作用等因素确定。侵权人违反法律规定故意污染环境、破坏生态造成严重后果的，被侵权人有权请求相应的惩罚性赔偿。违反国家规定造成生态环境损害的，国家规定的机关或者法律规定的组织有权请求侵权人赔偿下列损失和费用。

（1）生态环境受到损害至修复完成期间服务功能丧失导致的损失。

（2）生态环境功能永久性损害造成的损失。

（3）生态环境损害调查、鉴定评估等费用。

（4）清除污染、修复生态环境费用。

（5）防止损害的发生和扩大所支出的合理费用。

【案例】江西省九江市人民政府诉江西正×环保科技有限公司、杭州连×建材有限公司、李某等7人生态环境损害赔偿责任案——2019年度人民法院环境资源典型案例之四十

2017—2018年，江西正×环保科技有限公司（以下简称正×公司）与杭州塘×热电有限公司等签署合同，运输、处置多家公司生产过程中产生的污泥，收取相应的污泥处理费

用。正×公司实际负责人李某将从多处收购来的污泥直接倾倒、与丰城市志×新材料有限公司（以下简称志×公司）合作倾倒或者交由不具有处置资质的张某某、舒某某等人倾倒至九江市区多处地块，杭州连×建材有限公司（以下简称连×公司）明知张某某从事非法转运污泥，仍放任其持有加盖公司公章的空白合同处置污泥。经鉴定，上述被倾倒的污泥共计1.48万吨，造成土壤、水以及空气污染，所需修复费用1446.29万元。案发后，江西省九江市浔阳区人民检察院依法对被告人舒某某等6人提起刑事诉讼，江西省九江市中级人民法院二审判处被告人舒某某等6人犯污染环境罪，有期徒刑二年二个月至有期徒刑十个月不等，并处罚金10万元至5万元不等。江西省九江市人民政府依据相关规定开展磋商，并与杭州塘×热电有限公司达成赔偿协议。因未与正×公司、连×公司、李某等7人达成赔偿协议，江西省九江市人民政府提起本案诉讼，要求各被告履行修复生态环境义务、支付生态环境修复费用、公开赔礼道歉并承担律师费和诉讼费用。

江西省九江市中级人民法院一审认为，正×公司及其实际负责人李某直接倾倒污泥或者将污泥交付张某某、舒某某等人转运或者倾倒，造成环境严重污染，应承担相应的生态环境损害赔偿责任。张某某持有连×公司交付的加盖公司公章的空白合同处理案涉污泥，连×公司未履行监管义务，放任张某某非法倾倒污泥，应当承担连带责任。夏某某作为志×公司实际负责人，因该公司与正×公司合作从事污泥倾倒，且其个人取得利润分成，应当承担连带责任。案涉污染地块中污泥已混同，无法分开进行修复，判决各被告共同承担倾倒污泥地块的修复责任以及不履行修复义务时应当支付的修复费用，在省级或以上媒体向社会公开赔礼道歉，共同支付环评报告编制费、风险评估费以及律师代理费。

本案系在长江经济带区域内跨省倾倒工业污泥导致生态环境严重污染引发的生态环境损害赔偿案件。在依法追究被告公司及各被告人刑事责任的基础上，江西省九江市人民政府充分发挥磋商作用，促使部分赔偿义务人达成协议并积极履行修复和赔偿义务；对于磋商不成的，则依法提起生态环境损害赔偿诉讼，实现了诉前磋商与提起诉讼的有效衔接。本案判决不仅明确了经营者虽没有直接实施倾倒行为，但放任他人非法处置的，应由经营者与非法处置人共同承担责任的规则；还明确了数人以分工合作的方式非法转运、倾倒污泥，在无法区分各侵权人倾倒污泥数量的情况下，应当共同承担责任的规则，有效落实最严格的生态环境保护法律制度。

（资料来源：最高人民法院）

五、清洁生产促进法

清洁生产，是指不断采取改进设计、使用清洁的能源和原料、采用先进的工艺技术与设备、改善管理、综合利用等措施，从源头削减污染，提高资源利用效率，减少或者避免生产、服务和产品使用过程中污染物的产生和排放，以减轻或者消除对人类健康和环境的危害。《清洁生产促进法》的立法目的是促进清洁生产，提高资源利用效率，减少和避免污染物的产生，保护和改善环境，保障人体健康，促进经济与社会可持续发展。该法明确规定了清洁生产的推行、清洁生产的实施、鼓励措施及相应的法律责任。

1.　清洁生产的推行

为推行清洁生产，国务院及其部门、地方政府制定出台了有利于实施清洁生产的财政税收政策、产业政策、技术开发和推广政策，编制了国家清洁生产推行规划。加强对清洁生产促进工作的资金投入，定期发布清洁生产技术、工艺、设备和产品导向目录。对浪费资源和严重污染环境的落后生产技术、工艺、设备和产品实行限期淘汰制度。

同时加强对清洁生产的指导、教育和宣传。县级以上人民政府应当指导和支持清洁生产技术和有利于环境与资源保护的产品的研究、开发以及清洁生产技术的示范和推广工作。组织开展清洁生产的宣传和培训，提高国家工作人员、企业经营管理者和公众的清洁生产意识，培养清洁生产管理和技术人员。

另外，各级人民政府应当优先采购节能、节水、废物再生利用等有利于环境与资源保护的产品，并鼓励公众购买和使用节能、节水、废物再生利用等有利于环境与资源保护的产品。

2.　清洁生产的实施

企业在进行技术改造过程中，应当采取以下清洁生产措施。

（1）采用无毒、无害或者低毒、低害的原料，替代毒性大、危害严重的原料。

（2）采用资源利用率高、污染物产生量少的工艺和设备，替代资源利用率低、污染物产生量多的工艺和设备。

（3）对生产过程中产生的废物、废水和余热等进行综合利用或者循环使用。

（4）采用能够达到国家或者地方规定的污染物排放标准和污染物排放总量控制指标的污染防治技术。

产品和包装物的设计，应当考虑其在生命周期中对人类健康和环境的影响，优先选择无毒、无害、易于降解或者便于回收利用的方案。企业对产品的包装应当合理，包装的材质、结构和成本应当与内装产品的质量、规格和成本相适应，减少包装性废物的产生，不得进行过度包装。

生产大型机电设备、机动运输工具以及国务院工业部门指定的其他产品的企业，应当按照国务院标准化部门或者其授权机构制定的技术规范，在产品的主体构件上注明材料成分的标准牌号。

农业生产者应当科学地使用化肥、农药、农用薄膜和饲料添加剂，改进种植和养殖技术，实现农产品的优质、无害和农业生产废物的资源化，防止农业环境污染。禁止将有毒、有害废物用作肥料或者用于造田。

餐饮、娱乐、宾馆等服务性企业，应当采用节能、节水和其他有利于环境保护的技术和设备，减少使用或者不使用浪费资源、污染环境的消费品。

建筑工程应当采用节能、节水等有利于环境与资源保护的建筑设计方案、建筑和装修材料、建筑构配件及设备。建筑和装修材料必须符合国家标准。禁止生产、销售和使用有毒、有害物质超过国家标准的建筑和装修材料。

矿产资源的勘查、开采，应当采用有利于合理利用资源、保护环境和防止污染的勘查、开采方法和工艺技术，提高资源利用水平。

企业应当在经济技术可行的条件下，对生产和服务过程中产生的废物、余热等自行回收利用或者转让给有条件的其他企业和个人利用。

企业应当对生产和服务过程中的资源消耗以及废物的产生情况进行监测，并根据需要对生产和服务实施清洁生产审核。

3. 清洁生产的鼓励措施

国家建立清洁生产表彰奖励制度。对在清洁生产工作中做出显著成绩的单位和个人，由人民政府给予表彰和奖励。对从事清洁生产研究、示范和培训，实施国家清洁生产重点技术改造项目和《清洁生产促进法》第二十八条规定的自愿节约资源、削减污染物排放量协议中载明的技术改造项目，由县级以上人民政府给予资金支持。在依照国家规定设立的中小企业发展基金中，应当根据需要安排适当数额用于支持中小企业实施清洁生产。

依法利用废物和从废物中回收原料生产产品的，按照国家规定享受税收优惠。企业用于清洁生产审核和培训的费用，可以列入企业经营成本。

六、循环经济促进法

循环经济，是指在生产、流通和消费等过程中进行的减量化、再利用、资源化活动的总称。《循环经济促进法》（2018年修订）的立法目的是促进循环经济的发展，提高资源利用效率，保护和改善环境，实现可持续发展。《循环经济促进法》的主要内容就是对减量化、再利用、资源化活动的规范，对于企业而言，其义务就是要建立健全管理制度，采取措施，降低资源消耗，减少废物的产生量和排放量，提高废物的再利用和资源化水平。

1. 企业的减量化义务

减量化，是指在生产、流通和消费等过程中减少资源消耗和废物产生。减量化的主要措施和要求有以下几个方面。

（1）不得生产、进口、销售列入国家发布的淘汰名录的设备、材料和产品，不得使用列入淘汰名录的技术、工艺、设备和材料。

（2）从事工艺、设备、产品以及包装物设计，应当优先选择采用易回收、易拆解、易降解、无毒无害或者低毒低害的材料和设计方案，并应当符合有关国家标准的强制性要求，防止过度包装。

（3）企业应当厉行节水、节油。

（4）鼓励建筑节能，禁止损毁耕地烧砖，禁止生产、销售和使用黏土砖。有条件的地区，应当充分利用太阳能、地热能、风能等可再生能源。

（5）餐饮、娱乐、宾馆等服务性企业，应当采用节能、节水、节材和有利于保护环境的产品，减少使用或者不使用浪费资源、污染环境的产品。

（6）鼓励和支持使用再生水。

（7）限制一次性消费品的生产和销售等。

2. 企业的再利用和资源化义务

再利用是指将废物直接作为产品或者经修复、翻新、再制造后继续作为产品使用，或者将废物的全部或者部分作为其他产品的部件予以使用。资源化是指将废物直接作为原料进行利用或者对废物进行再生利用。再利用和资源化的主要措施和要求有以下几点。

（1）企业应当综合利用生产过程中产生的工业废物、余热、余压，提高水的重复利用率，对生产过程中产生的废水进行再生利用。

（2）建设单位应当对工程施工中产生的建筑废物进行综合利用；不具备综合利用条件的，应当委托具备条件的生产经营者进行综合利用或者无害化处置。

（3）支持生产经营者建立产业废物交换信息系统，鼓励和推进废物回收体系建设。

（4）对废电器电子产品、报废机动车船、废轮胎、废铅酸电池等特定产品进行拆解或者再利用，应当符合有关法律、行政法规的规定。

（5）回收的电器电子产品，经过修复后销售的，必须符合再利用产品标准，并在显著位置标识为再利用产品。

（6）国家支持企业开展机动车零部件、工程机械、机床等产品的再制造和轮胎翻新。销售的再制造产品和翻新产品的质量必须符合国家规定的标准，并在显著位置标识为再制造产品或者翻新产品。

3. 促进循环经济的激励措施

国家设立发展循环经济的专项资金、支持循环经济的科技研究开发、循环经济技术和产品的示范与推广、重大循环经济项目的实施、发展循环经济的信息服务等；对于促进循环经济发展的各项活动给予税收优惠、信贷支持等激励政策；同时，国家实行有利于循环经济发展的政府采购政策，优先采购节能、节水、节材和有利于保护环境的产品及再生产品。

【小贴士】塑料污染治理

2020 年 1 月 16 日，国家发展改革委、生态环境部联合发布的《关于进一步加强塑料污染治理的意见》（发改环资〔2020〕80 号）指出，不规范生产、使用塑料制品和回收处置塑料废弃物，会造成能源资源浪费和环境污染，加大资源环境压力。积极应对塑料污染，事关人民群众健康，事关我国生态文明建设和高质量发展。为此，要进一步加强塑料污染治理，建立健全塑料制品长效管理机制。

该意见明确了塑料污染治理的主要目标：率先在部分地区、部分领域禁止、限制部分塑料制品的生产、销售和使用。到 2022 年，一次性塑料制品消费量明显减少，替代产品得到推广，塑料废弃物资源化能源化利用比例大幅提升；在塑料污染问题突出领域和电商、快递、外卖等新兴领域，形成一批可复制、可推广的塑料减量和绿色物流模式。到 2025 年，塑料制品生产、流通、消费和回收处置等环节的管理制度基本建立，多元共治体系基本形成，替代产品开发应用水平进一步提升，重点城市塑料垃圾填埋量大幅降低，塑料污染得到有效控制。

第五节　融资管理

关键词：债权融资、股权融资、融资租赁、直接投资、创业投资、私募股权投资、上市、债券

一、企业融资的原因及注意事项

资金短缺是每一个企业在发展过程中都会面临的问题。在企业持续经营过程中，处处都要用钱，如更新设备、引进技术、开发产品、开拓市场、扩大规模、并购重组、对外投资等。一句话，企业要谋求发展，就离不开融资。

企业融资首先要规范自身制度建设。融资的关键是用企业的盈利前景吸引投资方，不管通过哪种渠道融资，投资方都需要了解企业的真实状况。例如，创业资本在与企业谈判的过程中，有一个重要的程序就是聘请律师、会计师或审计师对企业进行尽职调查，对企业的存续情况、股权结构、法人治理、资产负债、盈利模式、知识产权、人力资源等各个方面进行摸底。如果企业平时不注重规范建设，管理混乱，甚至连自己都搞不清楚企业的真实状况，那么显然无法让调查方得出一份令人满意的尽职调查结果，更不能说服投资方相信企业值得投资。

此外，企业融资也要根据自身实际，量力而行。因为融资固然是为了企业的发展，但融资本身或者使企业增加负债，或者使企业原有股权结构发生变化，影响老股东对企业的控制力。一旦融资不能给企业带来预期的效益，那么融资无异于饮鸩止渴，不但不会给企业带来财富，反而会使企业背上沉重的包袱。

【案例】小黄车为什么"黄"了

共享单车被视为"新四大发明"之一，而 ofo 小黄车则是中国无桩共享单车第一人。ofo 单车车身标志性颜色是黄色，所以又叫"小黄车"。创始人戴威与四位校友一起创办的这个共享单车品牌，2015 年从北京大学校园出发，迅速驶向全国，成为资本热捧的创业明星。2016 年"ofo共享单车"项目获得第二届中国"互联网+"大学生创新创业大赛季军。从 2015 年开始到 2018 年，ofo 融资十余轮，融资金额达数十亿美元（参见表 5-3，资料来源：企查查）。2017 年 6 月 8 日，全球知名风投调研机构 CBInsights 发布了全球最具价值的科技创业公司榜单，这些公司均为估值超 10 亿美元的"独角兽"公司。在最具价值独角兽榜单中，ofo 小黄车成为了全球共享单车行业唯一上榜公司。2018 年，ofo 创始人戴威以 30 亿元财富登上胡润百富榜。

表 5-3　ofo 融资历程表

序　号	日　　　期	轮　次	融资金额	投　资　方
1	2015-03-17	天使轮	数百万元人民币	唯猎资本
2	2015-12-22	Pre-A 轮	900 万元人民币	弘道资本、唯猎资本
3	2016-02-08	A 轮	数千万元人民币	金沙江创投、弘道资本
4	2016-04-02	A+轮	金额未知	王刚、真格基金
5	2016-09-02	B 轮	数千万美元	金沙江创投、经纬中国、唯猎资本
6	2016-10-10	C 轮	1.3 亿美元	金沙江创投、Coatue、中信产业基金、ISAI、 元璟资本、经纬中国、Yuri Milner、小米科技、滴滴出行
7	2017-03-01	D 轮	4.5 亿美元	Coatue、中信产业基金、Atomico、DST Global、经纬中国、新华联集团、滴滴出行
8	2017-04-22	战略投资	金额未知	蚂蚁金服
9	2017-07-06	E 轮	超 7 亿美元	弘毅投资、中信产业基金、DST Global、阿里巴巴、滴滴出行
10	2018-03-13	E2-1 轮	8.66 亿美元	灏峰集团、君理资本、天合资本、蚂蚁金服、 阿里巴巴
11	2018-09-05	E2-2 轮	数亿美元	蚂蚁金服、滴滴出行

　　然而，这样一家熠熠闪光的明星企业，突然之间就"黄"了。从 2018 年开始 ofo 出现资金链断裂问题，被供货商起诉。之后用户排队退押金，诉讼缠身，成为失信被执行人，到 2019 年不得不申请破产。曾经的共享单车第一人，就这样黯然退出了共享单车市场。

　　对于小黄车由盛转衰的原因，众说纷纭。有人说因为戴威不会管钱，ofo 财务混乱，融了钱就乱花；有人说戴威太过自负，与投资人关系没有搞好，以致失去了资本的青睐；有人说是因为 ofo 的投资人（如滴滴出行、阿里巴巴、经纬中国）都有一票否决权，导致公司决策不能……

　　小黄车的故事值得后来的创业者们细细琢磨。学会融资、学会与投资人共赢，是所有创业者的必修课。

　　（资料来源：企查查、百度等）

二、企业融资的渠道

　　融资渠道可分为两大类：债权融资和股权融资。

　　债权融资，是指企业通过各种借贷方式进行资金的筹集。这种融资方式将使企业负债。债权融资包括银行贷款、民间借贷、典当融资、融资租赁、发行企业（公司）债券等方式。

　　股权融资，是指企业的出资人（股东）通过赋予投资人某种形式的企业所有权（股权）的方式进行资金的筹资。这种融资方式所获得的资金，企业无须还本付息，但新股东将与老股东共享企业的盈利与增长。股权融资包括吸引直接投资、利用创业投资融资、利用私募股权投资融资、上市融资等方式。

此外，特许经营企业通过依法向加盟商收取特许经营费用的方式，也可以达到融资的目的。

【小贴士】

企业（公司）债券：企业或公司为筹集资金而发行的约定在一定期限还本付息的有价证券。

直接投资（direct investment, DI）：投资人直接将资本投入企业、从事生产经营活动的投资方式，包括投资人自办企业、收购现有企业、与他人合资或合作经营等模式。

创业投资（venture capital, VC）：又称风险投资，是指创业投资企业（或创业投资基金）通过一定的方式向投资者（机构或者个人）筹集创业资本，然后将创业资本投向创业企业，主动地参与创业企业的管理，并为其提供增值服务，做大做强创业企业后通过一定的方式撤出资本，取得投资回报，并将收回的投资投入下一个创业企业的商业投资行为和资本运作方式。[①]

私募股权投资（private equity, PE）：所谓"私募"是相对于"公募"（即公开募集资金）而言的，从广义上看，私募股权投资是通过非公开方式募集资金对企业进行的权益性投资。从这个意义上说，VC也是一种私募股权投资方式，它和PE有很多共同点：它们的资本都主要来自非公开募集方式，它们都是高风险高回报型的投资方式，它们都在投资之前就设计好退出方式。目前国内一般所说的PE是从狭义上来使用的，以和VC区别。PE和VC的主要区别在于它们的投资偏好不同，PE偏好已经形成一定规模，并产生稳定现金流的成熟企业，包括已上市企业，而VC偏好处于初创乃至发展阶段的新兴创业企业。

首次公开发行股票上市（initial public offering, IPO）：企业的股票经依法核准第一次向社会公众公开发行并在证券交易所上市交易。

众筹是随着互联网发展起来的新融资方式。一开始，众筹发起者把自己的产品（一般是高科技或者创意产品）提交到众筹平台，募集资金用于该产品的生产，提供资金的人得到的是一个产品。这种众筹模式类似于赊销，属于债权融资性质。后来出现了股权众筹，众筹发起者以创业项目的一定比例股权作为筹集资金的对价，资金提供者得到的是股权，这就属于股权融资了。股权众筹具有公开、小额、大众的特点，需要注意防范风险，如可能涉嫌非法集资、擅自发行证券等违法犯罪；股东人数多，意见不一，决策管理容易出现僵局。

三、利用创业资本融资

有人把创业投资企业（以下称VC）与创业企业的投融资关系比作婚姻，但这是一场非常另类的婚姻，因为尽管也要经历从恋爱到结婚的过程，但是他们却在恋爱之初就策划着离婚。下面我们就来看看这个另类的婚姻如何走完全程。

[①] 范柏乃. 创业投资法律制度研究[M]. 北京：机械工业出版社，2005：1.

1. 相亲

市场上"求资若渴"的创业企业多如牛毛，如何才能吸引 VC 的注意力呢？首先创业企业要做的就是准备一份完美的商业计划书。商业计划书（Business Plan）好比是一则详尽的征婚启事，是创业企业吸引 VC 的一个关键性文件，也是 VC 评估和筛选投资对象的重要依据。商业计划书一般包括摘要和主文两部分。摘要部分主要包括企业的核心竞争力、基本利润率、持续增长能力、市场占有率、团队资源优势等内容，应力求言简意赅、突出重点，给人以深刻的印象，充分展示企业的亮点和优势。主文部分一般包括企业基本情况、管理团队介绍、盈利模式、研发、市场分析与预测、营销计划、融资计划、财务状况与财务规划、投资风险分析、创业投资的退出路径等内容。

互联网创业企业往往在创业初期没有盈利，所以更要讲好故事，让投资人信服其未来的盈利能力。

【商业计划书格式示例】

第一部分　摘要

一、公司简介

二、核心产品（服务）

三、已投入的资金及使用

四、市场分析和营销策略

五、核心经营团队

六、融资需求分析

七、融资方案

八、财务分析与预测

第二部分　主报告

第一章　公司基本情况

一、公司的宗旨、目标

二、公司历史沿革

三、公司治理（股东会、董事会、高管团队等）

四、对外投资和关联企业

第二章　技术与产品（服务）

一、核心技术

二、主要产品（服务）

（1）产品（服务）特性

（2）研发情况

（3）知识产权

（4）产品或服务的生产、经营情况（包括原材料供应、现有规模、成本控制等）

第三章　市场分析

一、目标市场的规模、结构

二、消费群体分析

三、目前公司产品（服务）的市场占有情况

四、市场趋势预测

五、行业政策

第四章　竞争分析

一、行业垄断情况

二、主要竞争对手情况

三、潜在竞争对手情况

四、公司产品（服务）竞争优势

第五章　营销计划

一、销售政策制定情况

二、销售网络建设情况

三、促销方式

四、广告策略

五、销售资料统计

六、销售目标

第六章　经营现状及预测

一、目前盈利情况

二、增资后预期销售量、利润率

三、投资报酬率预测

第七章　融资计划

一、资金需求说明

二、资金使用计划及进度

三、融资方式

四、融资担保

五、融资后股权结构

六、投资回报计划

第八章　投资退出方案

一、IPO

二、股权转让

三、股权回购

第九章　投资风险分析

第十章　公司管理情况

一、公司组织结构

二、部门设置

三、管理制度

四、劳动人事

第十一章　财务分析

一、财务分析说明

二、财务数据预测

（1）销售收入明细表

（2）成本费用明细表

（3）工资薪金水平明细表

（4）固定资产明细表

（5）资产负债表

（6）利润及利润分配明细表

（7）现金流量表

（8）财务指标分析

第三部分　附录

（1）营业执照复印件

（2）董事名单及简历

（3）核心团队成员名单及简历

（4）专业术语说明

（5）有关证书

（6）企业形象设计/宣传资料

（7）产品市场成长预测图

（8）主要产品目录

（9）主要客户名单

（10）主要供货商及经销商名单

（11）主要设备清单

（12）其他

（资料来源：神州培训网）

2. 恋爱

在有了初步投资意向后，VC 会和创业企业进一步接触，签订意向书，以确立"恋爱关系"。在意向书规定的恋爱期间，创业企业不能"脚踏两只船"，再去接触其他投资机构。之后，VC 会派驻律师、会计师、评估师等专业人士对创业企业的情况展开尽职调查。尽职调查将对企业的存续情况、历史沿革、股权结构、关联企业、对外投资、法人治理、规范运作、资产负债、财务状况、盈利模式、知识产权、人力资源、违法违规等各个方面进行摸底。这时，创业企业应当给予积极的配合，提供创业投资企业所需的文件材料，如实回答调查者的问询，包括出具有关提供资料真实性、完整性的承诺函等。当然，为防范自身的风险，创业企业也完全可以利用这一时期，对 VC 的情况进行进一步的调查了解，以确定对方是否诚心诚意、是否与自己"门当户对"。

3. 结婚

如果恋爱成功，下一步双方就要开始谈婚论嫁了，也就是进行谈判、签约。为了婚后生活的幸福，这时双方需要把该谈的事情谈清楚，把丑话说在前头，然后再签订协议。谈判涉及的内容一般包括投资的先决条件、投资方式、价格条款、投资后股权结构的调整、治理结构的调整、章程的修改、业绩要求、投资者权利、退出方式等。一般来说，为了保护自身利益，VC 都会要求设定诸如投资的先决条件、共同出售权、反稀释条款、优先购买权、否决权、对赌条款等条款。

（1）投资的先决条件：VC 会要求在满足一定先决条件的情形下，才按约定向创业企业注资，具体条件的设定要看创业企业的实际情况，如对外担保到期后不得展期、对公司改制的承诺、终止有关合同及项目、雇员离职的限制等。这些先决条件是否能够满足，将成为创业企业能够获得投资的前提，因此创业企业应当三思而后行，千万不能为了融资而盲目允诺。

（2）共同出售权：在创业企业老股东出售其股权时，VC 有权以同样的价格、条件、比例出售股权，以限制老股东退出。

（3）反稀释条款：VC 可能要求企业在后续的融资或增资过程中，不能导致自己股份被摊薄，也就是使其持股比例下降。

（4）优先购买权：为配合反稀释条款，VC 往往要求自己享有优先购买权，即在企业后续融资、增资时，自己享有对增资的优先认购权，以保证自己的持股比例。

（5）否决权：VC 可能要求对企业重大事项的决策方面，自己享有一票否决权，以避免自身利益受损。

（6）对赌条款（Valuation Adjustment Mechanism）：对赌条款实际上是一种估值调整机制，是指 VC 与创业企业在达成股权性融资协议时，为解决交易双方对创业企业未来发展的不确定性、信息不对称以及代理成本，而设计的包含了股权回购、金钱补偿等对未来创业企业的估值进行调整的协议。

由于企业经营总是存在各种风险，因此双方谈判时对于创业企业的价值只能进行预估，未来的回报无法确定。为了促进创业企业积极创造好的业绩，特别是避免管理层道德风险给企业经营带来的不利影响，VC 往往会要求约定一个对赌条款，其内容一般是：如果将来企业没能达到约定的经营业绩时，创业企业应回购股权，或者给予 VC 金钱补偿。

从订立"对赌协议"的主体来看，有 VC 与创业企业的股东或者实际控制人"对赌"，VC 与创业企业"对赌"，VC 与创业企业的股东、创业企业"对赌"等形式。这些对赌协议的效力是有差异的。以公司为例，VC 与目标公司的股东或者实际控制人"对赌"一般是没有问题的，但 VC 与目标公司直接"对赌"就要具体情况具体分析了。根据最高人民法院关于印发《全国法院民商事审判工作会议纪要》的通知（法〔2019〕254 号），目前司法实践中是这样操作的：

VC 与目标公司订立的"对赌协议"在不存在法定无效事由的情况下，目标公司仅以存在股权回购或者金钱补偿约定为由，主张"对赌协议"无效的，人民法院不予支持，但 VC 主张实际履行的，人民法院将审查是否符合《公司法》关于"股东不得抽逃出资"及股份回购的强制性规定，判决是否支持其诉讼请求。

VC 请求目标公司回购股权的，人民法院将依据《公司法》第三十五条关于"股东不得抽逃出资"或者第一百四十二条关于股份回购的强制性规定进行审查。经审查，目标公司未完成减资程序的，人民法院将驳回其诉讼请求。

VC 请求目标公司承担金钱补偿义务的，人民法院将依据《公司法》第三十五条关于"股东不得抽逃出资"和第一百六十六条关于利润分配的强制性规定进行审查。经审查，目标公司没有利润或者虽有利润但不足以补偿 VC 的，人民法院将驳回或者部分支持其诉讼请求。今后目标公司有利润时，VC 还可以依据该事实另行提起诉讼。

【案例】创投成功案例：蒙牛与摩根士丹利的豪赌

1999 年 1 月，已过不惑之年的"下岗职工"牛根生创办"蒙牛乳业有限责任公司"，成立之初的蒙牛注册资本为 100 万元人民币，在全国乳制品企业中排名第 1116 位。仅仅过了 6 年，2004 年蒙牛乳业收入超过人民币 72 亿元；2005 年 3 月，蒙牛占液体奶市场的市场份额达到 25.4%，跃居全国第一。

是什么创造了蒙牛神话？回顾蒙牛超常规发展路线上的融资过程，可以发现蒙牛的成功固然离不开牛根生等一批创业者的个人努力，但也要归功于摩根士丹利等国际投资机构对蒙牛的"输血"。

早在 2001 年，蒙牛已经小有成就，呈现出良好的成长性，但由于自有资金的短缺，大好发展势头面临后续乏力的局面。就在这个时候，摩根士丹利等国际投资机构出现了，首期注资 2600 万美元。获得第一轮投资后，蒙牛的业绩增长速度令人惊叹，2003 年蒙牛销售收入从 1999 年的 0.37 亿元人民币飙升至 40.7 亿元人民币，后者是前者的 110 倍。

迅速成长的蒙牛对资金的胃口更大了，摩根士丹利等三家投资机构对蒙牛进行了第二轮投资。这一次注资 3523 万美元，条件是摩根士丹利等投资者在蒙牛上市后有权行使换股权，将其总值 3523 万美元的换股票据按照每股 0.096 美元（约合 0.74 港元）的兑换价兑换成股份，可兑换的股份数达 3.68 亿股。同时，摩根士丹利等还与蒙牛管理层签署了业绩对赌协议，约定 2004—2006 年，蒙牛每年的盈利平均增长不得低于 50%，如果蒙牛未来 3 年业绩达不到要求，蒙牛管理层就必须将所持有的 7.8% 公司股权，即 7830 万股转让给摩根士丹利等投资者；反之，摩根士丹利等投资者就将把同等数量的股权奖励给蒙牛管理层。

2004 年 6 月，蒙牛在中国香港上市，共发售 3.5 亿股，获得 206 倍的超额认购。2004 年 12 月，摩根士丹利等国际投资者行使第一轮换股权，以此前约定的兑换价换得蒙牛股份 1.105 亿股。换股成功后，摩根士丹利等立即以 6.06 港元/股的价格抛售了 1.68 亿股，套现 10.2 亿港元。2005 年 3 月，鉴于蒙牛业绩迅猛增长，摩根士丹利等决定提前终止对赌协议，兑现奖励给蒙牛管理层的六千多万股股份。2005 年 6 月 15 日，摩根士丹利等行使全部的剩余换股权，共计换得股份 2.58 亿股，并将其中的 6261 万股奖励给蒙牛管理层。同时，摩根士丹利等把手中的股票几乎全部抛出变现，共抛出 3.16 亿股（包括奖给管理层的 6261 万股），价格是 4.95 港元/股，共变现 15.62 亿港元。而蒙牛的管理层也获得了 3.1 亿港元的私人财富。

在蒙牛的整个融资过程中，摩根士丹利等国际投资机构两轮共投入了 6123 万美元，折合约 4.77 亿港元。上市时共出售了 1 亿股蒙牛的股票，套现 3.925 亿港元；2004 年 12 月，出售 1.68 亿股，套现 10.2 亿港元；2005 年 6 月，最后出售 2.5 亿股（未计入其帮助金牛出售的 6261 万股），套现 12 亿港元。三次套现总金额高达 26.125 亿港元，摩根士丹利等国际投资机构的投入产出比近 550%。

（资料来源：阿里巴巴网站）

评析： 蒙牛与摩根士丹利等国际投资机构的投融资关系，可以说是创业投资"双赢"的成功典范。蒙牛从中获得了雄厚的资金支持，实现了跨越式发展，一跃成为行业巨头；摩根士丹利等国际投资机构则如愿以偿地获得了超额的投资回报。当然，蒙牛管理层有胆量和摩根士丹利等签订条件苛刻的业绩对赌协议，是基于其对市场前景的准确判断和对企业自身实力的底气。如果不顾自身实际情况盲目对赌，那么最终不但可能因为"拔苗助长"陷企业于困境，而且企业管理层更将因为失去企业的控制权（股权）而变得一无所有。

谈判往往是艰难的博弈过程，创业企业既要在谈判过程中守住自己的底线，据理力争，又要懂得让步的艺术，以推动谈判的成功。多数情况下，VC 都会提供投资协议的文本供谈判使用，鉴于这些投资协议往往篇幅很长，其中又充满了复杂的法律术语，因此建议创业企业聘请专业律师来帮助自己完成谈判和签约过程。协议签订后，还有一些后续工作要做，包括根据投资协议的有关约定修改企业章程，到企业登记机关办理变更登记。如果 VC 为境外投资者，还需遵照《外商投资法》等相关规定办理必要的手续。

4. 离婚

VC 投资的目的并不是与创业企业"白头偕老"，而是在得到高额回报后退出企业，再去寻找新的投资机会，因此最终的分手是不可避免的。目前国内 VC 退出的渠道主要有 IPO 退出、股权转让和股份回购。

（1）IPO 退出：创业企业成功上市，VC 将其所持股票在公开市场上售出，以获得高额回报。

（2）股权转让：VC 将其所持股份转让给其他投资人，以实现资本退出。鉴于 IPO 的门槛高、周期长，这种退出方式更容易实现。

【案例】百度 19 亿美元收购 91 无线

2013 年 7 月 16 日，全球最大的中文搜索引擎——百度宣布与网龙网络有限公司签署谅解备忘录，百度将以 19 亿美元的价格向网龙收购其持有的 91 无线网络有限公司 100%的股权。交易完成后，该案标的额将超过 2005 年雅虎对阿里巴巴的 10 亿美元投资，成为中国互联网有史以来最大的收购案。

从 2007 年诞生的 91 手机助手起步，91 无线是目前国内最大的智能手机服务平台之一，截至 2012 年 12 月，91 无线平台总下载数达到 129 亿次，在 iPhone 和 Android 两大智能手机客户端的市场渗透率分别超过 80%和 50%。91 无线旗下的核心产品有安卓市场、91 助手两大移动应用平台以及 91 手机娱乐、安卓网两大门户网站。

（资料来源：中关村在线）

评析： 网龙当年买下 91 无线是 10 万元人民币，几年过去，就以 19 亿美元天价卖出，无疑给无数后来的创业者打了一剂强心针。过去创业的最好出路就是上市，而现在看来，只要产品足够好，不上市也可以卖个好价钱。

（3）股份回购：创业企业或其老股东将 VC 所持股份予以回购。老股东回购实际上也是股权转让，没有什么法律障碍；创业企业回购自身股份的主要法律依据是《公司法》第一百四十二条的规定。

【法条】

《公司法》

第一百四十二条　公司不得收购本公司股份。但是，有下列情形之一的除外：

（一）减少公司注册资本；

（二）与持有本公司股份的其他公司合并；

（三）将股份用于员工持股计划或者股权激励；

（四）股东因对股东大会作出的公司合并、分立决议持异议，要求公司收购其股份；

（五）将股份用于转换上市公司发行的可转换为股票的公司债券；

（六）上市公司为维护公司价值及股东权益所必需。

公司因前款第（一）项、第（二）项规定的情形收购本公司股份的，应当经股东大会决议；公司因前款第（三）项、第（五）项、第（六）项规定的情形收购本公司股份的，可以依照公司章程的规定或者股东大会的授权，经三分之二以上董事出席的董事会会议决议。

公司依照本条第一款规定收购本公司股份后，属于第（一）项情形的，应当自收购之日起十日内注销；属于第（二）项、第（四）项情形的，应当在六个月内转让或者注销；属于第（三）项、第（五）项、第（六）项情形的，公司合计持有的本公司股份数不得超过本公司已发行股份总额的百分之十，并应当在三年内转让或者注销。

……

另外，如果创业企业经营不善，也就是 VC 的投资失败时，与其看着企业状况日益恶化，损失越来越大，不如将其解散或破产，以便早日全身而退。因此，VC 也可以通过解散创业企业的方式来退出（关于企业解散的法律实务参见本书第六章）。

【超级链接】

一、上海市市场监管局公布2020年第二批虚假违法广告典型案例

上海市市场监管局将疫情期间查处的部分典型案例作为 2020 年第二批虚假违法广告典型案例予以公告。

案例一：上海××汽车科技有限公司发布违法广告案

当事人为推广其车载净化器产品，在其微信公众号发布含有"疫情当前，给大家推荐一款防病毒车载净化器。有效成分二氧化氯，新冠病毒诊疗方案第五版在列有效灭毒""灭细菌、防病毒"等内容的广告。经查明，该产品中的二氧化氯消毒剂不具有预防新冠病毒的功效。当事人通过故意曲解参考文献，使用无关检测报告等方式，使消费者误认为当事人销售的车载净化器具有预防新冠病毒的功效，与实际情况不符，违反《广告法》第二十八条第二款第（二）项的规定，构成虚假广告。2020 年 5 月，上海市市场监管局执法总队

做出行政处罚，责令停止发布违法广告，并处罚款60万元。

案例二：上海××美发美容有限公司发布违法广告案

当事人为提高其产品"文峰凤氏养护精华液"的销量，在其微信公众号发布"该新型肺炎主要是通过人体呼吸道感染和传播，当人的鼻子吸入后可感染。请大家立即用浩哥研制的文峰凤氏养护精华液，它具有消炎杀菌的作用，可抵抗外在病毒进入呼吸道以及减少呼吸道近处病毒的侵入""一日四五次，它有强烈的抵制外界病毒进入呼吸道，并通过呼吸道将此油吸入肺部，具有剎灭肺部的作用"等广告内容。经查明，该产品为普通化妆品，无消炎杀菌的功能，也不能预防新冠病毒。当事人的广告内容与事实不符，违反《广告法》第二十八条第二款第（二）项的规定，构成虚假广告。2020年3月，杨浦区市场监管局做出行政处罚，责令停止发布违法广告，并处罚款50万元。

案例三：上海××实业有限公司发布违法广告案

当事人为提高产品销量，在其天猫店铺的"防护眼镜密封护目镜"商品销售页面中，宣传该款护目镜为"医护建议款"等内容。经查，该护目镜为劳保用品，并非医疗用品，上述广告宣传内容为当事人虚构，与事实不符，违反《广告法》第二十八条第二款第（二）项的规定，构成虚假广告。2020年4月，普陀区市场监管局做出行政处罚，责令停止发布违法广告，并处罚款20万元。

案例四：××（上海）纳米科技有限公司发布违法广告案

当事人在其微信公众号宣传其研发生产的口罩产品"符合KN95级别防护""符合国家标准GB 2626—2006""专业检测机构质检，经严格检测达到KN95级别并附有相关的质检报告"等内容。经查明，当事人宣传的广告内容并没有相关的真实性依据，违反《广告法》第二十八条第二款第（二）项的规定，构成虚假广告。2020年4月，上海市市场监管局执法总队做出行政处罚，责令停止发布违法广告，并处罚款20万元。

案例五：上海××网络科技有限公司发布违法广告案

当事人在微信公众号"松江微生活"的"今日秒杀"电商平台中的《防疫蔬菜大礼包》页面，发布"鲜脆胡萝卜""鲜嫩生菜"等"可以提高人体巨噬细胞的能力，减少得感冒""生菜性质甘凉，有清热提神、镇痛催眠、减低胆固醇、辅助治疗神经衰弱等功效"等广告内容。经查明，"鲜脆胡萝卜""鲜嫩生菜"等均为普通蔬菜，不具有上述疾病治疗功效。上述广告内容违反了《广告法》第十七条的规定，构成普通商品宣传疾病治疗功能的违法行为。2020年3月，松江区市场监管局做出行政处罚，责令停止发布违法广告，并处罚款18万元。

案例六：上海××生物科技有限公司发布违法广告案

当事人在东方购物电视频道发布"鸿山飞凤牌破壁灵芝孢子粉"保健食品广告，含有"最近湖北这种传播性的疾病又出现了""口腔溃疡就是免疫力低下呀，后来就经常吃我们的破壁灵芝孢子粉，吃了以后真的感觉到好多了"等广告内容，经查明，广告内容暗示其产品具有新型冠状病毒肺炎预防功能，并违法使用医疗用语，违反《广告法》第十八条第一款第（二）项的规定，构成保健食品广告宣传疾病治疗功能的违法行为。2020年4月，杨浦区市场监管局做出行政处罚，责令停止发布违法广告，并处罚款6.75万元。

案例七：上海××贸易有限公司发布违法广告案

当事人在东方购物电视频道发布"健美生维生素 D 维生素 C 咀嚼片"保健食品广告，含有"打赢这一仗！防病驱疫，提高免疫力是关键""如果你没有补充到充足的维 C，可能会出现一些问题，第一点就是免疫力，你会免疫力低下……对于感冒和流感高发的一些季节，特别是传染性质比较强的一些季节，尤其建议大家要去多吃一些维 C 了"等广告内容。经查明，广告内容暗示该保健食品具有新型冠状病毒肺炎预防功能，涉及疾病预防、治疗功能，暗示该产品为保障健康所必需，违反《广告法》第十八条第一款第（二）项至第（四）项的规定。2020 年 4 月，杨浦区市场监管局做出行政处罚，责令停止发布违法广告，并处罚款 3 万元。

案例八：上海市松江区××百货商行发布违法广告案

当事人销售的产品套装包含 1 包代茶饮、1 个香囊、1 盒沉香和 1 个口罩，在套盒包装上宣传"防疫抗瘟"。同时当事人将未标注中文产品名称、生产厂名厂址的口罩作为赠品赠送，以及未办理个体工商户住所变更登记，擅自变更经营场所等行为。当事人的上述行为违反《广告法》第十七条、《上海市产品质量条例》第十五条第三款、《个体工商户条例》第十条的规定，构成普通商品宣传疾病治疗功能，未标注中文产品名称、生产厂名厂址，擅自变更经营场所等违法行为。2020 年 4 月，松江区市场监管局做出行政处罚，责令停止发布违法广告，并处罚款 2.67 万元。

（资料来源：国家市场监督管理总局）

二、税收扶持加力！大学生"农创客"成为乡村振兴生力军

农业前景广阔，农村大有可为。近年来，不少大学生毕业后选择返乡创业，成为"农创客"。这批"乡土人才"为农村注入了"新鲜血液"，成为乡村振兴的生力军。各地税务部门积极落实相关税费优惠政策，加大对"农创客"的扶持力度，帮助他们实现青春梦想。

"90 后"大学生回乡创业闯出一番天地

2014 年年底，1990 年出生的陈俊璋于大连航运职业技术学院毕业后并没有留在大城市，而是选择回到了自己的家乡——天祝藏族自治县，开始了他的创业之路。他创立了甘肃金农商电子商务科技有限公司（以下简称"金农商"），成为了天祝县第一家电子商务专业运营服务公司。

经过 5 年多的发展，金农商利用京东、淘宝等网络平台，把天祝县人参果、红提葡萄、白牦牛肉、黑土豆等 140 多种土特产卖到了全国各地，大大拓宽了各类产品的销售渠道，累计交易总额达到 6000 多万元。

提起自己的创业之路，陈俊璋说道："我们公司有今天的成功，真的要感谢天祝县委县政府和税务局的支持和关怀。县政府帮助我们贷款 50 万元，解决了公司的第一笔资金投入；税务局第一时间为我们辅导国家出台的各项税费优惠政策，公司成立至今累计减税将近 4 万元，这些资金帮助我们扩大了经营规模。"

几张亲戚朋友淘汰的桌椅板凳，两台从二手市场"淘"来的老式计算机，一套租赁的破旧楼房，其中不足 20 平方米的客厅算是办公室，3 间卧室既是休息室也是仓库……最初的创业之路总是举步维艰。

农业生产资料免征增值税优惠、小型微利企业减免企业所得税优惠……成立之初，国家税务总局天祝藏族自治县税务局为金农商送去了税费优惠政策。"在天祝税务工作人员的耐心辅导下，我们现在报税全程网上报，发票在自助办税终端上就可以领取，非常方便。"金农商办税人宋楠如是说。

2020年疫情突如其来，很多企业受到影响，在复工复产之际，通过电商平台拓宽销售渠道成为了很多企业的选择。疫情期间，金农商帮助本土企业将藜麦、野生食用菌、野葱花等农产品销往北京、上海、山西、青海等地，交易额达900多万元。

农产品销路越来越好，可身边的亲朋好友还是不能方便地吃到新鲜蔬菜，陈俊璋集思广益，与自己的"90后"小团队开发推出了微信"天祝原生菜篮子"小程序，通过"线上下单，线下配送"的方式，及时将米、面、油、蔬菜、水果等群众生活必需品送至各小区，有效保障了居民菜篮子，方便了群众生活。

天祝县税务局在得知这一消息后，首先在局内通过微信群大力推广"天祝原生菜篮子"，随后又在"天祝税务直播间"帮助金农商宣传这个小程序。"所有新鲜果蔬都进行了包装和消毒，菜品价格比市场售价还要低，请大家放心在小程序上购买！"天祝县税务干部明金艳一边做着税费优惠政策辅导，一边帮助金农商"带货"。自2020年2月2日上线运营至今，该平台累计配送单数共计1.2万单，配送蔬菜近11.24万斤。

在金农商被甘肃省商务厅评选为甘肃省电商扶贫优秀企业后，陈俊璋并没有止步不前、安于现状，他选择了继续创新，延伸天祝特色产业链。接下来，陈俊璋将持续开发天祝"藜麦永生花"系列高端文创产品，不断创新文创产品销售模式，勇往直前，乘风破浪。

返乡创业大学生成脱贫致富带头人

"农业前景广阔，农村大有可为。这些年来，在农业产业优惠政策的扶持下，我们枇杷合作社的规模越来越大，现在周边11个村委会1300多户农户加入了合作社，枇杷种植面积达到了10 000亩，实现产值达80万元。"被农户称为"枇杷哥"的楚雄市某枇杷合作社法定代表人王兴平介绍道。

云南省楚雄市东华镇地处滇中坝区地带，土地肥沃、水源充沛、光热资源丰富，素有"鱼米之乡、文化粮仓"的美誉，枇杷种植具有得天独厚的自然条件。随着乡村振兴战略实施，国家出台了一系列减税降费等优惠政策，该镇涌现出了一批以"90后"返乡创业大学生王兴平为代表的脱贫致富带头人。

走进东华镇本东村枇杷种植基地，王兴平正在熟练地对枇杷树进行拉枝矮化，让人很难联想到这曾是一名省级优秀毕业生。2016年，这位从小在农村长大的农家子弟，积极响应国家"大众创业、万众创新"的号召，放弃了留在大城市高薪就业的机会，决定回乡创业，投身枇杷种植，带领乡亲脱贫致富。四年来，合作社乘着精准脱贫和乡村振兴的东风，抓住产业发展机遇，以"公司 合作社 协会 农户 电商 品牌"的特色发展模式，不仅让荒坡披上了绿装，也实现了王兴平的创业梦想，带领农户蹚出了一条发展生态农业、观光旅游产业的新路子。

经过多年精细管理，该合作社的枇杷品相良好，果实营养价值高，颇受市场欢迎，除去成本费用，每亩的纯收入在10 000元左右。通过带动农户统一种植、统一管理和统一销售，由合作社与社员签订收购合同，实行订单式收购，使合作社和农户利益紧紧连在一起，让越来越多的农户尝到了甜头，枇杷树成为了当地老百姓的摇钱树。如今，该枇杷被入选为中国绿色环保产品，合作社被评为楚雄州优秀创业创新项目和先进合作社。

本东村委会是国家税务总局楚雄彝族自治州税务局的挂包帮扶村。在合作社发展过程中，税务部门积极发挥职能作用，认真落实税费优惠政策，为合作社的健康发展提供了助力。2016 年，王兴平返乡创业以来，楚雄彝族自治州税务局及时跟进服务，主动上门走访，宣传讲解"大众创业、万众创新"和扶持农业发展等税费优惠政策，为合作社解决了注册登记、税款申报、减免税费等涉税问题，同时协调争取财政、交通、水利行业部门的支持，有力改善合作社的道路等基础设施，并积极动员村民加入合作社，参与枇杷种植，助力枇杷产业走上规模化、产业化和市场化路子。

看着地里长势喜人的枇杷树，对枇杷产业发展，王兴平充满信心和希望。他表示："回顾创业历程，税收优惠政策给了我们很大帮助，在我们成立初期，面临着销售渠道不畅通、财务管理制度不健全等问题。驻村扶贫的税务干部了解后，对我们进行了'一对一'、面对面的政策辅导，帮助我们解决了很多难题。仅去年，合作社就享受到了 9200 多元的税收减免，减免达 30 多万元，实实在在地让我感受了国家对创业者、对新农人支持扶持的力度和温度，我们的小枇杷成了大产业，也成了农户们的'致富果''幸福果'！"

（资料来源：国家税务总局）

三、初创公司 CEO 的融资生存手册

生于创业，死于融资，融资是创业里第二难的事情。

YC 创始人、"硅谷创业教父"——保罗·格雷厄姆说过，创业里最难的是做出大众需要的产品，而排名第二的死因就是融资。融资是创业里第二难的事情。

导致这种困难的根本原因是融资市场天性残忍，投资人的总数少，是个不饱和市场，能找到的对你的公司和项目感兴趣的人就更加稀少；另外，资本在经历了一整个寒冬后已趋于理性，因此融资市场的竞争越发激烈。

即使是人工智能和共享经济这样的"大风口"，高热度的同时也伴随着高争议，风口刚起，泡沫之说就如影随形。在这种环境下，投资人基于创业方向、商业模式、商业计划、创始团队等方面，对创业者的考察将会更加严苛。

经纬中国创始合伙人也表示，经纬中国会在接下来的投资上更加审慎，舍弃经营业绩不佳的公司，并集中资金用于潜力股和长期良性发展的公司。

在恶劣的环境下，创业者如何获得投资、吸引投资来度过这个寒冬呢？

既要做出一款好产品，又要讲透一个好故事。

（1）一份好的商业计划书（BP）。

都说一份靠谱的 BP 是融资成功的一半，这个理论现在仍然适用。很多创业者花费了大量的时间准备 BP，但依然效率很低。

如何准备 BP，首先要了解清楚项目，这一点很关键。许多创始人在项目刚启动时，对于项目的方向非常模糊。投资人询问创始人未来三到五年公司的大概形态，许多创始人描述不清楚。未来的目标是什么，未来发展的业务布局，很多创始人都回答不上来。

其次要明确或规划好商业模式，即盈利方向。创始人在商业模式的思考上，要从动态

和静态两个方面去考虑。如 1.0 版本的项目是什么商业模式，能够盘活哪些资源；2.0 版本的商业模式叠加了哪些新的盈利方式，能引入、盘活什么新资源。

许多投资人都在强调早期项目团队的重要性，在没有一定数据体量支撑的情况下，投资人 50% 以上的参考权重都在团队。他们会判断团队的性格、基因、执行力情况，以及之前的资源和经验是否适合做这个项目。

最后，打磨好运营、财务数据和股权架构，在 BP 的描述以及路演过程中要扬长避短。

（2）找投资人就像找对象。

选择投资人或者投资机构这件事其实没有一个标准答案，就像找对象，合适的才是最好的。除估值外，怎样的投资机构是合适的，可以从以下几个要素来看。

① 机构品牌。机构品牌并不完全是和机构资产量画等号，但这个是资本市场关注度的一个重要标签，拿到好的投资人品牌背书，通常意味着进入一个被大量后期投资人关注的融资快车道。快车道上会可能有慢车手，但是如果车手本身差异不大，在哪个车道最终有可能影响最终成绩，机构品牌就是资本关注度的复利。当然，有好的品牌做背书只是第一步，创业最终还是要靠自己的业务和本事。

② 币种。选择人民币基金还是美元基金，这个因素是与现在市场环境相关的。现在的市场环境下，大家很难看清楚 3～5 年后的资本市场情况，在未来不确定的情况下，建议大家关注短期利益，保持币种选择灵活性。

③ 资源。资源这件事情很容易被放大，特别是很多战略投资会承诺创业者拿资源来换股份，创业者要理性看待资源的功效。在绝大部分情况下，先把钱拿到手上，这可能更重要。另外大部分资源，都很难有明确的合同保证，结果来看，能拿到战略资源的大部分也都是领域里最优秀的"玩家"。

（3）把握融资的节奏。

把控融资的节奏其实是考验创业者对自己和对市场的了解程度，我们把这个部分分成知己、知彼和知势三个方面。

① 知己。融资的起点是了解自己，搞清楚自己到底需要多少钱，即对未来业务发展想匹配的成本预算。如做学校教育信息化系统的公司，在他们未来的支出成本项里，人员就会是最重要的一环。所以未来成本的测算需要结合人力计划进行：清楚自己缺什么人，这个人需要多少成本，他会带来什么。除此之外的支出大头，可能还需要采购一些云服务、硬件和技术，还有办公室的租金等。

② 知彼。除了了解自己的业务，"知彼"也很重要。对于刚成立不久的初创企业，现阶段谈了解对手可能太早，但是如果在行业里已经到 B 轮以上，或者在一个垄断或者寡头的行业里面，一定要借助资本的力量，把自己的资本势能给拉起来，尽快去超越竞争对手。

③ 知势。知势意味着市场大环境，不要跟历史估值做太多的比较，每一个创业者都要清楚自己目前所在的市场环境。在熊市中，过去的估值可能给的很美，但你的存在是现在，所以不要太纠结于当下的得失。在牛市里，当在一个好的势头形成时，你可以比较和选择不同的机构；如果这个势头是往下的，就应该立刻接受这一轮融资，因为很可能你业务发展的增量比不上市场往下的速度。

（资料来源：36氪）

四、国内首个大学生众筹项目遇阻，拥有无数创业光环的比逗餐厅面临转让

"很对不起大家，没能把店撑下去，接下来一段时间努力争取让大家的投资都有回报。"2017 年的一天，比逗公司执行董事刘永杰在五山比逗股东群里公布了投票结果，几乎所有股东都选择了店面拍卖转让，预估整个流程将在 7 月底前完成，目前已经找到合适的转让方，正在洽谈中。

2014 年，广州比逗网络科技有限公司（以下简称"比逗"）含着"金钥匙"出生，由社会股东控股、学生参股，之后屡获国家、省级创业金奖，堪称大学生创业的典范。当时，多个符合年轻人品味的品牌已拓展到全国一线城市，在校园市场拥有巨大影响力。潮酷网咖品牌——比逗网咖（比逗 W）已在广州、佛山覆盖 8 家门店；复合型时尚餐饮品牌——比逗餐厅（比逗 F）已在广州、北京、天津、重庆、郑州等地建立数家门店；城市新年轻族群专属外卖品牌——比逗外卖（比逗 M）已在广州拥有一家旗舰店；致力于创意设计与传播的团队——比逗文化（比逗 C）运营着拥有 20 万用户的生活态度公众号——比逗 Share，已积累了多个成功案例，为中小企业体验升级、形象升级作有效的创意输出。

然而，2017 年 5 月 9 日，刘永杰致股东的信件中写道：餐厅店面经营近 3 年，折旧情况开始加重，而周边竞争压力在不断增大。尽管 2016 年整年盈利情况良好，但自 2016 年 9 月起，出现营业额同比下降、下降幅度逐月扩大趋势。至 2017 年 3 月，营业额同比下降幅度已达 30%，接近跌破盈亏平衡点。装修摊销 3 年期已到，如需继续经营，扭转亏损趋势，则需要花一笔钱翻新。

刘永杰同时指出，由于很多股东即将毕业，受前段时间同品牌门店事件风波影响，流转招募宣传难以展开。以目前情况来看，如果维持现状，店面不进行翻修整改，营业额持续下滑，将难以扭转跌破盈亏平衡点的趋势。刘永杰认为，需要在毕业季结束前确定方案并且组织执行，以免贻误最佳处理时机。

2014 年，大学生众筹模式一下子让比逗进入了大众视野，此后，越来越多的大学生参与并开始复制其创业模式。但好景不长，不少创立之初受关注度很高的餐饮众筹项目相继夭折，有关比逗餐厅勉力支撑和倒闭清算的消息曝光，对众筹模式的质疑与失望也越来越大，有人担心说，众筹会不会活生生地变成"众愁"？

因为"穷"开起了餐厅

"你们当初怎么想到众筹开餐厅的呢？"

"因为穷啊！"陆珍妮脱口而出，2015 年年末加入比逗网络科技有限公司，2017 年她已经是比逗品牌部的负责人了，而原负责人王海早已离开比逗。

作为国内大学生首个众筹项目，比逗在创业之初就吸引了众多人的眼球。五山比逗餐厅当时的总投资约为 100 万元，学生团队 7 个人加起来也只有几万元。怎么才能筹到钱呢？刘永杰和他的创业团队想了一个大胆的点子：众筹。

他们的众筹计划是：众筹股东每股 1000 元，每位最少需出资 1000 元，最多 5000 元，享有 1~5 股的分红权。经过一个多月的招募，有 170 多位众筹股东加入，并募集到 70 多万元的启动资金。筹得了资金后，下一步就是选址。经过一段时间的考察，他们在广州五山地铁站附近租了一间临街的铺位。170 多位众筹股东都竭力宣传这间咖啡馆，不仅自己

来消费，还拉朋友来消费，开业两个月，咖啡馆的生意越来越好。

据不完全统计，成立之后，比逗先后获得广东省省级创业大赛冠军、吴晓波全国公益创业大赛十强、南方人才杯第四届"赢在广州"大学生创业大赛第一名、2015广东青年创新创业大赛支持单位、挂牌青年大学生创业板、共青团中央2015年"盐商杯"第二届"创青春"中国青年创新创业大赛初创组金奖等荣誉。

2017年3月，重庆首家比逗餐厅开业，采用了全新升级的众筹模式，陆珍妮解释："我们叫比逗2.0，而五山、大学城比逗是最原始的版本，叫1.0。"

学生股东数量多、权利小

五山店刚建立时，学生团队持股占20%～30%。众筹之后，有100多名学生股东加入，学生股东共持有40%股份，其余是社会资本。当时，股份1000元一股，学生最多只能投5股，且学生股东数量控制在200人以下。

由于股东数量庞大，不少众筹项目"看上去很美"，但实际运营却举步维艰，甚至最后散伙。为了避免这种情况发生，比逗一开始就建立了自己的董事会，由核心运营团队、校园股东、社会股东中的7人构成，虽然每个众筹股东都拥有建议权，但最终的决策权在专业的核心运营团队手中。

学生众筹创业面临的另一个问题是"毕业"带来的股东流动。毕业以后，离开了广州的股东很难给比逗带来地域性的资源。为此，比逗设置了学生股东毕业的股权流转计划。

对于第一批学生股东，两年之后按贡献度排名，挑选一部分成为永久股东，其余的学生股东毕业时，需将股份流转给高校在校生。

按照股东签订的"出资协议"，股东享有财务知情权和监督权，管理者会定期召开财务答疑会，提供餐厅营业额表、流水表以及每月报表供出资人查看和监督。2016年9月，比逗公司还开发出一个信息公布平台"比逗星球"，时刻更新店铺营业数据，但是不少股东在"股东群"里仍表示不能及时查看最新营业状况。

此外，普通股东中又会产生学生团队人选，一般5～8人。在陆珍妮看来，有的股东认为没能参与比逗事务，是因为没有参与学生团队工作。"由店长和专业全职团队指导后，学生团队获得的经验更多，更清楚店铺情况，并能了解项目运营，比逗线上线下的诸多活动都是他们在策划与执行。"

但管理各店铺的学生团队，对于总公司而言，却只是"小透明"，不能参与总公司的运营，也不太了解相关情况。

陆珍妮无奈地说："很难让学生团队与总公司直接接触，但是我们总公司里也有从学生团队升上来的学生。"

兴也众筹，败也众筹

陈宇（化名）是五山店的学生股东之一，知道五山比逗股份流转后，他一口气投了5股，迄今，他已经参与了一次分红，拿到了1000元。陆珍妮表示，五山店作为第一家比逗餐厅，运营情况一直都较为顺利，保持盈利状态，看到股东分红很开心，自己也很开心。

然而，并不是所有的比逗餐厅都像五山、大学城那样每年有较高的分红。

2016年年底至今，有关比逗餐厅部分门店勉强支撑甚至倒闭的报道陆续曝光，令不少学生股东担忧，而这在陆珍妮眼里是很正常的。"餐饮经营受很多因素限制，包括团队实力、经营情况、时间、选址、成本控制、营销情况等。最近两年，餐饮行业竞争激烈，广州一些老字号饭店都倒闭了，如大同饭店，整个大环境持续恶劣。"

这些新闻传出来后，陆珍妮坦言，相关比逗店很有压力，一些运营不错的店也受到股东质疑。对此如何应对？她表示要兼顾经营主体的想法，如有的人想继续做，有的人不想做下去，最终应由股东决策。"如果学生团队还愿意继续做下去，我们也会支持他们的。"

"比逗餐厅和总公司不是男女朋友的关系，而是孩子和父母的关系，不能因为孩子考了一次 60 分，（就认为）以后不能考 90 分了！"陆珍妮说。

值得注意的是，比逗餐饮分为直营店与加盟店，就目前来说，只有五山、大学城比逗是直营的，而逸仙比逗店、暨华比逗店则是加盟店。由于"比逗模式"公开后，有许多人响应，许多学生想用比逗的模式完成自己的创业梦想，因此对经过比逗公司筛选认可的学生团队，将免费提供品牌授权、基础运营。

"每个比逗分店都注册成公司进行众筹、独立运营并自负盈亏，因此，学生团队作为众筹发起人，也要有一定的风险意识。"陆珍妮提醒说。

多次换血与转型，还是原来的比逗吗

"成长，并帮助他人成长"是比逗的核心理念，比逗模式让一群"90 后"大学生的"创业梦"走进了现实，然而创业到后期，发展与理念摩擦，问题开始出现。

3 年间，比逗已经发生多次转型与核心领导团队换血。2015 年年中，比逗的团队从原来的 20 余人发展到 200 人，公司组织架构也进行了一定的调整。不再是初期较为松散的组织架构，而是全公司化运营，设立了市场部、品牌公关部、财务人事、产品部等诸多部门。

最大的调整是公司 CEO 的调整。前任 CEO 刘永杰创建了公司，但由于公司业务经营方向发生了变化，公司内部进行了调整。刘永杰开始负责公司新媒体运营，负责人事的杨弘浩成为新的 CEO，统筹协调公司事务。理顺了组织架构，公司进入快速成长期，仅半年时间，比逗就增加了 3 家高校分店。

2015 年 8 月众筹与社群分享平台比逗 Share 上线后，比逗不再是一家纯粹的西餐厅，而是一个"以众筹模式建立的青年共享社区"，把众筹的目标消费者通过社群分享平台"圈"了起来。

从 2016 年 6 月开始，公司开始转型。"原来的餐厅还是主要品牌，由于比逗要把'互联网+'的概念做出来，确定把比逗西餐厅与比逗两个品牌区分开来，主要是为了比逗走得更远，做出更多比逗+的概念来。"陆珍妮说。一个月后，CEO 杨弘浩由于内部矛盾原因辞职，这无疑给比逗带来了冲击。

以一个多月一家网咖的速度开张，从 2016 年年中开始，比逗至今已在广州开了 7 家网咖，第 8 家燕塘店比逗网咖也即将开业。"网咖产品取代老本行——餐饮产品成为公司主打。"与比逗餐饮经营模式不同，比逗网咖经营主体不再是学生团队，而是全职专业团队，比逗公司进行品牌授权，管理运作，采取合伙人机制。

由于部分实体餐饮出现经营问题，2017 年年初比逗又一次进行了战略调整，整个团队削减到 10 个人，仅分为业务部和品牌部。对于餐饮方面，公司对非直营、不盈利的比逗店进行处理，走清算流程。与飞速扩张的网咖相比，比逗餐厅却在一家家关闭。陆珍妮透露，仍在正常营业的比逗餐厅只剩下广州的五山店、大学城店、天津大学城附近的"拾光比逗"

以及重庆大学的比逗众筹餐厅。

陆珍妮坦言，一直以来比逗公司都在为比逗餐饮店输血，总体是处于亏损状态的。"刚创业时热情澎湃，但是几年后冷静下来，还是要回归到商业本质。创业也好，商业也好，本质肯定是逐利的。年初的调整，我们也很痛苦，面对了各种压力与质疑。"从以上情况来看，比逗餐厅很有可能将被缩小甚至逐步取消。"以后的事情谁也说不准，就像去年我们也不知道现在会做网咖一样。"

"当然，我们还是希望在保留众筹基因、精神的同时，努力做好经营。"陆珍妮说。

（资料来源：中国青年报·中青在线）

【实务演练】

1. 据《广州日报》报道，有一款号称"防寂寞"的玩具热卖，名叫"回弹软轴乒乓球"，可以让孩子自己玩耍甚至健身。但是，已有多名儿童被这款玩具伤害，有的孩子被弄伤眼睛。请根据我国有关法律规定，分析一下该玩具的生产商、销售商分别应该承担怎样的责任，玩具生产商、销售商应该注意什么问题。

2. 请根据我国法律相关规定，分析一下《自相矛盾》中卖矛和盾的人，他的市场营销行为存在什么问题，可能会承担怎样的法律责任。请你帮他设计一下广告语，既能起到好的宣传效果，又能避免违法风险。

3. 阅读超级链接《税收扶持加力！大学生"农创客"成为乡村振兴生力军》，并试着登录国家税务总局网站查询有关税收优惠政策，然后讨论一下，大学生创业可以享受哪些税收优惠扶持政策，大学生创业企业应当如何依法纳税。

4. 什么是 HSE？请结合自己拟创业企业的实际情况，谈谈你的拟创业企业如何实施 HSE 管理。

5. 看了超级链接《国内首个大学生众筹项目遇阻，拥有无数创业光环的比逗餐厅面临转让》这篇报道，请分析一下大学生众筹创业是属于债权融资，还是股权融资，这种融资模式，可能会遇到哪些问题。

【案例评析】

北京奇虎科技有限公司等与腾讯科技（深圳）有限公司等不正当竞争纠纷案

2011 年 6 月 10 日，腾讯科技（深圳）有限公司、深圳市腾讯计算机系统有限公司（以下统一简称腾讯）向广东省高级人民法院起诉称：原告是提供互联网综合服务的互联网公司，腾讯 QQ 即时通信软件和腾讯 QQ 即时通信系统是原告的核心产品和服务。2010 年 10 月 29 日，原告发现两被告——北京奇虎科技有限公司、奇智软件（北京）有限公司（以下统一简称奇虎），通过其运营的 www.360.cn 网站向用户提供"360 扣扣保镖"（以下简称扣扣保镖）软件下载，并通过各种途径进行推广宣传。该软件直接针对腾讯 QQ 软件，自称具有"给 QQ 体检""帮 QQ 加速""清 QQ 垃圾""去 QQ 广告""杀 QQ 木马""保 QQ 安全""隐私保护"等功能模块，实质上是打着保护用户利益的旗号，污蔑、破坏和篡改腾讯 QQ 软件的功能；同时通过虚假宣传，鼓励和诱导用户删除腾讯 QQ 软件中的增值业务插件、屏蔽原告的客户广告，并将其产品和服务嵌入原告的 QQ 软件界面，借机宣传和推广自己的产品。被告的上述行为不仅破坏了原告合法的经营模式，导致原告产品和服务的完整性和安全性遭到严重破坏，原告的商业信誉和商品声誉亦遭到严重损害。被告的上述行为违反了公认的商业道德，构成不正当竞争，减少了原告的增值业务交易机会和广告收入，给原告造成了无法估量的损失，亦导致用户不能再享受优质、安全、有效的即时通信服务，最终损害用户的利益。两被告共同实施了涉案不正当竞争行为，应承担连带责任。故请求法院判令两被告立即停止涉案不正当竞争行为，赔礼道歉，消除影响，并连带赔偿原告经济损失 1.25 亿元。

广东省高级人民法院认为，被告奇虎以保护用户利益为名，推出扣扣保镖软件，诋毁原告 QQ 软件的性能，鼓励和诱导用户删除 QQ 软件中的增值业务插件、屏蔽原告的客户广告，其主要目的是将自己的产品和服务嵌入原告的 QQ 软件界面，依附 QQ 庞大的用户资源推销自己的产品，拓展 360 软件及服务的用户。被告在给原告造成了严重经济损失的同时推销自己的产品，增加自己的交易机会，违反了诚实信用和公平竞争原则，构成不正当竞争。遂判决：① 奇虎赔偿腾讯经济损失及合理维权费用共计 500 万元。② 奇虎连续 15 天在其网站（www.360.cn、www.360.com）首页显著位置，在新浪网（www.sina.com）、搜狐网（www.sohu.com）和网易网（www.163.com）网站首页显著位置，连续 7 天在《法制日报》和《中国知识产权报》第一版显著位置，就其不正当竞争行为向腾讯赔礼道歉，消除影响。

奇虎不服一审判决，向最高人民法院上诉。最高人民法院于 2014 年 2 月 18 日做出终审判决，维持了广东省高级人民法院的一审判决。最高人民法院的终审判决认为，正当的市场竞争是竞争者通过必要的付出而进行的诚实竞争。不付出劳动或者不正当地利用他人已经取得的市场成果，为自己谋取商业机会，从而获取竞争优势的行为，属于食言而肥的不正当竞争行为。本案中，根据现已查明的事实，奇虎公司在经营扣扣保镖时，将自己的产品和服务嵌入 QQ 软件界面，取代了被上诉人 QQ 软件的部分功能，其根本目的在于依附 QQ 软件强大的用户群，通过对 QQ 软件及其服务进行贬损的手段来推销、推广 360 安全卫士，从而增加上诉人的市场交易机会并获取市场竞争优势，此行为本质上属于不正当地利用他人市场成果，为自己谋取商业机会从而获取竞争优势的行为。同时，最高人民法院指出，互联网行业鼓励自由竞争和创新，但这并不等于互联网领域是一个可以为所欲为的法外空间。竞争自由和创新自由必须以不侵犯他人合法权益为边界，互联网的健康发展需要有序的市场环境和明确的市场竞争规则作为保障。是否属于互联网精神鼓励的自由竞争和创新，仍然需要以是否有利于建立平等公平的竞争秩序、是否符合消费者的一般利益和社会公共利益为标准来进行判断，而不是仅有某些技术上的进步即应认为属于自由竞争和创新。否则，任何人均可以技术进步为借口，对他人的技术产品或者服务进行任意干涉，就将导致借技术进步、创新之名，而行"丛林法则"之实。本案中，上诉人以技术创新为名，专门开发扣扣保镖对被上诉人 QQ 软件进行深度干预，难以认定其行为符合互联网自由和创新之精神，故对此上诉理由不予支持。

（资料来源：最高人民法院）

　　评析： 彼时，腾讯 QQ 和奇虎 360 是国内较大的两个客户端软件，双方为了各自的利益，2010—2013 年上演了一系列互联网攻守战。2010 年 9 月，奇虎推出 360 "隐私保护器"，专盯 QQ 是否侵犯用户隐私，腾讯随后将 360 告上法庭，要求其停止侵权。同年 11 月，腾讯发表公开信，要求用户在 QQ 和 360 之间二选一，此举引致众多 QQ、360 用户不满。此事虽经工业和信息化部出面调停，但双方并未真正休战，而是把战场从网络搬到了法庭。本案以腾讯胜诉告终，然而这并不是 "3Q 大战" 的尾声，本案进行的同时，奇虎也起诉腾讯滥用市场支配地位（该案被称作 "互联网反垄断第一案"），再次将战火烧到最高人民法院。2014 年 10 月 8 日，最高人民法院做出该案终审判决，依然判定奇虎败诉。不过，在此前的 2014 年 4 月 18 日，奇虎总算在与腾讯的诉讼大战中扳回一城，北京市西城法院对奇虎诉腾讯名誉侵权案做出一审判决，判定腾讯公司败诉，并判罚其在腾讯网首页向奇虎公司公开道歉 7 天。

　　从本案终审判决来看，法院的态度非常鲜明，互联网不是法外空间，互联网的竞争也必须正当、合法。这也许正是腾讯与奇虎、王老吉与加多宝等重量级企业之间的诉讼大战给人们带来的启示。经过这些诉讼大战的磨炼和洗礼，我们的企业必将越来越懂得，依法经营、合法竞争才是企业发展之正轨，而这正是我国商业文明和法治文明进步的基石。

第六章

企业解散法律实务

本章要点提示

☑ 企业解散的原因和后果
☑ 如何进行企业解散前的清算
☑ 企业破产及其法定程序

对于一个雄心勃勃、满怀憧憬的创业者来说，你可能会考虑未来企业发展方方面面的问题，而对于本章的主题，你也许会说："解散？在我的字典里根本就没有这个词！"我们并不想打击你的信心，可是我们必须提醒你，企业的解散是一个每时每刻都在发生的事实，而且一个企业的解散未必都是坏事，有时解散一个危机重重的企业，不仅是一种长痛不如短痛的解脱，还恰恰是为了进一步的发展，例如因企业合并、分立而导致的解散。

第一节　企业解散的概念、原因、法律后果

关键词：企业解散、强制解散、任意解散

一、企业解散的概念和原因

企业解散是指企业依法停止一切业务经营活动，着手处理善后事务，经批准注销后，企业的法律主体资格消灭的法律行为。通俗地说，就是企业的"死亡"。

在现实经济活动中，由于各种原因，企业也会像我们人一样面临"死亡"的命运。有时由于企业违反了法律、行政法规的规定，在外部强制力量的干预下被迫解散，如法院判决解散等，我们称为"强制解散"；有时则是企业根据章程、协议的约定或自己的意愿决定解散，包括因强制解散以外的其他原因导致的解散，我们称为"任意解散"。

企业生命的终止并不是一个自然的生理过程，它必须按照法律的规定，在出现合法的解散事由的前提下依法进行。

【法条】
《公司法》
第一百八十条　公司因下列原因解散：

（一）公司章程规定的营业期限届满或者公司章程规定的其他解散事由出现；

（二）股东会或者股东大会决议解散；

（三）因公司合并或者分立需要解散；

（四）依法被吊销营业执照、责令关闭或者被撤销；

（五）人民法院依照本法第一百八十二条的规定予以解散。

第一百八十二条　公司经营管理发生严重困难，继续存续会使股东利益受到重大损失，通过其他途径不能解决的，持有公司全部股东表决权百分之十以上的股东，可以请求人民法院解散公司。

《合伙企业法》

第八十五条　合伙企业有下列情形之一的，应当解散：

（一）合伙期限届满，合伙人决定不再经营；

（二）合伙协议约定的解散事由出现；

（三）全体合伙人决定解散；

（四）合伙人已不具备法定人数满三十天；

（五）合伙协议约定的合伙目的已经实现或者无法实现；

（六）依法被吊销营业执照、责令关闭或者被撤销；

（七）法律、行政法规规定的其他原因。

《个人独资企业法》

第二十六条　个人独资企业有下列情形之一时，应当解散：

（一）投资人决定解散；

（二）投资人死亡或者被宣告死亡，无继承人或者继承人决定放弃继承；

（三）被依法吊销营业执照；

（四）法律、行政法规规定的其他情形。

企业解散是一个法律概念，它和我们平时所使用的企业"倒闭""关门""歇业""停业"等概念既有联系又有区别。

企业解散是企业生命的终止，从这点上看，"倒闭""关门"和解散的意思有一致的地方，但不同的是，从企业解散的原因看，可以是企业主动决定解散，也存在被动被迫解散的情况，而"倒闭"一般是被动的，"关门"可能是被动的，也可能是主动的。

"歇业""停业"有可能是永久性的，也有可能是暂时性的，而企业解散是企业永久性停止营业。

二、企业解散的法律后果

1. 停止一切业务经营活动，退出市场

企业一旦解散，即应停止一切积极的业务经营活动，除为实现清算目的由清算组织代表公司处理未了结业务外，不得开展新的业务经营活动。

2. 成立清算组织，进入清算程序

除因公司合并或分立导致的解散无须清算外，其他企业解散后均应依法成立清算组织，企业由正常经营的状态进入清算状态。清算中的企业仍可以自己的名义从事民事活动和诉讼活动，但是企业原来的代表机关及业务执行机关丧失职能、停止工作，由清算组织取而代之。如公司原先的法定代表人现在不再代表公司了。

3. 经批准注销登记后，企业主体资格消灭

企业解散后，无论是否需要经过清算程序，都必须依法向企业登记机关申请注销登记。注销登记申请经批准后，企业作为一个法律主体的资格就此消灭，一个企业便真正宣告"死亡"了。需要指出的是，作为无限责任企业，合伙企业和个人独资企业注销登记后，其投资人（合伙企业的普通合伙人、个人独资企业的投资人）对企业的债务仍需依法承担责任。

三、企业主动选择解散的措施

（1）股东或合伙人可以事先对企业解散的条件做出约定，一旦条件具备，即可解散企业。

公司股东可以在公司章程中对公司的经营期限预先做出规定，一旦营业期限届满，公司即可解散，同时，股东也可以在章程中规定其他解散事由。例如，有的公司章程规定了公司的经营期限（如10年），当公司经营期限届满后，公司就可以解散了。合伙企业的合伙人同样可以对合伙期限、合伙企业解散事由做出约定，当合伙期限届满，合伙人决定不再经营的，或者合伙企业解散事由出现，合伙企业即可解散。

（2）如果没有事先约定解散事由的，企业投资人还有权在企业存续过程中随时决定企业解散。

公司的股东会、股东大会有权通过决议决定是否解散公司；合伙企业的全体合伙人一致决定的，可以解散合伙企业；至于个人独资企业的解散问题，当然是它的投资人一个人说了算。

（3）当公司合并或者分立时，可根据实际情况来决定是否需要解散公司以及解散哪一家公司。

如甲公司以吸收的方式合并乙公司，相当于甲公司"吃掉"乙公司，则甲公司存续，乙公司必须解散。如甲、乙两公司决定以新设公司的方式进行合并，则甲、乙两公司均需解散，另外设立一个新公司（丙公司）。

公司分立时，如原公司将其全部财产分给新设公司，原公司不复存在的，则原公司应当解散；如原公司只将部分财产分给新设公司的，则无须解散。

四、避免企业的任意解散措施

如果公司章程规定的营业期限已经届满或者公司章程规定的其他解散事由出现，但又不想解散公司，该怎么办？

股东可以通过修改公司章程的相关规定来避免公司的解散，如对章程有关营业期限的

条款进行修改，延长公司的营业期限。

为使公司继续存续而修改章程的决议，有限责任公司须经持有 2/3 以上表决权的股东通过，股份有限公司须经出席股东大会会议的股东所持表决权的 2/3 以上通过。

【法条】

《公司法》

第一百八十一条　公司有本法第一百八十条第（一）项情形的，可以通过修改公司章程而存续。

依照前款规定修改公司章程，有限责任公司须经持有三分之二以上表决权的股东通过，股份有限公司须经出席股东大会会议的股东所持表决权的三分之二以上通过。

顺便说一句，同样的问题也会出现在合伙企业。虽然《合伙企业法》对此没有明确的规定，但是我们认为以上规定的精神应当同样适用于合伙企业。当合伙协议约定的解散事由出现、约定的合伙目的已经实现等情形下，如果合伙人并不愿意解散企业的，应当允许合伙人通过依法修改合伙协议的方式使企业存续，毕竟这些都属于合伙人意思自治的领域，法律没必要管得太死。

五、企业将被强制解散的情形

企业将被强制解散的情形有以下几种。

1. 行政性强制解散

公司、合伙企业依法被吊销营业执照、责令关闭或者被撤销，个人独资企业被吊销营业执照的，应当解散。这是企业严重违反市场监管、税收、劳动、环境保护等法律法规和规章时，由有关行政主管机关做出行政决定，从而导致企业被迫解散。如公司成立后无正当理由超过 6 个月未开业或开业后连续停业 6 个月以上的，将被公司登记机关吊销营业执照。

2. 法院判决解散

根据《公司法》规定，在出现公司僵局时，股东可以通过诉讼解散公司，即当公司经营管理发生严重困难，继续存续会使股东利益受到重大损失，通过其他途径不能解决的，持有公司全部股东表决权 10%以上的股东，可以请求人民法院解散公司。

3. 破产解散

企业不能清偿到期债务，被人民法院依法宣告破产，企业自人民法院做出破产宣告之日起即告解散。此外，企业还可能面临以下不得不解散的情况。

（1）合伙企业的合伙人已不具备法定人数满 30 天。

按照《合伙企业法》的规定，合伙企业必须有 2 个以上的合伙人。要避免这种情况的发生，很简单，30 天内再去找一个合伙人。

（2）合伙协议约定的合伙目的已经实现或者无法实现。

（3）个人独资企业的投资人死亡或者被宣告死亡，无继承人或者继承人决定放弃继承。

六、企业如被强制解散，企业负责人、高管需承担的责任

对企业破产或因违法被吊销营业执照、责令关闭等情形负有个人责任的企业负责人、高管，将面临日后担任企业高管的三年禁令。如果高管违反忠实义务、勤勉义务致使企业破产的，还需对企业承担赔偿损失等民事责任。

【法条】

《公司法》

第一百四十六条　有下列情形之一的，不得担任公司的董事、监事、高级管理人员：

……

（三）担任破产清算的公司、企业的董事或者厂长、经理，对该公司、企业的破产负有个人责任的，自该公司、企业破产清算完结之日起未逾三年；

（四）担任因违法被吊销营业执照、责令关闭的公司、企业的法定代表人，并负有个人责任的，自该公司、企业被吊销营业执照之日起未逾三年；

……

《企业破产法》

第一百二十五条　企业董事、监事或者高级管理人员违反忠实义务、勤勉义务，致使所在企业破产的，依法承担民事责任。

有前款规定情形的人员，自破产程序终结之日起三年内不得担任任何企业的董事、监事、高级管理人员。

七、避免企业的强制解散措施

根据上述介绍，我们发现要避免企业被强制解散的命运，必须从以下三个方面入手。

（1）依法经营，避免因违反法律法规而被行政处罚。

（2）加强管理，控制负债和经营风险，稳步发展，避免资不抵债而面临破产。

（3）依法治理，健全公司法人治理结构，协调好股东之间的关系，避免公司僵局。

第二节　清　算

关键词：清算、清算组的职权、清算程序、清算财产的分配

一、清算的含义

企业解散时，需对其债权债务进行清理，了结其存续期间的法律关系，这就是清算。

也就是说，在企业作为一个法律主体消灭之前，必须对其财产、债权债务进行清理，该讨债的讨债，该还钱的还钱，一切未了事务均做一了结，至此方能干干净净退出市场。

二、清算的负责人

清算是企业投资人的法定义务。因此，一般情况下，清算由企业投资人来进行，具体如下。

（1）有限责任公司的清算组由股东组成。

（2）股份有限公司的清算组由董事或者股东大会确定的人员组成。

（3）合伙企业的清算人由全体合伙人担任。

（4）个人独资企业则由投资人自行清算。

如果企业投资人怠于履行清算义务的，债权人及其他有关人员可以申请人民法院指定清算人员。

如果企业投资人不履行清算义务，导致债权人损失的，债权人还可以向法院提起诉讼，要求其对企业的债务承担连带清偿责任或者赔偿责任。创业者千万别做这种不负责任的投资人，即使企业经营失败也要依法清算，善始善终。

【案例】未经清算注销公司，二股东被判代公司还债

1994 年甲、乙二人共同投资设立 A 公司。1995 年 12 月 A 公司因生产经营需要向 B 公司借款 40 万元，双方约定利率为月息 10.08‰，还款日期为 1996 年 3 月 13 日。借款到期后，A 公司除支付一部分利息外，其余本息未付。1999 年 6 月因公司经济状况不佳，A 公司向工商部门提出注销登记申请，并于申请表中注明公司债权债务已经清理完毕，如有债务，由甲和乙承担。同年 11 月 10 日，工商部门核准注销了 A 公司。但自公司决定解散至工商部门核准注销期间，A 公司并未按照《公司法》的规定进行清算，工商部门亦未审查。其间 B 公司诉至法院，要求 A 公司还本付息。

本案诉讼过程中因 A 公司已经注销，法院将被告变更为甲、乙二人。甲、乙二人承认 A 公司欠款的事实，但是他们认为 A 公司已注销，他们作为公司股东不应对原公司债务承担清偿责任。另以账册丢失为由，拒不提供公司账务簿及资产状况。

本案历经一审、二审，终审法院认为 A 公司决定解散后应当进行清算而不进行清算，甲、乙二股东的行为损害了债权人 B 公司的利益，应当由甲、乙二股东在接收 A 公司资产的范围内承担返还责任或赔偿责任。鉴于甲、乙二股东拒不提供公司账册，无法判断其接收 A 公司资产的具体形态和数额，但从举证责任分析，有证据证明持有证据的一方当事人无正当理由拒不提供，如果对方当事人主张该证据的内容不利于证据持有人的，可以推定该主张成立，据此可以推定甲、乙二人接收的资产大于或等于债权，赔偿责任的份额可以确定为 40 万元本金及利息损失。因此判决甲、乙二人赔偿 B 公司 40 万元及其利息。

（资料来源：《人民法院案例选》总第 43 辑）

评析：甲、乙二人作为 A 公司的股东，在 A 公司解散时有义务进行清算，但他们未经清算就将 A 公司注销了，导致 B 公司无法向 A 公司主张权利。甲、乙二人的行为不但违反

了股东应尽的义务，而且侵害了债权人 B 公司的合法权益，理应承担法律责任。如果甲、乙二人可以逃避法律的制裁的话，那么无异于鼓励这种不负责任的行为，鼓励企业恶意逃债。

本案发生在 1999 年，当时类似纠纷的法律依据还不足，因此法院在判决时颇费了番论证推敲的工夫。如果发生在今天，那么就可以根据 2008 年 5 月最高人民法院出台的《关于适用〈中华人民共和国公司法〉若干问题的规定（二）》第二十条 "公司未经清算即办理注销登记，导致公司无法进行清算，债权人主张有限责任公司的股东、股份有限公司的董事和控股股东，以及公司的实际控制人对公司债务承担清偿责任的，人民法院应依法予以支持。"的规定，直接要求甲、乙二人偿还 B 公司借款。

三、清算组的职责

清算组一般有以下职责。

（1）清理企业财产。这是清算组的基本职责，也就是说，把企业的财产情况查清楚，并编好资产负债表和财产清单等相关材料。

（2）通知债权人前来申报债权。

（3）处理公司未了结的业务。

（4）清缴税款。

（5）清理债权、债务。

（6）处理企业清偿债务后的剩余财产。在清偿企业全部的债务之后，如仍有剩余财产的，依法向企业投资人分配剩余财产。

（7）代表企业参加诉讼或仲裁。

清算组织在清算过程中必须恪尽职守，依法履行职责，不得隐匿财产、转移财产，不得以权谋私、借机牟取非法利益，否则将面临法律的制裁。

四、清算的程序

清算组成立后，应当立即开始以下清算程序。

（1）通知债权人。清算组应当在成立之日起 10 日内通知债权人，并于 60 日内在报纸上公告，以催告债权人前来申报其债权。

（2）清理企业财产。清算组在通知债权人的同时，应当调查和清理公司的财产，如实编制公司资产负债表、财产清单和债权、债务目录。

（3）制订清算方案。财产清理完毕后，清算组应当制订清算方案，提出收取债权和清偿债务的具体安排。

（4）进行财产分配。根据清算方案，清算组把企业未了结的业务一一处理完毕，收取企业享有的债权后，可以进行财产分配，包括清偿企业的债务，分配剩余财产。

（5）办理企业注销登记。清算结束后，清算组织应当制作清算报告，经依法确认后报

企业登记机关，按照登记机关的要求办理注销登记。（详见第三章第四节）

五、清算后的企业财产分配

一般的分配顺序如下。

（1）支付清算费用。

（2）支付职工工资、社会保险费用、法定补偿金。

（3）缴纳税款。

（4）清偿企业债务。

（5）分配给企业投资人。

注意，企业投资人是排在最后的，如果在前面的分配过程中没有剩余财产的，企业投资人只能空手而归了。那么企业投资人是否可以在清算之前先把自己的投资收回或者分配企业的财产呢？答案是不可以。清算是分配财产的先决条件、前置程序，如果未经清算，企业投资人就开始把企业的财产往自己兜里搬，企业财产又怎么可能得到彻底清理？又如何保障企业职工、债权人等的合法权益？总之，这是绝对不允许的，是一种非常严重的违法行为。

六、清算过程中发现企业"资不抵债"的处理

如果清算过程发现企业所有财产不足以偿付其债务的，那就意味着企业破产了，这时应当向人民法院申请宣告破产，企业被依法宣告破产的，根据《企业破产法》的规定来进行破产清算。

第三节 破 产

关键词：破产、破产宣告、债务人财产、破产财产、重整、和解、管理人、债权人会议、债权人委员会

一、破产的含义

破产通常是指一个经济体无力偿还债务的事实状态。从法律的角度看，破产是债务人不能清偿到期债务时，由法院主持债务人财产的清理、分配，使债权人得到公平清偿的法律程序。

我国目前只有《企业破产法》（2007 年 6 月 1 日起施行），还没有个人破产法，但是个别地方已经出现了个人破产的立法和司法实践。2020 年 5 月 11 日，《中共中央国务院关于新时代加快完善社会主义市场经济体制的意见》明确要健全破产制度，改革完善企业破产法律制度，推动个人破产立法，建立健全金融机构市场化退出法规，实现市场主体有

序退出。

【小贴士】深圳经济特区个人破产条例（征求意见稿）

2020年6月2日，深圳市人大常委会发布了《深圳经济特区个人破产条例（征求意见稿）》，向全社会公开征求意见，地方个人破产立法悄然启动。不少人都迫不及待地想知道，什么情况下可以申请个人破产呢？《深圳经济特区个人破产条例（征求意见稿）》规定，债务人因生产经营、生活消费导致资产不足以清偿全部债务或者明显缺乏清偿能力的，可以申请破产；当债务人不能清偿到期债务时，单独或者共同对债务人持有五十万元以上到期债权的债权人，可以向人民法院申请对债务人进行破产清算。

需要注意的是，我国《企业破产法》所说的"企业"是指各类企业法人，包括有限责任公司、股份有限公司、三资企业、国有企业等，不包括不具备法人资格的合伙企业、个人独资企业。但是合伙企业的债权人也可以向法院申请破产清算，如果合伙企业破产清算的，参照《企业破产法》执行。

二、破产的申请

1. 申请的标准

企业不能清偿到期债务，并且资产不足以清偿全部债务或者明显缺乏清偿能力时，可以申请破产。

2. 申请人

申请人分为三种情况：债务人（破产企业）自己、债权人或者清算责任人。

清算责任人是指企业已经解散但未清算或者未清算完毕，已经发现资不抵债的，依法负有清算责任的人应当向法院申请破产清算。前面我们介绍过，负有清算责任的人一般就是企业的投资人，如有限责任公司的清算责任人是股东。

3. 管辖法院

破产案件由债务人住所地人民法院管辖。

4. 申请需提交的材料

向法院提出破产申请，应当提交破产申请书和有关证据。

破产申请书上要载明申请人、被申请人的基本情况、申请目的、申请的事实和理由等事项。债务人提出申请的，还应当向法院提交财产状况说明、债务清册、债权清册、有关财务会计报告、职工安置预案以及职工工资的支付和社会保险费用的缴纳情况。

5. 申请的受理

债务人自己申请破产或者清算责任人申请破产的，法院会在收到申请之日起15日内裁定是否受理。债权人提出破产申请的，法院会在 5 日内通知债务人。债务人可以在 7 日内提出不同意见，法院将最终做出是否受理的裁定。特殊情况下，法院裁定受理的期限可以延长 15 日。

【案例】ofo 公司破产了吗

2019 年 3 月 25 日，全国企业破产重整案件信息网显示，ofo 运营主体之一北京拜克洛克科技有限公司作为被申请人出现，申请人为聂某，办理法院为北京海淀区人民法院，案件类型为破产审查案件。对此，ofo 回应称破产新闻严重失实。

从以上信息来看，只是说明有人申请北京拜克洛克科技有限公司破产，是否受理，还有待于法院裁定。所以，仅凭该信息，还不能说 ofo 公司已经破产了。

另外，天津飞鸽车业发展有限公司向北京市第一中级人民法院提起了对 ofo 另一家公司——东峡大通（北京）管理咨询有限公司的破产申请。北京市第一中级人民法院于 2019 年 6 月 28 日裁定不予受理，理由是管辖问题。天津飞鸽车业发展有限公司不应向北京市第一中级人民法院提起申请，而应向东峡大通（北京）管理咨询有限公司主要办事机构所在地或其公司注册地人民法院主张权利。

因此，尽管 ofo 的两家公司诉讼缠身，至少到目前为止，还没有公开信息显示，ofo 公司破产案已经被法院受理。

（资料来源：中国青年报、企查查）

【小贴士】全国企业破产重整案件信息网

2016 年 8 月 1 日，由最高人民法院建立的"全国企业破产重整案件信息网"正式开通运行。债权人、债务人、出资人等企业破产重整案件相关主体可以通过该网依法行使破产法规定的相关权利，进行预约立案、申报债权、提交异议申请、参与债权人会议并进行表决等线上活动。

三、法院受理破产申请后，产生的法律后果

法院受理破产申请后，债务人（破产企业）就处于破产程序的约束之中，企业不得任意行为，企业事务要由法院指定的管理人来处理。

（1）债务人财产冻结、不得擅自处分。

债务人财产包括破产申请受理时属于债务人的全部财产，以及破产申请受理后至破产程序终结前债务人取得的财产。

破产申请受理后，债务人擅自处分财产的行为是无效的，包括以下几种行为。

① 对个别债权人的债务清偿。

例如公司现有资产 20 万元，欠 A、B、C、D 四个债权人各 10 万元债务，鉴于 A 平时和我关系好，先把 A 的 10 万元还掉。这种做法是不允许的，对 B、C、D 不公平，违反了破产法公平清偿的原则。

② 为逃避债务而隐匿、转移财产。

③ 虚构债务或者承认不真实的债务。

另外，债务人的债务人或者财产持有人这时要向管理人清偿债务或者交付财产，而不能直接向债务人清偿或交付财产。

（2）出资不到位的出资人必须补足出资。

（3）未了业务由管理人决定是否继续履行。法院受理破产申请后，管理人对破产申请受理前成立而债务人和对方当事人均未履行完毕的合同有权决定解除或者继续履行。

（4）债务人涉诉程序的特别规定：法院受理破产申请后，有关债务人财产的保全措施应当解除，执行程序应当中止；已经开始而尚未终结的有关债务人的民事诉讼或者仲裁应当中止，直至管理人接管债务人的财产；有关债务人的民事诉讼，只能向受理破产申请的人民法院提起。

四、破产企业事务的管理人和监督人

法院受理破产申请后，企业原有的决策管理层停止工作，由管理人接手，同时债权人组成债权人会议、债权人委员会监督管理人的工作。

1. 管理人

法院裁定受理破产申请的同时，将为债务人指定管理人。管理人由有关部门、机构的人员组成的清算组或者依法设立的律师事务所、会计师事务所、破产清算事务所等社会中介机构担任。

【法条】

《企业破产法》

第二十五条 管理人履行下列职责：

（一）接管债务人的财产、印章和账簿、文书等资料；

（二）调查债务人财产状况，制作财产状况报告；

（三）决定债务人的内部管理事务；

（四）决定债务人的日常开支和其他必要开支；

（五）在第一次债权人会议召开之前，决定继续或者停止债务人的营业；

（六）管理和处分债务人的财产；

（七）代表债务人参加诉讼、仲裁或者其他法律程序；

（八）提议召开债权人会议；

（九）人民法院认为管理人应当履行的其他职责。

2. 债权人会议

债权人会议由依法申报债权的债权人组成。

【法条】

《企业破产法》

第六十一条　债权人会议行使下列职权：

（一）核查债权；

（二）申请人民法院更换管理人，审查管理人的费用和报酬；

（三）监督管理人；

（四）选任和更换债权人委员会成员；

（五）决定继续或者停止债务人的营业；

（六）通过重整计划；

（七）通过和解协议；

（八）通过债务人财产的管理方案；

（九）通过破产财产的变价方案；

（十）通过破产财产的分配方案；

（十一）人民法院认为应当由债权人会议行使的其他职权。

3. 债权人委员会

债权人会议可以决定设立债权人委员会。债权人委员会由债权人会议选任的债权人代表和1名债务人的职工代表或者工会代表组成。债权人委员会成员最多不得超过9人。

【法条】

《企业破产法》

第六十八条　债权人委员会行使下列职权：

（一）监督债务人财产的管理和处分；

（二）监督破产财产分配；

（三）提议召开债权人会议；

（四）债权人会议委托的其他职权。

五、企业申请破产后高管的义务

法院受理破产申请后，企业高管不但不能立即另谋高就，还不能随便离开住所地，并且要承担相应的法定义务。

【法条】

《企业破产法》

第十五条　自人民法院受理破产申请的裁定送达债务人之日起至破产程序终结之日，债务人的有关人员承担下列义务：

（一）妥善保管其占有和管理的财产、印章和账簿、文书等资料；

（二）根据人民法院、管理人的要求进行工作，并如实回答询问；

（三）列席债权人会议并如实回答债权人的询问；

（四）未经人民法院许可，不得离开住所地；

（五）不得新任其他企业的董事、监事、高级管理人员。

前款所称有关人员，是指企业的法定代表人；经人民法院决定，可以包括企业的财务管理人员和其他经营管理人员。

如果违反上述义务的，相关人员将受到法律的制裁，例如：

（1）无正当理由拒不列席债权人会议的，法院可以拘传、罚款。

（2）拒不如实回答法院、管理人、债权人询问的，法院可以罚款。

（3）拒不向法院提交或者提交不真实的财产状况等资料的，法院可以罚款。

（4）拒不移交财产、印章和账簿、文书等资料的，或者伪造、销毁有关财产证据材料的，法院可以罚款。

（5）擅自离开住所地的，法院可以训诫、拘留、罚款。

（6）有隐匿财产、转移财产、虚构债务等恶意逃债行为的，要承担赔偿责任。

六、宣告破产的含义及法律后果

1. 破产宣告

破产申请受理后，债务人确实无法清偿债务或提供足额担保，或者无法重整或与债权人达成和解的，法院将依法宣告债务人破产。债务人被宣告破产后，债务人成为"破产人"，债务人财产称为"破产财产"，法院受理破产申请时对债务人享有的债权称为"破产债权"。

2. 破产财产的变价和分配

宣告破产后，管理人将拟订破产财产变价方案，提交债权人会议讨论，然后按照通过的方案适时变价出售破产财产，最后进行分配。

破产财产的分配规则是先用于清偿破产费用和共益债务，然后依照下列顺序清偿。

（1）破产人所欠职工的工资和医疗、伤残补助、抚恤费用，所欠的应当划入职工个人账户的基本养老保险、基本医疗保险费用，以及法律、行政法规规定应当支付给职工的补偿金。

（2）破产人欠缴的除前项规定以外的社会保险费用和破产人所欠税款。

（3）普通破产债权。

破产财产不足以清偿同一顺序的清偿要求的，按照比例分配。

【法条】

《企业破产法》

第四十一条 人民法院受理破产申请后发生的下列费用，为破产费用：

（一）破产案件的诉讼费用；

（二）管理、变价和分配债务人财产的费用；

（三）管理人执行职务的费用、报酬和聘用工作人员的费用。

第四十二条　人民法院受理破产申请后发生的下列债务，为共益债务：

（一）因管理人或者债务人请求对方当事人履行双方均未履行完毕的合同所产生的债务；

（二）债务人财产受无因管理所产生的债务；

（三）因债务人不当得利所产生的债务；

（四）为债务人继续营业而应支付的劳动报酬和社会保险费用以及由此产生的其他债务；

（五）管理人或者相关人员执行职务致人损害所产生的债务；

（六）债务人财产致人损害所产生的债务。

3. 破产程序的终结

破产人无财产可供分配或者在最后分配完结后，经管理人提出申请，法院将依法裁定终结破产程序。之后，由管理人持法院终结破产程序的裁定，向破产人的原登记机关办理注销登记。

破产程序终结后2年内，如果发现破产人还有应当追回或可供分配的其他财产的，可以追加分配。

七、企业避免被宣告破产的措施

企业一旦被申请破产，并不意味着只能走向"死亡"，还可以通过重整或者和解寻求债权人的谅解，从而使企业获得重生的机会。

1. 重整

根据《企业破产法》的规定，在下列情况下可以申请重整：债务人自己或者债权人一开始就可以直接申请重整，而非破产；债权人申请对债务人进行破产清算的，在人民法院受理破产申请后、宣告债务人破产前，债务人或者出资额占债务人注册资本1/10以上的出资人，可以向法院申请重整。

重整的关键是制订可操作的计划，债务人或者管理人应当自法院裁定债务人重整之日起6个月内，同时向法院和债权人会议提交重整计划草案。重整计划草案必须依法如期制订，一旦债务人或者管理人未按期提出重整计划草案的，法院将裁定终止重整程序，并宣告债务人破产。

重整的机会来之不易，债务人必须倍加珍惜，避免出现以下导致法院裁定终止重整程序，并宣告债务人破产的情形。

（1）在重整期间，债务人的经营状况和财产状况继续恶化，缺乏挽救的可能性；债务人有欺诈、恶意减少债务人财产或者其他显著不利于债权人的行为；由于债务人的行为致使管理人无法执行职务。

（2）重整计划草案未获得债权人会议通过且未获得法院批准，或者已通过的重整计划未获得法院批准的。

（3）债务人不能执行或者不执行重整计划的。

【案例】浙江金盾控股集团有限公司等金盾系八公司合并破产重整案

以浙江金盾控股集团有限公司为中心的金盾系企业主要生产制造消防器材、天然气压缩无缝气瓶及高压管道等，是国内先进能源装备系统供应商，也是上虞地区优势产能企业。因前期盲目扩张，后期财务成本、设备折旧、市场形势等多种因素叠加导致企业陷入经营危机。2018 年 1 月底，实际控制人坠楼身亡，企业危机爆发。2018 年 3 月，债权人、债务人分别对金盾系八公司提出破产申请。上虞法院经审查后于 2018 年 4 月起陆续裁定受理金盾系六公司重整。

因金盾系六公司关联程度高，法院采用竞争方式指定同一破产管理人，并指导管理人依法开展工作。为维持重整企业经营价值，确定"破产不停产"的重整思路，围绕资金、职工、供应商等重要生产要素逐一施策，快速恢复企业生产经营，整个重整期间生产不停、管理不乱、员工不散。金盾案共接受全国近 580 户债权申报，申报债权总额达 84 亿余元。2018 年 7 月，金盾六公司召开第一次债权人会议，法院引入互联网，以信息化手段为债权人提供网络债权申报、直播参加债权人会议、在线表决等。2018 年 8 月，法院再裁两家金盾公司破产重整，并经法定听证后，裁定金盾系八公司实质合并重整。

经对八公司主营优势业务和非核心产能、核心资产和非核心资产的甄别后，确定对八公司中四家优势实体企业重整招募，对其余劣势产能和非核心资产快速出清。基于四家实体企业业务独立，资产体量大，根据企业重整需求及市场行情，确定对四家实体企业单体招募投资人的重整思路，于 2019 年 5 月成功引入世界 500 强、中国 500 强企业等四家投资人。针对担保链问题，通过司法重整程序和庭外和解程序创新结合，由担保的上市公司大股东自筹资金参与重整，再与债权人债转股和解。2019 年 6 月初，金盾系八公司重整计划草案提交债权人会议表决，有财产担保债权组、职工债权组、税收债权组、普通债权组以及出资人组共五个表决组全部通过重整计划草案，6 月底，上虞法院裁定批准金盾系八公司重整计划并终止重整程序。

（资料来源：浙江省高级人民法院发布的《2019 年浙江法院破产审判十大典型案例》）

评析：破产重整制度对债务人而言，在债务人经营发生困难和最终清盘之间设置了缓冲地带，给债务人一个起死回生的机会；对债权人而言，若债务人重整成功，就有机会挽回损失；对社会而言，因债务人重整的间接目的也是为保护债权人以及社会部分公众的整体利益，其中包括了职工利益，故债务人的重整成功也有利于社会经济的安定与发展。金盾案涉及债权数额巨大、严重资不抵债、牵涉面之广，如果破产清算，债权人会面临严重损失，当地社会经济发展也会受到较大影响。重整给各方都带来了希望。

2. 和解

债务人可以直接向法院申请和解，也可以在法院受理破产申请后、宣告债务人破产前申请和解。另外，债务人与全体债权人还可以就债权债务的处理自行达成协议的，请求法院裁定认可，并终结破产程序。

债务人申请和解，应当提出和解协议草案。和解协议草案由债权人会议通过并经法院裁定认可后，即可执行。

但是如果和解协议草案经债权人会议表决未获得通过，或者已经债权人会议通过的和解协议未获得法院认可，还有，债务人不能执行或者不执行和解协议的，法院将裁定终止和解程序，并宣告债务人破产。所以拟订和解协议草案一定要慎重，而一旦通过了之后一定要严格执行，否则还是避免不了破产的结局。

【超级链接】

一、北京市昌平区人民法院构建破产审判府院联动机制 助力优化营商环境

为妥善处理企业破产中的系列问题，推动破产审判工作顺利进行，服务保障优化营商环境，北京市昌平区人民法院完善破产配套制度，构建破产审判府院联动机制。2019年该院审理的破产案件审理周期缩短54%，破产重整成功率达40%，为破产企业纾困债务资金43亿元。

1. 联动搭建信息交互平台，推动破产程序依法启动

企业破产制度是"去产能""去杠杆"的有力抓手。实践中，由于债权人、债务人等相关方对破产制度的认识仍存有一定的误区，存在逃避、阻碍企业进入破产程序的情况。对此，昌平法院加强府院信息沟通，推动问题企业依法有序进入破产程序。一是建立破产企业风险预警机制。现有法律和制度多着眼对正常经营状态下企业的调整，缺乏对处于债务困境的非常态企业的识别。昌平法院积极推动，由区政府牵头，定期监测企业纳税、工资发放、银行贷款偿付、涉诉等风险情况，及时发布预警信息。如在北京昌东顺燃气有限公司破产案中，鉴于破产企业为正在经营中的管道燃气供应特许行业企业，处置工作涉及社会稳定和安全生产隐患，该院与区委政法委、区政府多部门联动会商处置办法，实现破产审理过程中同步接管、稳妥推进，确保近十万燃气用户生产经营不受影响。二是建立破产企业甄别沟通机制。以市场化为导向，在破产程序初期对企业整体情况开展精细化甄别工作。与政府相关部门就涉诉集中的辖区内企业运行情况、发展前景、社会影响等问题进行沟通，确定企业是否进入破产程序。对于辖区内上市公司、国有公司及对辖区社会经济稳定具有较大影响的企业破产工作，定期向区委政法委、发改委汇报、沟通案件工作进展。三是建立破产管理人信息共享机制。在破产案件审理中，破产管理人是程序的主要推动者。而实践中社会对管理人的法律地位认知不足，导致管理人在前往相关部门查询企业信息及办理相关手续时常常受阻。昌平法院在全市首创以公开竞争方式确定破产管理人，并与市场监管、税务、社保、国资委、住建委等政府部门会签纪要，有效畅通管理人信息查询渠道，保障其依法履职。

2. 探索适用预重整程序，促进企业价值最大释放

按照中央"尽可能多兼并重组，尽可能进行重整救治"要求，贯彻以市场化方式推动破产审判的理念，探索适用预重整程序，法院、政府共同参与协商，实现重整程序识别、

债务人价值评估、金融服务合作以及投资平台搭建的整体推进。一是建立重整可行性识别机制，判断破产企业重整价值。法院牵头召开预重整听证会，邀请政府相关部门、债权人代表、行业专家、法学学者、券商及潜在投资机构等多方主体参与，各方在信息充分交流共享的基础上客观判断企业重整价值，将识别审查工作具体、全面和深入化。如在国内新三板上市企业新能源板块龙头股中海阳公司破产案件中，该院与区金融办、科技园区管委会等政府部门多方会谈，对该公司重整价值做出准确评估，提供政策指导和支持。二是引入金融顾问服务，贯彻全程市场招募。促成破产管理人与银行等金融机构签订专项金融顾问服务协议，充分发挥金融机构的资金、渠道和专业优势，为破产企业提供重整价值判断、推荐股权投资人或资产买受人，协助设计交易结构和框架方案等金融服务。深入精准对接投资人，为破产企业与市场之间搭建信息交换平台。三是做好破产企业税务征收、行政处罚等调整工作，推动资产市场化处置。加强与税务征收等部门的协助执行和联动工作，对企业破产处置过程中涉及税务征收和行政处罚问题进行会商研究和合理调整，对个别企业的特殊问题协商解决。对破产企业（如房地产等）资产的处置问题，由相关部门协调解决，确保通过灵活、合规的操作保障破产企业财产价值，减少交易变现费用，从而提高债权清偿率。

3. 建立健全协调处置机制，推动多方问题一体解决

为避免破产的负面效应溢出，维护社会稳定和经济发展，成立由法院、公安、财政、市场监管、税务、社保等部门参加的企业破产协调处置工作小组，形成"法院是破产程序主导者，政府是破产案件协调者和风险处置组织者"的府院良性互动模式。一是妥善安置破产企业职工。依法妥善处理职工劳动关系，合理处置企业职工社保关系的转出，对破产企业社会保险费缴纳提供政策支持。二是协调保障企业破产处置费用。在债务人无财产或其财产变现最终清偿财产价值总额过低等情况下，破产管理人履职缺乏物质保障，面临无报酬可支付或报酬过低问题，影响履职积极性。探索建立破产费用专项基金，由区财政拨款，用于无财产可破案件所必需的破产费用周转及管理人合理报酬等费用。三是切实推进涉案责任人查控、债权和流失资产核查。破产企业法人、股东、实际控制人、高级管理人员等有关责任人员需要查控的，债权人涉及刑事案件债权需要核查的，以及破产企业流失资产需要追查的情况，由公安机关予以协助。四是积极修复重整企业信用。企业破产重整成功后，法院及时通报银行破产企业重整进展信息，由银行判定、调整企业信贷分类。与市场监管、税务等部门会商，将债务人企业移出经营异常名录和减免涉税处罚，尽快修复信用，重返市场。

（资料来源：最高人民法院）

二、温州审结全国首例"个人破产"案

2019 年 9 月 27 日，全国首例具备个人破产实质功能和相当程序的个人债务集中清理案件顺利办结。浙江温州中级人民法院在通报中称，债务人蔡某由于没有清偿能力，214万余元的债务只需在 18 个月内按 1.5% 的比例一次性清偿 3.2 万余元。经办该案的平阳县法院工作人员向北京青年报记者表示，个人债务集中清理保护的是"诚信而不幸"的人，而不是老赖，法院还会采取三大举措严格把关防范逃废债行为，不让债务人"钻空子"。

2019 年 10 月 9 日，温州中院联合平阳县法院，通报了全国首例具备个人破产实质功能和相当程序的个人债务集中清理案件情况。

案件中，债务人蔡某系温州某破产企业的股东，经生效裁判文书认定其应对该破产企业 214 万余元债务承担连带清偿责任。经调查，蔡某仅在就职的瑞安市某机械有限公司持有 1%的股权（实际出资额 5800 元），另有一辆已报废的摩托车及零星存款。此外，蔡某从该公司每月收入约 4000 元，其配偶胡某某每月收入约 4000 元。蔡某长期患有高血压和肾脏疾病，医疗费用花销巨大，且其孩子正就读于某大学，家庭长期入不敷出，确无能力清偿巨额债务。

2019 年 8 月 12 日，平阳法院裁定立案受理蔡某个人债务集中清理一案后，指定温州诚达会计师事务所担任管理人。管理人对外发布债权申报公告暨第一次债权人会议公告后，平阳法院于 9 月 24 日主持召开蔡某个人债务集中清理第一次债权人会议。蔡某以宣读《无不诚信行为承诺书》的方式郑重承诺，除管理人已查明的财产情况外，无其他财产；若有不诚信行为，愿意承担法律后果，若给债权人造成损失，依法承担赔偿责任。最终蔡某提出按 1.5%的清偿比例（即 3.2 万余元）在 18 个月内一次性清偿的方案。同时，蔡某承诺，该方案履行完毕之日起六年内，若其家庭年收入超过 12 万元，超过部分的 50%将用于清偿全体债权人未受清偿的债务。

2019 年 9 月 27 日，平阳法院签发了对蔡某的行为限制令，并终结对蔡某在本次清理所涉案件中的执行。最终，该案得以顺利办结。

（资料来源：北京青年报）

评析：个人破产制度是对应企业破产制度而言的，是指当作为债务人的自然人的全部资产不能清偿到期债务时，由法院依法宣告其破产并对其财产进行清算和分配，或对其债务进行豁免以及确定当事人在破产过程中和以后应尽义务的一种法律制度。推行建立个人破产制度，使债务人拥有重新开始的机会，这样做对债务人本人、债权人双方都有利。之前，由于没有个人破产制度，对于债务人来说，如果真的无力偿还，一旦遇上暴力催债等外力逼迫，走上绝路的悲剧事件就难以避免，这实际上损害了债务人、债权人双方的利益。

【实务演练】

A 公司是由股东甲、股东乙、股东丙三人合资设立的有限责任公司，营业期限为自 1998 年 10 月 1 日起至 2020 年 10 月 1 日止。

（1）假设现在是 2020 年 9 月底，请你作为该公司总经理，为董事会起草一份关于公司依法解散的方案，方案应根据《公司法》的有关规定，列明公司解散、清算、注销全过程需要办理的事项及其相关期限。

（2）假设 A 公司股东不希望公司解散，那么他们应该怎么做？

（3）假设 A 公司在清算过程中发现公司财产不足以清偿债务，该怎么处理？

（4）假设 A 公司因不能清偿到期债务被债权人申请破产清算，法院受理了该破产申请。现在请你为 A 公司出主意，有哪些办法可以避免 A 公司被宣告破产？

【案例评析】

亿元家族企业因遗产纠纷被强制解散

浙江××泵业有限公司是温州一家颇具知名度的家族企业，创办人吴××早年凭着自己的聪明才智和大胆打拼，发明了技术国际领先的××牌水泵，先后获得多项国内外发明大奖。至2001年7月，吴××在温州、上海办有多家企业（包括上海××泵业有限公司），资产总值超亿元。

天有不测风云。2001年7月，吴××遇车祸突然去世，从此这个家族企业陷入无休止的纷争之中，其妻儿为了争夺遗产频频对簿公堂，最终导致浙江××泵业有限公司（以下称"浙江公司"）和上海××泵业有限公司（以下称"上海公司"）被法院判决解散，吴××一手创办的亿万企业资产就此分崩离析。

遗产分割之诉

吴××与前妻生有两个孩子，儿子吴甲和女儿吴乙。1986年，离异后的吴××又与陈××组建了新家庭，并生下第二个儿子吴丙。吴××死后，吴甲与陈××之间矛盾凸现，为遗产分割争执不下，最后诉至温州市中级人民法院。2004年10月26日，温州市中级人民法院做出一审判决确定：陈××享有浙江公司40.75%的股权，吴丙享有浙江公司9.25%的股权（合计50%）；陈××享有上海公司41.5%的股权，吴丙享有上海公司9.25%的股权（合计50%）；而吴甲和吴乙则合计享有两公司余下的50%股权。

解散公司之诉

遗产诉讼结束后，双方的矛盾非但没有化解，反而愈演愈烈。吴甲控制下的浙江公司、上海公司一直没有召开股东会议，也不办理股权变更，致使遗产诉讼的判决无法落到实处。从2003年7月开始，双方多次发生冲突，甚至大打出手，造成人员受伤。

2006年4月6日，陈××、吴丙母子再次向温州市中级人民法院提起诉讼，称浙江公司、上海公司长期不召开股东会，已经处于僵局状态。三年来，他们未能查阅公司会计账簿，也得不到股东分红。浙江公司磁性分公司被注销企业用电，不能正常经营生产。吴甲还以妻子的名义在上海另设上海加兴泵业有限公司，经营浙江公司、上海公司同类产品，极大地损害了股东的权益。因此请求法院解散这两家公司。

而浙江公司、上海公司和吴甲则辩称：公司经营管理并非发生严重困难，股东利益也未受到重大损害。目前，两公司经营状况良好，拥有自主的知识产权，在职工就业、国家税收、社会慈善事业等方面有着不少贡献，人民法院不宜强制解散公司。

该案历经一审、二审，先后由温州市中级人民法院、浙江省高级人民法院两级法院审理。在审理过程中，为避免公司解散，法院曾多次组织双方调解，提出了多种可供选择的方案，但最终由于双方分歧过大而无法达成一致。

在调解失败的情况下，法院认为，由于股东之间产生矛盾，两公司近三年来无法正常召开股东会，公司机构不能按照法定程序对公司的经营管理做出决策，应当认定两公司已经陷入僵局。两公司和吴甲辩称公司经营管理正常，实际上是吴甲单方控制公司经营管理的结果，并未由此化解股东之间的纠葛。公司僵局的持续，无疑使各股东因陷于纠纷而遭受重大损失。依照我国《公司法》第一百八十一条、第一百八十三条等规定，在无其他途径可解决公司僵局的情况下，浙江公司、上海公司合计持有表决权50%的股东陈××、吴丙诉请公司解散有事实依据和法律依据。况且，本案二审审理期间，浙江公司章程规定的营业期限已于2006年12月26日届满，各股东也未就公司章程修改事项做出须持有2/3以上表决权的股东通过的股东会议决议，所以，浙江公司解散的其他法定事由也已经出现。2006年12月28日，浙江省高级人民法院做出终审判决，解散浙江公司和上海公司。

清算公司之争

在浙江省高级人民法院做出终审判决之后，原以为事情终于有个了断，可是解散公司的进展却异常艰难。原来，根据我国《公司法》（2005年修订版）第一百八十四条的规定，有限责任公司解散，必须由股东组成清算组进行清算。而关系如此恶劣的浙江公司、上海公司的股东们显然无法一起组成清算组，两公司的清算程序迟迟不能启动。

打破僵局的是一份判决书。原来早在2002年间，因浙江公司经济困难，陈××曾筹资140万元借给浙江公司。遗产纠纷发生后，陈××另案起诉浙江公司，要求偿还这笔借款。最终法院判决浙江公司应归还陈××140万元。凭着这份判决书，陈××以债权人的身份向法院申请对浙江公司进行清算。因为我国《公司法》（2005年修订版）第一百八十四条还规定"逾期不成立清算组进行清算的，债权人可以申请人民法院指定有关人员组成清算组进行清算。人民法院应当受理该申请，并及时组织清算组进行清算"。根据这一规定，温州市中级法院受理了陈××的申请，并指定组成清算组，浙江公司的清算程序终于启动了。

（资料来源：法制日报、浙江法院网）

评析： 本案例中出现了两种公司解散的事由：一种就是根据《公司法》（2005年修订版）第一百八十一条第一款第（五）项、第一百八十三条的规定，在公司陷入僵局时的解散，这也是陈××诉请解散浙江公司、上海公司的法律依据。另一种则是根据《公司法》（2005年修订版）第一百八十一条第一款第（一）项"公司章程规定的营业期限届满"的规定，鉴于浙江公司在诉讼过程中章程规定的营业期限已于2006年12月26日届满，因此即使不考虑前一种情形，浙江公司也应该解散。

从本案例中，我们还可以发现，《公司法》关于清算的规定其实还是有漏洞的。《公司法》规定有限责任公司的清算组由股东组成。但本案例中的股东们根本无法坐到一起，怎么清算？现在浙江公司是开始清算了，那是因为浙江公司正好欠了陈××的债，陈××作为债权人申请法院启动清算程序，但是上海公司怎么办？

所幸天无绝人之路，2008年5月最高人民法院出台了《关于适用〈中华人民共和国公司法〉若干问题的规定（二）》，根据其第七条第三款的规定，陈××也可以股东的身份申请法院指定清算组对上海公司进行清算。

【法条】

《关于适用〈中华人民共和国公司法〉若干问题的规定（二）》

第七条 公司应当依照公司法第一百八十四条的规定，在解散事由出现之日起十五日内成立清算组，开始自行清算。

有下列情形之一，债权人申请人民法院指定清算组进行清算的，人民法院应予受理：

（一）公司解散逾期不成立清算组进行清算的；

（二）虽然成立清算组但故意拖延清算的；

（三）违法清算可能严重损害债权人或者股东利益的。

具有本条第二款所列情形，而债权人未提起清算申请，公司股东申请人民法院指定清算组对公司进行清算的，人民法院应予受理。

读完整个案例，不禁令人扼腕。当然，最应该感到痛心的人是吴××，他辛辛苦苦一手打造的亿万企业资产，原本应该发扬光大，孰料就此功亏一篑。同时，我们也深深体会到，有限责任公司既有"资合"性质又有"人合"性质，而"人合"——股东的和谐关系是其中非常重要的基本要素，如果股东之间不能相互信任、精诚合作，那么公司的发展就会陷入僵局，乃至公司的生存都将岌岌可危。

第七章

常见创业法律纠纷处理

本章要点提示

☑ 常见创业纠纷的种类

☑ 如何申请仲裁

☑ 如何打官司

☑ 如何聘请律师

近年来，众多大学生掀起了一浪又一浪的创业热潮，其热情就像火焰一样燃烧。作为缓解就业压力、促进经济发展的一条重要途径，大学生创业从未像今天这样引起社会各界的关注。但是，大学生在创业过程中遭遇法律尴尬的事例时有发生。

【案例】半路夭折的开店梦想

小金是一名在校大学生，看着别人创业致富，他的心里也痒痒的。经过一段时间的市场调查，他决定和同学一起在学校附近开一家饰品店。说干就干，2007 年上半年，他和同学一起筹集了 2 万元资金，向一个姓王的老板租了一间店面。签店面租赁协议时，双方说好租期三年，每年租金 1 万元，先付后用，一年一付。协议签订后小金付清了第一年的 1 万元租金。接下来小金他们开始对店面进行装修，为了不影响学业，他们每天晚上开工一直干到凌晨，虽然很辛苦，但想到能实现自己的创业梦想，所有的辛苦都变得微不足道了。

正当小金他们轰轰烈烈地准备开业时，一位不速之客突然找到了他们，说自己是店面的房东，要求他们立刻停止装修，并且告诉小金，他们和王老板签订的店面租赁协议是无效的，因为王老板无权将店面转租。这对于小金他们来说，无疑是晴天霹雳，因为和王老板签订协议后至今，他们已经交了房租 1 万元，装修投入了 5000 多元，加上进货花去的钱，大家凑的 2 万元创业资金已经差不多用光了。这个时候不让他们开业，意味着所有的投入血本无归，要知道这 2 万元钱可是他们东拼西凑好不容易才筹来的！

（资料来源：中国青年报·中青在线）

这个时候小金他们该怎么做呢？有什么办法可以解决纠纷呢？

可见，创业仅靠热情是远远不够的，创业意味着冒险和付出，也意味着失败和挫折，创业之路可谓荆棘丛生。大学生在创业之前，有没有做好应付可能出现的各种法律纠纷的准备？是否知道怎样通过法律的武器保护自己的权利？本章将具体介绍如何申请仲裁、打官司以及如何聘请律师等法律救济中所必然面对的基本常识。

第一节 常见创业纠纷的种类

关键词：法律纠纷、劳动争议、经济纠纷、行政争议、劳动仲裁

一、常见的法律纠纷类型

法律纠纷是法律所调整的各种社会关系之间发生的纠纷的总称。在大学生创业实践中常见的法律纠纷有劳动争议、经济纠纷、行政争议等类型。

1. 劳动争议

劳动争议是指劳动关系双方当事人因实现劳动权利和履行劳动义务而发生的纠纷，又称劳动纠纷。劳动争议具有如下特征：① 劳动争议主体一方为用人单位，另一方必须是劳动者；② 劳动争议主体之间必须存在劳动关系；③ 劳动争议是在劳动关系存续期间发生的；④ 劳动争议的内容必须是与劳动权利义务有关。

近几年，据劳动部门统计，全国的劳动争议案件数量均呈逐年大幅攀升趋势。企业因为裁员、辞退员工、工资社保待遇等而引发的劳动纠纷案例越来越多，这对于企业依法处理劳动争议的能力提出了更高的要求。

【案例】不懂劳动法规吃苦头

创业心气一贯很高的小陈遇到了公司最惨淡的时候，连环的诉讼使他的小公司面临崩溃的边缘。大学一毕业，小陈就筹资在北京市大兴区开办了自己的公司，为了降低成本，他雇用了当地的农民。尽管规模不大，也没有什么大的收入，但当老板的感觉让小陈很陶醉。几个月前，一个"多事"的农民辞职后就把公司告了，他要求公司补缴社会保险。根据北京市的相关规定，公司要给这个农民补缴近万元的社会保险费。事实很清楚，小陈败诉了。得知这个情况，其他员工纷纷提出诉讼，要求公司补缴社会保险。算下来，金额超过十余万元。

（资料来源：计世网）

2. 经济纠纷

经济纠纷是指企业经营活动中与各市场主体、消费者等发生的平等民事主体之间的法律纠纷，属于民事纠纷，如物权纠纷、合同纠纷、知识产权纠纷、不正当竞争纠纷、与股东有关的纠纷、侵权责任纠纷等。在大学生创业实践中，最常见的是各类合同纠纷。以下这个案例就是典型的买卖合同纠纷。

【案例】四兄弟讨欠款真不易

四兄弟企业策划工作室是河南省 2003 年度大学生自主创业典型，这家企业的定位是

"市场调研、营销策划、销售代理、长期顾问及企业 CIS 形象系统设计"。使四兄弟企业策划工作室一度陷入困境的是某市一所医院。2003 年 4 月，四兄弟工作室代理了一节能炊具的销售业务。该医院在免费试用满意后订购了 1000 套，四兄弟工作室将这批价值 9 万元的炊具于 2003 年 12 月 20 日交付该医院。但在随后收取货款时，该医院却无故拖欠货款，并不予退货。这不仅给四兄弟工作室造成了巨大损失，还严重损害了四兄弟工作室的信誉。区区 9 万元对大企业来说也许不算什么，可是对一个学生创业企业来说却可能是毁灭性的打击。

（资料来源：计世网）

3. 行政争议

在创业过程中，创业者往往需要与各行政职能部门打交道，如企业设立登记、前置审批、纳税等，其中创业者是被管理的一方，而行政机关是拥有行政职权的管理者。行政争议是指因行政机关行使行政职权的行为所引起的争议。构成行政争议必须同时具备以下四个条件：① 争议的双方，其中有一方是行政机关。② 争议是由行政机关实施行政管理引起的。③ 行政争议必须以特定的具体行政行为为前提。④ 这种争议是法律争议。即当事人不服行政机关的裁处，提出复议或诉讼，是法律允许的；而且不管是提出行政争议，还是解决行政争议，都必须依照法定程序进行。

【案例】彭××不服邮电局通信行政处罚案

彭××是一个体工商户，未经批准在娄底市开设永盛电讯行，经营移动通信终端设备及配件。其间委托广东省番禺市外贸公司职工黄××从广东购进一批三无移动电话（无邮电部进网标志、无进网许可证或无邮电部进网批文）及配件进行销售。1996 年 10 月 17 日，娄底地区邮电局稽查大队进行查处，开具通信行政案件没收物品清单，扣押 8 台移动电话和部分配件。同年 11 月 4 日，娄底地区邮电局做出通信行政处罚决定书，给予彭××以下处罚："责令停止经营，限收到决定书之日起 30 日内，补办其相关手续；没收大哥大 8 台；退回配件；经营手续办齐后方可经营。"

彭××不服娄底地区邮电局的处罚决定，向湖南省娄底市人民法院提起行政诉讼。彭××认为被告娄底地区邮电局没收她的移动电话及配件事实不清，证据不足，程序严重违法，被处罚对象错误，请求撤销被告处罚决定，并返还没收物品。此案经两级法院审理，法院终审判决：① 撤销被告娄底地区邮电局（湘娄）通稽查字〔1996〕第 81 号通信行政处罚决定。② 由娄底地区邮电局重新做出具体行政行为。

永盛电讯行没有办理工商营业执照和经营移动电话许可证，销售三无移动电话，其行为违反了通信管理行政法规，亦违反了工商管理行政法规，系非法经营，应当处罚。但被告认定彭××为处罚主体，显然是主体错误；责令停止经营，却没按我国《行政处罚法》的规定告知当事人听证权利，也没有组织听证，且做出处罚决定前以没收清单代替扣押清单，程序违法。因此被告的处罚决定应当撤销，由被告重新做出具体行政行为。

（资料来源：中国普法网）

二、法律纠纷的解决方式

一般来说，法律纠纷的解决方式有以下五种。

（1）调解。争议当事人如果不能自行协商一致，可以向人民调解委员会申请调解。人民调解，是指人民调解委员会通过说服、疏导等方法，促使当事人在平等协商基础上自愿达成调解协议，解决民间纠纷的活动。人民调解委员会调解民间纠纷，应当遵循以下原则：在当事人自愿、平等的基础上进行调解的自愿原则；不违背法律、法规和国家政策的合法合理原则；不限制当事人诉讼权利原则，即尊重当事人的权利，不得因调解而阻止当事人依法通过仲裁、行政、司法等途径维护自己的权利。

（2）仲裁。争议当事人协商不成、不愿调解的，可根据合同中规定的仲裁条款或双方在纠纷发生后达成的仲裁协议向仲裁机构申请仲裁。具体内容详见本章第二节。

（3）投诉。投诉是指投诉人以书信、走访等形式向国家行政机关及其工作人员反映情况、表达意愿，请求有关行政主管部门调查、处理法律纠纷。如《消费者权益保护法》第三十九条规定，消费者和经营者发生消费者权益争议的，可以向有关行政部门投诉。

（4）行政复议。公民、法人或其他组织认为行政机关的具体行政行为侵犯其合法权益，可以按照法定的程序和条件向做出该具体行政行为的上一级行政机关（行政机关所属的人民政府或上一级主管部门）提出申请，受理申请的行政机关应对该具体行政行为进行复查并做出复议决定。

（5）诉讼。俗称"打官司"，包括民事诉讼、行政诉讼、刑事诉讼。本章第三节将介绍如何打民事官司。

【案例】习近平总书记考察安吉社会矛盾纠纷调处化解中心

2020年3月30日下午，习近平总书记在浙江省安吉县考察。他来到安吉县社会矛盾纠纷调处化解中心调研，了解基层矛盾纠纷调解工作情况，与工作人员和办事人员亲切交流。习近平总书记指出，矛盾处理是一个国家、社会长治久安的一个基础性工作。解决问题的宗旨，就是为人民服务。老百姓都能够顺心满意，我们这个国家才能越来越好。

这个与百姓生活息息相关的社会矛盾纠纷调处化解中心，你了解吗？

浙江省安吉县社会矛盾纠纷调处化解中心在2019年8月正式运行。"一中心多平台"是它的一大特点，纪委监委、信访、公安、检察、法院、司法、人力社保、卫健等多部门集中办公。通过整合矛盾调解资源，常态化开展联合接访、联合调处、联合督办，形成矛盾收集、按需调处、诉讼服务全链条机制，着力实现群众矛盾纠纷化解"只进一扇门""最多跑一地"。

这里采取"1+6+10+N"运行模式，即1个导引区，6个功能区，10个接访窗口，还有调解室、审判庭等N个功能室。

群众来访后，先到导引区，工作人员根据来访事项，第一时间进行分析、引流，然后引导群众根据需求进行预约叫号，到相关的接访窗口办理业务。接访窗口大厅共分信访调处、劳动仲裁监察、人民调解、纪检投诉、诉讼服务、联合接访6个功能区块和10个开放窗口，实施集中常驻、轮换入驻、随叫随驻三种入驻模式。

接访窗口一般只负责来访事项的简单答复和登记。如果来访事项需进一步调处的，工作人员会根据反映事项的性质、种类、程度，将群众引导至信服工作室、访调援工作室、医疗纠纷调解工作室、乡贤工作室等不同的功能室，由专业接访干部一对一受理调处。该区块目前共有13个功能室，涵盖人民调解、司法调解、行政调解三大体系，构建了多部门联排、联调、联办的工作机制。此外，中心还引入了律师、人民调解员、"两代表一委员"、乡贤等力量参与矛盾纠纷化解工作，让信访调处成为解决矛盾纠纷的主力军。

（资料来源：中央纪委国家监委网站）

评析：安吉县社会矛盾纠纷调处化解中心是浙江省各地矛盾纠纷调处化解中心的一个缩影。近年来，浙江省把政务服务领域"最多跑一次"改革创新运用到社会治理领域，建设实体化运作的县级社会矛盾纠纷调处化解中心，让企业和群众化解矛盾纠纷"最多跑一地"。县级矛盾纠纷调处化解中心强化了信访和社会矛盾纠纷调处化解的功能，为老百姓提供更齐全的信访、诉讼、调解、仲裁、行政复议、公共法律服务等"产品"，致力于真正成为老百姓遇到问题能"找个说法"的地方。

三、劳动仲裁的申请

劳动仲裁是指劳动争议仲裁机构对劳动争议当事人争议的事项，根据劳动方面的法律、法规、规章和政策等的规定，依法做出裁决，从而解决劳动争议的一项劳动法律制度。

1. 劳动仲裁与经济仲裁的区别

劳动仲裁不同于《仲裁法》规定的一般经济纠纷的仲裁，其不同点在于以下几个方面。

（1）申请程序不同。经济纠纷仲裁要求双方当事人事先或事后达成仲裁协议，然后才能据此向选定的仲裁机构提出仲裁申请；劳动争议的仲裁则不要求当事人事先或事后达成仲裁协议。

（2）仲裁机构设置不同。《仲裁法》规定的经济仲裁机构主要在直辖市、省会城市及根据需要在其他设区的市设立；劳动争议仲裁机构主要是在省、自治区的市、县设立，或者在直辖市的区、县设立。

（3）裁决的效力不同。《仲裁法》规定经济仲裁实行"一裁终局制度"，即仲裁裁决做出后，当事人就同一纠纷再申请仲裁或者向人民法院起诉的，仲裁委员会或者人民法院不予受理；劳动争议仲裁，当事人对裁决不服的，除《劳动争议调解仲裁法》规定的几类特殊劳动争议外，可以向人民法院起诉。

2. 劳动仲裁的适用范围

劳动仲裁适用于我国境内的用人单位与劳动者发生的劳动争议：① 因确认劳动关系发生的争议；② 因订立、履行、变更、解除和终止劳动合同发生的争议；③ 因除名、辞退和辞职、离职发生的争议；④ 因工作时间、休息休假、社会保险、福利、培训以及劳动保护发生的争议；⑤ 因劳动报酬、工伤医疗费、经济补偿或者赔偿金等发生的争议；⑥ 法律、法规规定的其他劳动争议。

3. 劳动仲裁的基本程序

发生劳动争议，当事人不愿协商、协商不成或者达成和解协议后不履行的，可以向调解组织申请调解；不愿调解、调解不成或者达成调解协议后不履行的，可以向劳动争议仲裁委员会申请仲裁；达成调解协议后，一方当事人在协议约定期限内不履行调解协议的，另一方当事人可以依法申请仲裁。对仲裁裁决不服的，除《劳动争议调解仲裁法》另有规定外，可以向人民法院提起诉讼。

劳动争议由劳动合同履行地或者用人单位所在地的劳动争议仲裁委员会管辖。双方当事人分别向劳动合同履行地和用人单位所在地的劳动争议仲裁委员会申请仲裁的，由劳动合同履行地的劳动争议仲裁委员会管辖。

申请人申请仲裁应当提交书面仲裁申请，并按照被申请人人数提交副本。仲裁申请书应当载明下列事项：① 劳动者的姓名、性别、年龄、职业、工作单位和住所，用人单位的名称、住所和法定代表人或者主要负责人的姓名、职务；② 仲裁请求和所根据的事实、理由；③ 证据和证据来源、证人姓名和住所。书写仲裁申请确有困难的，可以口头申请，由劳动争议仲裁委员会记入笔录，并告知对方当事人。

4. 劳动仲裁时效

劳动争议申请仲裁的时效期间为 1 年。仲裁时效期间从当事人知道或者应当知道其权利被侵害之日起计算。因当事人一方向对方当事人主张权利，或者向有关部门请求权利救济，或者对方当事人同意履行义务而中断。从中断时起，仲裁时效期间重新计算。因不可抗力或者有其他正当理由，当事人不能在规定的仲裁时效期间申请仲裁的，仲裁时效中止。从中止时效的原因消除之日起，仲裁时效期间继续计算。劳动关系存续期间因拖欠劳动报酬发生争议的，劳动者申请仲裁不受仲裁时效期间的限制；但是，劳动关系终止的，应当自劳动关系终止之日起 1 年内提出。

【案例】离职后"款到提成"争议如何计算劳动仲裁时效

张某在一家贸易公司从事销售员工作。双方约定：每月工资为基本工资加提成，提成按销售回款额的 5‰ 予以计算，提成的条件是项目完成后相应款项到账。2016 年 4 月 1 日，张某辞职离开公司。此后，张某与公司就两笔提成结算发生争议。2018 年 5 月 13 日，张某申请劳动仲裁，要求结算离职时遗漏计算的 2015 年 12 月 13 日到账的一笔提成款，以及 2017 年 7 月 6 日另一笔到账的提成款。公司辩称，张某申请劳动仲裁时已经超过 1 年仲裁时效。仲裁庭经审理后认为，张某在离职前知道或应该知道 2015 年 12 月 13 日第一笔款项已经到账，那笔提成争议已过仲裁时效，但张某在 2018 年 5 月 13 日主张 2017 年 7 月 6 日一笔到账提成款，未过时效。最后仲裁庭支持了张某对 2017 年 7 月 6 日一笔提成款的请求。

（资料来源：劳动报）

评析： 本案涉及劳动仲裁时效的适用问题。张某主张的两笔提成款，一笔是在其离职前到账的，因此其应当自劳动关系终止之日，即2016年4月1日离职之日起1年内提起仲裁。张某2018年5月才申请仲裁，显然已经超过仲裁时效，所以没有得到仲裁庭支持。第二笔提成款是在张某离职后到账的，就该笔提成款而言，张某提起仲裁的时限从其知道或者应当知道款项到账之日起计算。因此该笔2017年7月到账的款项，张某2018年5月提起仲裁，并未超过一年的仲裁时效。

5. 用人单位的举证责任

发生劳动争议，当事人对自己提出的主张，有责任提供证据。与争议事项有关的证据属于用人单位掌握管理的，用人单位应当提供；用人单位不提供的，应当承担不利后果。例如工资发放记录、考勤记录等都是企业作为用人单位应当掌握的，用人单位应当提供这些证据。企业要规范人力资源管理，在日常经营管理中注意做好人事档案的保管和相关证据留存工作，避免在发生劳动争议仲裁时举证不能。

6. 劳动仲裁费用

根据《劳动争议调解仲裁法》的规定，劳动争议仲裁不收费。劳动争议仲裁委员会的经费由国家财政予以保障。

第二节　仲裁的申请

关键词：仲裁、仲裁范围、仲裁申请书、仲裁协议、仲裁受理

【案例】签好仲裁协议　保护自己的合法权利

某采暖设备公司（甲方）与某房地产开发公司（乙方）于2007年订立了暖气片购销合同，在接受了甲方的送货后，乙方以种种借口为由拒不付款，无奈之下，甲方向临沂仲裁委员会提出仲裁请求，将乙方推向了被申请人的位置。临沂仲裁委员会根据合同中订立的"双方发生纠纷协商解决，协商不成由临沂仲裁委员会仲裁"的条款，及时予以立案。仲裁庭依法定程序对本案进行了认真细致的审理，下达了仲裁裁决，甲方最终得到了货款，从而维护了自己的合法权益。

（资料来源：商都法律网）

作为解决经济纠纷的一种途径，仲裁以其公正、快捷、灵活、一裁终局等特点，在全世界范围内被普遍采用。但在仲裁实践中，我们发现许多本来可以通过仲裁方式解决的案件，由于没有仲裁协议或仲裁协议不规范而不能得到及时处理。本节将根据《仲裁法》（2017年修正）、《最高人民法院关于适用〈中华人民共和国仲裁法〉若干问题的解释》（2008年修订）等法律规定介绍我国仲裁制度的主要内容。

一、仲裁的含义

仲裁，从字义上解释，"仲"表示地位居中，"裁"表示衡量、判断，"仲裁"一般是指居中"公断"。仲裁作为一个法律概念，通常指争议双方当事人在争议发生之前或者争议发生之后达成协议，自愿将争议交给第三者做出裁决，争议双方当事人有义务履行该裁决的一种解决争议的方式。

经济仲裁的特征有以下几项。

（1）仲裁以双方当事人的自愿选择为前提。在仲裁中，当事人享有选择仲裁员、仲裁地、仲裁语言以及适用法律的自由。当事人还可以就开庭审理、证据的提交和意见的陈述等事项达成协议，设计符合自己特殊需要的仲裁程序。

（2）仲裁的客体必须是当事人之间发生的一定范围的争议。换言之，不是所有民事争议都可以用仲裁方式来解决的，某些人身关系争议，如婚姻、收养、监护、继承纠纷，是不适用仲裁的。

（3）仲裁程序简单，方式灵活，审理快捷。仲裁实行"一裁终局"的原则，避免了诉讼程序的烦琐和冗长。

（4）仲裁一般不公开进行。这主要是为了保护当事人的商业秘密和商业信誉。

（5）仲裁裁决可以在国际上得到承认和执行。截至 2020 年 3 月 31 日，《承认及执行外国仲裁裁决公约》（1958 年《纽约公约》）的缔约国已经达到 163 个。根据该公约，仲裁裁决可以在这些缔约国得到承认和执行，《纽约公约》于 1987 年对中国生效。

二、仲裁的适用范围

哪些纠纷可以通过仲裁方式解决，哪些纠纷不能通过仲裁方式解决，这就是仲裁的适用范围。我国《仲裁法》第二条规定："平等主体的公民、法人和其他组织之间发生的合同纠纷和其他财产权益纠纷，可以仲裁。"不能通过仲裁处理的纠纷包括：① 婚姻、收养、监护、扶养、继承纠纷；② 依法应当由行政机关处理的行政争议。

《仲裁法》规定可以仲裁的合同纠纷，不仅限于经济合同纠纷，还包括技术合同、著作权合同、商标许可使用合同、房地产合同以及涉外经济合同和海事、海商中的合同纠纷等。

《仲裁法》所说的"其他财产权益纠纷"，指的是侵权纠纷，主要有房地产侵权纠纷、因产品质量问题引发的侵害消费者权益纠纷、证券交易纠纷和知识产权领域中的侵权纠纷。

需要注意的是，《仲裁法》第七十七条规定，劳动争议和农业集体经济组织内部的农业承包合同纠纷的仲裁，另行规定，也就是说，这类纠纷不属于《仲裁法》所规定的仲裁范围。

三、仲裁申请书的书写

仲裁申请书是争议的一方当事人，即申请人根据仲裁协议将已发生的争议正式提交约定的仲裁机构申请裁决以保护其合法权益的法律文书。

仲裁申请书分为首部、正文、尾部（含附项）三部分。

（1）首部。依次写明：① 文书名称，在上部正中写"仲裁申请书"或"申请书"。② 申请人的身份事项。包括申请人的姓名、性别、年龄、职业、工作单位和住所。申请人是法人或者其他组织的，应写明单位全称、住所和法定代表人或者主要负责人的姓名、职务。③ 被申请人的身份事项，与申请人的各项相同。

（2）正文。正文是仲裁申请书的主体部分，包括仲裁请求和所根据的事实、理由。

① 仲裁请求。主要是请求仲裁委员会解决民事权益纠纷的具体事项，也即申请人所达到的要求，如购销合同拖欠货款纠纷，可以提出何时返还货款、承担违约金的数额，如果违约造成损失的，还可以提出赔偿损失的数额及仲裁费用的承担等内容。仲裁请求要求写得具体、合法，做到"四要四不要"：一是要明确，不要含糊；二是要具体，不要笼统；三是要合法合理，不要无理要求；四是在申请时提出仲裁请求要周密考虑，不要遗漏。

② 事实。即双方争议的事实或被申请人侵权的事实及其证据。申请事实的具体内容主要有：当事人之间的法律关系；纠纷发生发展过程；争议的焦点和主要内容；对方应承担的责任；自己有责任的亦应提到。所根据的事实要如实陈述、具体清楚、实事求是、有理有据。

事实必须要有证据支持。申请人负有举证责任，申请人举证时要注意写清楚证据名称、内容以及证明的对象；说明证据的来源和可靠程度；写明证人的姓名、住所。

③ 理由。在事实陈述清楚之后，应概括地分析纠纷的性质、危害、结果以及责任，同时提出仲裁请求所依据的法律条款，以论证仲裁请求的合理性和合法性。

（3）尾部。依次写明：致送仲裁委员会名称；仲裁申请人签名盖章；仲裁申请时间等。

【仲裁申请书样式】①

仲裁申请书

申请人：（写明基本情况）

被申请人：（写明基本情况）

案由：

仲裁请求：

事实和理由：

……

此致

×××仲裁委员会

附：本申请书副本　份

申请人：

年　月　日

---

① 符启林. 21 世纪中国律师文书范本[M]. 北京：中国人民公安大学出版社，2000：351.

四、仲裁协议的签订

仲裁协议是指双方当事人自愿将他们之间发生的合同纠纷和其他财产权益纠纷提交仲裁机构仲裁的约定，仲裁协议可以独立于合同存在，合同的变更、解除、终止或者无效不影响仲裁协议的法律效力。仲裁协议包括合同中订立的仲裁条款和以其他方式在纠纷发生前或者发生后达成的请求仲裁的协议。仲裁条款是合同中的一项条款，通常写在"合同争议解决的方式"一条中，仲裁协议的其他书面方式是指独立于合同之外的书面形式的仲裁协议，这类协议的形式包括信函往来、电传、电报。

根据仲裁法的规定，有效的仲裁协议一般应具备以下内容：① 请求仲裁的意思表示；② 仲裁事项；③ 选定的仲裁委员会。

【仲裁条款示例】

凡因本合同引起的或与本合同有关的任何争议，均应提交中国国际经济贸易仲裁委员会，按照申请仲裁时该会现行有效的仲裁规则进行仲裁。仲裁裁决是终局的，对双方均有约束力。

（资料来源：中国国际经济贸易仲裁委员会）

有下列情形之一的，仲裁协议无效。

（1）约定的仲裁事项超出法律规定的仲裁范围的。

（2）无民事行为能力人或者限制民事行为能力人订立的仲裁协议。

（3）一方采取胁迫手段，迫使对方订立仲裁协议的。

仲裁协议对仲裁事项或者仲裁委员会没有约定或者约定不明确的，当事人可以补充协议；达不成补充协议的，仲裁协议无效。

仲裁协议约定两个以上仲裁机构的，当事人可以协议选择其中的一个仲裁机构申请仲裁；当事人不能就仲裁机构选择达成一致的，仲裁协议无效。

仲裁协议约定由某地的仲裁机构仲裁且该地仅有一个仲裁机构的，该仲裁机构视为约定的仲裁机构。该地有两个以上仲裁机构的，当事人可以协议选择其中的一个仲裁机构申请仲裁；当事人不能就仲裁机构选择达成一致的，仲裁协议无效。

当事人约定争议可以向仲裁机构申请仲裁，也可以向人民法院起诉的，仲裁协议无效。

【案例】仲裁机构约定不明导致无法受理

庆阳仲裁委曾受理了一起关于仲裁条款约定不明而不予受理的案件，2017 年 8 月 15 日申请人叶某和被申请人温某签订了《装修工程施工合同》。申请人为被申请人装修茶楼，申请人按照合同约定履行了合同的义务，但被申请人未按照合同义务履行剩余工程款 280 000 元，申请人叶某申请仲裁，请求被申请人温某支付剩余工程款。

仲裁委发现，申请人提供的《装修工程施工合同》第十四条约定发生纠纷解决方式为："合同在履行过程中发生的争议，由双方协商解决，若双方协商不成，由仲裁委员会仲裁。"

这个仲裁协议从字面上来看，当事人仲裁意思表示真实，约定了仲裁委员会仲裁，但实际上因双方当事人在合同中约定的仲裁机构名称、方式、术语不明确、不规范导致仲裁协议无效，且被申请人温某不愿意和申请人达成补充协议，故庆阳仲裁委对本案无管辖权。

（资料来源：庆阳仲裁）

评析： 根据我国《仲裁法》规定，仲裁协议包括合同中订立的仲裁条款和以其他书面方式在纠纷发生前或者纠纷发生后达成的请求仲裁的协议。仲裁协议应当具有下列内容：请求仲裁的意思表示；仲裁事项；选定的仲裁委员会。仲裁协议对仲裁事项或者仲裁委员会没有约定或者约定不明确的，当事人可以补充协议；达不成补充协议的，仲裁协议无效。提醒创业的大学生们，如果希望通过仲裁解决争议的，在签订合同时应明确、规范地约定双方当事人在发生纠纷应提交仲裁委员会仲裁和仲裁机构名称、方式，如果仲裁条款约定不明确，将导致仲裁委因仲裁条款无效而无法受理。另外，合同中不能既约定仲裁又约定诉讼，这样的仲裁协议也是无效的。

第三节 打 官 司

关键词：起诉、诉讼时效、诉讼管辖、诉讼费、举证、财产保全、强制执行、答辩、反诉、上诉

经济纠纷产生后，当事人之间若不能通过协商调解的方式去解决，最终就可能走上法庭，这就是我们通常所说的打官司。本节主要结合《民事诉讼法》（2017年修正）、《最高人民法院关于民事诉讼证据的若干规定》（2019年修正）和《诉讼费用交纳办法》（2007年4月1日起施行）等法律规定介绍打民事官司应注意的事项。

一、打官司的定义

"打官司"是法律用词"诉讼"的俗称，从字义上讲，"诉"是告的意思，即告诉、告发、控告；"讼"的基本含义是争或争辩。诉讼，是指公民、法人或其他组织在权益受到侵犯或发生争议的情况下，依法以自己的名义向人民法院提起诉讼，要求人民法院予以审判的行为。由于诉讼所解决的争讼案件的性质和所依据的实体法律不同，可以将诉讼划分为不同的类别。在我国，一般将诉讼划分为刑事诉讼、民事诉讼和行政诉讼。这三类诉讼由于性质不同、依据的实体法不同，在具体内容和形式上也各有不同。

【小贴士】

传统打官司都要上法院，而如今除了上法院，也可以上网打官司了。网上立案、网上开庭、网上执行……除诉讼服务网站，还有移动微法院公众号、App都提供了便捷的诉讼服务。

二、民事诉讼的提起——起诉

1. 起诉的条件

当事人的起诉并不必然引起诉讼程序的开始，法院对于不符合法定起诉条件的，则裁定不予受理。起诉必须符合下列条件。

（1）原告是与本案有直接利害关系的公民、法人和其他组织。

（2）有明确的被告。"明确的被告"是指：被告的基本情况要清楚，如公民的姓名、性别、年龄、民族、工作单位、住址等，法人或者其他组织的名称、住所地、法定代表人或负责人的姓名、职务等要明确、具体；指控对象要实际存在，已死亡的公民或已注销的法人单位不能作为当事人。

（3）有具体的诉讼请求和事实、理由。

（4）属于人民法院受理民事诉讼的范围和受诉人民法院管辖。

另外需要特别提醒的是，起诉要及时。因为我国民法规定，向人民法院请求保护民事权利的诉讼时效期间为三年（法律另有规定的，依照其规定）。诉讼时效期间自权利人知道或者应当知道权利受到损害以及义务人之日起计算。如果超过诉讼时效后才去起诉，义务人可以提出不履行义务的抗辩，权利人的诉讼请求就可能得不到支持了。

2. 起诉状的书写

告状首先得有状纸——起诉状。起诉状的主要内容有当事人的基本情况、案由、诉讼请求、事实与理由和尾部等。

（1）当事人的基本情况，包括自然人的姓名、性别、年龄、民族、国籍、工作单位、住所地；法人的名称、住所地、法定代表人的姓名、职务。

（2）案由。当事人之间讼争的法律关系及其争议，通俗地说，就是打的是什么官司。例如，你因为讨债打官司，案由就写民间借贷纠纷。

（3）诉讼请求。写明请求解决争议的权益和争议的事实，以及请求人民法院依法解决原告一方要求的有关民事权益争议的具体事项。例如请求还款、履行合同、要求赔偿等。有几项请求的，要一一列出。

（4）事实与理由。事实部分，要明确写清双方纠纷的原因、经过、现状等。理由部分，要针对事实，分清是非曲直，明确责任，并引用相关法条加以证明。

（5）尾部。要注明致送法院的名称，写明"此致××法院"；写清起诉人和起诉的时间。自然人要由本人签字，法人要由法定代表人签字，并加盖法人单位的公章。

提交起诉状的同时，还要附上证据及证据清单（写明证据来源、证明对象、证人姓名和住所地等）。

【起诉状样式】

民事起诉状

原告：（写明基本情况）

被告：（写明基本情况）

案由：

诉讼请求：

事实与理由：

……

此致

×××人民法院

附：本诉状副本　份

起诉人：

年　月　日

（资料来源：浙江法院网）

3. 到哪个法院去告状

到哪个法院告状就是诉讼管辖问题。以民事诉讼为例，管辖主要有以下规定。

（1）级别管辖，是指划分上下级法院之间受理第一审民事案件的分工和权限的管辖。法律规定：基层法院管辖第一审民事案件。中级法院直接受理的一审案件有重大涉外案件，即争议标的额大，或者案情复杂，或者一方当事人人数众多的涉外案件；在本辖区内有重大影响的案件以及最高法院确定由中级法院审理的案件。实践中大部分的案件都由基层法院管辖。

（2）地域管辖。就是划分同级法院受理第一审案件的范围。我国对一般地域管辖实行"原告就被告"的原则，即被告的住所地在哪个法院管辖，就由哪个法院受理。

特殊地域管辖：如因合同纠纷提起的诉讼，由被告住所地或者合同履行地人民法院管辖；公司纠纷由公司住所地人民法院管辖；侵权纠纷由侵权行为地或者被告住所地人民法院管辖；交通事故由事故发生地或者车辆、船舶最先到达地、航空器最先降落地或者被告住所地人民法院管辖；等等。

专属管辖：如因不动产纠纷提起的诉讼，由不动产所在地人民法院管辖。

协议管辖：合同或者其他财产权益纠纷的当事人可以书面协议选择被告住所地、合同履行地、合同签订地、原告住所地、标的物所在地等与争议有实际联系的地点的人民法院管辖，但不得违反《民事诉讼法》对级别管辖和专属管辖的规定。

此外，还有选择管辖、移送管辖、指定管辖等。

目前我国司法管辖制度采取了不少改革新举措。例如设立跨行政区划的法院，主要审理跨行政区划案件、重大行政案件、环境资源保护、企业破产、食品药品安全等易受地方因素影响的案件、跨行政区划人民检察院提起公诉的案件；设立知识产权法院，集中管辖知识产权案件。又如设立互联网法院，集中管辖互联网案件。

要想了解不同法院具体管辖哪些案件，可以登录法院官网进行查询。

三、举证义务的完成

根据《最高人民法院关于民事诉讼证据的若干规定》（2019 年修正）的规定，举证应注意以下问题。

1. 举证应遵循诚实信用原则

近年来民商事诉讼领域存在的虚假诉讼现象，严重侵害了案外人的合法权益，破坏了社会诚信，也扰乱了正常的诉讼秩序，损害了司法权威和司法公信力，因此诉讼也必须讲诚信。具体到举证环节，当事人应当履行诚信举证的义务，包括以下方面。

（1）当事人应当全面、正确、诚实地完成举证，应当就案件事实做真实、完整的陈述。当事人、证人要签署保证书，保证据实陈述，绝无隐瞒、歪曲、增减。故意做虚假陈述、妨碍法院审理的，法院可依据民事诉讼法中关于妨害司法行为的规定对当事人、证人予以罚款、拘留；构成犯罪的，依法追究刑事责任。

（2）当事人自认不得随意撤回。自认是指一方当事人在诉讼过程中，明确承认的于己不利的事实。有下列情形之一，当事人在法庭辩论终结前撤销自认的，人民法院应当准许。

① 经对方当事人同意的。

② 自认是在受胁迫或者重大误解情况下做出的。

（3）当事人一方控制的下列书证，应根据法院要求如实提供，无正当理由拒不提交书证的，人民法院可以认定对方当事人所主张的书证内容为真实。

① 控制书证的当事人在诉讼中曾经引用过的书证。

② 为对方当事人的利益制作的书证。

③ 对方当事人依照法律规定有权查阅、获取的书证。

④ 账簿、记账原始凭证。

⑤ 人民法院认为应当提交书证的其他情形。

2. 举证应当积极、及时

（1）当事人应当在双方协商确定或法院指定的举证期限内完成举证。

当事人在举证期限内提供证据确有困难的，可以向人民法院申请延长期限，人民法院根据当事人的申请适当延长。当事人逾期提供证据的，且拒不说明理由或者理由不成立的，人民法院根据不同情形可以不予采纳该证据，或者采纳该证据但予以训诫、罚款。

举证期限届满后，当事人提供反驳证据或者对已经提供的证据的来源、形式等方面的瑕疵进行补正的，人民法院可以酌情再次确定举证期限。

【小贴士】举证期限有多长

人民法院指定举证期限的，适用第一审普通程序审理的案件不得少于十五日，当事人提供新的证据的第二审案件不得少于十日。适用简易程序审理的案件不得超过十五日，小额诉讼案件的举证期限一般不得超过七日。

（2）及时申请法院调查收集证据及证据保全。

提供证据，从本质上来讲是当事人的义务，但考虑到有些证据由当事人提交比较困难，因此，当事人因客观原因不能自行收集的证据，可以申请法院调查收集。在证据可能灭失或者以后难以取得的情况下，当事人可以在诉讼过程中向人民法院申请保全证据。

申请人民法院调查收集证据、申请证据保全，应当在举证期限届满前提交书面申请。

（3）及时申请鉴定。

人民法院在审理案件过程中认为待证事实需要通过鉴定意见证明的，应当向当事人释明，并指定提出鉴定申请的期间。当事人应当在人民法院指定期间内提出鉴定申请，并预交鉴定费用。逾期不提出申请或者不预交鉴定费用的，视为放弃申请。对需要鉴定的待证事实负有举证责任的当事人，在人民法院指定期间内无正当理由不提出鉴定申请或者不预交鉴定费用，或者拒不提供相关材料，致使待证事实无法查明的，应当承担举证不能的法律后果。

（4）及时申请证人出庭。

需要申请证人出庭作证的，当事人应当在举证期限届满前向人民法院提交申请书。

申请书应当载明证人的姓名、职业、住所、联系方式，作证的主要内容，作证内容与待证事实的关联性，以及证人出庭作证的必要性。

（5）下列事实无须举证证明。

① 自然规律以及定理、定律。

② 众所周知的事实。

③ 根据法律规定推定的事实。

④ 根据已知的事实和日常生活经验法则推定出的另一事实。

⑤ 已为仲裁机构的生效裁决所确认的事实。

⑥ 已为人民法院发生法律效力的裁判所确认的基本事实。

⑦ 已为有效公证文书所证明的事实。

前款第②项至第⑤项事实，当事人有相反证据足以反驳的除外；第⑥项和第⑦项事实，当事人有相反证据足以推翻的除外。

3. 提交电子数据要注意规范

电子数据包括下列信息、电子文件。

（1）网页、博客、微博客等网络平台发布的信息。

（2）手机短信、电子邮件、即时通信、通信群组等网络应用服务的通信信息。

（3）用户注册信息、身份认证信息、电子交易记录、通信记录、登录日志等信息。

（4）文档、图片、音频、视频、数字证书、计算机程序等电子文件。

（5）其他以数字化形式存储、处理、传输的能够证明案件事实的信息。

当事人以电子数据作为证据的，应当提供原件。电子数据的制作者制作的与原件一致的副本，或者直接来源于电子数据的打印件或其他可以显示、识别的输出介质，视为电子数据的原件。

【案例】民间借贷千万别这样微信转账，否则可能钱财两空

小琳在寄送快递的过程中认识了小张，一来二往两人便加了微信。某天，小张因缺钱开口向小琳借了 2000 元，小琳直接将 2000 元通过微信转账给了对方，当时并没有要求对方出具借条。后因讨要无果，小琳向法院提起了诉讼。庭审过程中，由于未能提供原始手机的聊天记录页面，小张又下落不明，小琳提供的微信转账截屏打印件真实性大打折扣。更麻烦的是，微信截屏打印件上的收款人只是一个"重×再来"的网名，无从得知此人是否系被告小张。微信转账截屏虽然能当证据使用，但不能孤证定案，法院最终以证据不足驳回了小琳的诉讼请求。

法官分析，现实中微信转账金额的来源有以下两类。

一是与微信平台绑定的银行卡，这种方式可以根据相关的微信聊天记录、银行的存取款流水记录形成证据链来证明借款事实。

二是零钱提现。一些手机的系统无法显示转出转入对方的昵称，仅有金额、交易日期、交易号码以及"朋友已确认收钱"等字样。仅凭转账记录根本无从证明已收款的"朋友"是否就是借款人本人。

所以，必须有微信运营商出具的相关身份证明信息，或者借款人真人头像照片、聊天记录、录音等其他证据予以佐证，必要时还需要进行公证。

（资料来源：浙江天平）

评析： 微信转账记录，属于电子数据，可以作为证据使用。但实践中电子数据并非单独的定案依据。而且，电子数据具有易伪造、易篡改的特征，提交电子数据作为证据，其真实性的证明需要特别重视。

【小贴士】法官教你用微信举证

在司法实践中，但凡涉及双方微信钱款往来的纠纷，都需提供具体的微信转账记录明细作为证据，以往许多人通过对微信转账页面截图的方式保存证据，然而在双方存在多笔钱款往来的情况下，该种方式费时费力，且证据效力有可能无法得到法院认可。

有鉴于此，微信新增个人微信账单导出功能，可以直接导出个人账户微信转账交易记录并加盖腾讯公司的公章（电子章），方便用户自行取证。目前的操作流程如下：打开微信→点击"我"→"支付"→"钱包"→"账单"→"常见问题"→"下载账单"→"选择账单下载用途"选"用做证明材料"，并根据指示完成操作，得到如图 7-1 所示的微信支付交易明细证明。

图 7-1 微信支付交易明细证明样本

（资料来源：浙江天平）

四、财产保全的申请

在诉讼中，如果出现当事人一方恶意抽逃资金，变卖、挥霍、转移、隐藏财产和标的物，以及由于争议标的物自身属性而发生腐烂、变质、毁损的现象，那么，法院判决生效后就无财产可供执行或难以执行或造成当事人其他损害，为此当事人可以申请法院对争议的财产或争议的标的物采取财产保全措施，在一定时期内限制当事人对该项财产的支配、处分权。

当事人申请财产保全，应当提交以下材料。

（1）申请书。申请书应当载明：当事人及其基本情况；申请财产保全的具体数额；申请采取财产保全措施的方式；申请理由。

（2）被申请人的明确地址或住所地，以及被申请人的开户银行及账号等财产线索。

（3）有效的担保手续。

采用现金担保的，应当提供与请求范围价值相当的现金。采用实物担保的，应当提供与请求范围价值相当的动产或不动产。采用保证人担保的，应当向人民法院提交担保书、营业执照副本的复印件、资产负债表、损益表，并应加盖保证人的单位公章。担保书中应明确担保事项和担保金额。

【财产保全申请书格式】

财产保全申请书

申　请　人：（写明基本情况）

被申请人：（写明基本情况）

上列申请人与被申请人，因　　　纠纷，于　　年　　月　　日向你院起诉在案（或申请人即将提起诉讼），被申请人有损毁（或隐匿）诉讼争执标的物的可能（或者其他原因），为此，申请给予实施财产保全。

请求事项：

事实和理由：

此致

×××人民法院

申请人：

年　　月　　日

（资料来源：浙江法院网）

五、诉讼费用的交纳

打官司需要交纳必要的诉讼费用。如果你确实无力交纳，可以依法申请减免诉讼费用。

1. 诉讼费用的种类

当事人应当向人民法院交纳的诉讼费用包括：案件受理费；申请费；证人、鉴定人、翻译人员、理算人员在人民法院指定日期出庭发生的交通费、住宿费、生活费和误工补贴。

2. 案件受理费交纳标准

财产案件根据诉讼请求的金额或者价额，按照下列比例分段累计交纳。

（1）不超过1万元的，每件交纳50元。

（2）超过1万元至10万元的部分，按照2.5%交纳。

（3）超过10万元至20万元的部分，按照2%交纳。

（4）超过 20 万元至 50 万元的部分，按照 1.5%交纳。

（5）超过 50 万元至 100 万元的部分，按照 1%交纳。

（6）超过 100 万元至 200 万元的部分，按照 0.9%交纳。

（7）超过 200 万元至 500 万元的部分，按照 0.8%交纳。

（8）超过 500 万元至 1000 万元的部分，按照 0.7%交纳。

（9）超过 1000 万元至 2000 万元的部分，按照 0.6%交纳。

（10）超过 2000 万元的部分，按照 0.5%交纳。

非财产案件（部分）按照下列标准交纳。

（1）知识产权民事案件，没有争议金额或者价额的，每件交纳 500～1000 元；有争议金额或者价额的，按照财产案件的标准交纳。

（2）劳动争议案件每件交纳 10 元。

（3）商标、专利、海事行政案件每件交纳 100 元；其他行政案件每件交纳 50 元。

3. 申请费（部分）交纳标准

（1）强制执行申请费，没有执行金额或者价额的，每件交纳 50～500 元。执行金额或者价额不超过 1 万元的，每件交纳 50 元；超过 1 万元至 50 万元的部分，按照 1.5%交纳；超过 50 万元至 500 万元的部分，按照 1%交纳；超过 500 万元至 1000 万元的部分，按照 0.5%交纳；超过 1000 万元的部分，按照 0.1%交纳。

（2）财产保全申请费，财产数额不超过 1000 元或者不涉及财产数额的，每件交纳 30 元；超过 1000 元至 10 万元的部分，按照 1%交纳；超过 10 万元的部分，按照 0.5%交纳。但是，当事人申请保全措施交纳的费用最多不超过 5000 元。

4. 诉讼费用的负担

诉讼费用一般由原告预交，由败诉方负担，胜诉方自愿承担的除外。部分胜诉、部分败诉的，人民法院根据案件的具体情况决定当事人各自负担的诉讼费用数额。

六、法院执行的申请

申请执行是指生效法律文书中享有权利的当事人，因义务人逾期拒不履行义务，为实现其合法权益，而请求人民法院依法强制执行的行为。如何申请法院执行呢？

1. 执行法院

你应当向第一审人民法院或者与第一审人民法院同级的被执行的财产所在地人民法院申请执行。

2. 申请执行期限

申请执行的期间为 2 年。申请执行时效的中止、中断，适用法律有关诉讼时效中止、中断的规定。规定的期间，从法律文书规定履行期间的最后 1 日起计算；法律文书规定分期履行的,从规定的每次履行期间的最后 1 日起计算;法律文书未规定履行期间的,从法律文书生效之日起计算。

3. 申请执行应该提交的材料

(1)强制执行申请书。

(2)作为执行根据的生效法律文书。

(3)申请执行人的身份证明。

(4)继承人或者权利承受人申请执行的,提交继承或者承受权利的证明文件。

法院受理执行申请后,将在 3 日内向被执行人发出执行通知,责令其在指定的期间履行。被执行人逾期不履行的,法院可强制执行。法院的执行措施包括:冻结、划拨存款,扣留、提取收入;查封、扣押、拍卖、变卖财产;搜查隐匿财产;强制迁出房屋等。

【案例】全国首例!北京互联网法院采用区块链智能合约技术实现执行"一键立案"

在一起网络侵权纠纷案件中,原告与被告经法院主持调解,达成调解协议。调解协议内容为:被告于 2019 年 10 月 16 日之前支付原告赔偿金 33 000 元。法院在谈话中告知原告与被告双方,如被告在履行期内未履行义务,将通过区块链智能合约技术实行自动执行。调解书生效后,该案的当事人端、法官端均出现"智能合约"字样以区别于普通案件。10月 17 日,被告仍有赔偿金 20 000 元未履行。原告只需单击"未履行完毕"按钮,该案件直接进入北京互联网法院立案庭执行立案中。通过立案庭审核后,立案成功进入执行系统。

传统执行立案步骤包括:确认是否按期履行,核对申请执行期限,申请执行,填写、上传当事人信息、执行申请书、执行依据等信息材料。而在区块链智能合约嵌入调解书案件中,作为当事人需要进行的操作只有一步:单击"未履行完毕"按钮。"一键立案",当事人仅需要确认案件未履行情况,即可跳过后续繁复程序直接完成执行立案,而上述立案信息均通过区块链智能合约技术自动抓取。

(资料来源:最高人民法院)

【小贴士】失信被执行人

失信被执行人,俗称"老赖",是指无正当理由拒不执行生效法律文书,而被人民法院列入失信被执行人名单的被执行人。失信被执行人的信息将在中国执行信息公开网上公布,同时还将受到各政府部门实施的联合惩戒,如限制高消费、限制乘飞机、限制坐高铁、限制旅游度假、限制不动产交易、限制参与投标等。可谓一处失信,处处受限。

七、答辩、反诉

如果你突然收到法院送达的原告起诉状、证据、案件受理通知书等材料,成了被告,该如何应对呢?作为被告,你应当在法院规定的期限内进行答辩,并提交足以证明你主张的证据;如果你认为就双方的争议原告还应当向你承担法律责任时,你还可以提起反诉。

1. 答辩

答辩是被告的权利，也是被告的义务，被告应当在法院指定的答辩期内提交书面答辩状，阐明对原告诉讼请求及所依据的事实和理由的意见。也就是说，你认为原告的诉讼请求是否成立，事实的陈述是否清楚、准确，理由是否充分，本案应当如何处理等，都要在答辩状中写清楚。

【答辩状样式】

民事答辩状

答辩人：（写明基本情况）

答辩人因与　　　　　　　　　纠纷一案，提出答辩如下：

……

此致

×××人民法院

附：本答辩状副本　　份

答辩人：

年　　月　　日

（资料来源：浙江法院网）

2. 反诉

反诉是相对于原告提出的诉讼请求——本诉而言的。被告有权针对原告的本诉提出独立的反请求，目的是抵消或吞并原告的诉讼请求。提起反诉，除应当符合起诉的一般条件外，还应当符合以下要求。

（1）反诉要以本诉为基础，以本诉的原告为被告。

（2）反诉必须与本诉有联系，例如，某甲要求乙返还其走失的牲畜，乙提出反诉，要求甲赔偿乙在饲养该牲畜期间的损失等。

（3）反诉只能向审理本诉的同一人民法院提出。

（4）反诉与本诉必须适用同一诉讼程序，如不得在再审程序中提出反诉。

（5）反诉应在举证期限届满前提出。

【反诉状样式】

反诉状

反诉人（本诉被告）：（写明基本情况）

被反诉人（本诉原告）：（写明基本情况）

案由：

反诉请求：（写明请求抵消或吞并本诉标的的具体数额和方法）

事实与理由：

……

此致

×××人民法院

附：本反诉状副本　　份

反诉人：

年　月　日

（资料来源：浙江法院网）

八、上诉的提起

如果你对一审裁判结果不满意，可以向上级法院提起上诉，请求上级法院再次审理你的案子。在一审判决书送达之日起 15 日内、裁定书送达之日起 10 日内，你必须向上一级人民法院提出上诉。如果在法定期限内，双方当事人都没有提出上诉，那么，一审裁判即发生法律效力。

上文中我们介绍了打官司的主要事项，但法律是一门复杂、高深的技术，隔行如隔山，所以最好还是委托专业的律师去办理更加妥当。

第四节　如何聘请律师

关键词：律师、法律顾问、律师事务所、委托代理协议、授权委托书、律师费

创业过程中，事前的法律咨询和纠纷发生后的法律介入越来越普遍，由于多数创业的大学生并不精通法律，因此需要聘请律师，那么如何聘请律师呢？

一、需要聘请律师的情况

根据《中华人民共和国律师法》（以下简称《律师法》）（2017 年修正）第二十八条的规定，律师可以从事下列业务：① 接受自然人、法人或者其他组织的委托，担任法律顾问；② 接受民事案件、行政案件当事人的委托，担任代理人，参加诉讼；③ 接受刑事案件犯罪嫌疑人、被告人的委托或者依法接受法律援助机构的指派，担任辩护人，接受自诉案件自诉人、公诉案件被害人或者其近亲属的委托，担任代理人，参加诉讼；④ 接受委托，代理各类诉讼案件的申诉；⑤ 接受委托，参加调解、仲裁活动；⑥ 接受委托，提供非诉讼法律服务；⑦ 解答有关法律的询问、代写诉讼文书和有关法律事务的其他文书。

概括起来，创业过程中可以在下列情况下聘请律师。

（1）聘请律师担任企业法律顾问。

（2）委托律师参与诉讼、仲裁、调解活动。

（3）委托律师参与商务谈判、出具法律意见书等非诉讼法律服务。

（4）委托律师提供法律咨询、代写法律文书等。

二、律师的选聘

（1）到正规的律师事务所聘请执业律师。律师事务所是律师的执业场所，只有取得《律师执业证书》，才能在律师事务所从事律师业务。因此，到正规的律师事务所聘请律师，可以保证律师具备合法的执业资格，这是选聘好的律师的前提条件。另外，运转有序、管理规范的正规律师事务所才能保证律师服务的质量，并提供充分的后备保障。

（2）选择律师既要看业务能力，也要看职业道德。不同的律师在不同的领域各有所长，你应该根据自己所面临的法律问题对症下药，选择有专长、有经验的律师。同时律师的职业道德非常重要。负责、敬业的律师不会包打官司（保证打赢官司），他通常会仔细询问、了解案情，把你的有利处境分析给你听，也会告诉你风险所在；他会认真向你解释有关签订聘用律师合同的情况及收费状况并给你充分的时间考虑、选择。不要盲目相信大牌律师，要选择能认真对待你委托事项的律师。

（3）与律师所在的律师事务所签订律师聘用合同，即委托代理协议。与律师洽谈顺利的话，在正式委托律师时你需要和律师所在的律师事务所签订委托代理协议。律师事务所通常都会向你提供一份固定格式的委托代理协议。签订委托代理协议和签订其他经济合同一样，你一定要仔细审定其中的内容，并把双方商定的内容用书面形式固定下来，对协议内容有异议的要及时提出。

（4）向律师出具授权委托书。如果委托律师代理诉讼案件的，你还必须签署一份给律师的授权委托书，详细表明你对律师授权的委托事项和权限。向律师授权绝非一件纯程序性的工作，因为律师在授权范围内所做的一切都被看作你亲自做的（包括他的过错），所以你一定要慎重决定。此外，当事人在聘请律师时，还必须向律师如实陈述案情，不得隐瞒、夸大或缩小，既要如实讲清自己有利的一面，也要如实陈述自己不利的一面。只有这样，律师才能全面把握案情，并据此做出相应的判断。

【小贴士】如何通过中国裁判文书网找律师

随着中国裁判文书网公开的不断推进，有一种相对靠谱的找律师方法就是通过律师曾经代理过的成功案例来找自己想请的律师。具体方法如下。

第一步，可根据自己遇到的案件，在中国裁判文书网上以具体的案由查找相关的裁判文书。

第二步，对查到的相关裁判文书进行筛选，可以以代理意见、答辩意见、裁判结果等为标准进行筛选，选出你心仪的律师。

第三步，查看相关案件中的代理律师的姓名和其所在律师事务所。公开的裁决文书上都会注明代理律师及其所在的律师事务所。

第四步，通过司法局或律师协会的网站找到这个律师的联系方式。

三、律师费的收取

聘请律师需要向律师事务所支付费用。根据国家发展改革委员会和司法部制定的《律师服务收费管理办法》（2006 年 12 月 1 日起执行）的规定，你可能需要向律师事务所支付的费用包括三类：律师服务费、代委托人支付的费用和异地办案差旅费。除此之外，律师事务所及承办律师是不能以任何名义向委托人收取其他费用的。

1. 律师服务费

律师服务费是律师提供法律服务收取的费用，一般称为"律师费"。按照规定，律师代理各类诉讼案件实行政府指导价，提供其他法律服务实行市场调节价。政府指导价的基准价和浮动幅度由各省、自治区、直辖市人民政府价格主管部门会同同级司法行政部门制定，具体要根据各地物价、司法部门制定的标准来执行。市场调节价由律师事务所与委托人协商确定，协商时应当考虑以下主要因素：① 耗费的工作时间；② 法律事务的难易程度；③ 委托人的承受能力；④ 律师可能承担的风险和责任；⑤ 律师的社会信誉和工作水平等。

律师服务收费可以根据不同的服务内容，采取计件收费、按标的额比例收费和计时收费等方式。计件收费一般适用于不涉及财产关系的法律事务；按标的额比例收费适用于涉及财产关系的法律事务；计时收费可适用于全部法律事务。办理涉及财产关系的民事案件时，委托人被告知政府指导价后仍要求实行风险代理的，律师事务所可以实行风险代理收费，其最高收费金额不得高于收费合同约定标的额的 30%。

2. 代委托人支付的费用

代委托人支付的费用是指律师事务所在提供法律服务过程中代委托人支付的诉讼费、仲裁费、鉴定费、公证费和查档费等，这些不属于律师服务费，由委托人另行支付。

3. 异地办案差旅费

异地办案差旅费是指律师前往异地办案产生的交通、住宿等开支。律师事务所需要预收异地办案差旅费的，应当向委托人提供费用概算，经协商一致，由双方签字确认。

上述第 2 项和第 3 项费用结算时，律师事务所应当向委托人提供代其支付的费用和异地办案差旅费清单及有效凭证。不能提供有效凭证的部分，委托人可不予支付。

由于我国各地经济发展水平不同，加上各律师事务所和律师的实际情况不同，个案的收费标准总是存在差异，有的差距还比较大。

四、不合适律师的解聘

由于各种原因，你可能发现所聘请的律师不合适。在这种情况下，你可以与律师事务所协商解除委托关系，律师费一般按照律师实际工作的进度来支付。但是，如果委托代理协议对律师费的处理有约定的，则应当按照协议约定来处理。

另外，如果你认为律师在处理委托事务过程中给你造成损害，或发现律师执业过程中存在违反《律师法》、律师职业道德和执业纪律行为的，还可以向其所在律师事务所、当地律师协会等投诉，必要时可以向人民法院提起诉讼。

以下行为都属于律师违反《律师法》或律师职业道德和执业纪律的行为。

（1）同时在两个以上律师事务所执业。

（2）私自接受委托，私自向委托人收取费用，收受委托人的财物或其他利益。

（3）接受委托后，无正当理由的，拒绝辩护或者代理。

（4）在同一案件中，为双方当事人担任代理人。

（5）利用提供法律服务的便利牟取当事人争议的权益，或者接受对方当事人的财物。

（6）不客观告知委托人所委托事项可能出现的法律风险，故意对可能出现的风险做不恰当的表述或作虚假承诺等。

（7）未按照法律规定的期限、时效以及与委托人约定的时间，及时办理委托事务的。

【超级链接】

一、人民法院民事诉讼风险提示书

为方便人民群众诉讼，帮助当事人避免常见的诉讼风险，减少不必要的损失，根据《中华人民共和国民法通则》、《中华人民共和国民事诉讼法》以及最高人民法院《关于民事诉讼证据的若干规定》等法律和司法解释的规定，现将常见的民事诉讼风险提示如下。

1. 起诉不符合条件

当事人起诉不符合法律规定条件的，人民法院不会受理，即使受理也会驳回起诉。

当事人起诉不符合管辖规定的，案件将会被移送到有权管辖的人民法院审理。

2. 诉讼请求不适当

当事人提出的诉讼请求应明确、具体、完整，对未提出的诉讼请求人民法院不会审理。

当事人提出的诉讼请求要适当，不要随意扩大诉讼请求范围；无根据的诉讼请求，除得不到人民法院支持外，当事人还要负担相应的诉讼费用。

3. 逾期改变诉讼请求

当事人增加、变更诉讼请求或者提出反诉，超过人民法院许可或者指定期限的，可能不被审理。

4. 超过诉讼时效

当事人请求人民法院保护民事权利的期间一般为二年（特殊的为一年）①。原告向人民法院起诉后，被告提出原告的起诉已超过法律保护期间的，如果原告没有对超过法律保护期间的事实提供证据证明，其诉讼请求不会得到人民法院的支持。

5. 授权不明

当事人委托诉讼代理人代为承认、放弃、变更诉讼请求，进行和解，提起反诉或者上诉等事项的，应在授权委托书中特别注明。没有在授权委托书中明确、具体记明特别授权

---

① 根据最新规定，当事人请求人民法院保护民事权利的期间一般为三年。

事项的，诉讼代理人就上述特别授权事项发表的意见不具有法律效力。

6. 不按时交纳诉讼费用

当事人起诉或者上诉，不按时预交诉讼费用，或者提出缓交、减交、免交诉讼费用申请未获批准仍不交纳诉讼费用的，人民法院将会裁定按自动撤回起诉、上诉处理。

当事人提出反诉，不按规定预交相应的案件受理费的，人民法院将不会审理。

7. 申请财产保全不符合规定

当事人申请财产保全，应当按规定交纳保全费用而没有交纳的，人民法院不会对申请保全的财产采取保全措施。

当事人提出财产保全申请，未按人民法院要求提供相应财产担保的，人民法院将依法驳回其申请。

申请人申请财产保全有错误的，将要赔偿被申请人因财产保全所受到的损失。

8. 不提供或者不充分提供证据

除法律和司法解释规定不需要提供证据证明外，当事人提出诉讼请求或者反驳对方的诉讼请求，应提供证据证明。不能提供相应的证据或者提供的证据证明不了有关事实的，可能面临不利的裁判后果。

9. 超过举证时限提供证据

当事人向人民法院提交的证据，应当在当事人协商一致并经人民法院认可或者人民法院指定的期限内完成。超过上述期限提交的，人民法院可能视其放弃了举证的权利，但属于法律和司法解释规定的新的证据除外。

10. 不提供原始证据

当事人向人民法院提供证据，应当提供原件或者原物，特殊情况下也可以提供经人民法院核对无异的复制件或者复制品。提供的证据不符合上述条件的，可能影响证据的证明力，甚至可能不被采信。

11. 证人不出庭作证

除属于法律和司法解释规定的证人确有困难不能出庭的特殊情况外，当事人提供证人证言的，证人应当出庭作证并接受质询。如果证人不出庭作证，可能影响该证人证言的证据效力，甚至不被采信。

12. 不按规定申请审计、评估、鉴定

当事人申请审计、评估、鉴定，未在人民法院指定期限内提出申请或者不预交审计、评估、鉴定费用，或者不提供相关材料，致使争议的事实无法通过审计、评估、鉴定结论予以认定的，可能对申请人产生不利的裁判后果。

13. 不按时出庭或者中途退出法庭

原告经传票传唤，无正当理由拒不到庭，或者未经法庭许可中途退出法庭的，人民法院将按自动撤回起诉处理；被告反诉的，人民法院将对反诉的内容缺席审判。

被告经传票传唤，无正当理由拒不到庭，或者未经法庭许可中途退出法庭的，人民法院将缺席判决。

14. 不准确提供送达地址

适用简易程序审理的案件，人民法院按照当事人自己提供的送达地址送达诉讼文书时，因当事人提供的己方送达地址不准确，或者送达地址变更未及时告知人民法院，致使人民法院无法送达，造成诉讼文书被退回的，诉讼文书也视为送达。

15. 超过期限申请强制执行

向人民法院申请强制执行的期限，双方或者一方当事人是公民的为一年，双方是法人或者其他组织的为六个月①。期限自生效法律文书确定的履行义务期限届满之日起算。超过上述期限申请的，人民法院不予受理。

16. 无财产或者无足够财产可供执行

被执行人没有财产或者没有足够财产履行生效法律文书确定义务的，人民法院可能对未履行的部分裁定中止执行，申请执行人的财产权益将可能暂时无法实现或者不能完全实现。

17. 不履行生效法律文书确定义务

被执行人未按生效法律文书指定期间履行给付金钱义务的，将要支付迟延履行期间的双倍债务利息。

被执行人未按生效法律文书指定期间履行其他义务的，将要支付迟延履行金。

（2003年12月23日最高人民法院审判委员会第1302次会议通过）

二、庭审程序和当事人的权利义务

开庭审理是大部分案件的必经阶段，用老百姓的话讲叫"过堂"。你可能是头一回打官司，第一次走进法庭，对开庭的程序、当事人的权利义务以及庭审规则不太了解。这里，我们向你简要介绍一下。

1. 庭审前的准备

在案件正式开庭之前，书记员先核对双方当事人和应到庭的其他诉讼参与人的到庭情况，并向审判长报告，能正常开庭的，由书记员宣布法庭纪律，然后正式开庭。

2. 审判长宣布开庭

开庭审理的第一项工作是由审判长再次逐一核对到庭的当事人。包括：当事人的姓名、年龄、职业告示。这里提醒你注意，在报姓名、年龄时，你应该报身份证登记的姓名和出生年、月、日，不能报自己的小名、绰号和虚岁年龄。随后，审判长宣布案由及本案合议庭组成人员名单。宣布名单时，您要听清楚了，因为这直接关系你是否申请回避。

3. 申请回避

回避是指法院的某一案件的审判人员和其他有关人员，与案件有利害关系或其他关系，有可能影响案件公正处理时，退出该案的审理。审判人员必须回避的情形有：是本案的当事人或当事人、诉讼代理人的近亲属；本案的处理结果直接或间接涉及审判人员的切身利益的；与本案当事人有其他关系，可能影响对案件公正审理的。举个例子，例如，你发现审判人员是对方当事人的一个老同学，你觉得可能会影响公正审理，对你产生不利的影响，这时，你可以提出回避申请。但是否准许，由法院决定。经常有这样的情况，虽然审判人员与当事人有一定的关系，但只要不至于影响案件的公正审判，就不需要回避，否则，就会影响审判工作的正常进行。

---

① 根据最新规定，向人民法院申请强制执行的期限应为两年。

4. 诉讼权利和义务

在整个诉讼程序中，审判长会根据案件所处的不同阶段，告知你享有的诉讼权利和义务。主要诉讼权利有：委托代理人的权利；申请回避的权利；申请执行的权利；查阅案件庭审的材料的权利；请求自费复制案件庭审材料和法律文书的权利；自行和解的权利；放弃或变更诉讼请求的权利；提起反诉的权利；请求重新鉴定、调查或者勘验的权利；认为法庭笔录有误，申请补正的权利；使用本民族语言、文字进行民事诉讼的权利等。这些诉讼权利分散贯穿于诉讼的始终，你可以在各个阶段依法行使权利，维护你的合法权益。

权利和义务是对等的，诉讼中，你在享有这些权利的同时，还必须履行下列义务：不得滥用诉权；遵守诉讼秩序，遵守法庭纪律；履行发生法律效力的判决、裁定和调解书，维护法律尊严。

在庭审中，审判长宣布当事人的权利后，进行法庭调查、法庭辩论、法庭调解三个阶段，在这三个阶段中，你可以行使诉讼权利，例如陈述事实、举证质证、发表你的辩论意见、阐述你的理由、拿出你的调解意向和方案等。但是，有一点要提醒你注意，在陈述事实、举证质证、发表意见时，你必须围绕案件的事实和双方争议的焦点，如果与案件无关，审判长可以予以制止。如果你觉得在开庭时，未能充分发表你的意见，还可以在休庭后，将你的意见写成书面材料提交法庭。

5. 调解与裁判

上述环节结束后，开庭审理即告一段落，如果双方当事人达成了调解协议，合议庭应及时制作调解书，对调解书协议内容予以确认，调解书经双方当事人签收后，即发生法律效力。如果双方当事人未能够达成调解协议，合议庭将进行合议，对案件做出裁判，并及时制作裁判文书，进行宣判。

除涉外案件外，一般一审适用简易程序审理的民事案件，法定的审理期限为三个月，一审适用普通程序审理的民事案件，法定的审理期限为六个月，但有特殊情况需要延长的，经批准可以延长审理期限。

（资料来源：萧山法院网）

三、浙江省高院《关于进一步防范和打击虚假诉讼有关问题的解答》（部分）

虚假诉讼现象不仅严重侵害了当事人及案外人的合法权益，而且扰乱了正常的诉讼秩序，损害了司法权威和司法公信力，破坏了社会诚信，人民群众反响强烈。

A. 哪些行为属于虚假诉讼行为？

（一）根据有关法律和司法解释的规定，当事人采取伪造证据、虚假陈述等手段，实施下列行为之一，捏造民事法律关系，虚构民事纠纷，向人民法院提起民事诉讼的，属于虚假诉讼行为。

（1）与夫妻一方恶意串通，捏造夫妻共同债务。

（2）与他人恶意串通，捏造债权债务关系和以物抵债协议。

（3）与公司、企业的法定代表人或实际控制人、董事、监事、经理或者其他管理人员恶意串通，捏造公司、企业债务或者担保义务。

（4）捏造知识产权侵权关系或者不正当竞争关系。

（5）在破产案件审理过程中申报捏造的债权。

（6）与被执行人恶意串通，捏造债权或者对查封、扣押、冻结财产的优先权、担保物权。

（7）假借民间借贷之名，诱使或迫使他人签订"借贷"或变相"借贷""抵押""担保"等相关协议，通过虚增借贷金额、恶意制造违约、肆意认定违约、毁匿还款证据等方式形成虚假债权债务。

（8）向人民法院申请执行基于捏造的事实做出的仲裁裁决、公证债权文书，或者在民事执行过程中以捏造的事实对执行标的提出异议、申请参与执行财产分配的。

（二）司法实践中，下列行为也应认定为虚假诉讼行为。

（1）在立案过程中，通过捏造当事人信息或与他人串通虚构当事人信息等方式骗取法院立案或谋取其他非法利益。

（2）捏造、伪造租赁协议虚构债权债务。

（3）隐瞒债务已经全部或部分清偿的事实，仍向人民法院提起民事诉讼，要求他人履行债务。

（4）在土地、房屋拆迁安置补偿过程中，捏造身份关系提起分家析产、继承、房屋买卖合同等诉讼行为。

（5）基于虚假的债权债务关系向人民法院申请支付令。

（6）单方或者与他人恶意串通，进行虚假陈述，伪造、变造、隐匿、毁灭证据或指使、贿买、胁迫他人作伪证等行为。

（7）单方或者与他人恶意串通，捏造身份、合同、侵权、继承等民事法律关系的其他行为。

B. 人民法院及其工作人员如何防范虚假诉讼行为？

（1）履行告知义务。在立案阶段，人民法院应在向当事人、诉讼代理人以及其他诉讼参与人送达的民事诉讼须知等材料中列明进行虚假诉讼行为需承担的法律责任，让当事人、诉讼代理人等签署《诚信诉讼承诺书》，还应充分利用 12368 短信平台、移动微法院等进行告知。

（2）进行关联检索。人民法院立案登记时，应对民间借贷、离婚析产、以物抵债、劳动争议、公司分立（合并）、企业破产等重点案件进行关联案件检索，查询原告与被告其他涉诉、涉执行情况，并随卷移送业务庭。承办法官应对有虚假诉讼嫌疑的案件主动进行关联案件检索，将检索情况以备忘录等形式制作工作记录并附卷，或在审理报告、合议庭评议中予以反映。

人民法院审判管理部门应进一步完善法院审判信息系统，通过审判信息系统向立案、审判人员自动提示其他法院、其他法官正在审理、执行或已经审结、执结的关联案件。

（3）加强警示提醒。合议庭或独任法官可根据案件情况要求当事人、诉讼代理人以及其他诉讼参与人当庭进行诚信诉讼宣誓并签署《诚信诉讼保证书》。

C. 如何在不同的诉讼阶段对虚假诉讼行为进行处理和制裁？

（1）立案阶段。立案阶段经审查确认存在虚假诉讼行为的案件，应根据《中华人民共和国民事诉讼法》第一百二十三条的规定，裁定不予受理。

（2）审理阶段。审理过程中人民法院经审查确认属于虚假诉讼的案件，对原告提出撤诉申请的或当事人自愿以调解方式结案的，不予准许，应根据《中华人民共和国民事诉讼法》第一百一十二条等有关规定，判决驳回相应的诉讼请求。

（3）执行阶段。执行过程中，人民法院经一定程序查明当事人申请执行所依据的仲裁裁决书、公证文书等属于虚假的，或者在民事执行过程中以捏造的事实对执行标的提出异议、申请参与执行财产分配的，应当裁定不予执行或驳回请求，提出再审建议或司法建议；案外人因裁判文书涉及虚假诉讼对执行标的提出书面异议的，根据《中华人民共和国民事诉讼法》第二百二十七条处理。

针对不同诉讼阶段的虚假诉讼行为，人民法院应根据具体情节对虚假诉讼行为人采取训诫、罚款、拘留、失信惩戒等制裁措施；涉嫌犯罪的，应将有关材料移送公安机关法制部门。

D. 如何对虚假诉讼行为人进行训诫？

人民法院应当对虚假诉讼行为人进行训诫，训诫以口头方式进行，并责令其出具悔过书。

E. 如何对虚假诉讼行为人进行罚款、拘留？

人民法院应根据情节轻重，依照《中华人民共和国民事诉讼法》第一百一十五条的规定对虚假诉讼行为人分别给予以下处罚。

（1）虚假诉讼行为未造成人民法院认定事实错误或判决不当的，且未给他方造成实际损失的，应对行为人处以 10 000 元至 50 000 元的罚款，并处 3 日至 15 日拘留；行为人系单位的，应对单位处以 50 000 元至 100 000 元的罚款，并视情对单位主要负责人或直接责任人员予以 3 日至 15 日的拘留。

（2）虚假诉讼行为致使人民法院认定事实错误、判决不当，尚未造成实际损失的，应对行为人处以 50 000 元至 80 000 元的罚款，并处 5 日至 15 日的拘留；行为人系单位的，应处以 100 000 元至 500 000 元的罚款，并对单位主要负责人或直接责任人员予以 5 日至 15 日的拘留。

（3）虚假诉讼行为导致人民法院错误判决，并给他方造成实际损失的，应对行为人处以 80 000 元至 100 000 元的罚款，并处 10 日至 15 日的拘留；行为人系单位的，应处以 500 000 元至 1 000 000 元的罚款，并对单位直接负责的主管人员或直接责任人员予以 10 日至 15 日的拘留。

实施以上行为，构成虚假诉讼罪、诈骗罪、妨害作证罪以及帮助毁灭、伪造证据罪等犯罪的，还应追究刑事责任。

F. 如何对虚假诉讼行为人进行失信惩戒？

全省各级法院建立虚假诉讼失信人员名单制度，将查实的虚假诉讼失信人信息在"信用中国（浙江）"上公布，并逐步将虚假诉讼失信人信息纳入"五类主体公共信用评价指引"名录。同时应将列入虚假诉讼失信人名单的行为人信息，向政府相关部门、金融监管机构、金融机构、承担行政职能的事业单位以及行业协会等通报，供相关单位依照法律、法规和有关规定，在政府采购、招标投标、行政审批、政府扶持、融资信贷、市场准入、资质认定等方面，对虚假诉讼行为人予以信用惩戒。

对于已被列入虚假诉讼失信人员名单的当事人再到人民法院提起诉讼的，应当加重其证明责任，提高证明标准；双方对事实有争议的，传唤当事人本人到庭接受询问。

（资料来源：浙江天平）

四、如何在杭州互联网法院打官司

"5分钟提交诉状，全程网上操作，打官司不再烦琐"是全国首家24小时不"打烊"的互联网法院——杭州互联网法院诉讼平台的"欢迎词"。

凌晨两点还能提交立案申请，碎片化时间也能办案的互联网法院主要办理哪些案子呢？

（1）互联网购物、服务、小额金融借款等合同纠纷。

（2）互联网著作权权属、侵权纠纷。

（3）利用互联网侵害他人人格权纠纷。

（4）互联网购物产品责任侵权纠纷。

（5）互联网域名纠纷。

（6）因互联网行政管理引发的行政纠纷。

上级人民法院可以指定杭州互联网法院管辖其他涉互联网民事、行政案件。

在互联网法院打官司，你需要做以下几件事。

1. 注册/实名认证

1）设置账户

单击首页右上角的"注册"按钮，进入注册页面。本网站账户为手机号码，并且需要短信校验码才可以注册。输入校验码，单击"下一步"按钮。

2）填写账户信息

设置并输入您的账户密码。

3）实名认证

在杭州互联网法院诉讼平台起诉、应诉必须实名，诉讼平台授权第三方平台（支付宝）提供认证服务。如果您有支付宝账户，并且支付宝账户已经实名认证，您可以直接登录并授权。如果您有支付宝账户，但是支付宝账户没有实名认证，您可以单击"支付宝实名认证"先进行认证，再绑定支付宝。如果您没有支付宝，请单击"注册支付宝"。也可以选择到法院立案窗口线下实名认证。

2. 操作总流程

操作总流程如图7-2所示。

3. 提起诉讼

1）确认诉前须知

登录杭州互联网法院诉讼平台，单击"我是原告"，进入起诉页面。若未注册，请先注册并完成实名认证。用户务必在起诉前进行仔细查看《法院公告须知》《受案范围》《告知书》。阅读后，勾选"我确认阅读以上内容"，并单击"下一步"按钮。

2）选择纠纷类型

在起诉前首先选择纠纷类型，可在"电子商务交易纠纷""著作权侵权纠纷""电子商务小额金融借款诉讼""合同纠纷"等案由中选择并单击"下一步"按钮。

3）填写起诉状

确认个人信息，完整填写诉讼信息。确认后单击"提交"按钮。

4）确认提交

预览检查后，若有修改，单击"返回"按钮修改，可修改除被告人信息外的信息；若确认无误，单击"提交起诉状"，起诉状提交至法院。

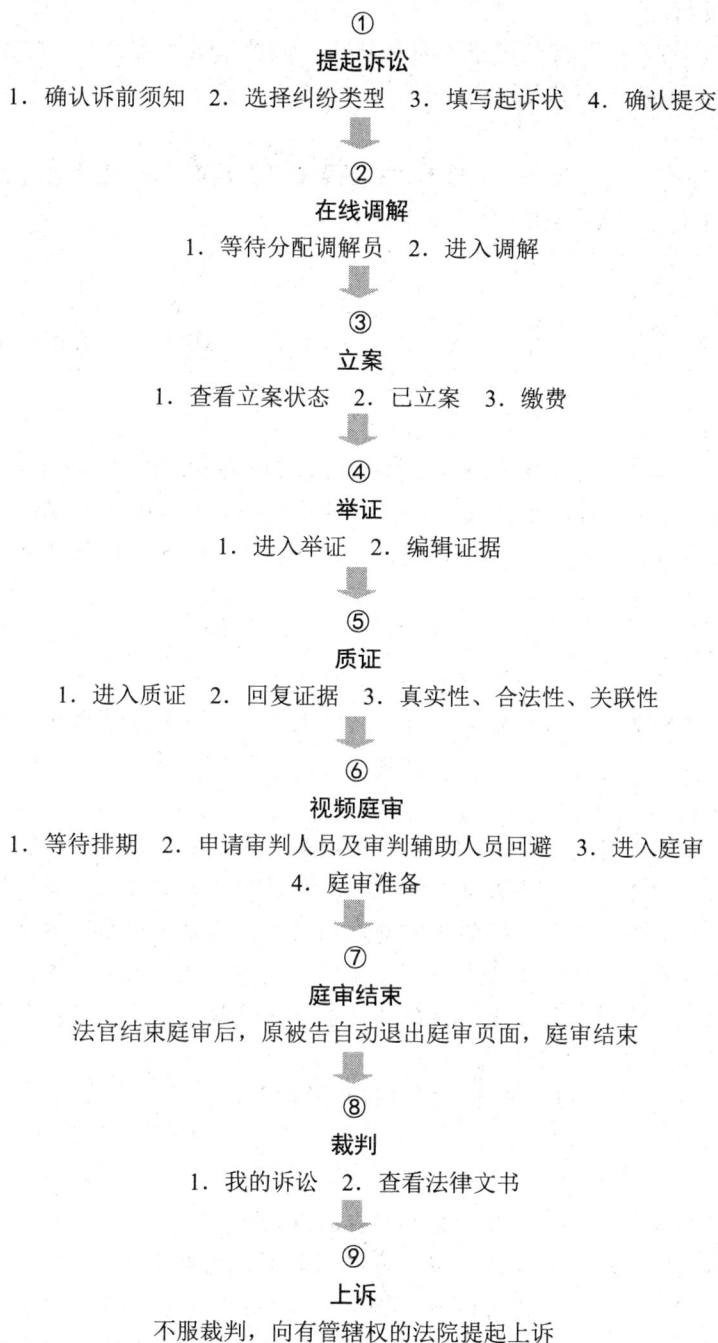

①
提起诉讼
1．确认诉前须知　2．选择纠纷类型　3．填写起诉状　4．确认提交

②
在线调解
1．等待分配调解员　2．进入调解

③
立案
1．查看立案状态　2．已立案　3．缴费

④
举证
1．进入举证　2．编辑证据

⑤
质证
1．进入质证　2．回复证据　3．真实性、合法性、关联性

⑥
视频庭审
1．等待排期　2．申请审判人员及审判辅助人员回避　3．进入庭审
4．庭审准备

⑦
庭审结束
法官结束庭审后，原被告自动退出庭审页面，庭审结束

⑧
裁判
1．我的诉讼　2．查看法律文书

⑨
上诉
不服裁判，向有管辖权的法院提起上诉

图 7-2　操作总流程

4．在线调解

当事人提交的纠纷将强制进入调解流程，诉状提交 15 天后进入起诉立案阶段。原告可在提交后进入调解页面。调解员介入后可在调解页面查看调解过程。

5. 立案

1）查看立案状态

原告可在"我的诉讼"里随时查看案件状态。成功立案之前，案件状态有"已提交""立案审核""立案补正"三种状态。

2）缴费

登录杭州互联网法院诉讼平台，进入"我的诉讼"。找到已立案的案件，单击"缴费"。7 天未缴费按照未缴费撤诉处理。

6. 举证

1）进入举证

登录杭州互联网法院诉讼平台，进入"我的诉讼"。单击操作栏的"举证"按钮，进入举证页面。

2）编辑证据

起诉时提交的证据不能编辑和删除，系统默认 15 天举证期限，只有举证期间可以增加、编辑和删除证据。增加证据时请注意格式，上传的附件格式为图片、Word、PDF、音频、zip、RAR，暂不支持其他格式。文书证据，可以在扫描后上传，实物证据请拍照上传，并在开庭前将实物寄送到审理法院。

7. 质证

1）进入质证

登录杭州互联网法院诉讼平台，进入"我的诉讼"。单击操作栏的"质证"按钮，进入质证页面。

2）回复证据

单击证据后面的"回复"按钮，可以对该证据做出回复，就证据材料，勾选"真实性、合法性、关联性"，并就其证明力有无、大小进行说明。真实性，是指一切证据本身形成过程是客观真实的，不是出具证据的一方刻意伪造的，同时其中的内容是能客观反映待证事实的；合法性，是指提供证据的主体、证据的形式和证据的收集程序或提取方法必须符合法律的有关规定；关联性，是指证据与待证事实之间必须具有一定的联系。

3）真实性、合法性、关联性

单击"×人已回复"，查看其他人对该证据的回复。

8. 庭审

1）等待排期

登录杭州互联网法院诉讼平台，进入"我的诉讼"。

案件等待排期时，状态为等待庭审，您可以单击"查看进度"，查看质证内容，也可以单击"在线调解"，和原告进行调解。若审判人员或审判辅助人员与案件有利害关系或其他关系，有可能影响案件正确处理时，当事人可以向法官书面提出回避申请。

2）进入庭审

如果案件状态为"庭审中"，单击"进入庭审"按钮，进入庭审页面。开庭前三小时，方能正常接入庭审画面。为了保证在线视频庭审顺利、高效，在此环节，您需要花几分钟时间确认网络正常，阅读法庭纪律、庭前告知和争议焦点，准备完毕后进入庭审。

3）庭审准备

默认状态下，只有法官可以发言，由法官控制原告和被告是否发言。庭审过程中，您可以通过鼠标单击操作，将对应的视频窗口放到居中的大屏显示。如果您的网络状况不佳，可以单击"暂停视频"关闭对方的视频信号，保留声音。如果您未经法官允许退出庭审或者关闭浏览器，则默认您放弃庭审的权利，法庭将按撤诉处理。

（资料来源：浙江天平）

【实务演练】

1. 请帮本章开头案例《半路天折的开店梦想》中的创业大学生小金出主意，可以通过哪些方式解决遇到的纠纷。

2. 假设上述案例中的小金与王老板签订的租赁合同，写了这样一个条款："与本合同有关的任何争议，双方均应友好协商解决，协商不成的，可以向仲裁委员会提起仲裁，也可以向人民法院提起诉讼。"请你分析一下，这样的条款有无效力，如果真的产生争议，是应该通过仲裁还是诉讼解决。

3. 假设上述案例中的小金想要向法院提起诉讼，请你帮他起草一份民事起诉状，再帮他算一算需要交纳多少诉讼费。

4. 现在，上述案例中的小金想要聘请律师，请你作为朋友帮他提个醒，找律师要注意哪些问题。

【案例评析】

法院"隔空"化解创业大学生纠纷

"受疫情影响，我的培训班无法开业，对方又不肯退租金……"由于新冠肺炎疫情影响，房屋租赁问题成了特殊时期高发纠纷，创业大学生王某也遇到同样困境。近日，北京海淀法院通过诉前调解，"隔空"化解纠纷，帮助王某解决了难题。

王某是一名自主创业的大学生。2018年3月，他承租了某公司位于海淀区的房屋，开展青少年线下艺术培训，租期3年，自2018年4月1日至2021年3月31日。王某将租金交至2020年3月31日，并额外支付了三个月的租金作为押金。

受疫情影响，北京全市校外培训机构线下培训活动暂停。因房屋租赁目的无法实现，王某提起诉讼，要求解除《房屋租赁合同》，并要求被告某公司返还2020年2月1日至2020年3月31日的房屋租金及押金共计294 764.9元。

收到起诉材料后，海淀法院立案庭立案审核人与王某进行了电话沟通。通过了解案情，立案审核人判断双方有调解的可能，于是建议王某选择诉前调解。在王某同意的基础上，案件转入诉前调解程序，由海淀法院人民调解员负责开展调解工作。疫情期间，人民调解员通过电话调解的方式与双方进行"隔空"沟通。

经过多次劝解，人民调解员最终促成双方达成和解，王某与被告某公司签订退租协议，考虑疫情原因和房屋实际占用情况，由某公司方酌情扣除租金，押金全部退还王某。

随着疫情防控进入新阶段和复产复工工作的陆续推进，因疫情引发的各种纠纷将陆续诉至法院。为切实做好矛盾纠纷源头预防、排查预警和调解化解工作，海淀法院介绍，目前已经全力打造"无接触"的调解模式，灵活运用视频、电话等方式实现"无接触"线上调解。

（资料来源：北京日报）

评析：随着大数据、云计算、人工智能、区块链、5G等信息技术的飞速发展，全国各级法院利用新技术积极推进互联网司法。互联网法院即是司法与科技深度融合的重大创新实践。各地法院纷纷探索与实践"网上立案""微信开庭""网上开庭"等司法便民措施，让老百姓"足不出户完成诉讼"，实现了立案网上办，开庭不见面，全程零接触。

参 考 文 献

1. 米勒. 汤姆森商法教程：第5版[M]. 阎中坚，等译. 北京：中国时代经济出版社，2003.

2. 刘宗桂. 法律基础教程[M]. 北京：法律出版社，2003.

3. 吴强. 创业辅导手册[M]. 南京：南京大学出版社，2006.

4. 陈高林，等. 创业法制管理[M]. 北京：清华大学出版社，2005.

5. 徐剑明. 自主创业实务[M]. 北京：中国经济出版社，2007.

6. 吴益仙. 大学生成功创业[M]. 北京：中国科学技术出版社，2006.

7. 魏振瀛. 民法[M]. 7版. 北京：北京大学出版社，高等教育出版社，2010.

8. 江平，李国光. 最新公司法条文释义[M]. 北京：人民法院出版社，2006.

9. 王宗玉，殷琳娜. 企业公司法典型案例[M]. 北京：中国人民大学出版社，2003.

10. 肖建中. 连锁加盟创业指南[M]. 北京：中国经济出版社，2006.

11. 张国平. 当代企业基本法律制度研究[M]. 北京：法律出版社，2004.

12. 李宇龙. 企业产权改革法律实务[M]. 北京：法律出版社，2005.

13. 李江宁，蔡忠杰. 企业改制与产权交易全程要略[M]. 济南：山东人民出版社，2006.

14. 中国电子商务法律网. 成功网商创业指南：网上开店法律应用百问[M]. 北京：法律出版社，2006.

15. 蒋志培. 网络与电子商务法[M]. 北京：法律出版社，2001.

16. 张樊. 企业电子商务中的法律风险及防范[M]. 北京：中国法制出版社，2007.

17. 韩国文. 创业学[M]. 武汉：武汉大学出版社，2007.

18. 李学东，潘玉香. 大学生创业实务教程[M]. 北京：经济科学出版社，2006.

19. 袁晓玲. 小企业经营管理谋略与技巧：大学生创业全程指导[M]. 北京：科学出版社，2004.

20. 范柏乃. 创业投资法律制度研究[M]. 北京：机械工业出版社，2005.

21. 彭丁带. 美国风险投资法律制度研究[M]. 北京：北京大学出版社，2005.

22. 吴弘. 证券法教程[M]. 北京：北京大学出版社，2007.

23. 顾功耘. 商法教程[M]. 2版. 上海：上海人民出版社，北京：北京大学出版社，2006.

24. 范健. 商法[M]. 2版. 北京：高等教育出版社，北京大学出版社，2002.

25. 童兆洪. 公司法法理与实证[M]. 北京：人民法院出版社，2003.

26. 祝铭山. 股东权益纠纷[M]. 北京：中国法制出版社，2004.

27．李大玲，王文莲．企业创办实训教程[M]．北京：经济科学出版社，中国铁道出版社，2006．

28．石先广．劳动合同法深度释解与企业应对[M]．北京：中国法制出版社，2007．

29．后东升．企业合同管理法律实务[M]．北京：人民法院出版社，2005．

30．王宝发．合同纠纷的预防与解决[M]．北京：法律出版社，2002．

31．于泽辉．商标与专利代理[M]．北京：法律出版社，2004．

32．潘静成，刘文华．经济法[M]．北京：中国人民大学出版社，2005．

33．朱为群．税法学[M]．上海：立信会计出版社，2004．

34．杨紫烜，徐杰．经济法学[M]．3版．北京：北京大学出版社，2001．

35．李彬．自主创业速查手册[M]．北京：法律出版社，2007．

36．种明钊．竞争法[M]．北京：法律出版社，2002．

37．创业培训教材编委会，劳动和社会保障部教材办公室．企业商标权益保护[M]．北京：中国劳动社会保障出版社，2004．

38．刘春田．知识产权法[M]．2版．北京：高等教育出版社，北京大学出版社，2003．

39．陈信勇．劳动与社会保障法[M]．杭州：浙江大学出版社，2007．

40．朱未萍，张瑾．企业法律环境[M]．北京：科学出版社，2008．

41．吴江水．完美的防范：法律风险管理中的识别、评估与解决方案[M]．北京：北京大学出版社，2010．

42．项先权，唐青林．企业家刑事法律风险防范[M]．北京：北京大学出版社，2008．

43．李秀芳，刘娟，王策．进出口贸易实务研究：策略、技巧、风险防范[M]．天津：天津大学出版社，2013．

44．赵学清，李世成．外商投资与进出口贸易法律实务教程[M]．北京：中国人民大学出版社，2013．

45．中国石油化工集团公司安全监管局，中国石化青岛安全工程研究院．中国石化 HSE 管理体系建设理论与实践[M]．北京：中国石化出版社，2013．

46．孙燕君，孙琳．黄光裕的不归路：国美帝国的兴盛与危局[M]．北京：企业管理出版社，2009．

47．刘世英．马云正传[M]．长沙：湖南文艺出版社，2008．

48．蒋云清．我的创业哲学：马云献给年轻人的 12 堂人生经营课[M]．北京：群言出版社，2014．

49．黄卫伟．价值为纲：华为公司财经管理纲要[M]．北京：中信出版社．2017．

50．郭勤贵，耿小武．股权设计：互联网+时代创业公司股权架构[M]．北京：机械工业出版社，2016．

51．奥斯特瓦德，皮尼厄．商业模式新生代[M]．毕崇毅，译．北京：机械工业出版社，2016．

52．吴晓波．腾讯传：1998—2016：中国互联网公司进化论[M]．杭州：浙江大学出版社，2017．